uitgegeven door Marxisme.be

De Manstraat 35 - 2100 Antwerpen
info@marxisme.be

Verantwoordelijk uitgever: Geert Cool

Cover: afbeelding vanop Wikimedia Commons (een tekening gebruikt voor de New York Tribune op 29.1.1905)

Vertaling door Peter den Haan

Dit is een eerste vertaling. Het is het werk van politieke militanten, niet van taalkundigen. Aarzel niet om correcties door te sturen naar info@marxisme.be.

Depot: D/2025/12.886/2
ISBN: 9789491304538

LEON TROTSKI

1905

MARXISME.BE
MMXXV

INHOUD

VOORWOORD BIJ DEZE UITGAVE

DE GENERALE REPETITIE VAN DE RUSSISCHE REVOLUTIE

De gebeurtenissen van 1905 in Rusland waren de generale repetitie van de revolutionaire explosies van 1917. De werkende klasse toonde in 1905 dat ze in staat was om de economie plat te leggen, het spoor te blokkeren en om delen van de samenleving zelf in handen te nemen. De rol van een politieke algemene staking in een opstand van de werkende klasse werd duidelijk. De gebeurtenissen van dit cruciale jaar tonen hoe snel het bewustzijn van de massa's kan veranderen, hoe strijd tot scherpe inzichten leidt en hoe zelfs in een achtergebleven land als Rusland reeds in 1905 de mogelijkheden van een socialistische samenleving aan de oppervlakte kwamen.

De schrijver van dit boek speelde een belangrijke rol in de revolutie van 1905. Tegen oktober kwam de beweging tot de conclusie dat er nood was aan een overkoepelende raad, een sovjet (Russisch voor raad). Dit orgaan van arbeidersstrijd in Petersburg leidde gedurende 50 dagen de beweging. De toen 25-jarige Trotski was er een tijdlang ondervoorzitter en vervolgens voorzitter van. Deze sovjet toonde ook aan dat de werkende klasse in staat was om een toekomstige samenleving in handen te nemen. Een algemene staking legt alles plat, maar de werkenden die actie voeren hebben tegelijk nood aan contact met hun kameraden in de rest van het land en ook de bevoorrading van onder meer voedsel blijft nodig. De werkende klasse begon dit alles te organiseren en de sovjet speelde er een belangrijke rol in. Kortom, de algemene staking zorgt ervoor dat de stakers een aantal taken van de staat overnemen en de eerste stappen in de richting van een arbeidersstaat zetten.

Dit boek heeft een opbouw die Trotski wel meer hanteert. Hij beschrijft eerst nauwkeurig de verschillende factoren die een rol spelen in de revolutionaire gebeurtenissen. Hij schetst de context op gedetailleerde wijze. Daarna barsten de gebeurtenissen los en Trotski haalt daar algemene inzichten en lessen uit, die een beeld geven van vakbondsstrijd, zelforganisatie van de werkende klasse, krachtsverhoudingen, strijd om maatschappijverandering ... Op een begrijpelijke wijze brengt hij een maandenlange strijd tussen revolutie en contrarevolutie onder woorden. Hij koppelt dit aan inzichten die erg nuttig zijn voor al wie vandaag opkomt voor verandering. In zekere zin is dit boek ook een generale repetitie voor zijn latere meesterwerk 'Geschiedenis van de Russische revolutie' over 1917.

ONGELIJKE EN GECOMBINEERDE ONTWIKKELING

Op het begin van de 20e eeuw leefden de Russische werkenden en boeren in schrijnende armoede. Op het platteland gold soms dat het overleven van bedwantsen of kakkerlakken betekende dat er relatieve rijkdom was. Op sommige plaatsen kon zelfs het ongedierte niet overleven. Pas in 1861 werd de lijfeigenschap officieel afgeschaft. Ongeletterdheid bleef de norm op het platteland.

Rusland kende nooit de ontwikkeling van een nationale industriële kapitalistische klasse zoals in vele West-Europese landen. De industrialisering gebeurde niet door de uitbreiding van werkplaatsen van ambachtslieden, maar door de import van industrie op basis van investeringen en leningen van Europees kapitaal. Het resultaat was een industrie die meteen veel grootschaliger was, maar ook een toevloed van arbeiders die van archaïsche leefomstandigheden op het platteland terechtkwamen in de meest moderne grote fabrieken.

Trotski bestudeerde dit fenomeen en sprak over een ongelijke en gecombineerde ontwikkeling. In een economisch achtergebleven land, waarbij een economisch meer ontwikkeld land een rol speelt in de industriële ontwikkeling, is het mogelijk dat bepaalde stadia worden overgeslagen die elders wel voorkomen. De taken van de burgerlijke democratische revolutie die werden doorgevoerd met de Franse Revolutie van 1789 (zoals het opzetten van parlementaire democratie en het elimineren van feodale en semi-feodale eigendomsrelaties) moesten worden doorgevoerd door de arbeidersklasse als onderdeel van haar strijd voor socialisme.

In 1930 beschreef Trotski dit als volgt in zijn 'Geschiedenis van de Russische Revolutie': "Het achtergebleven land wordt gedwongen de landen die verder ontwikkeld zijn na te streven, waardoor het zich niet aan dezelfde volgorde kan houden. Het voorrecht van de historische achtergeblevenheid - en zulk een voorrecht bestaat - veroorlooft, of beter gezegd, dwingt het reeds bereikte vóór de eigenlijk daartoe bestemde tijd over te nemen en een reeks tussenfasen over te springen. Inheemse volkeren ruilden de boog direct voor het geweer, zonder eerst de weg af te leggen die in het verleden tussen deze wapens lag. De Europese kolonisten in Amerika begonnen de geschiedenis niet van voren af aan. De omstandigheid dat Duitsland of de Verenigde Staten Engeland economisch ingehaald hebben, was juist door de achtergeblevenheid van hun kapitalistische ontwikkeling bepaald. (…) De ontwikkeling van een historisch achtergebleven volk leidt noodzakelijk tot een eigenaardige ineenvloeiing van verschillende stadia van het historische proces. De kringloop krijgt in zijn totaliteit een niet planmatig, gecompliceerd, gecombineerd karakter. (…) Onder de zweep van een noodzakelijkheid van buitenaf is de achtergeblevenheid gedwongen sprongen te maken. Uit de algemene wet van de ongelijkmatigheid vloeit een andere wet voort, welke men bij gebrek aan een meer passende benaming de wet van de gecombineerde ontwikkeling kan noemen, in de zin van het tot elkaar komen van verschillende fasen, het doordringen van afzonderlijke stadia, het amalgaam van archaïsche en moderne vormen."

De jonge en nieuwe Russische arbeidersklasse was aan het begin van de 20e eeuw geconcentreerd in werkplaatsen die veel groter waren dan die in Europa. Eén van de tegenstellingen van het kapitalisme bestaat erin dat het diegenen die uitgebuit worden samenbrengt en daarmee de mogelijkheid schept voor zelforganisatie. Zoals we zullen zien, is de gezamenlijke ervaring van arbeiders in grote werkplaatsen één van de sleutelelementen in de strijd voor het omverwerpen van het kapitalisme.

Deze ontwikkeling van het kapitalisme zorgde er bovendien voor dat de liberale burgerij erg zwak stond, zowel numeriek als qua traditie en politieke ervaring. Het falen van het liberalisme speelde eveneens een grote rol in de Russische revolutie.

VAN BLOEDIGE ZONDAG TOT EEN SOVJET

De revolutionaire gebeurtenissen van 1905 komen niet toevallig na de Russisch-Japanse oorlog, de eerste grote oorlog van de 20e eeuw. Het sterke Russische leger wilde de expansie in Mantsjoerije en Korea uitbreiden en dacht daarbij op weinig tegenstand te botsen van het opkomende Japan dat zich eveneens op die gebieden richtte. Het kwam tot grootschalige militaire confrontaties, waarbij Port Arthur in Japanse handen viel en het Russische leger zware nederlagen slikte. Dit ondermijnde de gezagspositie van de tsaar. De prijs voor de oorlogsinspanningen werd bovendien doorgeschoven naar de reeds bijzonder arme bevolking in de steden en op het platteland.

Het revolutionaire jaar 1905 begon op 3 januari toen een staking uitbrak in één fabriek. Tegen 7 januari was de staking uitgebreid en namen er zo'n 140.000 arbeiders aan deel. Dat was een uitdrukking van de woede onder de arbeiders na de jaren van oorlog (tussen Rusland en Japan). Het bouwde ook voort op ervaringen van de stakingsgolf van 1903.

De staking begon rond beperkte economische eisen, maar werd uiteindelijk een beweging van tienduizenden arbeiders en werd een politieke gebeurtenis. Op zondag 9 januari betoogden honderdduizenden arbeiders naar het Winterpaleis in Petersburg. Hun eisen werden naar voren gebracht door een priester, maar inhoudelijk waren het wel socialistische slogans.

Het eisenplatform omschreef de uitbuiting en de beledigingen waaronder de arbeiders te lijden hadden. Het bevatte een lijst met daarin allerhande zaken, van onverwarmde fabrieken tot de afwezigheid van politieke rechten onder de dictatuur van de tsaar. Er werd amnestie geëist voor politieke gevangenen, publieke vrijheden, de scheiding van kerk en staat, de 8-urendag, een degelijk loon en de geleidelijke overgang van de landbouwgrond naar de bevolking. De hoofdeis was de vorming van een Grondwetgevende Vergadering op basis van algemeen stemrecht.

De betoging verliep vreedzaam, maar op iedere straathoek stonden militairen die het vuur openden. Tegen het einde van de dag waren er duizenden doden. Deze dag werd bekend onder de naam "Bloedige Zondag" en markeerde het einde van de illusies van de bevolking in de goede wil van de tsaar.

Het effect van de slachtpartij op de arbeidersklasse was bijzonder groot. Er volgde een golf van stakingen doorheen het land, waarbij iedereen in het land te maken kreeg met de acties. Trotski omschreef het als volgt: "Bij de stakingen waren zowat een miljoen mannen en vrouwen betrokken. Gedurende ongeveer twee maanden overheerste de staking het land en dat zonder enig plan, in veel gevallen zelfs zonder eisenplatform en met tussenpozen waarbij de staking stopte en opnieuw begon."

De staking werd aanvankelijk geleid door de Vereniging van Fabrieksarbeiders (een organisatie die oorspronkelijk was opgezet door de politie) en dit rond economische eisen. De staking veranderde echter snel van karakter en werd een politieke beweging geleid door de sociaaldemocraten. De slogans van de sociaaldemocraten werden overgenomen door de massa's.

De arbeidersklasse was niet de enige klasse die veranderingen onderging bij deze gebeurtenissen. De heersende klasse was verdeeld over haar reactie. Het tsarisme nam meer de vorm aan van een brutale militaire dictatuur. De kapitalisten anderzijds waren niet zeker over hoe ze konden reageren op de grote beweging. Ze voelden zich eerder aangetrokken tot een liberaal standpunt waarbij gehoopt werd dat de arbeiders zouden terugkeren naar de fabrieken indien op een paar punten werd toegegeven, uiteraard hopend dat die toegevingen vooral de kapitalisten ten goede zouden komen. Ze begrepen niet dat de arbeidersklasse, eens ze in beweging komt, begint te begrijpen dat ze in staat is om volledig komaf te maken met het kapitalisme, waardoor enkele kruimels niet volstaan om de beweging te stoppen.

Later op het jaar zochten de industriëlen opnieuw meer bescherming bij de politie. Deze tweestrijd tussen toegevingen en repressie onder een zwakke kapitalistische klasse, versterkte de zelfverzekerdheid van de arbeidersklasse. Een beschrijving uit die periode weerspiegelt de energie van de stakingsbeweging: "Zaak na zaak, bedrijf na bedrijf, stad na stad legt het werk neer. Het spoorpersoneel brengt de staking over, de spoorwegen zijn de kanalen waarlangs de stakingsepidemie zich verspreidt. Er worden economische eisen gesteld en ingewilligd, volledig of deels."

Deze stakingen waren niet steeds tactisch of overdacht. Het waren vooral manifestaties van de arbeidersklasse die ontdekte dat ze de kracht had om de industrie en de productie stil te leggen. Ze ontdekte zichzelf als klasse, als een kracht in de samenleving, maar ze zag nog niet de taak die voor haar lag. Staken was een uitdrukking van de macht van de klasse, maar het omverwerpen van het systeem was het enige middel om de doelstellingen blijvend te bereiken.

Het nieuw gevonden bewustzijn van de arbeidersklasse kwam tot uiting op meetings aan de universiteiten, één van de weinige plaatsen waar vergaderingen niet illegaal waren. Mensen die voorheen nooit een unief van binnen hadden gezien, haastten zich na hun werk naar de universiteiten. "Het revolutionaire woord was aan de ondergrond ontsnapt en vulde de universiteitszalen en leslokalen, waarbij de slogans van de revolutie werden verspreid."

Er waren in alle steden debatten over tactieken, politiek, de samenleving en economie. Vanuit deze discussies kwamen de belangrijkste ingrediënten naar voren om een succesvolle revolutie te kunnen voeren. Eens de arbeidersklasse haar eigen mogelijkheden en behoeften als klasse had begrepen, begreep ze dat een nieuwe organisatie nodig was om de machtsstrijd te voeren. Het begrip 'Sovjet' (arbeidersraad) ontstond in 1905. De sovjet bood de arbeidersklasse de mogelijkheid om haar acties te plannen en te coördineren.

Op 19 september gingen de letterzetters in de drukkerij Sietin in Moskou in staking voor een kortere arbeidsdag en een hoger stukloon per zetsel, waarbij leestekens ook als zetsel moesten worden meegeteld. Zoals Trotski opmerkt, begon de stakingsbeweging "over punten en komma's", maar was er een snelle verspreiding. Tegen 24 september lagen 50 drukkerijen plat. Op 25 september werd een eisenplatform opgesteld, wat leidde tot een aanval van de politie in een poging om de staking te breken. Het was echter te laat. De bakkers en de drukkers voegden zich uit solidariteit bij de staking. Op 30 september kwamen de spoorwegarbeiders in actie. Een officiële conferentie van afgevaardigden van spoorpersoneel kwam samen om te discussiëren over pensioenfondsen en vormde zich tegelijk om tot een onafhankelijke vakbond, waarbij de conferentie een politieke meeting werd.

Het idee van een algemene staking onder de spoorarbeiders werd snel verspreid. Ondanks een wat aarzelende start, werd vanaf 7 oktober het spoornet platgelegd in heel het land. De staking kende een snelle uitbreiding waarbij geen enkel onderdeel van het industrieel en commercieel leven over het hoofd werd gezien: energiesector, telegrafie ... Alles wat kon bewegen, deed dit niet.

Enkel door de wil van de stakers, bewoog er soms iets op de werkplaatsen. "Als er nieuwsbulletins nodig waren voor de revolutie, gingen de drukkerijen open; de telegrafie werd gebruikt om stakingsoproepen door te sturen; treinen met afgevaardigden van de stakers reden wel." De beslissing hierover werd genomen vanuit de beweging.

In deze strijdgolf ontstonden sovjets, raden van werkenden. Trotski omschrijft de sovjet als "een orgaan met veel autoriteit zonder dat ze in bepaalde tradities stond; in staat om onmiddellijk een menigte van honderdduizenden op de been te brengen zonder feitelijk een organisatorisch apparaat te hebben; dat de revolutionaire stromingen onder het proletariaat verenigde en in staat was initiatief te nemen en zichzelf spontaan te controleren – en, nog wel het meest belangrijke, binnen 24 uur van ondergronds werk massaal in de openbaarheid kon treden." Deze sovjet kwam niet in de plaats van revolutionaire organisaties, maar verenigde verschillende strekkingen en bood hen de kans om een band met brede lagen van de werkende klasse te ontwikkelen. "Interne tegenstellingen tussen de beide even sterke fracties binnen de sociaaldemocraten aan de ene kant en de strijd van beide met de Sociaal-Revolutionairen aan de andere kant, maakten de schepping van een niet-partijgebonden organisatie absoluut essentieel. Om in de ogen van de massa's direct vanaf haar eerste dag voldoende autoriteit te kunnen hebben, moest het een breed gedragen orgaan zijn. Het antwoord kwam vanzelf. Aangezien het productieproces de enige schakel tussen de proletarische massa's was, die organisatorisch zeer onervaren waren, diende de vertegenwoordiging via de fabrieken en bedrijven te geschieden. Als organisatorisch precedent diende het model van de commissie van senator Zjidlovski; voor elke 500 arbeiders werd één vertegenwoordiger gekozen, waarbij kleine bedrijven zich electoraal konden bundelen. De nieuwe vakbonden kregen ook een paar afgevaardigden. In de praktijk werd wel afgeweken van die norm; soms vertegenwoordigden afgevaardigden maar een paar honderd of tientallen arbeiders."

Op 13 oktober was er een bijeenkomst van de Sovjet die vaststelde dat de stakingen hun taak hadden volbracht. De tegengestelde krachten stonden recht tegenover elkaar. De arbeidersklasse zag haar doelstellingen, maar er was een verdere stap van zelforganisatie noodzakelijk. De macht moest nog uit de handen van de oude heersers afgenomen worden vooraleer een nieuwe samenleving kon opgebouwd worden. De arbeiders zagen de sovjet als hun regering. Het was democratisch en verantwoording verschuldigd. Het was een arbeidersorganisatie van bij het begin en haar leden begrepen dat de doelstelling was om te strijden voor de macht.

KRACHTSVERHOUDING IN HEEL HET LAND OPBOUWEN

Dit geheel van strijd en zelforganisatie was uiteraard niet beperkt tot de steden. De boeren kenden heel wat ontbering onder de tsaar en kwamen in opstand tegen de grootgrondbezitters waarbij het land werd overgenomen. Huizen werden platgebrand en de grondrente werd geboycot.

De sovjet erkende dat de boeren een belangrijke bondgenoot waren voor de revolutie. Politieke agitatoren organiseerden bijeenkomsten en moedigden de boeren aan om op te komen voor de afschaffing van de private eigendom van het land. Dit veroorzaakte een kloof tussen de landeigenaars en de boeren.

In augustus waren er boerencongressen. De specifieke positie van de boeren betekent dat ze een belangrijke rol kunnen spelen in de revolutie, maar toch steeds een ondergeschikte rol. Trotski legt uit dat de heterogene aard en de brede verspreiding van de boerenklasse maakt dat de boeren geen centrale rol kunnen spelen en steeds met de arbeidersklasse of met de heersende klasse in beweging komen. In 1905 begreep de arbeidersklasse instinctief de noodzaak om een oproep te doen aan de boeren en hen achter de vlag van de arbeidersbeweging te krijgen.

Onder de belangrijkste lessen van de revolutie van 1905 zien we de noodzaak om ook het platteland te organiseren en gezamenlijke eisen naar voren te brengen die de band tussen de boeren en de stedelijke arbeidersklasse versterken; de oriëntatie naar de gewone soldaten in het leger en de noodzaak voor de arbeidersklasse om zichzelf te bewapenen om zich te verdedigen tegen de aanvallen van de kapitalistische staat.

Deze laatste lessen werden pas getrokken uit de nederlaag van 1905. De tragische strijd van de Potemkin was één van de vele pogingen van delen van de gewapende krachten om deel te nemen aan de strijd voor de macht. In het leger en de zeemacht, waren de meest revolutionaire delen de geschoolde en technisch onderlegde soldaten die gerecruteerd werden onder de industriële arbeiders en niet zozeer onder de boeren die veelal analfabeet waren.

REPRESSIE BREEKT BEWEGING, MAAR LESSEN WAREN ESSENTIEEL VOOR 1917

Het tragische einde van de revolutionaire beweging kwam er in december, toen de troepen onder controle van het regime in staat waren om de revolutionaire krachten uit te schakelen. De nederlaag van 1905 werd gevolgd door een periode van steeds donkerder wordende reactie. Eén van de bittere lessen volgde op de hoopgevende lessen over de sovjet. De arbeider die in actie kwam, maar zijn gereedschap niet had ingeruild voor een wapen, kon zich niet verdedigen toen de reactionaire Zwarte Honderd een aanval uitvoerde, martelingen organiseerde en in opdracht van het regime vernieling zaaide. Die troepen werden gerecruteerd onder de armste, meest wanhopige en ongeorganiseerde lagen die gevoed werden met leugens en vodka.

De belangrijkste lessen en de ervaring van 1905 waren echter niet vergeten. Integendeel, door strijd verworven inzichten zijn beklijvend. In 1905 werd aangetoond dat het absolutisme tot verregaande toegevingen kon gedwongen worden. Toen het doodknuppelen van de beweging niet werkte, moest het tsarisme met het 'manifest van 17 oktober' democratische rechten aankondigen in een poging om het protest dood te knuffelen. Dat was niet geloofwaardig, het protest ging door. De repressie die vanaf december volgde, toonde hoe toegevingen vanwege het establishment slechts tijdelijk zijn. Het overwinnen van minstens grote delen van het leger zou noodzakelijk zijn om een volledige breuk met het absolutisme en het kapitalisme te realiseren. Daartoe was een programma en benadering gericht op de bevolking op het platteland, waar de meeste soldaten vandaan kwamen, essentieel.

In februari 1917 kwamen de massa's opnieuw in opstand en werden er opnieuw sovjets opgezet. Zelfs na een langere periode waarin dit instrument voor revolutionaire actie niet had bestaan, werd in het protest in 1917 veel sneller overgegaan tot het opzetten van raden. De concrete ervaring met de Voorlopige Regering na februari 1917 bracht Lenin tot zijn Aprilstellingen, waarin hij zich verzette tegen steun aan die regering en de noodzaak stelde van de machtsovername door de werkende klasse. Er was bovendien het inzicht dat spontaneïteit en het revolutionaire instinct van de arbeidersklasse onvoldoende zijn om tot een succesvolle revolutie te komen. Een partij die in staat is om de kracht van de arbeidersklasse te kanaliseren is evenzeer van vitaal belang. De bolsjewieken namen de lessen van eerdere revolutionaire explosies op en verwerkten die, waardoor ze er in oktober 1917 in slaagden om de ketting van het wereldkapitalisme te laten breken in haar zwakste schakel.

WAT HEBBEN WE VANDAAG AAN 1905?

Dat maatschappijverandering noodzakelijk is, zal niemand betwisten in een tijdperk van genocide en oorlogen, existentiële klimaatcrisis en ongeziene sociale problemen. Maar is het ook mogelijk? Marxisten antwoorden daar bevestigend op. Alle rottigheid die vandaag zo dominant is, zien we als het verleden en het heden. Wij strijden voor een andere toekomst. Als dit potentieel zich stelde in een context van een achtergebleven Rusland meer dan 100 jaar geleden, dan zijn de mogelijkheden met alle technologische kennis en scholingsgraad van de werkende klasse vandaag veel groter. De revolutie van 1905 bevestigt ook dat massabewegingen mogelijk zijn in achtergebleven landen die door oorlog getekend zijn. Als antwoord op de vreselijke situatie in pakweg Syrië of Gaza kijken marxisten niet naar de politieke vertegenwoordigers van het kapitalistische systeem, maar naar de kracht van zelforganisatie om de samenleving zelf in handen te nemen.

Een klassiek tegenargument luidt: 'Allemaal goed en wel, maar vandaag krijgen we de werkende klasse niet meer mee.' Hoe bewustzijn verandert, is zelfs voor revolutionairen vaak moeilijk te vatten. Het conservatisme in het bewustzijn van de massa's ligt mee aan de basis voor sprongsgewijze en snelle ontwikkeling van ideeën in revolutionaire periodes. Zoals Trotski in zijn 'Geschiedenis van de Russische Revolutie' opmerkt: "Snelle veranderingen in de inzichten en stemmingen van de massa's in het revolutionaire tijdvak komen niet uit de soepelheid en beweeglijkheid van de menselijke psyche, maar integendeel uit haar sterk conservatisme voort. Het chronisch achterblijven van de ideeën en verhoudingen bij de nieuwe objectieve voorwaarden, tot op het moment, waarop de laatste zich in de vorm van een catastrofe over de mensen storten, brengt juist in de revolutionaire periode de sprongsgewijze ontwikkeling van ideeën en hartstochten teweeg, die de politiemannen eenvoudig een gevolg van de activiteit van 'demagogen' toeschijnt."

De snelheid waarmee het bewustzijn ontwikkelt, verrast steevast ook de revolutionairen. Ook dat is een voorbeeld van ongelijke en gecombineerde ontwikkeling. Sommigen proberen veranderingen te vatten als boekhouders die alle factoren voorzichtig afwegen, zonder begrip van het explosieve karakter van uitbarstingen. Anderen wachten tot hun vooropgestelde schema's in vervulling gaan. Uiteraard zijn er bij elke revolutionaire explosie specifieke kenmerken. Er is steeds nood aan een bredere kijk die zoveel mogelijk elementen in rekenschap brengt, inclusief de snelheid waarmee verandering mogelijk is. Trotski: "De slimme strategen die denken dat je een revolutie als een bos asperges kan behandelen, waarin de eetbare delen naar wens van de oneetbare kunnen worden gescheiden, zijn gedoemd tot de rol van vruchteloze wauwelaars aan de zijlijn. Omdat revolutionaire gebeurtenissen per definitie geen 'rationele' omstandigheden scheppen, zodat hun 'rationele' voorwaarden om hun 'verstandige' strategie toe te passen bij voorbaat uitgesloten zijn en onmachtig achter alle gebeurtenissen aan struikelen." Lenin stelde: "De werkelijke opvoeding van de massa's kan nooit gescheiden worden van de zelfstandige politieke en in het bijzonder revolutionaire strijd van de massa zelf. Pas in de strijd wordt de uitgebuite klasse opgevoed, pas de strijd maakt haar bewust van haar krachten, verruimt haar horizon, vergroot haar bekwaamheid, verheldert haar verstand, staalt haar wil."

Zelfs indien het verlangen naar actie steeds sterker is dan het inzicht om die actie te organiseren, leidt de ontwikkeling van strijd tot de noodzaak van organisatie. Het was in zo'n context dat de Sovjet van Petersburg erin slaagde om op amper een week tijd een bijzonder grote autoriteit op te bouwen, een positie waarmee ze in staat was om in het offensief te gaan maar ook om honderdduizenden stakers op een gedisciplineerde manier terug naar de werkplaatsen te leiden om energie op te doen voor een volgende slag. De Sovjet van Petersburg vormde een embryo van een nieuwe arbeidersstaat, zich bewust van de taak om de macht volledig te nemen. De uitbouw van de krachtsverhouding die daarvoor op nationaal vlak nodig was, stond nog onvoldoende sterk om in 1905 reeds tot een beslissende breuk met het kapitalisme te komen.

Sommige critici merkten op dat de poging in 1905 sowieso gedoemd was om te mislukken, maar vergeten daarbij te vermelden dat deze ervaring essentieel was om in 1917 wel te overwinnen. Trotski laat Marx op dit tegenargument antwoorden: "Zowel in revolutie als oorlog is het absoluut noodzakelijk alles op alles te zetten op het beslissende moment, wat ook de mogelijke uitkomst van het gevecht is. Onze geschiedenis kent geen enkele succesvolle revolutie die het tegendeel hiervan kan bewijzen. Een nederlaag na een langdurig gevecht is in feite van niet minder revolutionair belang dan een eenvoudig behaalde overwinning. In elk gevecht is het absoluut onvermijdelijk dat ook de uitdager de kans loopt het gevecht te verliezen, maar is dat daarom reden om maar bij voorbaat zichzelf verslagen te verklaren en de strijdbijl te begraven?"

De snelle en indrukwekkende ontwikkeling van de Sovjet en de impact daarin van revolutionaire socialistische voorstellen, was een voorbeeld van de zelforganisatie van de werkende klasse. De meest schadelijke illusie in de geschiedenis van de werkende klasse was altijd die om op anderen te vertrouwen. Vertegenwoordigers van werkplaatsen, vakbonden en politieke organisaties namen de tijd om samen te komen, de situatie te bespreken en hun acties op elkaar af te stemmen. Ze coördineerden de publicatie en verspreiding van informatie en waren in staat om ordewoorden te lanceren waarmee de beweging op een hoger niveau kwam.

In strijdbewegingen blijft de kwestie van organisatie ook vandaag erg belangrijk. Marxisten zijn daarbij de grootste verdedigers van personeelsvergaderingen, collectieven om acties te organiseren of algemene vergaderingen om de strijd te versterken. Waar stakingen voorbereid en georganiseerd worden met voorafgaande personeelsvergaderingen, staan deze sterker en heeft die grotere betrokkenheid ook tijdens en na de staking een effect. Een personeelsvergadering kan ervoor zorgen dat de werkenden zich de strijd toe-eigenen. Dat maakt het overigens ook moeilijker voor de leiding om de strijd zomaar te stoppen. In de campusbezettingen in de eerste helft van 2024 tegen de genocide in Gaza werden overal algemene vergaderingen opgezet, aanvankelijk vooral vanuit praktisch oogpunt om de bezetting te organiseren maar uiteindelijk ook steeds meer als forum voor discussie over de volgende stappen en over het eisenplatform. Het woord 'sovjet' is na de ervaring van de stalinistische dictatuur wellicht aangebrand (ironisch eigenlijk, want als er iets was waar de bureaucratie een probleem mee had was het bewuste zelforganisatie van bredere lagen van de werkende klasse). Het concept van democratische raden om strijd te organiseren en te coördineren, is echter actueler dan ooit.

Vandaag wordt het belang van de algemene staking in de arbeidersstrijd algemeen erkend. Het is met een totale blokkering van de economie een belangrijk wapen. Het wordt soms uitgeroepen als een eerder symbolische eenmalige actie, al dan niet om stoom van de basis af te laten. Dat neemt echter niet weg dat een algemene staking die de hele economie lamlegt de vraag opwerpt wie het voor het zeggen heeft: de werkenden of de bazen. Het werpt de machtskwestie op: wie de hele economie kan blokkeren, kan ook beslissen om deze opnieuw op te starten onder leiding en controle van de werkende klasse. Rosa Luxemburg merkte op dat een algemene staking steeds een politieke betekenis heeft. "De politieke betekenis van de rustig stakende arbeidersmassa's lag in België altijd en ligt ook heden nog daarin, dat zij in geval van hardnekkige weigering door de parlementsmeerderheid, eventueel gereed en in staat zijn door onrust en oproer op straat de heersende partij er onder te krijgen." De kapitalisten geven pas toe als ze bang zijn dat ze anders nog meer kunnen verliezen. Dat is de praktische betekenis van een krachtsverhouding. Een staking waarin de dreiging van machtsovername vervat zit, doet het volledige systeem op zijn grondvesten daveren. Dat betekent dat er ook een politiek programma aan zo'n staking moet verbonden zijn.

Het inzicht over het belang van een algemene politieke staking was iets 'nieuw' in 1905. Rosa Luxemburg, die actief was in de revolutionaire gebeurtenissen in Warschau (toen een door Rusland overheerste stad), vatte het als volgt samen: "In de vroegere burgerlijke revoluties, waar aan de ene kant de politieke scholing en de aanvoering van de revolutionaire massa door de burgerlijke partijen bezorgd werd en waar het er anderzijds enkel op het omverwerpen van de oude regering aankwam, was de korte barricadeslag de passende vorm voor de revolutionaire strijd. Vandaag, nu de arbeidersklasse zichzelf in de loop van de revolutionaire strijd voorlicht, zichzelf verzamelt en zichzelf aanvoert, en de revolutie evenzeer tegen de oude staatsmacht als tegen de kapitalistische uitbuiting gericht is, doet zich de massastaking als het natuurlijke middel voor om de breedste lagen van het proletariaat in volle actie aan te werven, te revolutioneren en te organiseren, en tegelijk om het oude regime te ondermijnen en omver te werpen en de kapitalistische uitbuiting in te dijken." Lenin merkte op: "De Russische revolutie [van 1905] is de eerste grote revolutie in de wereldgeschiedenis - en zij zal zeker niet de laatste zijn - waarin de politieke massastaking een buitengewoon grote rol speelde." En verder: "Zeer kenmerkend was gedurende de revolutie de verstrengeling van economische met politieke stakingen. Ongetwijfeld heeft pas het innige verband tussen deze beide vormen van stakingen de grote kracht van de beweging gewaarborgd."

Tot slot een citaat van Trotski uit zijn 'Geschiedenis van de Russische Revolutie' waarin hij omschrijft wat een revolutie is. "Het minst aanvechtbare kenmerk van een revolutie is de directe inmenging van de massa's in het historisch gebeuren. In gewone tijden verheft zich de staat, zowel de monarchale als ook de democratische, boven het volk; geschiedenis wordt dan gemaakt door de vaklieden in dit handwerk: vorsten, ministers, ambtenaren, parlementsleden, journalisten. Maar op die keerpunten in de geschiedenis, waar de oude orde onverdraaglijk wordt voor de massa's, doorbreken deze de slagbomen, die haar van het politieke schouwtoneel scheiden, lopen zij haar traditionele vertegenwoordigers onder de voet en scheppen door haar inmenging het uitgangspunt voor een nieuw regime. Of dit goed of slecht is, willen wij aan het oordeel der moralisten overlaten. Wij zelf nemen de feiten, zoals zij door de objectieve loop van de ontwikkeling gegeven zijn. De geschiedenis van de revolutie is voor ons voor alles de geschiedenis van het met geweld veroveren van de macht door de massa's om hun eigen lot te bepalen."

Geert Cool, februari 2025

VERANTWOORDING DOOR DE VERTALER

Is het nog zinvol om te lezen over een gebeurtenis die bijna 120 jaar geleden plaatsvond? Uit het oogpunt van gezond verstand, alleen als het van nut is voor de dag van vandaag en morgen, dan wel overmorgen. En alleen al in dat opzicht, na een weekeinde van racistische pogroms in 30 steden in het VK, in Bangladesh, waar de autocratische regeringsleider is weggejaagd en de bevolking zelf alle publieke taken moet overnemen, of in Kenia waar de massale protesten tot een staat van beleg hebben geleid, of de 'Arabische Lente' enige jaren terug, zijn er belangrijke lessen te trekken uit de ervaringen van de eerste Russische revolutie in 1905 en luidt het antwoord dus ja.

Die werden door de toenmalige internationale arbeidersbeweging, verenigd in de Tweede of sociaaldemocratische Internationale, weldegelijk getrokken. Het gaf een enorme impuls aan de 'moderne' vakbeweging; klasse eenheid in plaats van ambachtelijk onderscheid leidde tot navolging en de vorming van vakcentrales. En na serieuze discussie op twee congressen werd de politieke massastaking als belangrijkste drukmiddel tegen kapitalistische vernietiging gepropageerd. Kautsky, de toenmalige leider van de Duitse sociaaldemocratie en "paus" van de Tweede Internationale, nam het als tactiek voorafgaand aan de gewapende opstand op in zijn artikel *De weg naar de macht* van 1909. En in de *Resolutie van Bern* in 1912 werd het opgenomen als belangrijkste wapen om "hen te raken, die dorstig schijnen naar ons bloed", de dreigende imperialistische oorlog. Dat liep anders, zoals we weten. Het falen van de leiding van de Tweede Internationale leidde tot wat we nu de Eerste Wereldoorlog noemen.

Maar de belangrijkste toevoeging aan de klassenstrijd vormde het eenheidsfront van de werkenden met alle andere onderdrukten, landarbeiders, diverse nationaliteiten en religieuze groeperingen in de vorm van de Raden van Afgevaardigden, de Sovjets. Die alternatieve machtsorganen vormden de schakel in het overnemen van de taken van de staatsmacht. Hoezeer die verwachting en analyse in 1905 juist was, bleek in de revolutie van 1917, waar het de Sovjets waren die, onder politieke leiding van de bolsjewieken, de staatsmacht overnamen. De revolutie brak wel uit in Duitsland in 1918-1919, Hongarije, Finland, maar kwam niet tot een overwinning van een radenrepubliek. Enerzijds door het verraad van de sociaaldemocratie en de zwakte van de revolutionaire partijen net na de oorlog, maar ook het herstel van het westerse kapitalisme en de fascistische overwinning in Italië, die de Sovjet-Unie steeds verder in isolement en armoede drong. Het revolutionaire tij nam af, de problemen en de bureaucratie in de Sovjet-

Unie stapelden zich op. En maakten de hele beweging en ideologie ondergeschikt aan hun belangen. Dat ligt beklonken in de politieke degeneratie van de Derde Internationale onder Stalin, omdat de uitbreiding van de proletarische revolutie in China, Duitsland, Spanje werd opgeofferd aan het belang van de bureaucratie in de Sovjet-Unie. De tweefasentheorie, eerst burgerlijke democratie en dan pas een proletarische revolutie (maar eerst de veiligheid van de Sovjet-Unie, dus geen revolutie!) werd doorgevoerd, net als de theorie van het socialisme in één land.

Het kapitalisme heeft de Tweede Wereldoorlog overleefd en dacht, voor eventjes, na het verraad en de val van de stalinistische staten en dominantie van de wereldmarkt en vrijhandel, dat zij onbedreigd de toekomst tegemoet kon zien (Fukuyama, *Het einde van de geschiedenis*, 1992), maar de werkelijkheid is natuurlijk veel robuuster. De huidige periode van wanorde en verval is juist het gevolg van de inherent destructieve tendensen binnen het systeem; de wereld is verdeeld en er wordt om elke centimeter potentiële winst gevochten, veelal in letterlijke zin. Aangezien de bezittende klasse in de minderheid is, heeft zij hele lagen van mensen, groeperingen en opvattingen nodig om haar positie te behouden.

Daar is zij voor een groot deel in geslaagd met leugens, bedrog en desinformatie. De vele verdeel-en-heerstactieken en diverse vormen van onderdrukking hebben er mede toe geleid dat menigeen zich eerder een kapitalistische Apocalyps voorstelt, dan een wereld waarin werkenden en onderdrukten de macht overnemen, op basis van een democratisch vastgesteld productieplan en op basis van controle en beheer van de werkende klassen. Enkel zo kunnen we de noden en behoeften van de wereld vervullen. Zonder uitbuiting en onderdrukking. De belangrijkste hindernissen op deze noodzakelijke ontwikkeling om onze planeet te behouden zijn nog steeds het winstbejag uit het privébezit van de productiemiddelen en de beperkingen van de nationale staat. Het imperialisme is de baas en nieuwe landen, hoe rechtvaardig hun eisen op nationale zelfbeschikking en economische en culturele ontwikkeling ook zijn, krijgen geen ruimte om hun eigen voorspoed te creëren en worden tot vazal gemaakt van een der heersende imperialistische machten. De twee grootste, de VS en China, hoe afhankelijk ze ook van elkaar zijn, raken steeds meer in conflict en toenemend protectionisme zal de spanningen onderling, maar ook bij beide intern, alleen maar vergroten. Daarachter wordt er op kleinere schaal om markten gevochten. Als handlangers in het grotere geopolitieke plaatje van imperialistische machtsstrijd. Het burgerlijk-democratische vrijheidsausje van kapitalistische welvaart en welzijn is een illusie geworden. En dus komen mensen in opstand tegen de omstandigheden waar ze in worden gedwongen. De klassenstrijd als factor wordt door veel burgerlijke commentatoren vaak pas achteraf bemerkt, of vooraf gecensureerd, maar vindt onvermijdelijk haar weg.

Juist die aspecten, maar ook meer praktische elementen over democratisch leiderschap zullen velen opvallend fris en logisch in de oren klinken. Zoals bijvoorbeeld het uitgangspunt dat het de taak van de leiding is om het aantal onvermijdelijke onschuldige slachtoffers zoveel mogelijk te voorkomen. Het lijkt voor de hand liggend, is ook een duidelijke stellingname tegen elke vorm van individueel terrorisme, maar juist bij vakbondsstrijd in publieke sectoren, is het vaak de vakbondsleiding die daartegen stelling neemt en estafette modellen aandraagt. Zowel door gebrek aan vertrouwen in strijdbaarheid van werkenden (meestal ten onrechte, maar vaak inderdaad het gevolg van hun eigen klassenverraad), dan wel om de stakingsbeweging uit te putten en de publieke opinie ertegen te mobiliseren. De leidingen van de vakbonden hebben baat bij een ‘goede relatie’ met de bazen. Ze zijn al te vaak slechts koehandelende intermediairs, die helemaal geen systeemverandering willen. Als winstbejag botst met het arbeidersbelang, kiezen ze de kant van het winstbejag. Aan zulke ‘leiders’ en ‘onderhandelaars’ hebben we niks.

Om chronologische redenen is de volgorde in hoofdstukken aangepast ten opzichte van de Engels/Amerikaanse uitgaven van 1971, 1972 en 1973 van Pelican en Penguin books en het MIA. De bijlagen worden in deze editie na het tweede deel gepubliceerd, in plaats van ervoor. Dit is ook logischer ten opzichte van de eerste uitgave van 1909 en de laatste toevoegingen bij de Russische heruitgave in 1922. Het geeft mijns inziens een beter begrip van de toenmalige context en maakt vervolgstudie eenvoudiger. Voor een uiterst korte maar goede samenvatting kan de lezer ook terecht bij Lenin, *Een voordracht over de revolutie van 1905*, januari 1917, in deel 2, Keuze uit zijn werken, Progress, pp. 389-405.

Peter den Haan, Rotterdam, 7 augustus 2024.

VOORWOORDEN DOOR TROTSKI

VOORWOORD BIJ DE DUITSE EDITIE (1909)

De tijd is nog niet aangebroken om een uitgebreide historische beoordeling te maken van de Russische Revolutie, de onderlinge verhoudingen zijn nog steeds mistig, de revolutie gaat door, veroorzaakt nieuwe gevolgen wier belang en impact niet op het eerste gezicht zomaar ingeschat kunnen worden. Het boek dat hier aan de lezer wordt aangeboden, wil dan ook niet pretenderen zo'n werk te zijn; het geeft de getuigenissen van een actieve deelnemer. Geschreven op een moment dat de gebeurtenissen nog vers in het geheugen gegrift staan en belicht vanuit het partijstandpunt van de schrijver, namelijk sociaaldemocraat[1] in de politiek en marxist in de wetenschap. En boven alles heb ik als schrijver getracht de lotgevallen van de revolutionaire strijd van het Russische proletariaat te tonen, die haar hoogtepunt en tegelijk haar tragische einde vonden in de activiteiten van de Sovjet, of Raad van Arbeidersafgevaardigden, in Petersburg. Slaagt de schrijver hierin, dan vindt hij dat aan zijn belangrijkste taak is voldaan.

*

De inleiding bestaat uit een analyse van de economische basis van de Russische Revolutie. Het behandelt het tsarisme, Russisch kapitalisme, agrarische structuur, productievormen en verhoudingen en de sociale klassen, de landadel en grootgrondbezitters, de boerenstand, het grootkapitaal, de kleinburgerij, de intelligentsia, het proletariaat – in hun verhoudingen tot elkaar en tot de staat. Daaruit bestaat de 'inleiding', met als doel om de lezer alvast een beeld te geven van die sociale krachten, die straks in al hun revolutionaire dynamiek aan zijn ogen zullen worden ontvouwd.

Ook wat betreft het feitelijk materiaal is dit boek verre van volledig. We hebben er bewust van afgezien om het gehele revolutionaire proces in Rusland te behandelen; met de beperkte omvang van ons werk zouden we op zijn best een lijst kunnen toevoegen met feiten die wellicht zinvol kunnen zijn als referentie van de gebeurtenissen, maar als zodanig toch niets bijdragen aan de innerlijke logica van die gebeurtenissen en de vorm die ze uiteindelijk in het echte leven aannamen. We hebben voor een andere methode gekozen; we hebben

1 Toen dit voorwoord werd geschreven noemden allen in de RSDAP zich nog sociaaldemocraten.

die gebeurtenissen en instituties genomen die als het ware de essentie van de revolutie vormden; en als centrum van de beweging: Petersburg, net als van ons verhaal. De noordelijke hoofdstad wordt slechts verlaten op de momenten dat de revolutie zelf zich verplaatste naar de kusten van de Zwarte Zee (*de Rode Vloot*) en naar de dorpen (*De Boerenopstand*) en later naar Moskou (*December*).

Ons op deze manier in ruimte te hebben beperkt, hebben we dat noodzakelijkerwijs ook in tijdspanne moeten doen. De meeste ruimte wordt besteed aan de laatste drie maanden van 1905 - oktober, november en december - de beslissende fases in de revolutie die begon met de grote Al-Russische staking en eindigde met het neerslaan van de opstand in Moskou in december.

Wat betreft de periode van voorbereiding, hebben we ons beperkt tot twee momenten die essentieel waren voor een begrip van de ontwikkeling van de gebeurtenissen in het algemeen. In de eerste plaats hebben we besloten de periode van 'toenadering' te belichten tussen de regering en het 'gewone volk', de korte wittebroodsweken onder leiding van Prins Zvjatopolk-Mirski, toen vertrouwen het algemene wachtwoord was, toen de regeringsverklaringen en de liberale redactionele commentaren werden geschreven met dezelfde pennen, gedoopt in een ziekmakend mengsel van slaapmiddel en slijm. Daarna hebben we het over de negende januari, de Bloedige Zondag die ongeëvenaard was in haar dramatische gruwelijkheden, toen de atmosfeer die zo was doordrongen van wederzijds vertrouwen wreed werd verscheurd door de plotselinge kogelregen uit de geweren van de gardes en voor eeuwig verloren ging onder de vloeken van de proletarische massa's. De komedie van het liberale voorjaar was voorbij. De tragedie van de revolutie ving aan.

We slaan bijna stilzwijgend de acht maanden tussen januari en oktober over. Hoewel deze periode op zich best interessant was, voegt het niets fundamenteels toe aan een eventueel beter begrip van de drie beslissende maanden in 1905. De staking in oktober was net zoveel een gevolg van de Januari-processie naar het Winterpaleis, als dat de decemberopstand een direct gevolg was van de staking in oktober.

Het laatste hoofdstuk van het geschiedkundige deel vat de gebeurtenissen van het revolutionaire jaar samen, analyseert de methodes van revolutionaire strijd en geeft een korte beschrijving van de politieke ontwikkelingen van de drie daarop volgende jaren. De essentie daarvan is het beste samengevat door: *La Révolution est morte. Vive la révolution!*[2]

Het hoofdstuk gewijd aan de staking in oktober is gedateerd op november 1905. Dit komt omdat het is geschreven tijdens de laatste uren van de grote staking, die de heersende klasse een doodlopende steeg in dreef en Nicolaas II met trillende handen dwong het Manifest van 17 Oktober te tekenen. In die periode werd dit hoofdstuk als artikel geplaatst in twee uitgaven van de Peterburgse sociaaldemocratische krant *Nachalo.*[3] Het wordt hier bijna ongewijzigd weergegeven, niet alleen omdat het een redelijk volledig beeld geeft van de staking, maar ook omdat het is geschreven op een manier en wijze die het beeld van politieke teksten van toen goed weergeeft.

*

Het tweede deel van dit werk staat feitelijk op zich. Het is de geschiedenis van de rechtszaak tegen de Sovjet van Arbeidersafgevaardigden en, als gevolg daarvan, de verbanning van de schrijver naar Siberië en zijn ontsnapping daar vandaan. Toch zit er een innerlijk verband tussen beide delen; niet alleen omdat de Sovjet van Arbeidersafgevaardigden in Petersburg in het middelpunt van de revolutionaire gebeurtenissen stond, maar vooral en boven al, omdat hun collectieve veroordeling het begin van het tijdperk van contrarevolutie betekende. Eén voor één vielen alle revolutionaire organisaties in het land als slachtoffer voor de contrarevolutie. Systematisch, stap voor stap, met vurige vasthoudendheid en bloeddorstige wraaklust, werden alle herinneringen aan de grote gebeurtenissen uitgewist door de overwinnaars. En hoe minder ze zich druk hoefden te maken over de eventuele gevolgen, hoe verachtelijker en bloeddorstiger de terechtstellingen werden. De Sovjet van Arbeidersafgevaardigden in Petersburg werd in 1906 voor de rechter gebracht. De zwaarste straf die werd uitgesproken was het opschorten van burgerrechten en voor onbepaalde tijd verbanning naar Siberië. De Sovjet van arbeidersafgevaardigden uit Jekaterinaslav kwam pas voor de rechtbank in 1909, maar de resultaten pakten heel anders uit: tientallen werden veroordeeld tot dwangarbeid en 32 doodsvonnissen werden uitgesproken, waarvan er 8 ook tot uitvoering werden gebracht.

2 De revolutie is dood. Leve de revolutie!
3 Russisch voor 'het begin'

Na de reusachtige strijd en de tijdelijke overwinning kwam het tijdperk van de afrekening: arrestaties, verbanningen, vluchtpogingen en een verspreiding over de hele wereld – daar ligt de verbinding tussen de twee delen van mijn boek.

Leon Trotski, Wenen, oktober 1909

VOORWOORD BIJ DE EERSTE RUSSISCHE EDITIE (1922)

De gebeurtenissen van 1905 vormden een majestueuze proloog op het revolutionaire drama van 1917. Tijdens een aantal jaren, toen de reactie de overhand had, leek het jaar 1905 een afgerond geheel, als *De Russische Revolutie*. Nu heeft ze dat onafhankelijke karakter verloren, zonder dat dit echter ten koste is gegaan van ook maar iets van haar historisch belang. De revolutie van 1905 werd voortgebracht door de Russisch-Japanse oorlog van 1904, net zoals de revolutie van 1917 het directe gevolg was van de grote imperialistische slachtpartij. Op die manier, zowel in haar aanleiding als in haar ontwikkeling droeg de proloog alle elementen in zich van het historische drama waaraan wij deelnemen en van getuigen. Maar in de proloog kwamen deze elementen in een samengeperste vorm tot uiting en nog niet volledig ontplooid. Al die krachten die in 1905 in gevecht waren, zijn voor ons een stuk duidelijker geworden, door het licht dat in 1917 op hen scheen. De Rode Oktober, zoals we de gebeurtenissen toen al noemden, groeide na twaalf jaar naar een andere, onvergelijkbaar krachtiger en waarlijk zegevierend Oktober.

Ons grote voordeel in 1905 was dat, zelfs tijdens deze fase van de revolutionaire proloog, wij als marxisten al bewapend waren met de wetenschappelijke methode om het historische proces te begrijpen. Dat stelde ons in staat om de relaties te begrijpen die het materiële proces van de geschiedenis slechts als een reeks aanwijzingen onthulde. De chaotische stakingen in juli 1903, in het zuiden van Rusland, hadden ons voorzien van materiaal om te kunnen concluderen dat een algemene staking van het proletariaat met de daaropvolgende overgang naar gewapende opstand de fundamentele vorm van de Russische Revolutie zou worden. De gebeurtenissen van 9 januari, een levende bevestiging van deze prognose, dwong af dat de revolutionaire verovering van de macht concreet aan de orde werd gesteld. Vanaf dat moment werd de kwestie van de Russische Revolutie en haar innerlijke dynamiek onderwerp van vurige discussie onder de toenmalige Russische sociaaldemocraten.

Juist in de tussenliggende periode van 9 januari tot de oktoberstaking van 1905 vormden zich in het hoofd van de schrijver de opvattingen die later de theorie van de 'permanente revolutie' werden genoemd. Deze inmiddels nogal gevleugelde uitdrukking stelt dat de Russische revolutie, hoewel met direct belang in burgerlijke doelstellingen, niet bij die beperkte eisen stil kan blijven staan; de revolutie zou haar directe burgerlijke taken niet kunnen vervullen tenzij het proletariaat de macht zou veroveren. En het proletariaat, eenmaal met de macht in handen, zal niet in staat zijn zich te beperken tot de burgerlijke taken van de revolutie. Integendeel, juist om zich van de overwinning te verzekeren, zal het proletariaat al vanaf het eerste begin van haar heerschappij diep moeten ingrijpen op de eigendomsverhouding onder de landadel en de burgerij. Als het dat zou doen, zou het in een vijandige botsing komen, niet alleen met die burgerlijke krachten door wie het in de eerste fase van de revolutionaire strijd werd gesteund, maar ook met brede lagen van boeren, dankzij wiens ondersteuning het proletariaat de overwinning had behaald.

De tegenstellingen tussen een arbeidersregering en de overweldigende meerderheid van de boeren in een onderontwikkeld land kunnen alleen op internationale schaal worden opgelost, in de arena van de proletarische wereldrevolutie. Als gevolg van historische noodzaak, gebarsten uit haar keurslijf van burgerlijk-democratische beperkingen, zou het overwinnende proletariaat ook door de nationale en statelijke beperkingen heen moeten breken, dat is te zeggen, het zou er bewust naar moeten streven om van de Russische revolutie de voorloper van de wereldrevolutie te maken.

Ondanks een onderbreking van twaalf jaar is deze analyse volledig bevestigd. De Russische Revolutie kon niet op een burgerlijk democratisch regime uitlopen. Zij moest de macht overdragen aan de arbeidersklasse. In 1905 was de arbeidersklasse nog te zwak om de macht te grijpen; maar daaropvolgende gebeurtenissen dwongen haar op te groeien en sterker te worden, niet onder omstandigheden van een burgerlijk-democratische republiek, maar ondergronds, onder het tsarisme van de derde juni. Het proletariaat kwam in 1917 aan de macht met behulp van de ervaringen die werden opgedaan in 1905 door de oudere generatie. Daarom ook moeten de jonge arbeiders van tegenwoordig de volledige beschikking hebben tot die ervaringen en, dientengevolge, de geschiedenis van 1905 bestuderen.

*

Ik heb besloten om twee artikelen als bijlage toe te voegen, waarvan er een (over het boek van Tsjerevanin) werd gepubliceerd in het tijdschrift van Kautsky, *Die Neue Zeit*, in 1908[4]; terwijl het andere is gewijd aan een uitleg over de theorie van de 'permanente revolutie' in een polemiek tegen deze opvattingen, bestaande uit de meerderheid binnen de toenmalige Russische sociaaldemocratie. Dat artikel werd (naar ik meen in 1909) in een Poolse partijkrant gepubliceerd, welke onder de redactionele leiding van Rosa Luxemburg en Leo Jogiches stond. Het lijkt mij toe dat deze artikelen het niet alleen makkelijker maken voor de lezers om zich beter te oriënteren in het debat tussen de Russische sociaaldemocraten, zoals dit volgde op de ervaringen van de revolutie van 1905, maar ook een spiegel voorhouden op zekere buitengewoon belangrijke problemen van tegenwoordig. De machtsgreep in oktober 1917 was in het geheel geen improvisatie, zoals de gewone burger geneigd is te geloven. De nationalisatie van de bedrijven en de fabrieken door de zegevierende arbeidersklasse was zeker geen "fout" van de nieuwe arbeidersregering, die naar wordt gezegd, te lang de waarschuwende woorden van de mensjewieken negeerde. Deze zaken waren besproken en in principe al opgelost binnen de tijdspanne van ongeveer anderhalf decennium.

Het debat over de aard van de Russische Revolutie was zelfs in die periode over de grenzen van de Russische sociaaldemocratie heengegaan en had de aandacht getrokken van de leidende elementen binnen het wereldwijde socialisme. De mensjewistische opvatting van de burgerlijke revolutie werd zeer bewust uitgedragen en het meest openlijk en gedurfd in het boek van Tsjerevanin. Zodra het verscheen werd het als een godsgeschenk ontvangen door de Duitse opportunisten. Op verzoek van Kautsky schreef ik een kritische analyse voor de *Neue Zeit*. Kautsky was het volledig met mij eens. Net als de nu helaas overleden Mehring onderschreef hij het uitgangspunt van de 'permanente revolutie'. Terugkijkend kunnen we stellen dat Kautsky naar het mensjewistische kamp is overgestapt. Hij wil zijn verleden beperken tot het niveau van zijn heden. Maar deze vervalsing, die natuurlijk het knagende politieke geweten kan sussen, wordt weerlegd door zwart op wit gedrukte artikelen. Hetgeen Kautsky in zijn eerdere periodes – zijn betere! – schreef, in zijn periode van wetenschappelijke en literaire activiteit (zijn repliek op de Poolse socialist Ljusnia, zijn studies over Russische en Amerikaanse arbeiders, zijn antwoord op de vragenlijst van Plechanov over het karakter van de Russische Revolutie, enz.) waren en blijven een genadeloze afwijzing van het mensjewisme en een volledige theoretische

4 Zie hoofdstuk 30

rechtvaardiging van de daaropvolgende politieke tactiek van de bolsjewieken. Die tegenwoordig overigens door domkoppen en renegaten, met Kautsky voorop, worden beschuldigd van avonturisme, demagogie en bakoenisme.

*

In dit boek ontbreekt duidelijkheid over het vraagstuk van de formele democratie, zoals dat trouwens het geval was in de hele beweging die hier wordt beschreven. Dat mag geen verrassing heten. Zelfs tien jaar later, in 1917, was onze partij er in haar hoofd nog niet helemaal duidelijk over. Maar deze tweeslachtigheid, of gebrek aan volledige overeenstemming, was geen gevolg van principiële meningsverschillen. In 1917 stonden we mijlenver af van de mystiek van democratie: wij traden de ontwikkelingen van de revolutie tegemoet, niet als de inwerkingstellers van bepaalde absolute democratische normen, maar als een oorlog tussen verschillende klassen die, voor hun tijdelijke behoefte, gebruik maakten van de slogans en instituten van de democratie. Ook toen brachten we de slogan van machtsovername door de arbeidersklasse onomwonden naar voren. Wij maakten de gevolgtrekking van de onvermijdelijkheid van een machtsovername niet uit de kansberekening van de 'democratische' verkiezingsuitslagen, maar op basis van de krachtsverhoudingen.

Al in 1905 noemden de arbeiders van Petersburg hun Sovjet de proletarische regering. Die naam raakte ingeburgerd en paste precies in de lijn van het programma voor de strijd om de macht door de arbeidersklasse. Tegelijkertijd stelden wij tegenover het tsarisme een uitgewerkt programma van politieke democratie (algemeen kiesrecht, de republiek, een militie, enz.). Hoe konden we ook anders? Politieke democratie is een essentiële fase in de ontwikkeling van de arbeidende massa's – met het belangrijke voorbehoud dat in sommige gevallen de werkende meerderheid tientallen jaren in deze fase kan blijven hangen, terwijl in andere gevallen een revolutionaire situatie ertoe kan leiden dat de massa's zich weten te ontdoen van de vooroordelen rond politieke democratie, zelfs voordat haar instituten het levenslicht zien.

Het regeringsapparaat van de sociaal-revolutionairen en mensjewieken (maart-oktober 1917) slaagde erin het democratisch model volledig en totaal te compromitteren, zelfs voordat ze er in geslaagd waren deze in een burgerlijk republikeinse vorm te gieten. En hoewel wij in die periode op ons banier hadden staan: 'Alle macht aan de Sovjets', steunden wij formeel nog steeds de democratische leuzen, omdat wij noch aan de massa's noch aan onszelf een definitief antwoord konden geven op wat er zou gebeuren als de tandwielen van de formele democratie geen grip zouden hebben op de raderen van het Sovjetsysteem. In de periode dat dit boek werd geschreven, net als later overigens, tijdens de machtsperiode van Kerenski, bestond de kern van onze taak vooral uit de feitelijke machtsovername door de arbeidersklasse. Het formele en juridische aspect hiervan kwam pas op de tweede of derde plaats en we namen er simpelweg niet de tijd voor om de formele tegenstrijdigheden te ontwarren in een periode dat de fysieke aanval op de materiële obstakels nog moesten plaatsvinden.

Het ontbinden van de Grondwettelijke Vergadering was een rauwe revolutionaire vervulling van een doel dat ook bereikt had kunnen worden door deze uit te stellen of door de verkiezingen goed voor te bereiden. Maar het was juist het dwingende karakter van het legale aspect rond de strijdmiddelen dat het probleem van de revolutionaire macht onvermijdelijk acuut maakte; en, op zijn beurt, het ontbinden van de Grondwettelijke Vergadering door de gewapende tak van het proletariaat dat een volledige herziening van de onderlinge verhouding tussen democratie en dictatuur vereiste. Uiteindelijk vertegenwoordigde dit zowel een theoretische als praktische verrijking van de arbeidersinternationale.

*

De beknopte geschiedenis van dit boek was als volgt. Het werd geschreven in Wenen in 1908-1909 voor een Duitse uitgave die in Dresden verscheen. De Duitse editie bevatte enige hoofdstukken van mijn Russische boek *Onze Revolutie* (1907), maar aanzienlijk aangepast en herschreven voor niet-Russische lezers. Het grootste deel van het boek was specifiek voor de Duitse uitgave geschreven. Ik voelde mij nu verplicht om de tekst te reconstrueren, deels op basis van secties van het Russische manuscript die nog zijn overgebleven en deels door terug te vertalen uit het Duits. Bij deze laatste opgave ben ik enorm geholpen door kameraad Ruhmer, die deze arbeid enorm toegewijd en nauwgezet heeft verricht. Ik heb daarna de volledige tekst opnieuw geredigeerd en ik hoop dat de lezer dus niet geplaagd zal worden door de vele fouten, misdrukken en ander knoeiwerk, die in onze huidige publicaties helaas schering en inslag zijn.

L. Trotski, Moskou, 12 januari, 1922

VOORWOORD BIJ DE TWEEDE RUSSISCHE EDITIE

De huidige editie verschilt van de eerste Russische uitgave in twee opzichten. Ten eerste heb ik een toespraak toegevoegd die door mij is gegeven op het partijcongres in Londen in 1907, welke betrekking had op de verhouding van de toenmalige sociaaldemocratie tot de burgerlijke partijen ten aanzien van de revolutie.[5]

En ten tweede is het antwoord van de schrijver toegevoegd op een artikel van kameraad Pokrovski over de bijzondere aspecten van de historische ontwikkeling van Rusland.[6]

Moskou, 10 juli 1922

---

5 Zie hoofdstuk 29
6 Zie hoofdstuk 33

DEEL 1

HOOFDSTUK 1

DE SOCIALE ONTWIKKELING VAN RUSLAND EN HET TSARISME

Onze revolutie[7] vernietigde het sprookje over het unieke karakter van Rusland. Zij toonde aan dat de geschiedenis geen speciale wetten en regels voor Rusland kent. Maar tegelijkertijd was de revolutie in Rusland toch van een bijzondere eigen aard en dat karakter was de resultante van de bijzondere ingrediënten van onze sociaalhistorische ontwikkeling, die op zijn beurt, weer een geheel nieuw historisch perspectief aan ons opende.

We hoeven niet lang stil te staan bij de metafysische kwestie of de verschillen tussen Rusland en West-Europa van 'kwalitatieve' of 'kwantitatieve' aard zijn. Net zo min als dat er twijfel kan bestaan over het feit dat de meest opvallende kenmerken van de historische ontwikkeling van Rusland haar traagheid en primitieve karakter zijn. In feite is de Russische staat niet eens zo veel jonger dan de meeste Europese staten. Het verhaal van de geboorte van Rusland als staat begint in het jaar 862. Maar haar uitermate langzame tempo van economische ontwikkeling, bepaald door ongunstige natuurlijke omstandigheden en een schaarse bevolking, heeft het proces van sociale kristallisatie vertraagd en heeft op onze hele geschiedenis een stempel van uitzonderlijke onderontwikkeling gedrukt.

Het is moeilijk te voorspellen hoe het leven van de Russische staat zich geïsoleerd had ontwikkeld en geheel op eigen innerlijke krachten was aangewezen. Maar dat hoeft niet, want dat was niet het geval. Het sociale bestaan in Rusland heeft altijd onder een constante druk gestaan van de meer ontwikkelde sociale en staatsverhoudingen in West-Europa. En naarmate de tijd verstreek nam die druk alleen maar toe. Vanwege het relatief lage niveau van

7 Hiermee wordt de revolutie van 1905 bedoeld en de veranderingen die zij met zich meebracht in het politieke en sociale leven in Rusland, zoals partijvorming, vertegenwoordiging in de Doema, openlijke politieke strijd, enzovoort. L.T.

de ontwikkeling van de internationale handel, werd de beslissende rol gespeeld door de militaire verhoudingen tussen de staten. Bovenal vond de Europese sociale invloed haar uitdrukking in de vorm van militaire technologie.

De Russische staat, die zich op een primitieve economische basis had gevormd, kwam oog in oog te staan met staatsorganisaties die zich op een hogere economische basis bevonden. Twee keuzes dienden zich aan. In een gevecht met deze staten zou de Russische staat ten onder gaan, net zoals ooit de Gouden Horde in het gevecht tegen het Moskovitische tsarendom ten onder ging, of ze moest een enorme economische inhaalslag aangaan die, onder druk van buitenaf, een onevenredig groot deel van de nationale levenssappen zou opzuigen. De Russische nationale economie was niet meer zo primitief dat de eerste optie in aanmerking kwam. De staat stortte niet ineen; ze begon te groeien, tegen de prijs dat ze enorm drukte op de economische krachten van het land.

Tot op zekere hoogte geldt dit bovenstaande natuurlijk voor alle staten in Europa. Het verschil is dat deze staten in hun wederzijdse gevechten om het bestaan, konden uitgaan van een ongeveer vergelijkbare economische basis, waardoor hun ontwikkeling als staat niet nog eens extra werd belast en economisch ondraaglijk onder druk gezet door krachten van buitenaf.

De strijd tegen de Krim en Nogajan Tartaren kostte enorme inspanningen; maar die inspanningen waren natuurlijk niet groter dan die van Frankrijk en Engeland in hun 100-jarige oorlog. Het kwam niet door de Tartaren dat vuurwapens in Rusland werden geïntroduceerd en er regimenten van scherpschutters (*streltsi*) werden gevormd. Het waren niet de Tartaren die Rusland later dwongen een cavalerie en een infanterie op te zetten. Die druk kwam vanuit Litouwen, Polen en Zweden. Om zich te kunnen verweren tegen een beter bewapende vijand zag de Russische staat zich gedwongen om industrie en technologie te ontwikkelen in eigen land; militaire specialisten in te huren; beroepsvalsmunters aan te stellen, evenals kruitfabrieken; tekstboeken over fortificaties te importeren; marine-opleiding op te zetten en een officieren- en krijgsraad te ontwikkelen. Maar hoewel het wel degelijk mogelijk was om dat soort specialisten in te huren, moesten alle materiële middelen, koste wat het kost, uit het land zelf geperst worden.

De geschiedenis van de staatseconomie van Rusland is er een van een lange reeks van pogingen, in zekere zin heroïsche pogingen, om de militaire organisaties te kunnen blijven voorzien van de noodzakelijke middelen van bestaan. Het hele regeringsapparaat was gebouwd en werd constant herbouwd in het belang van de staatskas. Haar taak bestond uit het bijeenschrapen van elk kruimeltje samengestelde arbeid van de bevolking en die voor haar eigen doeleinden te gebruiken.

In haar zoektocht naar materiële middelen liet de staat zich door niets terughouden. Zij legde willekeurige belastingen op aan de boeren, die keer op keer ondraaglijk zwaar waren en de bevolking geen tijd en mogelijkheid gaven zich aan te passen. Hierdoor ontstond het systeem van wederzijdse garantstellingen in de dorpen. Met smeekbedes en bedreigingen, vermaningen en afpersing werd geld losgepeuterd van de handelaren en de kloosters. De boeren ontvluchtten het land, de handelaren emigreerden. Zeventiende eeuwse tellingen tonen aan dat de bevolking stelselmatig aan het afnemen was. In die tijd bedroeg het totale staatsbudget 1,5 miljoen roebel, waarvan 85% werd uitgegeven aan het leger. In het begin van de achttiende eeuw werd tsaar Peter, door de brute slagen die hem van buitenaf werden toegediend, gedwongen de infanterie op een nieuwe basis te organiseren en een vloot op te bouwen. Tijdens de tweede helft van de 18e eeuw bedroeg het staatsbudget al 16, later 20 miljoen roebel, waarvan 60 tot 70% werd uitgegeven aan leger en vloot. Ook onder Nicolaas kwam deze verhouding nooit onder de 50%. In het midden van de 19e eeuw kwam de tsaristische autocratie door de Krimoorlog in een gewapend conflict terecht met de economisch machtigste staten van Europa; Engeland en Frankrijk, met als gevolg dat het noodzakelijk bleek over te gaan naar algemene dienstplicht. Aan de halve bevrijding van de horige boeren in1861 lagen vooral fiscaal-technische en militaire benodigdheden ten grondslag.

Maar de binnenlandse middelen bleken ontoereikend. Al onder Catharina de Tweede werd het aan de regering toegestaan geld in het buitenland te lenen. Van toen af aan werd de Europese beurs een steeds belangrijkere bron van inkomsten voor het tsarendom. En sindsdien bleek de accumulatie van grote sommen geld op de West-Europese financiële markten fatale gevolgen te hebben voor de vooruitgang in de Russische politieke ontwikkelingen. De toegenomen groei van de staat liet zich niet alleen door een buitengewone toename in indirecte belastingen gevoelen, maar ook door een koortsachtige groei van de buitenlandse schuld. In de 10 jaren tussen 1898 en 1908 groeide deze met 19%

tot het totale bedrag van 9 miljard roebel. De mate van afhankelijkheid van de autocratie van de Rothschilds en Mendelssohns komt nog wel het best tot uiting in het feit dat de rentebetalingen inmiddels al éénderde van het budget vormen. In de voorlopige begroting voor 1908 zijn de uitgaven aan leger en vloot, samen met de rentekosten en de kosten gepaard met het beëindigen van de Russisch-Japanse oorlog begroot op 1 miljard en 18 miljoen, 1.018 miljoen roebel. Dat is 40,5% van het totale staatsbudget.

Als gevolg van deze druk uit West-Europa slokte de autocratische staat een onevenredig groot deel van de overwaarde op, waarmee wordt bedoeld dat zij leefde ten koste van de geprivilegieerde klassen die toen tot ontwikkeling kwamen en daarmee dan ook deze beperkten; een ontwikkeling die sowieso al traag verliep. Maar dat was nog niet alles. De staat eigende zich de essentiële productie van de landbouwende arbeider toe, beroofde hem van zijn middelen van bestaan en verjoeg hem aldus van de grond waar hij amper een veilig bestaan had kunnen opbouwen. Op zijn beurt remde dit de bevolkingsgroei wat weer een beperking vormde op de ontwikkeling van de productiekrachten. Doordat de staat een onevenredig groot deel van de overschotten opslokte, werd ze ook opgezadeld met het proces, al was het een langzame, van de creatie van een maatschappij van rangen en standen, waarvan ze de basis het leven onmogelijk maakte. Die basis was de landadel die ontstond in het kader van de primitieve landbouw.

Om te kunnen blijven bestaan en te heersen, had de staat behoefte aan een hiërarchie van de rangen- en standenmaatschappij. Dat is de reden waarom, terwijl ze de economische fundamenten van de groei van zulke organisaties ondermijnde, ze tegelijkertijd de ontwikkeling van rangen en standen door staatsdwang probeerde te realiseren en, zoals alle staten dat doen, probeerde om dat proces in haar eigen voordeel te gebruiken.

In het spel der maatschappelijke krachten zwaaide in Rusland de slinger veel meer in de richting van de staatsmacht dan het geval was in de geschiedenis van West-Europa. Dat uitwisselen van privileges – ten koste van de werkende bevolking – door de staat en de hogere sociale standen, die tot uitdrukking komt in het verlenen van voorrechten en diensten, instellen van tolhuizen en rechtspraak, aan de lagere adel en de kerkelijke genootschappen, vond in Rusland in mindere mate plaats dan in de rest van de middeleeuwse Europese standenmaatschappij. Maar toch is het een enorme overdrijving en verdraaiing naar een onbestemde werkelijkheid om te beweren, zoals Miljoekov doet in zijn geschiedenis van de Russische cultuur, dat terwijl in het Westen de standen de staat creëerden, in Rusland de staatsmacht de standen schiep, in haar eigen belang.

Standen kunnen niet door wettelijke of bestuurlijke middelen in het leven worden geroepen. Voordat een bepaalde sociale groep, met behulp van de staatsmacht, een volledig ontwikkelde stand kan worden, moet ze zichzelf economisch vestigen met alle bijbehorende sociale voorrechten. Je kan de standenmaatschappij niet inrichten op basis van een vooraf opgemaakt lijstje of een hoofdstuk uit "Het Legioen van Eer".

Een ding is zeker; in haar verhouding tot de geprivilegieerde standen had het Russische tsarisme een veel grotere onafhankelijkheid dan de andere Europese vorstenhuizen die uit de standenmaatschappij waren voortgekomen.

Het absolutisme bereikte haar hoogtepunt toen de burgerij, omhoog geklommen op de schouders van de derde stand, sterk genoeg was geworden om voldoende tegenwicht te vormen voor de krachten in de feodale samenleving. De omstandigheid waarbij de bevoorrechte en bezittende klassen in gevecht met elkaar, elkaar in balans hielden, gaf maximale onafhankelijkheid aan de staatsorganisatie. Lodewijk XIV kon zeggen: "*L'Etat, c'est moi*". De absolute monarchie leek Hegel het doel op zich, de verwezenlijking van de gedachte aan een staat als zodanig.

In haar onderneming om een gecentraliseerd staatsapparaat te scheppen zag het tsarisme zich gedwongen om vooral de barbarij, de armoede en de algemene onsamenhangendheid van het land, dat bestond uit totaal verschillende levens en economieën, aan te pakken, dan dat ze zich diende te verweren tegen de claims van de bevoorrechte standen. Het was niet het evenwicht van de economisch dominante klassen zoals in het Westen, maar net hun zwakte die van de Russische bureaucratische autocratie een op zichzelf staande organisatie maakte. In dat opzicht vormt het tsarisme een tussenfase van het Europese absolutisme en het Aziatische despotisme, waarbij het waarschijnlijk dichter in de buurt van de laatste komt.

Terwijl de half-Aziatische sociale omstandigheden het tsarisme in een autocratische organisatie begonnen te veranderen, begon het Europese kapitaal en de Europese technologie deze organisatie van alle middelen van een grote Europese macht te voorzien. Daardoor kon het tsarisme een rol spelen in alle politieke ontwikkelingen, waar haar harde hand uiteindelijk beslissend werd. In 1815 kwam tsaar Alexander I in Parijs aan, zette de Bourbons weer op de troon en vormde zelf de belichaming van de Heilige Alliantie. In 1848 werd aan Nicolaas I een enorme lening ter beschikking gesteld om de Europese revolutie de kop in te drukken en zond hij Russische troepen tegen de rebellerende Magyaren (Hongaren). De Europese burgerij hoopte dat ook in de toekomst de troepen van de tsaar als wapen tegen het socialistische proletariaat konden worden ingezet, zoals ze eerder een steun en toeverlaat van het Europese despotisme waren geweest in hun gevecht tegen de burgerij.

Maar de geschiedenis nam een andere wending. Het kapitalisme verpletterde het absolutisme, dat het eerst zo krampachtig had gekoesterd.

Tijdens de prekapitalistische periode was de invloed van Europa op de Russische economie uiteraard van een beperkt karakter. Het op zichzelf gerichte, zeg maar behoudende karakter van de Russische nationale economie beschermde haar tegen de invloed van hogere productievormen. Zoals we al eerder stelden was zelfs aan het eind van haar bestaan de structuur van onze standenmaatschappij nog niet volledig ontwikkeld. Toen de kapitalistische verhoudingen uiteindelijk de dominante factor binnen Europa werden, toen de financiële sector de belichaming van de nieuwe economie en het absolutisme in haar doodsstrijd een bondgenoot van het Europese kapitalisme werden, veranderde de situatie volledig.

Die 'kritische' socialisten die niet begrijpen welke rol de staatsmacht in een socialistische revolutie speelt, zouden op zijn minst het voorbeeld van de onsystematische en barbaarse activiteiten van de Russische autocratie moeten bestuderen, zodat ze kunnen zien welk een immens belangrijke rol de staatsmacht alleen al op puur economische gebied kan spelen als ze in dezelfde richting als de historische ontwikkeling werkt.

Door zichzelf als een historisch instrument in de economische ontwikkeling van Rusland op te werpen, versterkte het tsarisme in de eerste plaats haar eigen positie.

Tegen de tijd dat onze zich ontwikkelende burgerlijke samenleving behoefte begon te krijgen aan de politieke instituten van het Westen, had de autocratie met behulp van de Europese technologie en Europees kapitaal, zichzelf al omgevormd tot de belangrijkste kapitalistische onderneming, de grootste bankier, de monopolist van de spoorwegen en drankenwinkels. Hierin werd zij ondersteund door het gecentraliseerde bureaucratische apparaat, die in het geheel niet was ingericht om binnen de nieuwe verhoudingen haar werk te doen, maar uitstekend in staat was om zeer energiek haar onderdrukkende werk te verrichten. De onmetelijke oppervlakte van het land werd overwonnen met de telegraaf, die aan het bestuur een zeker zelfvertrouwen verleende, een bepaalde eenvormigheid en snelheid, terwijl de spoorwegen het mogelijk maakten legereenheden snel van de ene kant van het land naar het andere te transporteren. De voorrevolutionaire regeringen van Europa hadden nauwelijks spoorwegen of de telegraaf tot hun beschikking. Het leger dat ter beschikking van het absolutisme staat is kolossaal en, hoewel zij tekortschoot in de serieuze test van de Russisch-Japanse oorlog, voldoet zij ruimschoots voor binnenlandse overheersing. Noch de vroegere Franse regering, noch de Europese regeringen van vóór 1848, konden beschikken over iets dat met het Russische leger van 1908-1909 is te vergelijken.

De financiële en militaire macht van het absolutisme onderdrukte en verblindde niet alleen de Europese burgerij, maar ook het Russische liberalisme. Zij beroofde haar van enig geloof in de mogelijkheid om het absolutisme te kunnen bevechten via een openlijke confrontatie. Het leek alsof de militaire en financiële macht van het absolutisme elke mogelijkheid van revolutie in Rusland uitsloot.

Feitelijk gebeurde juist het tegenovergestelde.

Hoe meer de staat was gecentraliseerd en hoe onafhankelijker zij is van de heersende klassen, des te sneller wordt zij omgevormd tot een op zichzelf staande eenheid die boven de samenleving staat. Hoe grotere de militaire en financiële macht van zo'n organisatie, des te meer uitgerekt en succesvoller haar strijd om het bestaan zal zijn. Een gecentraliseerde staat, met een budget van twee miljard roebel en een nationale schuld van acht miljard en met een miljoen man onder de wapenen kan zichzelf nog lang handhaven, ook als ze er niet meer in slaagt aan de meest elementaire sociale behoeften te voldoen – inclusief die van de militaire beveiliging, de reden waarom de staat ooit werd gevormd.

En dus maakte de bestuurlijke, militaire en financiële macht van het absolutisme, die haar in staat stelden voort te bestaan ondanks en tegen de sociale ontwikkeling in, niet alleen dat de mogelijkheid van een revolutie niet uitgesloten was, zoals de liberalen meenden, maar juist integendeel, dat de revolutie nog de enige uitweg tot ontwikkeling was. Daarenboven garandeerde de enorm groeiende kloof tussen het in macht toenemende absolutisme en de gewone bevolking die gebukt ging onder de nieuwe economische ontwikkelingen dat de omwenteling een buitengewoon radicaal karakter zou dragen.

Het Russische marxisme kan waarlijk trots zijn op het feit dat alleen zij de richting heeft aangewezen waarin de zaken zich zouden ontwikkelen en heeft voorspeld welke algemene vorm deze ontwikkeling[8] zou aannemen in een periode dat het Russische liberalisme leefde op een dieet van het meest utopische 'realisme' en de Russische revolutionaire populisten zich koesterden aan sprookjes en in wonderen geloofden.

8 Zelfs een reactionaire bureaucraat als professor Mendeljev is niet in staat dit feit te ontkennen. In zijn toespraak over de ontwikkeling van de industrie zei hij: "De socialisten zagen hier wel wat in en tot een bepaald punt begrepen ze er ook wel wat van, maar ze raakten ontspoord omdat ze aan hun dogma's bleven hangen, geweld propageerden, de laagste instincten onder de meute aanwakkerden en naar revolutie en macht streefden". L.T.

HOOFDSTUK 2

HET RUSSISCHE KAPITALISME

Het lage niveau van ontwikkeling van de productiekrachten, mede in het licht van het roofzuchtige karakter van de staat, liet geen ruimte voor de accumulatie van meerwaarde, nodig voor de verdere verbreiding van de maatschappelijke arbeidsverdeling, of voor stedelijke ontwikkeling. De ambachten waren niet gescheiden van het platteland en al zeker niet geconcentreerd in de steden. Integendeel, zij bleven onderdeel van de plattelandsbevolking in de dorpen, in de vorm van huisnijverheid en huisindustrie die over het hele land waren verspreid. Juist vanwege het verspreide karakter van de huisnijverheid waren de plaatselijke ambachtslieden gedwongen om niet in opdracht te werken, zoals in de Europese steden al gebruikelijk was onder de gilden, maar in de hoop op zeker moment wat te kunnen verkopen. Een koopman of handelaar was de tussenpersoon van de afgelegen producent en de afgelegen consument. Op deze manier zorgden de verspreid wonende bevolking en haar armoede, met als gevolg de opkomst van slechts kleine steden, voor een enorm overwicht van het commerciële kapitaal in de organisatie van de nationale economie van het oude Moskovitische Rusland. Maar ook dit handelskapitaal raakte versnipperd en slaagde er niet in grote handelscentra te vestigen.

Het was niet de ambachtsman in het dorp, zelfs niet de rijke handelaar, maar de staat zelf die oog in oog kwam te staan met de opdracht om grootschalige industrie te creëren. De Zweden dwongen Peter een vloot te bouwen en een nieuw type leger. Maar omdat haar militaire organisatie ingewikkelder was geworden, werd Peter's staat direct afhankelijk van de industrieën van de Hanzesteden, Holland en Engeland. Het scheppen van Russische manufacturen om het leger en de vloot van middelen te voorzien, werd een essentiële taak van nationale veiligheid. Voor Peter was er nooit gedacht aan fabrieksmatige productie. Toen hij stierf waren er al 233 grootschalige staats- en privébedrijven: mijnen; wapenuitrustingbedrijven; wol-, linnen- en zeildoekbedrijven; enz. De economische basis voor deze nieuwe industrieën werd enerzijds door staatskapitaal en anderzijds door handelskapitaal geleverd. Ook werden er regelmatig hele takken van industrie vanuit Europa naar Rusland geïmporteerd samen met Europees kapitaal, in ruil voor een bepaalde periode van voorrechten.

Het handelskapitaal speelde een grote rol in het ontstaan van de belangrijke industrieën in West-Europa. Maar daar groeide de manufactuur op de ineenstortende ambachtelijke handel, waardoor de voorheen onafhankelijke ambachtsman werd omgevormd tot een ingehuurde industriële arbeidskracht. In de regio rond Moskou konden de geïmporteerde manufacturen geen vrije werklieden vinden, dus moesten ze gebruiken maken van de arbeid van horige boeren.

Daardoor kwam het dat de Russische 18e eeuwse werkplaats vanaf haar eerste begin geen concurrentie ondervond van enige stedelijke ambachtelijke handel. De ambachtsman in het dorp was evenmin een rivaal; hij werkte voor de plaatselijke consument, terwijl de werkplaatsen en manufacturen, van onder tot boven gereguleerd, vooral voor de staat werkten en in sommige gevallen voor de hoogste klasse in de samenleving.

In de eerste helft van de 19e eeuw doorbrak de textielindustrie de cirkel van horigenarbeid en staatreglementering. Maar de fabrieken gebaseerd op vrij beschikbare arbeiders stonden haaks op de sociale verhoudingen in het Rusland van Nicolaas I. Om die redenen vielen de opvattingen van de horigenbezittende adel niet samen met die van de 'vrije handelaren'. En ook Nicolaas had traditionele voorkeuren wat dat betreft. Maar de behoeften van de staat en de geldelijke noodzaken dwongen hem om belastingvrijstellingen en subsidies aan de fabriekseigenaren te geven. Na het opheffen van het embargo op de import van machines uit Engeland, ontwikkelde de Russische textielindustrie zich volledig op basis van kant en klare Engelse modellen. In de 40'er en 50'er jaren van de 19e eeuw verplaatste de Duitser Knopp 122 spinfabrieken, tot op de laatste spijker, van Engeland naar Rusland. Binnen de textielbranche ontstond zelfs een gezegde: "Bij onrust altijd van de politie op je kop; in de fabrieken, overal Knopp". Omdat de Russische textielindustrie voor een afzetmarkt werkte, bracht zij Rusland op de 5e plaats op de wereldranglijst van textielproducenten op het gebied van aantal weefgetouwen, ondanks het chronische tekort aan vaardige arbeidskrachten en dit al voor de afschaffing van de horigheid.

Andere takken van de industrie, zoals bijvoorbeeld de ijzerindustrie, ontwikkelden zich echter nauwelijks meer na de dood van Peter. De voornaamste reden van deze stagnatie was de slavenarbeid, die de invoering en toepassing van nieuwe technieken haast onmogelijk maakte. Goedkoop katoen wordt gemaakt voor het gebruik door de horige boeren zelf; maar ijzer veronderstelt een ontwikkelde industrie, steden, spoorwegen, locomotieven. Dit was allemaal onverenigbaar met de feodale samenleving van horige boeren. Tegelijkertijd hield dit de ontwikkeling van de landbouw tegen, zeker naarmate de tijd verstreek en er meer voor de buitenlandse markt werd geproduceerd. Daardoor werd de afschaffing van de 'herendiensten' en horigenschap een steeds belangrijkere voorwaarde tot economische ontwikkeling. Maar wie zou dit doorvoeren? De adel weigerde er zelfs maar aan te denken. De kapitalistische klasse was van zichzelf nog zo klein dat ze op geen enkele wijze ook maar enige beslissende hervormingen in die richting kon of durfde afdwingen. De boerenopstanden die regelmatig uitbraken, stonden in geen verhouding tot de Boerenoorlog in Duitsland of de Jacquerie in Frankrijk. Ze bleven meestal beperkt tot verspreide schermutselingen die, omdat ze geen leiderschap in steden konden vinden, op zichzelf te zwak waren om de landeigenaren te verslaan. De staat moest het beslissende woord spreken. Het tsarisme moest eerst een bloedige nederlaag ondergaan in de Krimoorlog voordat ze, in eigen belang, de weg vrijmaakte voor kapitalistische semi-hervormingen door het decreet van 1861.

Dit was het keerpunt in een nieuwe economische ontwikkeling in het land, een periode die zich kenmerkte door een snel ontstaan van een poel van 'vrije' arbeidskrachten, een koortsachtige ontwikkeling van het spoorwegennet, het creëren van zeehavens, een onophoudelijke stroom kapitaal uit Europa naar Rusland, de vereuropanisering van industriële techniek, goedkoper en ruimer beschikbaar krediet, een toename van beursgenoteerde bedrijven, de introductie van de goudstandaard, heftig protectionisme en een explosieve groei van de buitenlandse schuld. In het tijdperk van heerschappij van Alexander III (1881-1894) domineerde de ideologie van "het unieke Rusland" het gehele publieke bewustzijn, te beginnen in de schuilplaatsen van de revolutionaire samenzweerders (de narodniki-beweging) en eindigend in een gekanaliseerde opvatting over de privéstatus van zijne majesteit zelf (het officiële *narodnost*, of 'Russische volksaard'). Het was echter ook een periode van een meedogenloze omwenteling in de productieverhoudingen. Door het oprichten van grote industrie en het proletariseren van de moezjiek was het Europese kapitaal tegelijkertijd de diepste grondvesten van het unieke karakter van het Aziatisch-Moskovitische stelsel aan het ondermijnen.

De spoorwegen vormden een belangrijke hefboom in de industrialisatie. Uiteraard kwam het initiatief om deze aan te leggen van de staat. De eerste spoorweg tussen Moskou en Petersburg werd in 1851 geopend. Na de catastrofe in de Krim liet de staat haar vooraanstaande rol los en liet de spoorwegbouw over aan private ondernemers. Maar als een onvermoeibare beschermengel stond ze altijd over de rug van deze ondernemers mee te kijken; ze hielp met het oprichten van een beurs en aandelenkapitaal; ze gaf garanties op kapitaalwinsten, ze bestrooide het pad van de aandeelhouders met allerlei voorrechten en bemoedigingen. In het eerste decennium na de boerenhervorming werden er 7.000 *wersts* (1 werst = 1066,78 meter) spoorweg aangelegd, in het tweede decennium 12.000 werst, 6.000 in het derde en in het vierde decennium alleen al in het Europees Russische gedeelte meer dan 20.000 werst en ongeveer 30.000 in het totale tsarenrijk.

Tijdens de 80'er jaren en zeker tijdens de 90'er jaren, toen Witte's ster rees, als de heraut van het autocratische, repressieve kapitalisme, ontstond er een hernieuwde concentratie van de spoorwegen in handen van de staatsbank. Net als bij de ontwikkeling van het krediet zag Witte de spoorwegen als een machtig wapen in handen van de minister van Financiën om 'de ontwikkeling van de nationale industrie de ene, dan wel de andere kant op te kunnen sturen' en dus werden staatsgecontroleerde spoorwegen in zijn bureaucratische brein een 'machtige manier om de economische ontwikkeling van het land te kunnen controleren'. Als beurshandelaar en politiek onbenul kon hij niet begrijpen dat hij zelf de krachten aan het verzamelen was en de wapens van de revolutie aanscherpte. In 1894 bedroeg de totale lengte aan spoorwegen 31.800 werst, waarvan er 17.000 werst in staatshanden was. In 1905, het jaar waarin het spoorwegpersoneel zo'n enorm grote politieke rol speelde, werkten er 667.000 mensen.

Het douanebeleid van de Russische regering, waarin fiscale inhaligheid gelijke tred hield met blind protectionisme, vormde een enorme belemmering op de import van Europese goederen. Ontdaan van de mogelijkheden om haar producten op de Russische markten te dumpen, kwam het Europese kapitaal haar oostelijke grens over in haar meest zuivere en meest attractieve verschijning: als geld. Elke opwinding op de Russische financiële markt was altijd verbonden aan het binnenhalen van buitenlandse leningen. Hieraan parallel namen de Europese ondernemers direct bezit van de belangrijkste takken van de

Russische industrie. Het Europese financierskapitaal, dat het leeuwendeel van het staatsbudget opslokte, retourneerde dit gedeeltelijk naar Russische bodem in de vorm van industrieel kapitaal. Hierdoor was zij in staat, met behulp van het tsaristische fiscale systeem, om zowel de productiekracht van de moezjiek uit te putten en tegelijkertijd de arbeidskracht van het Russische proletariaat uit te buiten. In de laatste tien jaar van de 19e eeuw, en met name na het instellen van de goudstandaard in 1897, vloeide er niet minder dan 1,5 miljard roebel aan buitenlandse investeringen in industrie het land binnen. Terwijl in de 40 jaar voor 1892 het totaal van de investeringen van buitenlandse op de beurs genoteerde bedrijven op 919 miljoen roebel stond, nam dat in het daaropvolgende decennium toe tot 2,1 miljard roebel.

Het belang van deze gouden stroom vanuit het Westen naar de Russische industrie kan worden afgemeten aan het feit dat in 1890 de totale productie van alle fabrieken en bedrijven ongeveer 1,5 miljard roebel bedroeg, maar in 1900 al was gestegen tot tussen de 2,5 en 3 miljard roebel. Parallel hieraan nam het aantal arbeiders in fabrieken en bedrijven toe van 1,4 miljoen naar 2,4 miljoen.

Hoewel het zonder meer een feit is dat de Russische economie, net als de Russische politiek, zich altijd heeft ontwikkeld onder de invloed, of beter gezegd onder de druk, van de Europese politiek en economie, was haar vorm en invloed constant aan verandering onderhevig. Tijdens de periode van ambachten en manufactuur van de westerse productie, huurde Rusland westerse technici, architecten, ambachts- en vaklieden van allerlei pluimage in. Toen de fabrieksproductie de manufactuur verving, werden machinerieën het belangrijkste voorwerp van invoer en imitatie. Toen uiteindelijk het lijfeigenschap werd afgeschaft vanuit de behoeften van de staat en er zogeheten 'vrije arbeid' werd gecreëerd, opende Rusland zichzelf voor de directe invloed van het industriële kapitaal, wiens weg was voorbereid door de buitenlandse staatsleningen.

De geschiedschrijvers vertellen ons dat we in de 9e eeuw een beroep deden op de Varjagen van over zee om ons te helpen een staat te organiseren. Daarna kwamen de Zweden om ons Europese militaire technieken bij te brengen. Thomas en Knopp brachten ons de textielhandel. De Engelsman Hughes vestigde een complete metallurgische industrie in het zuiden van Rusland. Nobel en Rothschild veranderden Transkaukasië in een oliefontein. Tegelijkertijd bracht de Viking der Vikingen, de grote internationale Mendelssohn, Rusland in de werkingssfeer van de aandelenbeurs.

Toen de economische contacten met Europa nog beperkt waren tot de import van ambachtslieden en machines, of zelfs leningen voor productiedoeleinden, was dit uiteindelijk nog een kwestie van het assimileren van bepaalde Europese productie-elementen in de Russische nationale economie. Maar toen het vrije financierskapitaal, in haar race naar het hoogste rendement, zich op de Russische markt stortte, die eerder als door een Chinese Muur met importbeperkingen werd afgeschermd, werd de kwestie de assimilatie van de Russische nationale economie in het kapitalistische industriële organisme van Europa. Dat is het programma waar de laatste tientallen jaren van Russisch economische geschiedenis mee zijn gevuld.

Slechts 15% van de Russische industrie ontstond al voor 1861. Tussen 1861 en 1880 werd er 23,5% gecreëerd en tussen 1881 en 1900 meer dan 61%. 40% van alle bestaande ondernemingen zijn pas opgericht in het laatste decennium voor 1900!

In 1767 werd er 10 miljoen *poed* (16,38 kg) ruwijzer gesmolten in Rusland. In 1866 (100 jaar later!) was de hoeveelheid ruwijzer dat werd gesmolten nog maar bijna 19 miljoen *poed.* In 1896 was dit al 98 miljoen *poed* geworden en in 1904 180 miljoen *poed.* Terwijl in 1890 nog maar een vijfde van de totale productie van het gesmolten ijzer uit het zuiden kwam, is dat tien jaar later al de helft. De ontwikkeling van de olie-industrie in de Kaukasus vertoont eenzelfde soort curve. Rond 1860 bedroeg de olieproductie nog geen miljoen *poed.* In 1870 was dat al 21,5 miljoen *poed.* In het midden van de jaren 1880 verscheen het financierskapitaal op het toneel en nam het bezit van Transkaukasië van Bakoe tot Batoem en begon het met de exploitatie voor de wereldmarkt. In 1890 was de olieproductie al gestegen tot 242,9 miljoen *poed* en in 1896 tot 429,9 miljoen *poed.*

Zo zien we dat de spoorwegen, de mijnbouw en de olie-industrie in het zuiden, waarnaar het economisch zwaartepunt met enorme vaart begint te verschuiven, de producten zijn van slechts de laatste 25 jaar. In dat deel van Rusland had de ontwikkeling een puur Amerikaans karakter. Het Frans-Belgische kapitaal heeft het aangezicht van de steppeprovincies drastisch veranderd, waar gigantische fabrieken zijn gebouwd op een schaal die onbekend is in West-Europa.

Hiervoor waren twee voorwaarden noodzakelijk: de Europees-Amerikaanse technologie en het Russische staatsbudget. Alle metaalindustrie in het zuiden – waarvan er velen tot de laatste bout en moer zijn opgekocht en in zijn geheel naar Rusland getransporteerd – waren voorzien van een door de regering voor vele jaren gevulde orderportefeuille op het moment dat ze in bedrijf gingen. De Oeral, met zijn patriarchale, halffeodale tradities en "nationale" hoofdsteden, bleef hier lang bij achter. Het is pas sinds kort dat het Britse kapitaal het barbaarse "Russianisme" ook in dat deel van het land aan het uitvlakken is.

De historische omstandigheden rond de economische ontwikkeling van de Russische industrie zijn een afdoende verklaring voor het feit dat, ondanks haar jeugd, noch de kleinschalige, noch de middelgrote productie enige rol van betekenis hierin speelt. De grootschalige bedrijven en fabrieksproductie zijn niet op een natuurlijke wijze voortgekomen uit de ambachten en de manufactuur, omdat de ambachten de huisnijverheid nog niet op eigen kracht waren ontgroeid en daarna reeds tot economische ondergang waren gedoemd, vanwege het buitenlandse kapitaal en de buitenlandse technologie. De lakenindustrie hoefde de meester-wevers niet te bevechten, integendeel; het waren de weeffabrieken die een hele reeks van aan de katoenproducerende industrie verbonden kleinere ondernemingen deden ontstaan in de dorpen. Hetzelfde gold voor de metaalindustrie in het zuiden en de olie-industrie in de Kaukasus, die geen kleinere bedrijven hoefden weg te saneren, maar juist een impuls gaven aan de ontwikkeling van een reeks aan secundaire en onderliggende takken van de economie.

Vanwege de erbarmelijke staat van onze industriële statistiek, is het bijna onmogelijk om een verband uit te drukken tussen de kleine en de grootschalige productie in Rusland. De onderstaande tabel geeft slechts bij benadering een beeld van de werkelijke situatie, omdat de informatie over de eerste en tweede categorie van bedrijven, met tot 50 arbeiders, gebaseerd zijn op buitengewoon weinig beschikbaar materiaal, zeg maar gerust schaars.

Mijnbouw en industrie	aantal bedrijven	aantal arbeiders x 1000	% van alle arbeiders
Minder dan 10 arbeiders	17.346	65,0	2,5
Tussen 10 en 49 arbeiders	10.586	236,5	9,2
Tussen 50 en 99 arbeiders	2.551	175,2	6,8
Tussen 100 en 499 arbeiders	2.779	608,0	23,8
Tussen 500 en 999 arbeiders	556	381,1	14,9
1000 en meer arbeiders	453	1.097,0	42,8

Ditzelfde vraagstuk wordt uitstekend belicht door een vergelijking te maken van de winsten die in de verschillende takken van de commerciële en industriële ondernemingen in Rusland werden gemaakt.

	Aantal ondernemingen	Totale winst in miljoen roebel
Winst tussen de 1000 en 2000 roebel	37.000 of 44,5%	56 of 8,6%
Winst meer dan 50.000 roebel	1.400 of 1,7%	201 of 45,0%

Met andere woorden, ongeveer de helft van alle ondernemingen (44,5%) zijn goed voor minder dan een tiende van alle winsten, terwijl een zestigste deel van de ondernemingen (1,7%) bijna de helft van alle meerwaarde weet op te strijken (45%). Bovendien kunnen we ervan uitgaan dat de winsten die door de grote bedrijven worden opgegeven en in de tabel zijn opgenomen aanzienlijk zijn onderschat. Om de buitengewone mate van concentratie van de Russische industrie aan te tonen, maken we in de navolgende tabellen een vergelijking met België en Duitsland (exclusief de mijnbouwsector).

De eerste tabel, ondanks de reeds vermelde onvolkomenheden in de gegevens, stelt ons in staat de volgende conclusies te trekken: (1) binnen homogene groepen heeft de gemiddelde Russische onderneming een aanzienlijk groter aantal arbeiders dan de Duitse; (2) in Rusland is een aanzienlijk hoger percentage arbeiders geconcentreerd in de grote (tussen 51 en 1000 arbeiders) en zeer grote bedrijven (meer dan 1000 arbeiders) dan het geval is in Duitsland. Ten aanzien van de laatste categorie is dit verschil zowel relatief als absoluut. De tweede tabel toont deze verschillen nog treffender aan in een vergelijking met België.

We zullen verder nog zien welk een enorme invloed dit hoog geconcentreerde karakter van de Russische industrie heeft gehad op de loop van de Russische revolutie. En uiteraard dus ook op de loop van de gehele politieke ontwikkeling in Rusland.

Tegelijkertijd moeten we ons rekenschap geven van een niet minder belangrijk aspect van deze omstandigheid; deze hoogmoderne industrie die op zeer kapitalistische leest is geschoeid, betreft slechts een klein deel van de bevolking, terwijl de meerderheid van de boerenbevolking gevangen bleef in het net van klassenonderdrukking en extreme armoede. Dit feit betekende op zichzelf weer dat de mogelijkheden voor groei van de kapitalistische ondernemingen in ons land enorm werden begrensd.

De verdeling tussen de industriële actieve bevolking, opgesplitst in landbouw en niet-grond gerelateerde bedrijvigheid in Rusland en in de Verenigde Staten wordt hierna weergegeven.

Fabrieken en bedrijven	**Duitsland (gegevens 1895)**			
	aantal bedrijven	totaal aantal werknemers (x1000)	percentage van aantal werknemers	gemiddeld aantal werk-nemers per bedrijf
Tussen 6 en 50 werknemers	191.101	2.454,3	44%	13
Tussen 51 en 1.000	18.698	2.595,5	46%	139
1000 en meer	296	562,6	10%	1.900
TOTAAL	210.095	5.612,4	100%	-

Fabrieken en bedrijven	Rusland (statistiek 1902)			
	aantal bedrijven	totaal aantal werknemers (x1000)	percentage van aantal werknemers	gemiddeld aantal werknemers per bedrijf
Tussen 6 en 50 werknemers	14.189	234,5	12,5%	16,5
Tussen 51 en 1.000	4.722	918,5	49,0%	195
1000 en meer	302	710,2	38,5%	2.351
TOTAAL	19.213	1.863,2	100%	-

Fabrieken en bedrijven	België (gegevens 1895)			
	aantal bedrijven	totaal aantal werknemers (x1000)	percentage van aantal werknemers	gemiddeld aantal werknemers per bedrijf
Tussen 5 en 49 werknemers	13.000	162	28,3%	12,5
Tussen 50 en 499	1.446	250	43,7%	170
500 en meer	184	160	28,0%	869
TOTAAL	14.360	572	100%	-

Fabrieken en bedrijven	Rusland (statistiek 1902)			
	aantal bedrijven	totaal aantal werknemers (x1000)	percentage van aantal werknemers	gemiddeld aantal werknemers per bedrijf
Tussen 5 en 49 werknemers	14.849	234,5	12,6%	16,5
Tussen 50 en 499	4.298	628,9	33,8%	146,3
500 en meer	726	999,8	53,6%	1.377
TOTAAL	19.213	1.863,2	100%	-

Het aantal mensen dat in Rusland met haar bevolking van 128 miljoen als arbeider werkt, is met 30,6 miljoen nauwelijks groter dan het aantal in de Verenigde Staten met 29 miljoen, maar de laatste met een bevolking van 76 miljoen. Als gevolg van onze algemene achterstand in economische ontwikkeling en daardoor het algemeen overwicht van de plattelandsbevolking over de stedelijke bevolking (60,8% tegenover 39,2%) raakt dit aan alle andere takken van de nationale economie.

In 1900 produceerden de fabrieken en bedrijven en grootschalige industrie in de Verenigde Staten goederen voor een totale waarde van 25 miljard roebel, terwijl het vergelijkbare cijfer in Rusland 2,5 miljard roebel was, dus maar 10%, hetgeen, buiten al het andere, ook een weerspiegeling is van onze enorme lage arbeidsproductiviteit. In datzelfde jaar werden de volgende hoeveelheden steenkool gedolven: 1 miljard *poed* in Rusland; 1 miljard *poed* in Frankrijk, 5 miljard *poed* in Duitsland en 13 miljard *poed* in Engeland. De productiecijfers voor ijzer per arbeider waren als volgt: 1,4 *poed* per arbeider in Rusland, 4,3 *poed* in Frankrijk, 9 *poed* in Duitsland en 13,5 *poed* in Engeland. 'Toch', zegt Mendeljev, 'konden we de hele wereld voorzien van ons uiterst goedkope ruwijzer, ijzer en staal. Onze olie-, steenkool- en andere minerale reserves zijn nauwelijks aangesproken'.

De ontwikkeling van de industrie die overeenkomt met zulke rijkdom is niet voor te stellen zonder een uitbreiding van de binnenlandse markt en daarbij een toename in koopkracht van de binnenlandse bevolking. Met andere woorden, economische verbetering in het leven van de boerenmassa's.

Daarin ligt het beslissende belang van het agrarische vraagstuk voor de toekomstige ontwikkeling van Rusland als kapitalistisch land.

HOOFDSTUK 3

DE BOERENSTAND EN DE AGRARISCHE KWESTIE

Volgens berekeningen (die overigens nauwelijks accuraat zijn te noemen) is de opbrengst voor de Russische economie van de raffinage en verwerkende industrie tussen de 6 en de 7 miljoen roebel per jaar, waarvan zo'n 1,5 miljoen, oftewel een vijfde deel, opgeslokt door de staat. Dat betekent dat Rusland het drie of vier keer minder goed doet dan de Europese staten. Zoals we hebben gezien is het aantal economisch actieve personen maar een zeer klein percentage van de totale bevolking en bovendien is de economische productiviteit van dit deel erg laag. Dat geldt voor de industrie, wiens jaarlijkse productie in geen proportie staat tot het aantal werkzame personen; maar de productiecapaciteit in de landbouw, die ongeveer 61% van alle arbeidskrachten tewerkstelt en waarvan de opbrengst maar 2,8 miljard roebel bedraagt – oftewel, minder dan de helft van het bruto nationaal product – staat op een nog onvergelijkbaar lager niveau.

De omstandigheden in de Russische landbouw (die voornamelijk uit kleine boerenbedrijfjes bestaat) worden in essentie bepaald door de zogeheten "landbouwhervormingen" van 1861. Vanuit staatsbelang geïnitieerd, waren deze hervormingen volledig in het zelfzuchtige belang van de landadel. De moezjiek[9] werd niet alleen bedrogen bij de verdeling van de landerijen, maar ook opgezadeld met ondraaglijke belastingen.

De onderstaande tabel geeft de verdeling van landerijen aan over de drie belangrijkste categorieën van boeren toen de horigheid werd afgeschaft:

Categorie Boeren	*Aantal personen (1860)*	*Toegewezen hoeveelheid*	*Gemiddeld desjatina (1,01 ha) per persoon*
Lijfeigenen	11.907.000	37.758.000	3,17
Staatseigen	10.347.000	69.712.000	6,74
Onafhankelijk	870.000	41.730.000	4,90
Totaal	**23.124.000**	**111.730.000**	**4,83**

9 Kleine boer

Ervan uitgaand dat de gronduitgifte aan boeren die eigendom waren van de staat toereikend was, onder de toenmalige economische omstandigheden, om in tewerkstelling en onderhoud van het volledige boerengezin te voorzien, moeten we concluderen dat de lijfeigenen van de landadel en de onafhankelijke boeren ongeveer 44 miljoen desjatina te weinig hebben gekregen ten opzichte van die norm. Op die delen van het land waar onder lijfeigenschap werd gewerkt, hadden de boeren voor hun eigen onderhoud maar de helft van hun arbeidskrachten ter beschikking, omdat ze drie dagen per week verplicht werkten voor de landheer. Desalniettemin werd er toch 2% van hun beste land afgenomen, ten voordele van de landheren, die bij voorbaat al in ontoereikende hoeveelheid werd uitgegeven (zeer algemeen gesteld, omdat er tussen het ene en het andere deel van het land aanzienlijke verschillen waren). En dus werd de agrarische overbevolking, die al onderdeel was van de fundamentele voorwaarden van lijfeigenschap, nog eens vergroot door de inbezitname van landbouwgrond door de adel.

De halve eeuw die is verstreken sinds de landhervormingen hebben een aanzienlijke herverdeling in grondeigendom met zich meegebracht, grond ter waarde van 750 miljoen roebel is van de landadel overgegaan in handen van de handels- en landbouwbourgeoisie. Maar de overgrote meerderheid van de boerenbevolking heeft op geen enkele wijze hiervan kunnen meeprofiteren.

In 1905 zag de verdeling van het land in de 50 provincies van Europees Rusland er als volgt uit:

1. Grondbezit van:	**112 miljoen desjatina**
voormalige staatshorigen	66,3
voormalig landheer horigen	38,4
2. Privaat grondbezit van:	**101,7**
Bedrijven en ondernemingen	15,7 (waarvan 11,4 door boerenbedrijven)
Private personen tot 20 desjatina	3,2 (waarvan 2,3 door boeren zelf)
Tussen 20 en 50 desjatina	3,3
Meer dan 50 desjatina	79,4

3. Kroondomein en onafhankelijke landerijen	145,0
Inclusief onbebost en landbouw geschikt	4,6
4. Kerk en kloostergronden e.d.	8,8

Zoals we al zagen bedroeg de gemiddelde grondtoewijzing per boer na de landhervorming 4,83 desjatina. Vijfenveertig jaar later, in 1905, bedroeg het gemiddelde bezit, inclusief de nieuw verworven landerijen, nog maar 3,1 desjatina. Anders gezegd, de totale hoeveelheid landbouwgebied in het bezit van de boeren is afgenomen met 36 procent.

De ontwikkeling van commerciële en industriële activiteiten die op zijn hoogst maar een derde wist op te nemen van de jaarlijkse groei van de boerenbevolking; de emigratiebewegingen naar gebieden in de periferie die voor een deel de boerenbevolking in het centrum deed dalen; en als laatste de activiteiten van de Boerenbank, die boeren in midden en hogere niveaus van welvaart in de gelegenheid stelden 7,3 miljoen desjatina land op te kopen in de periode van 1882 tot 1905 – deze factoren konden er nooit in slagen om zelfs maar het effect van natuurlijke bevolkingsgroei op te heffen of verergering van de armoede op het land te voorkomen.

Volgens schattingen zijn er in Rusland zo'n 5 miljoen volwassen mannen die geen gepaste besteding voor hun arbeidskracht kunnen vinden. Alleen een kleine minderheid van dit aantal bestaat uit professionele vagebonden, bedelaars en dergelijke. De overweldigende meerderheid van deze 5 miljoen mensen behoren tot boeren van de zwarte aarde. Door hun arbeidskrachten op het land in te zetten, dat net zo goed zonder hen bewerkt kan worden, verlagen ze de arbeidsproductiviteit van de boer met 30 procent en, omdat ze opgaan in het totaal van de boerenmassa, voorkomen ze diens proletarisering, door middel van de verpauperisering van steeds grotere aantallen boeren.

Theoretisch zou een mogelijke oplossing liggen in het intensiveren van de landbouw. Maar om dit te realiseren hebben de boeren beter onderwijs nodig, meer mogelijkheden voor initiatief, minder bevoogding en een stabiele rechtsorde – omstandigheden die niet bestaan en niet konden ontstaan in het autocratische Rusland. Het allergrootste obstakel voor de verbetering van de landbouw was en is nog steeds het gebrek aan financiële middelen. Ook dit aspect van de crisis in de boereneconomie is terug te leiden, net als het grondgebrek, op de hervormingen uit 1861.

De boeren kregen de ontoereikende toewijzing van grond echter niet voor niks. Zij moesten hiervoor een vergoeding aan de landheren betalen, waarbij de staat als tussenpersoon optrad. Voor grond waar ze jaren als horigen op hadden gewerkt en geleefd en welk gebied door de herverdelingen en verkavelingen ook nog kleiner waren geworden. De vergoedingen werden vastgesteld door regeringsvertegenwoordigers die samenspanden met de landheren en dus kwam er in plaats van de berekende 648 miljoen roebel die men als opbrengst had berekend voor de herverdeling, een som van 867 miljoen roebel uit, die als schuld op de schouders van de boeren werd gelegd. Dus naast voor hun eigen land te moeten betalen, werden ze ook nog met een losgeld van een extra 219 miljoen opgezadeld om van hun lijfeigendom te worden bevrijd. En daarbij kwamen, juist door de schaarste aan landbouwgrond, ook nog exorbitante grondrentes en gelden voor het monsterlijke werk van het tsaristische belastingapparaat. Om een voorbeeld te geven; per *desjatin* toegewezen land moet 1,56 roebel aan belasting worden betaald, voor land dat al in particulier bezit was 23 kopeken (0,23 roebel). Vandaar dat bijna het totale gewicht van het staatsbudget op de boeren rust. Terwijl zij zich het leeuwendeel van de opbrengsten van het dorp toe-eigent, geeft de staat nagenoeg niets terug aan de dorpen wat kan bijdragen aan de ontwikkeling van hun culturele niveau of productiecapaciteit.

De door de overheid in 1902 opgerichte lokale landbouworganisaties becijferden dat 50 tot 100% en soms meer van het winstgevende deel van de opbrengst van de boerengezinnen wordt opgeslokt door directe en indirecte belastingen. Met als gevolg enerzijds een groei van het aantal hopeloze gevallen en anderzijds een stagnatie en zelfs afname van landbouwactiviteit. Zowel de technologie als de gewassen in Midden-Rusland zijn precies hetzelfde als 1000 jaar geleden. De gemiddelde opbrengst tarwe per hectare bedraagt in Engeland 26,9 hectoliter; in Duitsland 17,0 hectoliter en in Rusland 6,7 hectoliter. Hier moet nog aan worden toegevoegd dat de opbrengsten op de particuliere stukjes grond 46% lager waren, dan die van de landerijen der grootgrondbezitters. En dat verschil neemt nog toe naarmate de oogsten slechter zijn. Onze boeren hebben lang geleden de droom al opgegeven wat graan te kunnen bewaren voor moeilijke dagen. De nieuwe financiële- en warenverhoudingen aan de ene kant en de belastingtechnische aan de andere kant, dwingen hem om al zijn natuurlijke reserves en economische extra's om te zetten in baar geld, wat dan onmiddellijk weer uit zijn zak wordt gezogen door de betaling van huur en belasting. De koortsachtige jacht naar contant geld dwingt de boer zijn landerijen geweld aan te doen, te vaak te bebouwen, te weinig te bemesten en uit te putten. In plaats van rationeel rentmeesterschap en herstel toe te passen.

Elke tegenvallende oogst, als ware het de wraak van de aarde op haar eigen mishandeling, heeft een elementair vernietigend effect op de dorpen die, zoals we hebben gezien, geen reserves of voorraden meer hebben.

Maar zelfs in de zogenaamde 'normale' jaren slagen de boeren er niet in te ontsnappen aan een staat van halve verhongering. Bij deze het budget van de boer dat eigenlijk in de gouden koppen van de Europese bankiers, de financiers van het tsarisme, gegrift zou moeten worden: elk lid van een boerenfamilie geeft uit per jaar; 19,5 roebel aan eten, 3,8 roebel aan huur, 5,5 roebel aan kleding, 1,4 roebel aan andere materiële noodzakelijkheden en 2,5 roebel aan intellectuele en geestelijke behoefte! Een enkele geschoolde Amerikaanse arbeider geeft direct en indirect evenveel uit als twee Russische gezinnen die elk uit 6 personen bestaan. Maar om deze uitgaven te dekken, die geen enkele moralist van de staat buitensporig zou noemen, komen de boereninkomsten uit de landbouw toch ieder jaar 1 miljard roebel tekort. Daartegenover levert de huisnijverheid ongeveer 200 miljoen winst op voor de dorpen. Verrekenen we het tekort hiermee, dan tonen de opbrengsten van landbouw een tekort van 850 miljoen roebel. Precies het bedrag dat de staatsbelastingdienst elk jaar uit de handen van de boeren steelt.

In onze beschrijving van de landbouw hebben we tot dusver de economische verschillen tussen de diverse regio's buiten beschouwing gelaten. Die zijn nochtans feitelijk van doorslaggevend belang en vonden een krachtige uitdrukking in de vormen van de diverse boerenbewegingen (zie hoofdstuk 17, De Boerenopstand). Als we ons beperken tot de vijftig provincies van het Europese Rusland en de noordelijke bosstrook buiten beschouwing laten, kan het overgebleven gebied vanuit het oogpunt van de landbouw en de economische ontwikkeling in het algemeen, in drie grote regio's worden verdeeld:

1. De industriële regio, inclusief de provincie Petersburg in het noorden en de provincie Moskou in het zuiden. Dit noordelijke kapitalistische gebied, door Petersburg en Moskou gedomineerd, wordt gekenmerkt door fabrieken (vooral textiel), lokale nijverheid, vlasverwerking en commerciële agricultuur – zoals tuincentra. Net als alle industriële regio's, wordt er te weinig graan verbouwd om in eigen behoefte te kunnen voorzien en moet worden geïmporteerd vanuit het zuiden.

2. De zuidoostelijke regio tegen de Zwarte Zee aan en het lagere stroomgebied van de Volga is het Russische Amerika. Dit gebied, waar horigheid bijna niet bestond, speelde de rol van een kolonie ten opzichte van het Centraal-Rusland. Zogeheten "meelfabrieken", die de modernste landbouwmachines gebruiken, sprongen als paddenstoelen op in de wijde leegte van de steppe, en exporteren hun graanproducten naar het noorden en de buitenlandse landen in het westen, waardoor er ook een grote groep migranten werd aangetrokken. Parallel hieraan vond de overgang plaats van boeren-arbeidskracht naar halffabricaten-industrie, het opbloeien van zware industrie en koortsachtige stedelijke groei. In dit gebied zijn de onderlinge verschillen binnen de boerenstand enorm diep, met aan de ene kant de landbouwende boer en de voormalig landarbeidende proletariër, in veel gevallen een migrant uit Zwarte Aarde provincies[10], aan de andere kant van de schaal.

3. Tussen het oude industriële noorden en het nieuwe industriële zuiden ligt een brede strook van zwarte aarde, het Russische India. Haar bevolking die relatief dicht was, zelfs in de horigheid, en in zijn geheel bij de landbouw was betrokken, verloor 24% van haar land als gevolg van de hervorming van 1861, omdat de beste landerijen, essentieel in het boerenbestaan, in handen kwamen van de grote

10. Chernozem of zwarte aarde is een bodem waarvoor internationaal de Russische term chernozem wordt gebruikt. Het is een zeer donkere grond, rijk aan organische stof, in een betrekkelijk regenrijke steppe of bossteppe. Afgestorven delen van de grasvegetatie vormen de grondslag voor een zeer rijke ontwikkeling van humus, die 3 tot 15% van het bodemvolume uitmaakt en rijk is aan fosforzuren, fosfor en ammoniak. De zwarte aarde is tot zeer diep in de grond aanwezig; vaak meer dan een meter, tot zes meter diep in Oekraïne. Chernozems zijn zeer vruchtbaar en behoeven geen grondverbeteraars, zodat ze voor de landbouw worden beschouwd als goede gronden. De zwarte aarde is geschikt voor de teelt van tarwe en andere granen. Het enige nadeel is dat er vaak droogteperioden optreden, waardoor de omvang van de oogst per jaar sterk kan wisselen. De Euraziatische zwarte-aardegordel strekt zich uit van noordoostelijk Oekraïne via de economische regio Centraal-Tsjernozjom en Zuid-Rusland naar Siberië.

landeigenaren. De grondprijzen stegen snel, de grondbezitters hanteerden een puur parasitaire economie, deels hun landen cultiverend met de boerenvoorraden en deels door deze te verhuren en te verpachten aan de boeren, die aldus in de wurgreep van op slavernij lijkende huurvoorwaarden terecht kwamen. Honderdduizenden boeren ontvluchtten deze regio voor de industriële regio's in het noorden en zuiden, waar ze het niveau van de arbeidsomstandigheden nog verder verlagen. In de strook van de Zwarte Aarde is er nauwelijks grootschalige industrie of kapitalistische landbouw. Hier kan een kapitalistische boer niet concurreren met de pauper huurder-boer en de stoomploeg wordt verslagen in het gevecht door het fysieke verzet van de moezjiek, die als rentebetaling niet alleen de volledige opbrengst van zijn "kapitaal" moet inleveren, maar ook een deel van zijn salaris opoffert en leeft op een dieet van meel met zaagsel of gemalen bast. In sommige plaatsen heeft de armoede van de boeren zulke proporties bereikt, dat zelfs de aanwezigheid van bedwantsen of kakkerlakken in een *izba* (plaggenhut) wordt beschouwd als een overtuigend bewijs van relatieve rijkdom. Het is een onderzocht feit dat de plattelandsdokter Sjingarev, tegenwoordig een liberaal afgevaardigde in de Doema, heeft ontdekt dat in de huizen van de landloze boeren die hij onderzocht, in sommige delen van de provincie Voronezj geen bedwantsen waren te vinden, terwijl onder bepaalde categorieën van de bevolking in de dorpen het aantal getelde bedwantsen redelijk overeenkwam met de "rijkdom" van het gezin. Naar het blijkt is de kakkerlak minder aristocratisch ingesteld, maar ook dit insect behoeft een hogere standaard in comfort dan de pauper in de Voronezj: bij 9,3% van de boerenfamilies zijn er geen kakkerlakken te vinden vanwege de kou en armoede.

*

Onder zulke omstandigheden is het zinloos om over enige ontwikkeling van landbouwtechniek te spreken. De voorraden van de boeren, inclusief de werkdieren, worden verkocht om huur en belasting te betalen, of wordt anders wel opgegeten. Maar waar er geen ontwikkeling van de productiekrachten plaatsvindt, kan er ook geen sociale differentiatie ontstaan. De eenheid in armoede overheerst binnen de gemeenschap van de Zwarte Aarde. Vergeleken met het noorden en het zuiden zijn de onderlinge verschillen binnen de boerenstand erg oppervlakkig. Boven de embryonale klassenverschillen staat de acute tegenstelling van het agrarische vraagstuk tussen de verarmde boerenstand en de parasitaire adel.

Uiteraard komen de drie beschreven regio's niet precies overeen met de geografische grenzen van de betrokken gebieden. De eenheid van de staat en de afwezigheid van interne tariefbarrières sluiten de vorming van aparte economische organen uit. Tijdens de jaren 1880 overheersten de halfhorige omstandigheden in de twaalf centrale provincies van de Zwarte Aarde, en waren deze ook van toepassing op 5 provincies buiten de strook van de Zwarte Aarde. Aan de andere kant waren er 9 provincies in het Zwarte Aardegebied waar de kapitalistische productiewijze in de landbouw wel werd toegepast, net als in 10 provincies erbuiten. Er waren tenslotte ook 7 provincies in dit gebied waar de twee systemen evenveel werden toegepast.

Het gevecht tussen het pachtsysteem en kapitalistische landbouw – een strijd zonder bloedvergieten, maar met ontelbare slachtoffers – is in volle gang en gaat onverminderd door; de kapitalistische landbouw is nog lange na niet bij machte de overwinning te claimen. De boer, gevangen in de fuik van zijn toegewezen stukje grond en ontdaan van de mogelijkheid er daarnaast wat bij te verdienen, wordt zoals we hebben gezien gedwongen om tegen elke prijs wat land bij te huren van de landeigenaar. Hij ziet niet alleen af van al zijn winst, brengt niet alleen zijn eigen consumptie terug tot een absoluut minimum, maar verkoopt ook zijn hulpmiddelen, daarmee het technisch lage niveau van de economie nog verder verlagend. Het grootkapitaal staat machteloos in het aangezicht van deze 'voordelen' van het kleinschalige boerenbedrijf; en de landeigenaar wil niets te maken hebben met rationele methodes van cultivering en verdeelt zijn grond in nog kleinere stukjes om met winst aan de boeren te verhuren. Door de stijging van de grondrente en prijs, zorgt het bevolkingsoverschot in de centrale delen tegelijkertijd voor een verlaging van de lonen in de rest van het hele land. En hiermee maakt het de introductie van machinerie en nieuwe technieken nauwelijks winstgevend, niet alleen in de landbouw, maar ook in de andere productietakken. In het laatste decennium van de 19e eeuw had de economische neergang zich al verspreid tot een aanzienlijk deel van de zuidelijke regio waar, parallel aan de stijging van de grondhuur, er een versnelde afname van het gebruik van werkdieren door de boeren plaatsvond. De crisis in de landbouw en de toenemende verarming van de boerenstand is de basis voor een Russisch industrieel kapitalisme verder aan het versmallen, die wordt gedwongen om vooral voor de binnenlandse markt te produceren. Voor zover de zware industrie wordt gevoed door staatsopdrachten, begint de toenemende verarming van de moezjiek een verschrikkelijke bedreiging te worden voor de zware industrie, omdat hierdoor de basis van het staatsbudget wordt ondermijnd.

Deze omstandigheden zijn op zich al voldoende om te verklaren waarom het agrarische vraagstuk het middelpunt van het Russische politieke leven is geworden. Alle oppositie en revolutionaire partijen van het land hebben al wrede verwondingen opgelopen door de scherpe kanten van het agrarische vraagstuk: dat gold voor december 1905, in de eerste Doema, in de tweede Doema. Vandaag draait de derde Doema om het agrarische vraagstuk als een hamster in een tredmolen. En ook het tsarisme loopt het risico haar criminele hoofd te breken op hetzelfde probleem.

De regering van de adel en de bureaucratie is, zelfs met de beste bedoelingen, machteloos als het gaat om het doorvoeren van wat hervormingen in een gebied waar lapmiddelen allang alle betekenis hebben verloren. De 6 of 7 *desjatina* goede landbouwgrond die de regering tot haar beschikking heeft zijn absoluut ontoereikend, gegeven de aanwezigheid van een overschot aan 5 miljoen mannelijke boeren in het land. Maar zelfs als de staat dit land aan die boeren zou verkopen, dan zou ze dat moeten doen tegen prijzen die ze ook aan de landeigenaar hebben moeten betalen: hetgeen betekent dat zelfs als deze miljoenen desjatina snel en in zijn geheel over zouden gaan in handen van de boeren, elke roebel van deze moezjieks terecht zou komen in de bodemloze put van de staat en de adel in plaats van dat het productief zou worden gemaakt in de economie.

De boerenstand kan de sprong van armoede en honger naar het paradijs van rationele en intensieve landbouw niet maken. Om zo'n verandering überhaupt mogelijk te maken zou de boerenstand, onder de huidige stand van de economie, onmiddellijk voldoende land moeten worden gegeven om haar arbeidskracht op aan te wenden. Een overgang van alle grote en middelgrote landerijen in handen van de boeren is de eerste essentiële voorwaarde tot een serieuze agrarische hervorming. Vergeleken met de tientallen miljoenen desjatina in handen van de grootgrondbezitters, gronden die worden misbruikt om de boeren uit te persen, zijn de 1840 stukken grond van in totaal 7 miljoen desjatina, waar relatief grootschalige landbouw wordt bedreven een druppel op een gloeiende plaat. De verkoop van deze gronden aan de moezjiek zou de situatie nauwelijks doen veranderen: wat de moezjiek nu aan huur moet ophoesten, zal hij dan moeten neerleggen als aankoopbedrag. Wat overblijft is inbezitname.

Het is echter niet moeilijk om aan te tonen dat zelfs het confisqueren van grote delen grond op zichzelf onvoldoende is om de boeren te redden. De totale winst op landbouw bedraagt 2,8 miljard roebel, waarbij 2,3 miljard wordt onttrokken aan de boeren en landarbeiders en ongeveer 450 miljoen roebel aan de grootgrondbezitters. Maar we hebben eerder al gezien dat het jaarlijkse tekort van de boerenstand ongeveer 850 miljoen bedraagt. Hieruit volgt dat een inbezitname van de landerijen van de grootgrondbezitters dit verschil amper voor de helft dekt en dus ruim tekort schiet.

Diegenen die zich uitgesproken hebben tegen een inbezitname van de landerijen hebben zich vaak bediend van deze argumentatie en berekeningen. Daarmee gaan ze echter voorbij aan het belangrijkste aspect van het probleem: het werkelijke belang van de onteigening ligt in de mogelijkheid van het ontwikkelen van een vrije boereneconomie op hoog technisch niveau, waardoor de totale opbrengsten van het land enorm zouden toenemen en dat ontwikkeld kan worden op de landerijen, die nu in handen zijn van een nietsnuttende klasse. Maar zo'n Amerikaanse manier van het runnen van een boerenbedrijf is alleen denkbaar in een Rusland waar het tsaristische absolutisme, met haar fiscale eisen, haar bureaucratische bevoogding, haar allesverslindende militarisme, haar schulden op de Europese beurzen, volledig ten einde wordt gebracht. De volledige formule tot oplossing van het agrarische vraagstuk luidt als volgt: onteigening van de adel, afschaffing van het tsarisme, democratie.

Dat is de enige manier waarop onze landbouw uit haar huidige stagnatie kan ontsnappen, haar productieve krachten kan verhogen en tegelijkertijd de vraag naar industriële producten doet toenemen. Hierdoor zal de industrie een machtige impuls tot verdere ontwikkeling krijgen en een aanzienlijk deel van de overschotten aan plattelandsbevolking kunnen opnemen.

Uiteraard kan niets van dit alles een uiteindelijke oplossing aan het agrarische vraagstuk bieden: er is geen oplossing onder het kapitalisme. Maar, hoe dan ook, is de revolutionaire omverwerping van de autocratie en het feodalisme een noodzakelijke eerste stap in een aanstaande oplossing. Het agrarische vraagstuk in Rusland is een zware last voor het kapitalisme: het is een hulpmiddel voor de revolutionaire partij en tegelijkertijd haar grootste uitdaging: het is het struikelblok voor het liberalisme en een *memento mori*[11] voor de contrarevolutie.

11. Herinnering aan de eigen sterfelijkheid

HOOFDSTUK 4

DE DRIJVENDE KRACHTEN ACHTER DE RUSSISCHE REVOLUTIE

Een inwonersaantal van 150 miljoen mensen, 5,4 miljoen vierkante kilometer land in Europa en 17,5 miljoen in Azië. Binnen deze enorme ruimte is elk tijdperk van de menselijke cultuur terug te vinden: barbarij uit de oertijd in de noordelijke wouden, waar de mensen rauwe vis eten en houtblokken vereren, tot de moderne sociale verhoudingen van de kapitalistische stad, waar socialistische arbeiders zich bewust zijn van zichzelf als onderdeel van de wereldpolitiek en een scherp oog houden op de ontwikkelingen in de Balkan en de debatten in de Duitse Reichstag. De meest geconcentreerde industrie in Europa geplaatst op de meest achtergebleven landbouw in Europa. Het meest kolossale staatsapparaat in de wereld maakt gebruik van elke stap vooruit in de moderne techniek om de historische ontwikkeling van het eigen land tegen te houden.

In de voorgaande hoofdstukken hebben we geprobeerd om een algemene schets van de Russische economische verhoudingen en sociale tegenstellingen te geven, zonder op alle details in te gaan. Dat is namelijk de grond waarop onze sociale klassen opgroeien, leven en strijden. De revolutie toont ons deze klassen tijdens een periode van zeer intensieve strijd. Maar er zijn ook bewuste gevormde instellingen die direct ingrijpen in het politieke leven van een land; partijen, vakbonden, het leger, de bureaucratie, de media en, boven al voornoemden geplaatst, de staatsministers, de politieke leiders, de demagogen en de beulen. Klassen kunnen niet met een vluchtige blik worden waargenomen – normaal blijven ze achter de schermen. Maar dat weerhoudt politieke partijen en hun leiders er niet van, net zo min als de staatsministers en de beulen, om alleen maar werktuigen van die respectievelijke klasse te zijn. En het goede of kwade karakter van zulke organen is wel degelijk van groot belang in de ontwikkeling en uiteindelijke afloop van de gebeurtenissen. Als ministers niet meer zijn dan de ingehuurde dienaren van de "objectieve intelligentie van de staat", ontslaat hen dat niet van de plicht of noodzaak zelf een eigen brein te hebben en het greintje verstand dat ze met zich meedragen ook te gebruiken. Iets wat ze zelf nogal eens over het hoofd zien. Aan de andere kant leidt de logica van de klassenstrijd tot het feit dat we onszelf niet kunnen uitsluiten van het toepassen van onze eigen logica op onszelf. Wie niet in staat is om toe te geven dat initiatief, talent, energie en heldhaftigheid van invloed zijn op de historische noodzakelijkheid, heeft het filosofische geheim van het marxisme niet begrepen. Andersom, als we een politiek proces in zijn geheel willen begrijpen, in dit geval de revolutie, dan moeten we in staat zijn om achter de verzameling van partijen en programma's, achter de verdorvenheid en inhaligheid van sommigen en het lef en het idealisme van anderen, de contouren te trekken van de sociale klassen; diepgeworteld in de productieverhoudingen en haar bloemen bloeiend in de hoogste ideologische sferen.

DE MODERNE STAD

De aard van de kapitalistische klasse is nauw verbonden met de geschiedkundige ontwikkeling van de industrie en de stad. Het is waar dat in Rusland de stedelijke populatie minder samenvalt met de industriële bevolking dan elders ter wereld. Op enkele randstedelijke fabrieksdorpen na, die om puur formele redenen niet tot het stadsgebied worden gerekend, liggen er tientallen belangrijke industriële centra verspreid over het platteland. Van het totaal aantal bestaande bedrijven ligt 57%, die 58% van het totaal aantal arbeiders tewerk stelt, buiten de steden. Maar toch blijft de kapitalistische stad de meest complete uitdrukking van de nieuwe samenleving.

Het stedelijke Rusland van hede ten dage is het product van de afgelopen tientallen jaren. In het eerste kwart van de 18e eeuw leefden ongeveer 328.000 mensen in steden, zo'n 3% van de bevolking. In 1812 leefden 1,6 miljoen mensen in steden, nog steeds maar 4,4% van de totale bevolking. In het midden van de 19e eeuw steeg dat tot 3,5 miljoen mensen, zo'n 7,8% van de bevolking. Volgens de telling in 1897 was de stedelijke bevolking al gegroeid naar 16,3 miljoen oftewel ongeveer 13% van het totaal. Tussen 1885 en 1897 was de stedelijke bevolking gegroeid met 33,8% terwijl de plattelandsbevolking maar met 12,7% groeide. De groei van sommige steden was werkelijk spectaculair te noemen. Moskou kende een bevolkingsgroei van 604.000 naar 1,359 miljoen, een stijging met 123%. Sommige zuidelijke steden zoals Odessa, Rostov aan de Don, Jekaterinoslav, Bakoe, groeiden zelfs nog harder.

Parallel aan de groei in aantal en omvang van de steden, vond halverwege de 19e eeuw een volledige transformatie plaats van de economische rol van de stad binnen de bestaande klassenstructuren in het land.

In tegenstelling tot de ambachts- en gildesteden van Europa, die met veel inzet en vaak met succes vochten voor de concentratie van alle maakindustrieën binnen hun muren, maar juist meer net zoals de Aziatische steden van een despotisch systeem, vervulden de Russische steden bijna geen productieve rol. Het waren militaire en administratieve centra, fortificaties in het veld en in sommige gevallen, commerciële centra of stapelplaatsen, die hun waren van elders betrokken. De bevolking bestond uit ambtenaren die uit de schatkist werden betaald, handelaren en tot slot landeigenaren die zich een veilig onderkomen zochten binnen de stadsgrens. Zelfs Moskou, de grootste van alle oude Russische steden, was niet meer dan een groot dorp, afhankelijk van de privélanderijen van de tsaar.

De ambachten hadden een verwaarloosbare plaats in de steden omdat, zoals we al hebben vastgesteld, de maakindustrieën zich via de huisnijverheid en de dorpsgemeenschap ontwikkelden en verspreid over het platteland lagen. De voorouders van de 4 miljoen ambachtslieden die in de telling van 1897 werden vastgested, vervulden de productieve taken van de Europese stedelijke ambachtsman, maar hadden in tegenstelling tot deze, geen verbondenheid met de schepping van de werkplaatsen, manufactuur en fabrieken. Toen zulke werkplaatsen en fabrieken ten tonele verschenen, proletariseerden ze grote delen van werkers in de huisnijverheid en plaatsten de rest, direct of indirect, onder haar dominantie.

Net zoals de Russische industrie nooit het tijdperk van het middeleeuwse ambachtslieden had beleefd, hebben de Russische steden ook geen geleidelijke groei van de derde stand doorgemaakt in de werkplaatsen, gildehuizen en bestuurskamers van de ordes en de stad. Europees kapitaal schiep in enkele decennia de Russische industrie, en de Russische industrie schiep op haar beurt de moderne steden waarin de belangrijkste productiefuncties door het proletariaat worden uitgevoerd.

DE BOURGEOISIE VAN HET GROOTKAPITAAL

Op deze wijze veroverde aldus het grootkapitaal haar economische overwicht zonder enig gevecht. Het enorme aandeel dat het buitenlandse kapitaal in dit proces speelde, leidde er echter toe dat dit fatale gevolgen had op de macht van de Russische bourgeoisie om politieke invloed uit te oefenen. Als gevolg van de staatsschulden ging er een aanzienlijk deel van het nationale product jaarlijks de grens over, zo de Europese bourgeoisie verrijkend en versterkend. Maar de aristocratie van de aandelenbeurs, de echte machthebbers van de Europese landen, die de tsaristische regering moeiteloos tot financiële vazal wist te maken, had geen enkele wens of aanleiding om deel uit te maken van de burgerlijke oppositie binnen Rusland, al was het alleen maar omdat geen enkele andere vorm van regering in staat zou zijn zulke profijtelijke leningen te garanderen als de tsaristische. Wat geldt voor het financiële kapitaal, geldt ook voor het buitenlandse industriële kapitaal; terwijl ze de natuurlijke bronnen en arbeidskracht van Rusland uitbuit, ligt haar basis buiten de landsgrenzen – in Frankrijk, Engeland en België.

Ook om andere redenen kon ons binnenlandse kapitaal nooit aan het hoofd komen te staan van de nationale strijd tegen het tsarisme. Ze stond vanaf het begin tegenover de gewone bevolking – het proletariaat dat rechtstreeks door haar wordt uitgebuit en tegenover de boeren, die het indirect besteelt via de staat. En dit geldt met name voor de zware industrie, waar op dit moment alles alleen kan draaien vanwege staatsactiviteiten en militair ingrijpen. Natuurlijk is ze wel geïnteresseerd in een "strikte openbare wetgeving", maar ze heeft nog veel meer belang bij geconcentreerde staatsmacht, de grote algemene verdeler van de buit. De eigenaren van de metaalbedrijven worden in hun eigen fabrieken geconfronteerd met de meest bewuste en strijdbare delen van de arbeidersklasse, voor wie elk teken van verzwakking van het tsarisme een uitnodiging is om het kapitalisme verder aan te vallen.

De textielindustrie daarentegen is minder afhankelijk van de staat en heeft veel meer belang bij koopkrachtstijging voor de massa's, wat niet kan gebeuren zonder verregaande landbouwhervormingen. Daarom toonde Moskou in 1905, als textielstad bij uitstek, een veel krachtiger verzet tegen de autocratische bureaucratie dan het Petersburg van de metaalarbeiders. Al waren de laatsten wellicht energieker in hun verzet. De lokale Doema van Moskou bekeek de vloedgolf die aan het ontstaan was ontegenzeggelijk met goede bedoelingen. Maar toen de revolutie haar gehele sociale inhoud onthulde en daardoor de textielarbeiders ertoe aanzette om de weg in te slaan die de metaalarbeiders vóór hen waren ingeslagen, maakte de Moskouse Doema een resolute zwenking; "vanuit principiële overwegingen" naar de sterke arm van de staat. Het contrarevolutionaire kapitaal, haar krachten met de contrarevolutionaire landeigenaren bundelend, vond haar leider in de Moskouse handelaar Goetsjkov, de leider van de meerderheid in de derde Doema.

DE BURGERLIJKE INTELLIGENTSIA

Het Europese kapitaal, dat de ontwikkeling van Russische ambachtelijke handel voorkwam, haalde hiermee ook de grond onder de voeten weg van de Russische burgerlijke democratie. Kunnen we het Petersburg of Moskou van nu vergelijken met het Berlijn of Wenen van 1848, of met het Parijs van 1789, toen ze nog geeneens waren begonnen te dromen over spoorwegen of de telegraaf en men een werkplaats met 300 arbeiders als het grootst mogelijke aantal beschouwde? Er is bij ons zelfs geen spoor geweest van een doortastende middenklasse die eerst eeuwen van scholing in zelfbestuur doormaakte en politieke strijd om daarna, hand in hand met een nog jong en ongevormd proletariaat, de Bastilles van het feodalisme te bestormen. Wat hebben wij in Rusland in de plaats van zo'n middenklasse gekregen? Een "nieuwe middenklasse", de beroepsintelligentsia: advocaten, journalisten, dokters, ingenieurs, universiteitsprofessoren, het lerarenkorps. Uitgesloten van enig onafhankelijk belang in de sociale productie, klein in aantal en economisch volledig afhankelijk, blijft deze sociale laag die zich terecht bewust is van haar machteloosheid, steeds op zoek naar een grote sociale klasse waar zij op kan leunen. Een curieus gegeven blijft het feit dat deze steun in eerste instantie niet door de kapitalisten, maar door de landeigenaren werd geboden.

De Constitutionele-Democratische Partij (de Kadetten), die de eerste twee Doema's domineerde, werd in 1905 opgericht uit een fusie van de Liga van Grondwettelijke Landeigenaren en de Unie voor de Vrijheid. De liberale *fronde*[12] van de Landelijke Constitutionalisten, of *zemtsy*, was enerzijds de uitdrukking van de afgunst en het ongenoegen van de landeigenaren over het monsterlijke

12. La Fronde (Frans voor de slinger) was een opstand tegen het koninklijk gezag in Frankrijk die zich afspeelde tussen 1648 en 1653.

industriële protectionisme van de staat, en anderzijds van de oppositie van de meer progressieve landeigenaren, die het barbaarse karakter van de agrarische relaties in Rusland zagen als een obstakel voor hun landeconomie om een kapitalistische voet aan de grond te krijgen. De Unie voor Vrijheid verenigde die elementen van de intelligentsia die door hun 'goede' sociale afkomst en daardoor verkregen voorspoed ervan zijn weerhouden het revolutionaire pad te kiezen. De oppositie van de grootgrondbezitters werd altijd gekenmerkt door lafhartige impotentie en de meest vooraanstaande van hun paljassen sprak bittere maar ware woorden toen hij in 1894 hun politieke aspiraties als "zinloze dromen" afschilderde. En ook de meer geprivilegeerde lagen van de intelligentsia, zij die geheel of indirect van de staat afhankelijk zijn, in staatsbeschermd grootkapitaal of in liberaal landeigendom, zijn er nooit in geslaagd een politieke oppositie van enige invloed op te bouwen.

Om die reden was de Kadet-partij al vanaf haar ontstaan een samengaan van de oppositionele impotentie van de *zemsty* gecombineerd met de algehele politieke impotentie van de diploma dragende intelligentsia. Het ware gezicht van de liberale landhervormingen kwam eind 1905 naar boven, toen de landeigenaren verontrust door de oproer in het platteland, een scherpe draai maakten om het oude regime te steunen. Met tranen in hun ogen werden de liberale intelligentsia gedwongen afstand te nemen van de 'stand der landeigenaren', waar ze als puntje bij paaltje komt slechts stiefkinderen van zijn. Ze werden gedwongen hun heil te zoeken in hun geschiedkundige thuis; de stad. Maar wat troffen ze daar, behalve zichzelf, aan? Ze troffen er de conservatieve kapitalistische bourgeoisie, het revolutionaire proletariaat en de onverenigbare klassentegenstelling tussen die twee aan.

Datzelfde antagonisme heeft ook onze kleinere industrie en al haar zijtakken waar ze nog enig belang heeft, tot in haar grondvesten verdeeld. Het ambachtelijke proletariaat ontwikkelt zich in een klimaat van grootschalige industrie en verschilt maar weinig van het fabrieksproletariaat. Onder de druk van de grote industrie en de arbeidersbeweging, vertegenwoordigen andere Russische ambachtslieden een onwetende, hongerige, verbitterde klasse die, samen met het lompenproletariaat, de stormtroepen levert voor de Zwarte Honderd demonstraties en pogroms.

Als resultaat zijn we opgescheept met hopeloos achtergebleven burgerlijke intelligentsia die geboren zijn onder socialistische vervloekingen en vandaag boven een ravijn van klassentegenstellingen hangen. Met aan hun voeten de loden last van feodale tradities en verstrengeld in een web van academische vooroordelen, met gebrek aan initiatief, geen enkele invloed op de massa's en zonder enig vertrouwen in de toekomst.

HET PROLETARIAAT

Dezelfde factoren van wereldhistorische aard die de Russische burgerlijke democratie hebben veranderd in een hoofd (en dan nog een tamelijk verward) zonder lichaam, bepaalden ook de uitzonderlijke rol van het jonge Russische proletariaat. Voordat we ons onderzoek vervolgen, zullen we eerst eens kijken hoe groot ons proletariaat is. De hoogst onvolledige cijfers van 1897 leveren ons de volgende gegevens:

A: Mijnbouw, verwerkende industrie, transport, bouw en handelshuizen	3.322.000
B: Landbouw, veeteelt, bosbouw, visserij en jacht	2.725.000
C: Dagloners en leerlingen	1.195.000
D: Bediendes, schoonmakers, portiers e.d.	2.132.000
Totaal (mannen en vrouwen)	9.272.000

In 1897 bedroeg het proletariaat inclusief de afhankelijke familieleden 27,6% van de bevolking, dus net iets meer dan een kwart. De mate van politieke activiteit onder de verschillende lagen van de massa van het proletariaat varieert aanzienlijk, waarbij de leidende rol in de revolutie bijna geheel de arbeiders in bovengenoemde categorie A toekomt. Maar het zou een domme en grove fout zijn om de werkelijke en potentiële betekenis van het Russische proletariaat te meten naar haar relatieve grootte ten opzichte van de totale bevolking. Daardoor mis je de sociale verhoudingen die achter deze cijfers liggen verborgen.

De invloed van het proletariaat wordt bepaald door haar rol in de moderne economie. De belangrijkste productiekrachten van het land zijn direct afhankelijk van de arbeiders. Niet minder dan de helft van het nationale inkomen wordt geproduceerd door 3,3 miljoen arbeiders (groep A). De spoorwegen, onze belangrijkste wijze van transport omdat zij van ons uitgestrekte land een economisch geheel weet te maken, vertegenwoordigen, zoals de gebeurtenissen hebben laten zien, een economisch en politiek uiterst belangrijke factor in de handen van het proletariaat. En hier zouden we de Post- en Telegrafiediensten aan toe moeten voegen, wier afhankelijkheid van het proletariaat minder direct, maar net zo wezenlijk is.

Terwijl de boerenbevolking over het hele platteland is verspreid, leeft het proletariaat juist in grote aantallen geconcentreerd rond fabrieken en industriële centra. Ze vormt de kern van de bevolking in elke stad van enig economisch of politiek belang en kent tal van voordelen van de stad in een kapitalistisch land: een concentratie van productiekrachten, productiemiddelen, de meest actieve elementen van de bevolking en de grootste culturele voordelen – en die worden op natuurlijke wijze omgezet in klassevoordelen voor het proletariaat. Haar zelfbeschikking als klasse heeft zich in een historisch ongeëvenaarde snelheid voltrokken. Nog maar net aan de wieg ontgroeid, zag het Russische proletariaat zich geconfronteerd met de meest geconcentreerde staatsmacht en een evenzo geconcentreerde macht van het kapitaal. Maar de oude ambachtelijke vooroordelen en gildetradities hadden geen invloed op haar bewustzijn. Vanaf haar eerste passen sloeg ze de weg in van onverzoenlijke klassenstrijd.

Op deze wijze leidde de verwaarloosbare rol van de ambachten en de kleine industrie in het algemeen, samen met de buitengewoon hoogontwikkelde staat van de Russische grootindustrie, in de politiek tot de verdringing van de burgerlijke democratie door de proletarische democratie. Samen met haar productieve taken, heeft het proletariaat de historische rol van de kleinburgerij in voorgaande revoluties overgenomen. Net als haar historische claim de leiding over de boerenmassa's te hebben in het tijdperk van haar verheffing naar de derde stand, bevrijd van het adellijke juk en opererend als fiscaal rechtspersoon.

Het landbouwvraagstuk bleek de lakmoesproef te zijn waarmee de geschiedenis de politieke partijen toetst.

DE ADEL EN LANDEIGENAREN

Het programma van de Kadetten (beter gezegd, hun voormalige programma) van gedwongen onteigening van grote en middelgrote landerijen op basis van "rechtvaardige compensatie" vertegenwoordigde in de ogen van de Kadetten zelf het maximale wat er op basis van 'creatieve wetgevende pogingen' kon worden gerealiseerd. Maar in werkelijkheid leidden de pogingen van de liberalen om landgoederen te onteigenen via legale wegen alleen maar tot de ontkenning van enige electorale rechten door de regering en de staatsgreep van 3 juni 1907. De Kadetten beschouwden de onteigening van de landbezittende adel als een puur financiële transactie, bewust proberend hun 'rechtvaardige compensatie' zo aantrekkelijk mogelijk te maken voor de grootgrondbezitters. De adel zag deze kwestie echter vanuit een heel ander oogpunt. Met onfeilbaar instinct realiseerden zij zich dat het niet alleen ging om het simpelweg afstoten van 50 miljoen *desjatina*, al was het tegen een hoge prijs, maar om de liquidatie van haar sociale functie als eerste stand. Daarom wees ze rigoureus de verkoop af. Graaf Saltikov riep in de eerste Doema tegenover de landheren luidkeels uit: "Laat je motto zijn; geen vierkante centimeter van ons land, geen korrel van onze grond, geen sprietje van onze weides en geen spaantje uit onze bossen"! En dat was geen stem uit de woestijn; juist de revolutiejaren vormden een periode van concentratie en politieke consolidatie voor de Russische adel.

In de periode van donkerste reactie, onder Alexander III, was de adel slechts één der standen, al was zij de eerste. De autocratie die nauwlettend haar onafhankelijkheid bewaakte, stond de adelstand geen moment van vrijheid toe van politietoezicht, als een muilkorf van staatscontrole over de natuurlijke drang tot inhaligheid. Maar vandaag is het precies tegenovergesteld, de adel is juist de commanderende stand in de volle omvang van haar betekenis; ze laat de provinciale besturen naar haar pijpen dansen, bedreigt ministers of zet hen openlijk af, stelt ultimata aan de regering en zorgt er ook voor dat die ultimata worden nageleefd. Haar slogan is dan ook: geen centimeter van ons land, geen millimeter van onze privileges!

Ongeveer 75 miljoen *desjatina* grond is geconcentreerd in de handen van 60.000 private grootgrondbezitters met een jaarlijks inkomen van meer dan 1000 roebel. Tegen de marktprijs van 56 miljard roebel produceren de landerijen dus jaarlijks een nettowinst van 450 miljoen roebel voor hun eigenaars. Daarvan is ruim tweederde het aandeel voor de adel. En ook de bureaucratie is nauw verbonden met het grondeigendom. Per jaar wordt ongeveer 200 miljoen roebel uitgegeven om zo'n 30.000 rijksambtenaren te betalen, met ieder een inkomen boven de 1000 roebel per jaar. Juist in deze midden en hogere bestuurslagen van het ambtenarenapparaat domineert de adelstand. Tot slot bepaalt de adelstand ook de lokale plattelandsorganen en betrekt ze daar een groot deel van haar inkomen uit.

Voor de revolutie werden ongeveer de helft van de plattelandsbesturen geleid door "liberale" landeigenaren, die naar de voorgrond waren getreden op basis van hun 'progressieve' activiteiten rond de agrarische problematiek. De revolutiejaren hebben de zaak echter volledig op zijn kop gezet, zodat als gevolg hiervan de leidende posities nu worden ingenomen door de meest onverzoenlijke vertegenwoordigers van de reactionaire grondbezitters. De almachtige Raad van de Verenigde Adel weet alle pogingen van de regering in de kiem te smoren om, in het belang van de kapitalistische industrie, de plattelandsbesturen te "democratiseren" of de ketenen van het horigensysteem waarmee onze boeren met handen en voeten gebonden zijn te verlichten.

In het licht van al deze feiten is het programma van landhervorming van de Kadetten, met als basis *wettelijke overeenstemming*, hopeloos utopisch gebleken en het mag dan ook geen verrassing heten dat ze er zelf stilletjes afstand van hebben gedaan.

De sociaaldemocraten bekritiseerden het programma van de Kadetten op het principiële punt van 'rechtvaardige compensatie' en hadden daarin het volste gelijk. Alleen al vanuit financieel oogpunt zou de aankoop van alle landerijen die meer dan 1000 roebel winst per jaar opleverden, een bedrag van 5 of 6 miljard roebel aan de staatsschuld hebben toegevoegd, die al 9 miljard roebel bedraagt; wat zou betekenen dat alleen al de jaarlijkse rentebetaling driekwart miljard roebel zou opslokken. Maar in deze gaat het niet zozeer om het financiële, als wel het politieke aspect van dit vraagstuk.

De voorwaarden van de zogeheten vrijheidshervormingen van 1861, door de buitengewone compensatieregeling voor verlies van land, compenseerde de grootgrondbezitters feitelijk voor het verlies van 'zielen', de bij het land behorende horigen (voor ongeveer een kwart miljard roebel, ongeveer 25 % van het totale compensatiebedrag). Op basis van een 'rechtvaardige compensatie' zouden de belangrijkste historische rechten en privileges van de adelstand onmiddellijk zijn afgeschaft; daarom verkoos de adel zich aan te passen aan een halfslachtig hervormingsprogramma en schaarde zich daar snel omheen. "Geen centimeter van ons land, geen millimeter van onze voorrechten"! Onder deze banier heeft de adel eindelijk de dominantie in het overheidsapparaat weten te behalen, dat zo hevig was geschokt door de revolutie. En ze heeft getoond bereid te zijn te vechten met alle felheid die ze kan opbrengen als regerende klasse die in een strijd op leven en dood is verwikkeld.

Het landbouwvraagstuk kan niet worden opgelost middels een parlementaire overeenkomst met de landeigenaren van de eerste stand, maar alleen door een revolutionaire omverwerping door de massa's.

DE BOEREN EN DE STEDEN

De gordiaanse knoop van de Russische sociale en politieke barbarij werd op het platteland gestrikt, maar daarmee is in het geheel niet gezegd dat het platteland een klasse heeft gecreëerd die op eigen kracht in staat is die knoop ook weer door te hakken. De boerenbevolking, verspreid over 500.000 dorpen en gehuchten van de 5 miljoen vierkante *wersts* van het Europese Rusland, heeft geen enkele traditie of geschiedenis van gegroepeerde politieke strijd. Tijdens de agrarische rellen van 1905 en 1906 was het doel van de muitende boeren beperkt tot het verdrijven van de landeigenaren uit de dorpen, de landerijen en uiteindelijk, de bestuurslagen. Tegen de boerenrevolutie hadden de adellijke grondbezitters een kant en klaar wapen; het gecentraliseerde staatsapparaat. De boerenstand had dat obstakel alleen kunnen overwinnen door een gezamenlijke opstand in zowel tijd als plaats. Maar juist vanuit haar omstandigheden van bestaan was de boerenbevolking daartoe niet in staat. Plaatselijke kretologie is dan ook de historische vloek die op alle boerenopstanden rust. Ze zullen zich pas van die vloek weten te verlossen als ze losbreken van alleen boerenopstand te zijn en samengaan met de revolutionaire bewegingen van de nieuwe sociale klassen.

Al eeuwen terug tijdens de boerenopstanden in het eerste kwart van de zestiende eeuw in Duitsland, plaatsten de boeren zich tamelijk natuurlijk onder de leiding van de stedelijke partijen, ondanks de economische zwakte en politieke onbelangrijkheid van de Duitse steden in die tijd. Vanuit sociaal oogpunt revolutionair in haar objectieve belangen, maar politiek gefragmenteerd en machteloos, was de boerenstand niet in staat een eigen politieke partij te vormen. Ze gaf op die manier ruimte aan het ontstaan van, afhankelijk van plaatselijke omstandigheden, ofwel oppositionele burgerbewegingen dan wel revolutionair-plebejische partijen in de steden. Deze laatsten vormden de enige kracht die wellicht in staat was een overwinning van de boerenrevoluties over de streep te trekken. Ze waren echter nog zonder verbindingen in het land en hadden ook geen duidelijk bewuste of revolutionaire doelstellingen (hoewel ze waren gebaseerd op de meest radicale klasse in de samenleving van die tijd, het embryo van het moderne proletariaat). Ze hadden zulke doelstellingen niet omdat de economie van het land nog niet voldoende was ontwikkeld, het transport nog zeer primitief verliep en de staat zich op andere zaken richtte. Vandaar dat het probleem van revolutionaire samenwerking tussen de boerenopstand en het stedelijke gewone volk in die periode niet werd en niet kon worden opgelost. De boerenopstanden werden neergeslagen.

Meer dan drie eeuwen later hebben we gelijksoortige verbanden kunnen waarnemen tijdens de revolutie van 1848. Niet alleen was de liberale bourgeoisie niet van plan de boerenstand op te schudden en haar rond zich te verenigen, maar vreesde ze juist als geen ander de groei van de boerenbeweging, juist omdat deze groei het stedelijke plebejische element tegen de liberale bourgeoisie zou opzetten. Tegelijkertijd waren deze krachten politiek en sociaal nog onderontwikkeld en verspreid en daardoor niet in staat om de liberale bourgeoisie te vervangen en zichzelf aan het hoofd van de boerenmassa's te plaatsen. De revolutie van 1848 ging verloren.

Toch waren zes decennia eerder in Frankrijk deze problemen van de revolutie wel succesvol overwonnen, juist door de samenwerking van de boeren met de stedelijke onderklasse, oftewel het proletariaat, semi-proletariaat en het lompenproletariaat van die tijd. Deze 'samenwerking' kreeg de vorm van de Conventie, oftewel die van de dictatuur van de stad over het platteland, van Parijs over de provincies en van de sans-culottes over Parijs.

In de huidige Russische omstandigheden is het sociale overwicht van de industriële populatie over de plattelandsbevolking onvergelijkbaar veel groter dan tijdens de grote Europese [burgerlijk-democratische, nt. v.d. vert.] revoluties en daarbij is het chaotische plebs van toen vervangen door een duidelijk gedefinieerd industrieel proletariaat. Een ding is echter niet veranderd. Alleen de partij die de revolutionaire stedelijke massa's achter zich heeft staan en niet vanuit eerbiedig respect voor het burgerlijke private eigendom bang is om de feodale bezitsverhoudingen te revolutioneren, kan in tijden van revolutie op de steun van de boerenbevolking rekenen. Vandaag vormt alleen de sociaaldemocratie zo'n partij.

HET KARAKTER VAN DE RUSSISCHE REVOLUTIE

Zowel ten aanzien van haar directe taken als wel van haar indirecte, is de Russische revolutie een 'burgerlijke' revolutie, omdat ze tot doel heeft de liberale bourgeoisie te bevrijden van de kettingen en het juk van het absolutisme en de feodale eigendom. De belangrijkste drijvende kracht achter de Russische revolutie is juist het proletariaat en daarom is het, voor zover het de methode betreft, een proletarische revolutie. Veel wijsneuzen die er prat op gaan de historische invloed van het proletariaat te kunnen afleiden uit wiskundige berekeningen en statistiek, of via geschiedkundige overeenkomsten, hebben hun tanden erop stuk gebeten en waren niet in staat deze tegenstrijdigheid te verteren. Zij beschouwen de bourgeoisie als een godsgeschenk om leiding te geven aan de Russische revolutie. En ze proberen om het proletariaat, dat feitelijk voorop marcheerde in alle stadia van de revolutionaire gebeurtenissen, terug te proppen in de luiers van hun eigen theoretische onvolwassenheid. Voor deze hooghartige zielen volgt de geschiedenis van het ene kapitalistische land dat van het andere, uiteraard met hier of daar meer of minder belangrijke verschillen. Ze slagen er niet in het huidige verbonden proces van wereldwijde kapitalistische ontwikkeling te doorgronden, dat alle landen die haar pad versperren opslokt en dat, uit de nationale en algemene uitwassen van het kapitalisme, een resultaat heeft gesmeed dat niet begrepen kan worden door historische clichés te gebruiken, maar alleen door een materialistische analyse.

Het is onmogelijk om te spreken van een historische analogie in ontwikkeling tussen aan de ene kant Engeland, pionier van het kapitalisme, dat al eeuwen nieuwe sociale verhoudingen schept en een krachtige bourgeoisie heeft gevormd als gevolg van die veranderende verhoudingen en, aan de andere kant, de koloniën van tegenwoordig. Aan wie door het Europese kapitaal kant en klare rails, treinstellen, bouten en schroeven in gebruiksklare slagschepen worden geleverd om het koloniale bestuur vorm te geven. Om daarna, met geweer en bajonet in de handen, de inboorlingen rechtstreeks van hun primitieve omstandigheden de kapitalistische beschaving bij te brengen. Er is zeker geen sprake van historische overeenkomst, maar wel degelijk van een duidelijk onderling verband.

Het nieuwe Rusland verwierf haar uitermate bijzondere karakter omdat zij pas haar kapitalistische doop onderging in het midden van de 19e eeuw. Dat gebeurde door het Europese kapitaal dat in die tijd al haar meest geconcentreerde en abstracte vorm had bereikt, het financierskapitaal. De voorafgaande geschiedenis van het Europese kapitaal is op geen enkele manier te vergelijken met de Russische geschiedenis. Om in haar thuisland de hoogtes van de moderne aandelenbeurs te kunnen bereiken, moest het Europese kapitaal zich eerst ontworstelen aan de nauwe straatjes en steegjes van ambachts- en gildelieden in de Hanzesteden, waar ze leerde kruipen en lopen. Ze werd gedwongen een constante strijd met de Kerk aan te gaan om wetenschap en techniek te kunnen ontwikkelen; het hele land rond zich te verenigen om zelf de macht te veroveren door opstanden tegen feodale en dynastieke privileges. Zo een open podium voor zichzelf creërend, de onafhankelijke kleine werkplaatsjes opslokkend waar ze zelf uit voortkwam, de nationale navelstreng doorsnijdend en het voorvaderlijke stof van de schoenen kloppend, politieke vooroordelen, raciale sympathieën en geografische afstanden overwinnend, om tenslotte hoog boven de wereld uit te stijgen in al haar vraatzuchtige glorie; vandaag de verpletterde Chinese ambachtsman vergiftigend met opium, morgen de Russische zee verrijkend met nieuwe oorlogsschepen, overmorgen de diamantmijnen in Zuid-Afrika veroverend.

Maar wanneer het Engelse en Franse kapitaal, beiden producten van eeuwenlange ontwikkeling, in de steppen van het Donetsbekken verschijnen, zijn ze niet in staat om dezelfde sociale krachten, verhoudingen en betrokkenheid te generen, die ooit loskwamen bij haar eigen vorming. De oude geschiedenis herhaalt zich niet automatisch op nieuw terrein op dezelfde wijze, maar haakt aan bij het al bereikte stadium. Rond de machines die ze over de zeeën en tariefgrenzen heen weet te transporteren, verzamelt zich onmiddellijk de massa van een nieuw proletariaat. En deze klasse wordt vervuld met alle revolutionaire energie van alle vorige generaties van de bourgeoisie – een energie die in Europa al is gestagneerd.

Tijdens de heldhaftige periode van de Franse geschiedenis zien we een bourgeoisie die zich nog niet helemaal bewust is van de tegenstellingen in haar positie; een bourgeoisie op wiens schouder de geschiedenis de leiding heeft geplaatst in het gevecht om een nieuwe orde: niet alleen tegen de achterhaalde instituten van Frankrijk, maar tegen alle reactionaire krachten van Europa als geheel. Via al haar fracties wordt de bourgeoisie zich daar toch geleidelijk van bewust en wordt ze de leider van de natie, voert de massa's in de strijd, geeft deze leuzes om voor te vechten en bepaalt de gevoerde gevechtstactieken.

Democratie verenigt een land door het een politieke ideologie te geven. Het volk; de kleinburgerij, de boeren en de arbeiders, stellen de bourgeoisie aan als hun afgevaardigden en de opdrachten die deze groepen aan hun afgevaardigden geven zijn geschreven in de taal van een burgerij die zich bewust wordt van haar messiaanse rol. Tijdens de revolutie worden, door de krachtige dynamiek van het revolutionaire proces, de meer statische elementen van de bourgeoisie op het politieke toneel aan de kant geschoven, ondanks de soms duidelijke klassentegenstellingen. Geen laag wordt verwijderd voordat ze al haar energie heeft overgedragen aan de volgende. De natie als geheel vecht voortdurend voor haar eigen doelen, meer en meer radicale en zwaardere middelen inzettend. Toen de toplagen van de burgerlijke eigenaren braken met de nationale kern die was ontstaan en zich verbonden aan een deal met Lodewijk XVI, leidden de democratische eisen van de natie, nu ook gericht tegen de bourgeoisie, tot het algemeen stemrecht en de republiek als enig logische democratische vorm.

De grote Franse revolutie was werkelijk een nationale revolutie. Maar meer dan dat: hier binnen het nationale kader, vond de wereldwijde strijd van de burgerlijke orde tot overheersing, macht en onovertroffen triomf, haar klassieke uitdrukking.

In 1848 was de bourgeoisie al niet meer in staat eenzelfde rol te spelen. Zij wilde dat niet, ze kon de revolutionaire verantwoordelijkheid niet nemen om die sociale klasse te liquideren die haar eigen dominantie in de weg stond. Haar taak bestond, daar was ze zich volledig van bewust, uit het bekomen van bepaalde garanties van de oude machthebbers, niet van burgerlijke politieke macht, maar van een gezamenlijke overheersing met de gevestigde orde. Ze faalde er niet alleen in de massa's de oude macht te laten bestormen; ze gebruikte de gevestigde orde juist als verdediging tegen de druk van de massa om haar vooruit te jagen. Haar bewustzijn verzette zich tegen de objectieve omstandigheden van haar dominantie. Democratische instellingen werden niet als een strevenwaardig doel beschouwd, maar juist als een bedreiging van haar welzijn. De revolutie kon niet worden volvoerd door de bourgeoisie, maar juist alleen tegen de bourgeoisie. Daarom kon een succesvolle revolutie in 1848 alleen worden doorgevoerd door een klasse die aan het hoofd van de gebeurtenissen kon marcheren, ongeacht en ondanks de bourgeoisie. Een klasse die niet alleen bereid was om de bourgeoisie vooruit te drijven, maar ook om, onder haar eigen druk, op het beslissende moment het politieke lijk van de bourgeoisie aan de kant te schuiven.

Net zo min als de kleinburgerij was de boerenbevolking hiertoe in staat. Tot op het bot stond *de kleinburgerij* vijandig tegen zowel haar ervaringen van het recente verleden, als tegenover de nabije toekomst. Nog steeds belast met het juk van middeleeuwse verhoudingen, maar al niet meer in staat zich tegen de moderne industrie te verdedigen, nog steeds samengeraapt in steden, maar toch al met invloed in de midden en hogere lagen van de bourgeoisie, gevangen in haar vooroordelen, verdoofd door de daverende gebeurtenissen, uitgebuit en uitbuitend, inhalig en tegelijkertijd beknot in haar mogelijkheden, bleek de provinciale kleinburgerij onmachtig om de gebeurtenissen in de wereld aan te sturen.

De *boerenbevolking* was nog minder in staat onafhankelijke initiatieven te ontplooien. Verspreid, afgesneden van de steden die de zenuwcentra van politiek en cultuur vormden, bekrompen, haar intellectuele horizon net zo beperkt als de hekken en sloten rond hun stukje grond, onverschillig tegenover alles wat de stad op basis van uitvindingen en denkwerk voortbracht, kon het platteland geen enkel leidend belang of invloed uitoefenen. Direct tevreden gesteld zodra ze werden bevrijd van het juk van horigheid, betaalden zij de steden, die voor haar rechten hadden gevochten met zwarte ondankbaarheid: de bevrijde boeren werden fanatieke aanhangers van de "orde".

De *democratische intellectueel*, gespeend van werkelijke klassenkracht, hobbelde achter de liberale bourgeoisie aan als een peuter achter zijn grote zus. Hij gedroeg zich als haar politieke staart. Op momenten van crisis liet hij haar in de steek. Om daarna alleen de eigen onmacht te etaleren. Hij was verward door de eigen tegenstellingen, die nog niet volledig tot wasdom waren gekomen en droeg die verwarring met zich mee waar hij ook terecht kwam.

Het *proletariaat* was te zwak, te weinig georganiseerd, had niet genoeg ervaring en kennis. Het kapitalisme had zich ver genoeg ontwikkeld om de noodzaak aan te tonen om de oude feodale verhoudingen te vernietigen, maar nog niet ver genoeg om, het bijproduct van de nieuwe arbeidsverhoudingen; de arbeidersklasse, tot een beslissende politieke factor te ontwikkelen. Het antagonisme tussen het proletariaat en de bourgeoisie was al te groot om het de bourgeoisie mogelijk te maken de landelijke politieke leiding te nemen, maar nog te klein om het proletariaat die rol te kunnen laten spelen.

Oostenrijk heeft ons een bijzonder acuut en tragisch voorbeeld gegeven van dit politieke onvermogen in een revolutionaire periode. Het Weense proletariaat gaf in 1848 het bewijs van heldhaftige opofferingsgezindheid en grote revolutionaire energie. Keer op keer wierp ze zich in het heetst van de strijd, alleen gedreven door een vaag klasseninstinct, zonder duidelijk idee over het doel van de strijd, zich als een blindeman van de ene slogan aan de andere slogan vastklampend. Verrassend genoeg ging de leiding van het proletariaat over naar de studenten, de enige democratische groep die, vanwege haar eigen actieve natuur, aanzienlijke invloed over de massa's had weten te verwerven en, als gevolg daarvan, over de loop van de gebeurtenissen.

Hoewel de studenten dapper vochten op de barricades en zich oprecht verbroederden met de arbeiders, waren ze absoluut niet bij machte om de algemene richting van de revolutie te sturen, die hen "de dictatuur van de straat" had opgeleverd. Toen op 26 mei heel werkend Wenen de oproep van de studenten volgde om te protesteren tegen de ontwapening van het "Universiteitslegioen" en de bevolking van Wenen *de facto* bezit nam van de stad, de monarchie haar betekenis had verloren, op de vlucht was en de troepen had teruggetrokken uit de stad onder druk van de bevolking, toen het leek alsof de staatsmacht voor het oprapen lag, was er geen politieke macht aanwezig om deze op te pakken. De liberale bourgeoisie wilde bewust de macht overnemen op een ridderlijke wijze. Ze kon alleen dromen van een terugkeer van de keizer, die het verweesde Wenen snel had ingeruild voor Tirol. De arbeiders waren dapper genoeg om de reactie te verslaan, maar niet voldoende georganiseerd of bewust om opvolgers te kunnen zijn. Het proletariaat, zelf niet bij machte de leidende rol te nemen, was ook niet in staat om de democratische bourgeoisie te dwingen om deze historische en heldhaftige rol te spelen. Zoals zo vaak ontrok zij zich op het meest cruciale moment aan de gebeurtenissen. De hieruit ontstane situatie werd door een schrijver uit die tijd treffend weergegeven: "In Wenen was feitelijk een republiek gevestigd, maar helaas had niemand dit in de gaten ...". Uit de gebeurtenissen van 1848-1849 vormde Lasalle de rotsvaste overtuiging dat "geen enkele strijd in Europa nog succesvol kan zijn, tenzij zich vanaf het begin als puur socialistisch uitspreekt; er is geen succesvolle strijd mogelijk als de sociale vraagstukken maar een obscuur element van het programma vormen, of onder het banier van nationale wederopstanding of de burgerlijk republiek".

In de revolutie die de geschiedenis zal ingaan als die begonnen in 1905, was het voor het eerst dat het proletariaat onder haar eigen banier en met eigen doelstellingen op de voorgrond trad. Er kan tegelijkertijd geen twijfel over bestaan dat er geen revolutie in het verleden zoveel energie heeft opgeslokt van de massa's en maar zo weinig heeft opgeleverd als de Russische revolutie tot op dit moment. We willen geen voorspellingen doen over de komende weken of maanden, maar een ding is ons wel duidelijk geworden; een overwinning is alleen mogelijk langs de lijnen die Lasalle schetste in 1849. We kunnen de klassenstrijd niet terugdraaien naar de eenheid van een burgerlijke natie. Het gebrek aan resultaat is slechts een tijdelijke weerspiegeling van haar diepgaande sociale karakter. In deze burgerlijke revolutie zonder bourgeoisie wordt het proletariaat door de interne ontwikkelingen van dit proces gedwongen hegemonie over de boeren te nemen en tot het gevecht om de staatsmacht over te gaan. De eerste golf van de Russische revolutie werd neergeslagen door de bekrompenheid van de moezjiek die, thuis in zijn dorp in de hoop op een stukje land, de landeigenaar bestreed, maar in uniform gehuld alsnog op de arbeiders schoot. Alle gebeurtenissen van de revolutie van 1905 kunnen worden beschouwd als een reeks van hardhandige lessen waarbij de geschiedenis inbeukt op de hersenen van de boer en hem bewust maakt van zijn lokale honger naar land en het algemene probleem van de staatsmacht. De voorwaarden voor een revolutionaire overwinning worden gesmeed onder de historische hamerslagen van zware conflicten en wrede nederlagen.

Marx schreef in 1852 in de *18e Brumaire*:

> Burgerlijke revoluties, zoals die van de achttiende eeuw, stormen snel van succes tot succes, hun dramatische effecten wedijveren met elkaar, mensen en dingen schijnen in schitterende briljanten gevat, extase is de dagelijkse stemming; maar zij hebben een kort bestaan, spoedig hebben zij hun hoogtepunt bereikt en de maatschappij wordt door een langdurige katterigheid aangegrepen, voordat zij leert om zich de resultaten van haar storm en drangperiode nuchter eigen te maken. Proletarische revoluties daarentegen, zoals die van de negentiende eeuw, kritiseren zichzelf gestadig, onderbreken voortdurend hun eigen loop, komen op het schijnbaar volbrachte terug om er weer opnieuw aan te beginnen, honen met meedogenloze grondigheid de halfheden, de zwakheden en de armzaligheid van hun eerste pogingen, schijnen hun tegenstander alleen neer te werpen, opdat hij nieuwe krachten uit de aarde zal kunnen opzuigen en zich nog reusachtiger tegenover hen

zal kunnen verheffen, schrikken steeds opnieuw terug voor de onbepaalde geweldigheid van hun eigen doeleinden, totdat de situatie is geschapen die elk omkeren onmogelijk maakt en de omstandigheden zelf roepen:

Hic Rhodus, hic salta!
Hier is Rhodos, spring hier![13]

13. Deze zin is ontleend aan een fabel van Aesopus, waarin wordt verteld van een pocher die met een beroep op getuigen beweerde dat hij eens, in Rhodus, een prachtige sprong had gedaan. Hij kreeg ten antwoord: "Waartoe getuigen, als het waar is, hier is Rhodus, spring hier"! Met andere woorden: toon met de daad wat je kunt.

HOOFDSTUK 5

LENTE

1

De inmiddels overleden generaal Dragomirov schreef in een persoonlijke brief over de toenmalige minister van Binnenlandse Zaken Sipyagin: "Wat voor binnenlands beleid kan die man nou hebben? Hij is maar een commandantje bij de cavalerie en daarbij ook nog stronteigenwijs". Deze beschrijving is dusdanig juist dat we de wat ruwe en ongemanierde soldatentoon voor lief nemen. Na Sipyagin werd dezelfde functie vervuld door Plehve, daarna door prins Svjatopolk-Mirski, daarna Boeligin en daarna Witte-Durnovo. Sommigen verschilden van Sipyagin omdat ze geen calvaleriecommandant waren, anderen omdat ze op hun manier wel intelligente mensen waren. Maar allemaal vertrokken ze, de een na de ander, van het toneel. Ongemak en onrust in de top veroorzakend en verachting en haat aan de onderkant. De cavalerieofficier met de beperkte blik, de beroepsrechercheur, de eerbiedwaardige maar kortzichtige heer, de beurshandelaar zonder eergevoel en scrupules, allemaal, een voor een, begonnen ze met ferme intenties om de orde te herstellen, het prestige van het gezag op te vijzelen en de grondvesten van de staat te bewaren. En stuk voor stuk zette, ieder op zijn eigen wijze, de sluizen van de revolutie open en werd elkeen door de stroom weggespoeld.

De onlusten groeiden als door een majestueus plan, steeds haar terrein vergrotend, haar posities versterkend en hindernis na hindernis verpletterend; terwijl als reactie op deze geweldige inzet, in haar eigen tempo en onbewuste genialiteit, een hele nieuwe reeks van marionetten van de staat op de voorgrond traden; nieuwe wetten maakten, nieuwe leningen aangingen, op arbeiders schoten, boeren ruïneerden, met als gevolg afnemende autoriteit van de staat die ze juist probeerden te beschermen en een nog verder afglijden in het moeras van paniekerige krachteloosheid.

Grootgebracht in een atmosfeer van achterkamertjespolitiek en departementale intriges, waar hooghartige onwetendheid gepaard gaat met openlijke verachting; zonder ook maar enig idee over de loop of de betekenis van de hedendaagse geschiedenis, de bewegingen van de massa's of de wetten van de revolutie en slechts gewapend met twee of drie lamlendige programmatische ideeën ter informatie van de Parijse beurshandelaren, proberen deze mensen de methodes van de 18e eeuwse huurlingen te combineren met de manieren van de 'staatsmannen' van het parlementaire Westen. Om zich beminnelijk voor te doen, praten ze met journalisten uit Europa en van de beurzen, ontvouwen hun 'plannen', 'voorspellingen' en 'voornemens' en spreken stuk voor stuk de hoop uit te zullen slagen waarin de voorganger faalde. Als, in de eerste plaats, de onlusten maar stoppen! Ze beginnen allemaal verschillend, maar eindigen hetzelfde; met het bevel te vuren, oog in oog met de opstandelingen. Maar tot hun afschuw blijkt de opstand niet te doden. Zijzelf komen tot een roemloos einde. Als de dwingende kogel van een terrorist ze al niet van hun trieste bestaan verloste, zien ze met eigen ogen dat de onlusten, met hun eigen genialiteit, alles we ze hadden gepland en verzonnen triomfantelijk in hun tegendeel doen omslaan.

Sipyagin stierf door een revolutionaire kogel. Plehve werd in stukken geblazen door een bom. Svjatopolk-Mirski veranderde in een politiek lijk door de gebeurtenissen van 9 januari. Boeligin werd als een paar oude schoenen afgedankt door de oktoberstaking en graaf Witte, uitgeput door de aanhoudende opstanden van arbeiders en boeren, dolf een roemloos onderspit op de drempel van de door hemzelf gecreëerde Staatsdoema.

In bepaalde kringen van de oppositie, vooral in het milieu van de liberale grondbezitters en democratische intelligentsia, wordt vage hoop, verwachting en of plan keer op keer gekoppeld aan de nieuwe opvolger. Voor de propaganda van de liberale dagbladen of de grondwetminnende landeigenaren maakte het wel degelijk uit of het Plehve, de oude politiespeurneus, of prins Svjatopolk-Mirski, de "minister der betrouwbaarheid" was, die de scepter zwaaide.

Uiteraard stond Plehve net zo machteloos tegenover de opstanden als zijn voorganger, maar hij was een verschrikkelijke kwelgeest voor de liberale krantenjongens en de samenzweerders van het platteland. Hij verafschuwde de revolutie met de weerzin van een politiefunctionaris die oud was geworden in zijn vak, die op elke hoek van de straat een bom kon verwachten en met bloeddoorlopen ogen tevergeefs de opstand te lijf ging. Bij gebrek aan werkelijke resultaten vond hij een bliksemafleider voor zijn frustraties in de professoren, grondwetsgezinde landeigenaren en journalisten, die hij als feitelijke 'aanstichters' van de ongeregeldheden in de revolutie aanmerkte. Hij dreef de liberale pers tot de diepste vernederingen. Hij behandelde journalisten *en canaille*, als misdadigers; ze niet alleen verbannend of opsluitend, maar ook als waren het schooljongens, met het bezwerende vingertje toezwaaiend. Hij behandelde de gematigde leden van de landbouwcommissies van 'gerespecteerde' landeigenaren en grootgrondbezitters, die uit het initiatief van graaf Witte waren opgericht, als muitende studenten. En hij kreeg wat hij wilde: de liberale samenleving stond te beven in zijn aangezicht en haatte hem, knarsetandend hun machteloze woede verbijtend. Veel van de liberale farizeeërs die onophoudelijk 'het geweld van links' veroordeelden, net zoals 'het geweld van rechts', verwelkomden de bom van 15 juli als ware het een geschenk van de Verlosser.

Voor de liberalen was Plehve verachtelijk en rampzalig, maar tegenover de onlusten deed hij het niet beter of slechter dan elk van de anderen. De beweging van de massa's had noodzakelijkerwijs geen boodschap aan wat wel of niet wettelijk was toegestaan; dus wat maakt het dan uit of de grenzen iets krapper of ruimer zijn?

2

De vakpers van de reactionaire lofzangers probeerde het regime van Plehve dan wel niet af te schilderen als een periode van algemene tevredenheid, maar in ieder geval wel als een van algemene rust en kalmte. Maar feitelijk was deze oogappel van de tsaar zelfs niet in staat om via het politieapparaat de rust te bewaren. Nog geen dag nadat hij het ambt had bestegen en het plan had opgevat, met alle orthodoxe zendingsdrang van een dubbel bekeerde, om de heilige relieken van de Lavra Abdij te bezoeken, werd hij gedwongen onmiddellijk zijn koers naar het zuiden te verleggen omdat er grote boerenopstanden oplaaiden in de provincies Charkov en Poltava. En de ongeregeldheden op het platteland hielden daarna niet meer op. De bejubelde staking in Rostov in november 1902 en de julidagen van 1903, die zich over het hele industriële zuiden verspreidden, waren een opmaat naar alle toekomstige acties van het proletariaat. Onophoudelijk volgde het ene na het andere straatprotest. De beraadslagingen en besluiten van de comités die zich met het landbouwvraagstuk bezighielden, waren de voorbode van de latere landbouwcampagne. Zelfs nog voor het aantreden van Plehve waren de universiteiten centra van politieke turbulentie geworden. En ook onder zijn bewind bleven ze dat. Twee congressen die in Petersburg in 1904 werden georganiseerd; het Technisch Congres en dat van Pirogov, speelden een rol in de vorming van stoottroepen van de democratische intelligentsia.

Dus de proloog van de sociale "lente" vond al onder het bewind van Plehve plaats. Zware strafmaatregelen, opsluitingen, ondervragingen, huiszoekingen en verbanning veroorzaakten terrorisme, maar waren niet in staat om de mobilisatie van de liberale samenleving volledig lam te leggen.

De laatste zes maanden van het bewind van Plehve vielen samen met het begin van de Russisch-Japanse oorlog. Het publieke rumoer verstomde, of, beter gezegd, ging over naar een stilte voor de storm. Het boek *Vor der Katastrophe* door de Weense journalist Hugo Ganz geeft een prima inzicht in de stemming en opvattingen die heersten onder de bureaucratie en toplagen van de liberale bourgeoisie in Petersburg in de eerste maanden van de oorlog. De overheersende stemming was er een van aan wanhoop naderende verbijstering. "Zo kan het niet voortduren"! Maar waar was de uitweg? Niemand had een antwoord; niet de gepensioneerde hoge ambtenaren, noch de beroemde liberale juristen, noch de beroemde liberale journalisten. "De samenleving staat machteloos. Aan een revolutionaire beweging van het volk moeten we al helemaal niet denken, want als het volk in beweging komt zal ze zich niet alleen tegen de autoriteit, maar tegen de hele bovenste stand richten". Dus waar lag dan nog hoop op redding? In een financieel bankroet en een militaire nederlaag.

Hugo Ganz, die de eerste drie maanden van de oorlog in Petersburg verbleef, schrijft dat een veelgehoorde smeekbede onder zowel gematigde liberalen als veel conservatieven was: *"Gott, hilf uns damit wir geschlagen werden"* (God, laat ons alsjeblieft verliezen). Uiteraard weerhield dat de liberale samenleving niet om naar buiten toe een officiële vaderlandslievende toon te simuleren. Een hele reeks van verklaringen en steunbetuigingen van zemstvo's en Doema's repten zonder uitzondering over hun loyaliteit aan de troon en hun bereidheid afstand te doen van hun bezit om roemrijk te sterven voor God, tsaar en vaderland. Uiteraard in de wetenschap dat ze dit nooit hoefden te doen.

De zemstvo's en Doema's werden gevolgd door een schaamtevolle opeenvolging van beroepsinstituten. De een na de ander reageerde op de oorlogsverklaring waarin de bloemrijke stijl – ontwikkeld in de priesterseminaries – samenviel met de Byzantijnse imbeciliteit van de inhoud. Hier was geen sprake van overzicht of misverstand. Het was tactiek met slechts één doel; toenadering tegen elke prijs! Daarom werd er zoveel moeite gedaan om het emotionele drama van verzoening voor de adel wat te verzachten. Om te organiseren, niet om tegen de autocratie te vechten, maar juist om haar te dienen. Niet om de regering te verslaan, maar om haar te verleiden. Om zo haar dankbaarheid en vertrouwen te verdienen. Zich zo onmisbaar makend. Deze tactiek is zo oud als het Russische liberalisme zelf en is er in al die jaren niet wijzer of eerbiedwaardiger op geworden. Vanaf het begin van de oorlog probeerde de liberale oppositie van alles om de loop van de gebeurtenissen te ruïneren. Maar de revolutionaire logica van de gebeurtenissen was niet te stoppen. De vloot in Port Arthur werd vernietigd, Admiraal Makarov sneuvelde, de oorlog verplaatste zich naar het vasteland; Jaloe, Kin-Kdzjoe, Dasjigao, Wafanghoe, Liejauwjan, Zjakee; allemaal verschillende namen voor een en hetzelfde: de schaamtelijke nederlaag van de autocratie. De regering kwam in een onmogelijke positie te zitten en demoralisatie in de regeringsrijen maakte het onmogelijk om een doortastend en consistent beleid in de binnenlandse aangelegenheden aan de dag te leggen. Terughoudendheid, compromissen en overleg waren onvermijdelijk geworden. De dood van Plehve vormde een gunstige opmaat voor verandering in het beleid.

3

Prins Svjatopolk-Mirski, het voormalige hoofd van de gendarmerie, werd opgeroepen om een nieuwe gouvernementele “Lente” in te luiden. De reden van die uitverkiezing was zelfs hem onduidelijk.

De persoonlijke politieke opvattingen van deze staatsman komen duidelijk naar voren in een interview dat hij over zijn programma gaf aan een paar buitenlandse correspondenten.

> “Wat vindt de prins”, zo vroeg iemand van ‘Echo de Paris’, “over de veelgehoorde opvatting dat Rusland ministers nodig heeft die zich verantwoordelijk voelen tegenover de bevolking”?

De prins glimlacht.

"Zo'n uitgangspunt is oppervlakkig en gekunsteld".

"Wat is uw mening, waarde prins, over de vraagstukken van religieuze vrijheid"?

"Ik ben groot tegenstander van religieuze vervolging, maar er zijn beperkingen".

"Is het waar dat u voorstander bent van meer Joodse vrijheden"?

"Met zachtmoedigheid zijn goede resultaten te boeken".

"In het algemeen, mijnheer de minister, ziet u zichzelf als iemand die aan de kant van de vooruitgang staat"?

Het antwoord: De minister tracht zijn handelen "in overeenstemming te laten zijn met de algemene en oprechte geest van vooruitgang, zolang dit niet in conflict komt met de bestaande orde". Zijn letterlijke woorden.

Maar zelfs de prins nam zijn eigen programma al niet serieus. Het is waar dat de kortetermijndoelstelling van de regering "het welzijn van de bevolking is, die aan ons is toevertrouwd", maar hij bekende aan dhr. Thomson, een Amerikaanse correspondent, dat hij nog niet wist hoe hij van zijn macht gebruik zou maken.

"Eerlijk gezegd", zo verklaarde de minister, "als ik zou beweren dat ik al een vastomlijnd programma heb, dan zou ik liegen. Het agrarische vraagstuk? Er is daarover al veel materiaal verzameld, maar tot dusverre heb ik mij daarover alleen via de dagbladen van op de hoogte kunnen stellen".

De prins smeerde de tsaar in Peterhof stroop om de mond, stelde de liberalen op hun gemak en sprak geruststellende woorden tot de buitenlandse correspondenten, die getuigden van enerzijds zijn hartelijke gevoelens en tegelijkertijd zijn gebrek aan enig staatsmanschap genadeloos blootlegden.

Deze hopeloze, eerbiedwaardig overkomende figuur, gehuld in de epauletten van de gendarmerie, werd dus gezien als de aangewezen persoon die was geroepen om de eeuwenoude banden die diep in het vlees van ons vaderland snijden, te verbreken; niet alleen in de ogen van Nicolaas II, maar ook in de verbeelding van de liberalen!

4

Naar het scheen begroette iedereen Svjatopolk-Mirski met enthousiasme. Prins Meztsjerski, de redacteur van de reactionaire *Grazhdanin* (De Burger) schreef dat er een dag van blijdschap was aangebroken voor "de grote familie van fatsoenlijke mensen in Rusland", omdat er eindelijk iemand op de post van minister werd aangesteld die "een ideale fatsoenlijke man" was. "Een onafhankelijk mens is een nobel mens", schreef de oude Soevorin in *Novoye Vrenzja* (Nieuwe Tijden), "want we hebben grote behoefte aan mensen met een nobele geest". Prins Oekhtomski benadrukte in de *Peterburgski Vedomosti* (Gazet van Petersburg) het feit dat de nieuwe minister de "afstammeling was van een oude prinselijke familie die terugging tot Ryoerik via Monomak". De Weense *Neue Freie Presse* stelde met tevredenheid vast dat de uitmuntende eigenschappen van de prins bestonden uit "menselijkheid, objectiviteit en een sympathieke houding tegenover vooruitgangsdenken". De *Birzehvje Vedomosti* (Beurs Gazet) betoogde dat, omdat de prins nog maar 47 jaar oud was, hij door zijn jonge leeftijd nog niet kon zijn vervallen tot bureaucratische routine.

De mooiste lofzangen en proza werden gepubliceerd waarin ons werd duidelijk gemaakt "dat we in slaap waren gesust" en nu, dankzij een liberale geste van de voormalige commandant van een speciaal gendarmerie-regiment, wakker zijn geschud. Die man zou ons nu de weg wijzen naar "een nieuwe toenadering tussen de autoriteit en het volk". Als je dit soort uitlatingen leest, kan je jezelf niet aan de indruk onttrekken dat ze je het gas van de domheid onder grote druk laten inademen.

Alleen extreemrechts slaagde erin zich te ontworstelen aan dit "bacchanaal van liberale lekkernijen". De *Moskovski Vedomosti* (Gazet van Moskou) herinnerde de prins meedogenloos aan het feit dat samen met de portfolio van Plehve, hij ook alle problemen had overgenomen.

"Dat onze binnenlandse vijanden actief zijn in de ondergrondse drukkerijen, in de diverse publieke verenigingen, in de scholen, in de pers en op de straat, waar ze met bommen in de hand en hun hoofd hoog opgeheven, zich voorbereiden op een aanval op ons interne Port Arthur, is alleen mogelijk omdat ze erin slagen om de samenleving en enkele heersende kringen te vergiftigen met hun valse opvattingen, zoals de noodzaak om de belangrijkste grondvesten van onze samenleving te vernietigen; de autocratie van de tsaar, de orthodoxie van onze kerk en het nationale zelfbewustzijn van ons volk”.

Prins Svjatopolk probeerde een middenkoers te varen: autocratie, maar een beetje ingeperkt via wetgeving; bureaucratie, maar met publieke steun. De *Novoye Vrenzja* die de prins steunde omdat de prins aan de macht was, nam de taak op zich als zijn officieuze spreekbuis op te treden. En uiteraard was er een uitermate geschikte gelegenheid voorhanden.

De ministers, wier goedertierenheid er niet in was geslaagd de camarilla die tsaar Nicolaas regeerde te overtuigen, deden een schuchtere poging om steun te vinden bij de *zemsty*, de landsraden. Dat was ook het doel van het voorstel van een conferentie van afgevaardigden uit de provinciale besturen. Maar de stijgende opwinding in de samenleving en de luidere toon van de pers deden ook de angst rond de mogelijke uitkomst toenemen. Op 30 oktober veranderde de *Novoye Vrenzja* definitief van toon. “Hoe leerzaam en interessant de besluiten van de leden op de conferentie ook zijn, we mogen niet vergeten dat door de samenstelling en de wijze waarop de uitnodigingen zijn verzonden, deze conferentie in de heersende kringen terecht wordt beschouwd als een private bijeenkomst en dat haar besluiten dus ook slechts academische betekenis hebben en slechts een morele verplichting opleggen”.

Bijna aan het eind van de conferentie van de *zemsty*, die vooral was bedoeld om publieke steun voor de ‘progressieve’ minister te genereren, werd de conferentie door diezelfde minister verboden, waarna ze semi-legaal werd voortgezet in een privaat appartement.

5

Tussen 6 en 8 november werd door 100 belangrijke prominenten uit de zemstvo’s een verklaring opgesteld, met 70% voor en 30% tegen aangenomen, waarin publieke vrijheden, persoonlijke immuniteit en een publieke vertegenwoordiging in de wetgevende macht werden geëist, zonder het heilige taboewoord *grondwet* uit te spreken.

De Europese liberale media betuigden hun instemming met de tactische weglating; de liberalen hadden een manier gevonden om te zeggen wat ze wilden zonder tegelijkertijd juist dat woord uit te spreken waardoor het voor prins Svjatopolk sowieso onmogelijk zou zijn hun verklaring te accepteren.

Dit is de enige juiste verklaring van de betekenisvolle weglating in de verklaring van de zemstvo's. Toen zij hun eisen formuleerden hadden ze vooral de regering op het oog met wie ze tot een akkoord wilden komen, niet het gewone volk aan wie ze hadden kunnen appelleren.

Ze werkten dus wel een aantal punten uit om tot een politiek compromis te komen, maar hadden geen slogans voor publieke agitatie. In dat opzicht bleven ze trouw aan zichzelf.

"Het volk heeft haar plicht gedaan, het is nu aan de regering"! verklaarde de pers in een toon van onderdanige uitdagendheid. Prins Svjatopolk-Mirski's bewind nam de 'uitdaging' aan en stuurde prompt een waarschuwing aan de liberale krant *Pravo* (Recht) vanwege de bovenstaande opruiende kop. De pers werd verboden te publiceren over de zemstvo-conferentie en haar besluiten en verklaring. Een bescheiden petitie van de zemstvo van Dzjernikov werd als "onbeschoft en tactloos" bestempeld. De rek was er bij de regering al bijna uit toen de veer van het liberalisme zich pas begon te ontspannen.

De zemstvo-conferentie was bedoeld als een uitlaatklep voor de oppositionele stemming onder de 'welopgeleide mensen'. Het is waar dat op de conferentie niet alle zemstvo's vertegenwoordigd waren, maar er waren wel voorzitters van de stadsraden en een aantal "personen van autoriteit" (die alleen al door hun kortzichtige doch krasse uitlatingen hieraan enig gewicht en belang wisten te geven). Ook waar, de conferentie was niet officieel geautoriseerd door de bureaucratie, maar vond wel met haar medeweten plaats. En daarom begonnen de inmiddels zeer timide intelligentsia te geloven dat hun meest innerlijke grondwettelijke verlangens, de geheime droom van hun slapeloze nachten, enige semiofficiële instemming had gevonden. Niets maakt de liberale samenleving zo enthousiast als het vermoeden dat haar eisen enige wettelijke grond hebben, ook al was dat een illusie.

Een seizoen van banketten, resoluties, verklaringen, protesten, memoranda en petities brak los. Organisaties en instituten van allerlei pluimage begonnen met professionele en plaatselijke bijeenkomsten en jubileumvieringen en eindigden met dezelfde formulering van grondwettelijke eisen, zoals vastgelegd in de sindsdien zo bejubelde "11 punten" uit de resolutie van de zemstvo-conferentie.

De democraten vormden snel een koor rond de zemstvo-vertegenwoordigers om het belang van de beslissingen van de zemstvo's te benadrukken en ook om zo hun invloed op de bureaucratie te kunnen vergroten. Voor de liberale samenleving was de gehele politieke opdracht van het moment gereduceerd tot druk uitoefenen op de regering via de zemstvo's. Aanvankelijk werd gedacht dat de moties genoeg zouden zijn om de bureaucratie als een torpedo de lucht in te blazen. Maar dat gebeurde niet. De resoluties begonnen overbekend te klinken voor zowel diegenen die ze schreven als diegenen tegen wie ze waren gericht. En de pers, wiens keel steeds steviger werd dichtgeknepen door het ministerie van Binnenlandse Veiligheid, raakte geïrriteerd zonder vast mikpunt voor haar irritatie.

Tegelijkertijd raakte de oppositie ook meer verdeeld. Steeds vaker verschenen er ongeduldige, ongemanierde en onverdraagzame personen die tijdens de banketten het woord opeisten – de ene keer een intellectueel, de andere keer een arbeider – die de zemsty hard aanvielen en eisten dat de slogans van de intelligentsia duidelijker moeten worden geformuleerd en de tactiek doortastender moest zijn. De mensen probeerden zulke sprekers te kalmeren, ze te paaien, te vleien, ze te beledigen, de mond te snoeren of juist stroop om de mond te smeren en uiteindelijk; ze te laten verwijderen, maar de ongeduldige personen werkten gestadig verder, op die wijze linkse elementen onder de intelligentsia op het pad van de revolutie duwend.

Terwijl de rechterzijde van de bevolking die zich materieel dan wel ideologisch verbonden voelde met het liberalisme de bescheidenheid en de loyaliteit van de zemstvy-conferentie benadrukte en aan de redelijkheid in staatsmanschap bij prins Svjatopolk appelleerde, sloten de radicale intelligentsia, voornamelijk bestaande uit jonge studenten, zich bij de November-campagne aan met als doel om de vastlopende koers te stoppen en met een meer militant karakter aansluiting te vinden met de revolutionaire beweging van de stedelijke arbeiders. Hieruit ontstonden twee grote protestdemonstraties; in Petersburg op 28 november en in Moskou op 5 en 6 december. Deze betogingen van de radicale "zonen" waren een direct en onvermijdelijk gevolg van de slogans die door de liberale "vaders" waren opgesteld; nu het bevel tot het stellen van constitutionele eisen was gegeven, moest hiervoor ook het gevecht worden aangegaan. Maar de vaders waren helemaal niet van plan zo'n logisch vervolg aan een politiek voornemen te accepteren. Ze waren integendeel doodsbenauwd dat haastige spoed en impulsiviteit het moeizame dunne web van vertrouwen zou verscheuren. De 'vaders' steunden hun 'zonen' niet. Ze leverden hen met huid en haar over aan de Kozakken en de bereden politie van de liberale prins.

Maar ook van de arbeiders kregen de studenten weinig tot geen steun. En dat toont tegelijkertijd ook de enorme beperking van de banketten-campagne in november en december 1904. Slechts een zeer beperkte, uiterste toplaag van de arbeidersaristocratie nam er aan deel en het aantal 'echte' arbeiders, die een mengeling van vijandigheid en nieuwsgierigheid opriepen, konden tijdens de banketten op de vingers van één hand geteld worden. Het diepe innerlijke proces dat zich in het bewustzijn van de massa's voltrok, stond op geen enkele manier in verband met de haastig uitgeroepen protesten van de revolutionaire studenten.

En zo lag het lot van de studenten uiteindelijk alleen in hun eigen handen.

Maar vanwege de lange politieke wapenstilstand als gevolg van de oorlog kregen deze protestdemonstraties, mede vanwege de kritische binnenlandse situatie als gevolg van de militaire nederlaag, een scherp politiek karakter en omdat de telegraaf wereldwijd zijn werk snel deed, maakten deze puur als symptoom een veel grotere indruk op de regering dan alle waarschuwingen van de liberale pers. De regering vermande zich en maakte er korte metten mee.

6

De grondwetcampagne die begon met de bijeenkomst van tientallen zemtsy in het elegante appartement van Korsakov, eindigde met de arrestatie en opsluiting van tientallen studenten in de politiebureaus van Moskou en Petersburg en een tweeledig antwoord van de regering: een 'hervormings' oekaze (richtlijn van de regering) en een "Mededeling" van de politie. De rechtzaak van 12 december 1904 leverde nog wel het duidelijkste resultaat van deze campagne rond "wederzijds vertrouwen" van de zogenaamde "Lente". Het bewaken van de grondslagen van het Rijk werden een essentiële voorwaarde voor elke toekomstige hervormingsgezinde activiteit. In zijn algemeenheid bevestigde de oekaze wat de prins in zijn interviews, gevuld met goede bedoelingen en voorzichtige voorbehouden, al had laten doorschemeren.

De duidelijkheid hierover nam daarna alleen maar toe. Twee dagen later schiep de regering nog grotere politieke duidelijkheid. Zij beschreef de novemberconferentie van de zemsty als de voornaamste bron van een beweging 'die vreemd is aan het Russische volk' en herinnerde de zemsty en Doema's eraan dat het bespreken van de resoluties van de novemberconferentie een wetsovertreding betekende. De regering verklaarde verder dat het haar rechtmatige taak is om de staat en de openbare orde te verdedigen. Daarom zouden alle bijeenkomsten die een antiregeringskarakter hebben met alle wettelijke middelen die de regering tot haar beschikking heeft worden beëindigd. De prins wist maar weinig resultaat te boeken in het herstellen van de openbare rust en orde in het land, maar hij was wel buitengewoon succesvol in de meer algemene taak waarvoor de geschiedenis hem juist op dat moment aan het hoofd van de regering had geplaatst; de taak om alle politieke vooroordelen en illusies onder de gewone burger te vernietigen.

Het tijdperk van Svjatopolk-Mirski, dat begon met hoorngeschal over verzoening, eindigde met het knallen van de zwepen van Kozakken en leidde ertoe dat de haat tegen het absolutisme onder alle lagen van de bevolking met enig politiek bewustzijn tot ongekende hoogte steeg. Politieke opvattingen werden verscherpt, de onvrede groeide en werden meer en meer een kwestie van principe. Wat gisteren nog een vaag idee was, drong zich vandaag gretig naar de voorgrond in de politieke berekeningen. Alle uitingen van onrecht en willekeur werden snel tot hun kern gereduceerd. Niemand was nog bang voor revolutionaire leuzen; integendeel, ze vonden een duizendvoudige echo en werden brede publieke slogans. Zoals een spons vocht opzuigt, zo zoog het bewustzijn van de samenleving elk woord op waarin het absolutisme werd afgewezen of veroordeeld.

De onschendbaarheid van het absolutisme was doorbroken. Elke misstap werd tegen haar gebruikt. De poging schuld te bekennen voor vergeving leidde tot verachting. Haar bedreigingen wekten haat op. Ja, het ministerie van de prins deed enige belangwekkende concessies richting de pers, maar de interesse van de pers groeide sneller dan de milde tolerantie van het Centrale Directoraat van Persaangelegenheden. Hetzelfde gold op alle andere terreinen; de uit liefdadigheid verleende halve vrijheden bleken net zo irritant als volledige slavernij. Over het algemeen is dat het resultaat van concessies in een revolutionaire periode: ze leiden niet tot voldoening en leiden tot nog dwingender eisen. En dwingendere eisen werden er gesteld, in de pers, op bijeenkomsten en congressen, die op hun beurt weer de autoriteiten irriteerden. De verhoudingen waren inmiddels gespeend van 'wederzijds vertrouwen' en de autoriteiten zochten hun redding in repressie. Bijeenkomsten en congressen werden ontbonden, een reeks van censuurmaatregelen daalde op de pers neer, straatprotesten werden met meedogenloos geweld onderdrukt en uiteengeslagen. Wie nog aan de werkelijke betekenis van 12 december mocht twijfelen, werd op 31 december uit de droom geholpen. De prins liet op die dag een circulaire uitgaan waarin hij uitlegde dat na de beraadslagingen over de maatregelen rond de boeren, zoals waren aangekondigd in de liberale oekaze, deze alsnog uitgevoerd zouden worden op basis van de plannen van Plehve. Dat was de laatste regeringsdaad van het jaar 1904. Het jaar 1905 opende met gebeurtenissen die een diepe kloof zouden veroorzaken tussen het heden en het verleden. Met een bloedbad werd een einde gemaakt aan de "lente", de kindertijd van het Russische politieke bewustzijn. Prins Svjatopolk, zijn zachtaardigheid, zijn plannen, zijn vertrouwen, zijn richtlijnen – ze werden alle afgewezen en vergeten.

HOOFDSTUK 6

9 JANUARI

Het hoofd van de paleiswacht: "Uwe majesteit, we kunnen de mensen niet tegenhouden – ze dringen naar binnen en roepen 'Wij willen buigen voor tsaar Boris, we willen de tsaar zien"! Tsaar Boris: "Gooi de poorten wijd open. Tussen het Russische volk en de tsaar zullen geen barrières staan"! [A.K. Tolstoy, Tsaar Boris]

1

> "Sire! Wij arbeiders, onze vrouwen en kinderen, hulpeloze ouderen die ons hebben verwekt, wij zijn naar u gekomen, Sire, om rechtvaardigheid en bescherming te vinden. Wij leven in grote armoede, we worden onderdrukt en uitgebuit door het werk dat boven onze krachten moet worden verricht; we worden beledigd, niet als mensen gezien, we worden behandeld als slaven die hun lot in stilte moeten dragen. En we dragen ons lot, maar we worden steeds dieper in de afgrond van bedelarij, wetteloosheid en onwetendheid gedreven. Het despotisme en de willekeur wurgen ons en we stikken erin. Sire, onze kracht raakt uitgeput! De grens van ons geduld is bereikt; het verschrikkelijke moment is aangebroken dat het voor ons beter is om te sterven dan deze aanhoudende folteringen nog langer te verdragen".

Aldus begon de gevierde volkspetitie van de arbeiders van Petersburg. In deze woorden klonken de onderliggende bedreigingen duidelijker door dan de smeekbedes van de trouwe onderdanen. De verklaring ging verder met een beschrijving van alle vormen van onderdrukking en beledigingen die het volk moest ondergaan. Alles was vastgelegd, van onverwarmde fabriekshallen tot politieke wetteloosheid in het land. De petitie vroeg om amnestie, publieke vrijheden, de scheiding van kerk en staat, de achturige werkdag, een eerlijk loon en de geleidelijke overdracht van de grond aan het volk. Aan het hoofd van alles plaatsten zij het bijeenroepen van een Grondwettelijke Vergadering op basis van algemeen kiesrecht. De petitie eindigde als volgt.

"Dit zijn onze grootste noden, Sire, waarop wij u wijzen. Beveel en zweer dat zij worden nagekomen en u zal Rusland groots en glorieus maken en uw naam voor eeuwig in onze harten en die van ons nageslacht sluiten. Maar als u ze niet nakomt, als u niet naar onze smeekbede luistert, zullen wij hier sterven, op de stoep van uw paleis. Wij kunnen nergens anders naar toe, geen doel om na te streven. Voor ons liggen maar twee wegen; naar de vrijheid en geluk, of die naar het graf. Sire, kies een pad en wij zullen volgen, ook al leidt het pad naar de dood. Wij zijn bereid ons leven op te offeren voor het al lang lijdende Rusland. We schamen ons niet voor zo'n offer, wij maken hem uit vrije wil".

En zij brachten hun offer ...

De petitie van de arbeiders verving niet alleen de schimmige formuleringen van de liberale verklaringen met hun verhulde oproepen tot meer politieke democratie, maar gaf deze leuzen ook een klasseninhoud door stakingsrecht en een 8-urige werkdag te eisen. Haar historische betekenis lag niet zozeer in haar tekst als wel in het feit zelf. De petitie was de proloog naar een actie die de arbeidende massa's verenigde. Ze waren verenigd in een smeekbede aan een geïdealiseerde monarchie. En daarna in het besef dat het proletariaat en de échte monarchie dodelijke vijanden bleken te zijn.

Het verloop van de gebeurtenissen staat eenieder nog helder voor de geest. Het waren maar een paar dagen en het ontwikkelde zich op vreemde wijze, alsof het allemaal gepland was. Op 3 januari brak er een staking uit in de Poetilov fabrieken. Op 7 januari staakten al ruim 140.000 arbeiders. Het hoogtepunt van de staking lag op 10 januari. Vanaf 13 januari werd het werk weer hervat. Feitelijk begon het dus als een economische staking, die uitbrak als gevolg van een aantal specifieke incidenten. De staking breidde zich uit over tienduizenden arbeiders en kreeg een politieke lading. De staking werd georganiseerd door de "Vereniging van Bedrijf- en Fabrieksarbeiders", oorspronkelijk nota bene voortgekomen uit de politie. De radicalen, die door het falen van hun bankettencampagne op een doodlopende weg terecht waren gekomen, kookten van ongeduld. Ontevreden over de beperkte economische eisen van de staking dwongen ze Gapon, hun leider, een veel politiekere houding aan te nemen. Ze werden zo overweldigd door de enorme ontevredenheid, woede en revolutionaire energie onder de arbeiders, dat de kleingeestige plannen van hun liberale medestanders de grond in werden geboord. De sociaaldemocraten traden op de voorgrond. In eerste instantie met vijandigheid begroet, pasten zij zich snel aan hun publiek aan en wonnen de overhand. Hun leuzen werden door de massa's overgenomen en werden onderdeel van de petitie.

De regering verviel tot volledige inactiviteit. Waarom? Een slimme provocatie? Verlammende verwarring? Beide. De bureaucraten van het type van prins Svjatopolk wisten niet waar ze het moesten zoeken. De kliek rond Trepov, was erop gebrand om zo snel mogelijk de "Lente" om zeep te helpen en hoopte daarom op een slachtpartij. Zij liet de gebeurtenissen hun natuurlijke loop hebben met de logische gevolgen. De telegraaf mocht elke dag stap voor stap de gebeurtenissen over de hele wereld verspreiden. Elke conciërge in Parijs wist drie dagen van te voren dat er op zondag 9 januari in Petersburg een revolutie zou plaatsvinden. De Russische regering deed niets om een bloedbad te voorkomen.

Door de 11 afdelingen van de "Vereniging" van arbeiders werden bijeenkomsten belegd. Er werd een petitie opgesteld en de plannen voor de optocht naar het paleis werden besproken. Gapon ging van afdeling naar afdeling; de sociaaldemocratische sprekers werden schor en vielen soms om van uitputting. De politie mengde zich nergens in. Ze was in geen velden of wegen te bekennen.

Zoals afgesproken was de optocht naar het paleis een vreedzame, zonder slogans, spandoeken of sprekers. De mensen droegen hun nette zondagse kleren. In sommige delen van de stad droegen ze iconen en kerkelijke vaandels met zich mee. Overal kwamen de deelnemers aan de petitie-optocht troepenmachten tegen die de weg versperden. Ze smeekten om doorgelaten te worden. Ze huilden, poogden om de versperringen heen te komen of er doorheen te breken. De soldaten vuurden de hele dag. Er vielen honderden doden en duizenden gewonden. Exacte cijfers waren niet vast te stellen omdat in het holst van de nacht de lichamen door de politie werden afgevoerd en gedumpt.

Op 9 januari om middernacht schreef Gregori Gapon:

"De vloek van mijn priesterschap rust op de soldaten en officieren die hun onschuldige broeders, zusters en kinderen vermoorden, op de onderdrukkers van het volk. Mijn zegen is er voor die soldaten die meehelpen het volk naar vrijheid te streven. Ik verleen hen vergiffenis voor hun militaire eed aan deze verraderlijke tsaar die het bevel gaf tot dit bloedbad van onschuldigen".

De geschiedenis gebruikte het plan van Gapon voor haar eigen doeleinden – en er restte Gapon niets anders dan de revolutionaire gevolgen naar de gebruiken van zijn priesterschap te formuleren.

Tijdens het ministeriële beraad op 11 januari, adviseerde graaf Witte, toen nog niet aan de macht, de gebeurtenissen en maatregelen van 9 januari, te bespreken "om in de toekomst zulke betreurenswaardige gebeurtenissen te voorkomen". Het voorstel van Witte werd afgewezen omdat "het niet binnen de competentie van dit beraad viel en niet op de agenda stond". Het ministeriële beraad stond toe dat het begin van de Russische revolutie onopgemerkt plaatsvond, omdat het niet op de agenda stond.

2

De wijze waarop de gebeurtenissen zich op 9 januari ontvouwden, konden natuurlijk door niemand in zijn geheel worden voorzien. Een priester die door de loop van de geschiedenis geheel onverwacht voor een aantal dagen aan het hoofd van de arbeidende massa's werd geplaatst, gaf daar natuurlijk ook de stempel aan van zijn persoon, zijn opvattingen en status als priester. De diepere inhoud van de gebeurtenissen werd voor velen verhuld door de vorm waarin ze plaatsvond. Maar het werkelijke belang van 9 januari reikte veel verder dan de symboliek van een processie naar het Winterpaleis. De priestermantel van Gapon was slechts een rekwisiet, het proletariaat was de hoofdrolspeler in dit drama. Het proletariaat begon met een staking, verenigde zichzelf, stelde politieke eisen, ging de straat op, wist de publieke steun en het enthousiasme van de rest van de bevolking achter zich te krijgen, botste met de troepenmacht en startte de Russische revolutie. Gapon was niet de schepper van de revolutionaire energie van de arbeiders van Petersburg; vooral tot zijn eigen verbazing was hij degene die het deed uitbarsten. Deze zoon van een priester, daarna seminariestudent aan de Aeligius Academie, als agitator overduidelijk aangestuurd door de politie, kwam plotseling aan het hoofd te staan van een bijeenkomst van honderdduizenden mensen. De politieke situatie, zijn priestermantel, de elementaire opwinding van de nog nauwelijks politiek bewuste massa's en de enorm snelle loop van de gebeurtenissen maakten van Gapon een "leider".

In zijn hoedanigheid als sprookjesverteller op de psychologische ondergrond van avonturisme, enige betrouwbaarheid uitstralend en met een wat opvliegend zuidelijk temperament, als onbenul in sociale aangelegenheden, was Gapon totaal niet bij machte enige sturing aan de gebeurtenissen te geven of ze zelfs maar te voorzien. Hij werd er volkomen door overspoeld.

De liberalen hielden lang vol de gebeurtenissen van 9 januari te wijten waren aan het karakter van Gapon. Zij spiegelden hem af als een ware volksmenner die de kneepjes van het vak kende in vergelijking met de sektarische doctrine van de sociaaldemocraten. Daarmee vergaten ze dat 9 januari helemaal niet zou hebben plaatsgevonden als Gapon niet in aanraking was gekomen met enkele duizenden politiek bewuste arbeiders, die de leerschool van het socialisme hadden doorlopen. Deze mensen vormden meteen een ijzeren ring om hem heen, die hij al had hij het zelf gewild, niet kon doorbreken. Maar hij ondernam geen uitbraakpoging. Gehypnotiseerd door zijn eigen succes, liet hij zich op de golven meedragen.

De dag na de *Bloedige Zondag* beschreven we dat Gapon zich politiek volledig had onderworpen. Ongetwijfeld hebben we allemaal zijn karaktereigenschappen overschat. Met zijn krans van heilige verontwaardiging en de vervloeking van de priester op zijn lippen, leek hij vanop afstand wel een Bijbelse figuur. Het leek alsof er krachtige revolutionaire bezieling in de borst van deze jonge priester was ontwaakt, die werkte in het Huis van Bewaring in Petersburg. Wat gebeurde er daarna? Toen de lichten uiteindelijk doofden, beschouwde eenieder Gapon als de politieke en morele onbenul die hij in werkelijkheid was. Zijn optreden voor socialistisch Europa, zijn jammerlijke “revolutionaire” geschriften uit het buitenland, bot en naïef tegelijk, zijn terugkeer naar Rusland, zijn achterbakse contacten met de regering, de door graaf Witte overhandigde smeergelden, Gapons pretentieuze en absurde interviews met vertegenwoordigers van de conservatie pers en, uiteindelijk, het schurkachtige verraad dat zijn einde betekende; dit alles maakte een definitief einde aan enige illusies rond de figuur van Gapon van 9 januari.

We ontkomen er niet aan de slimme woorden van Viktor Adler, leider van de Oostenrijkse sociaaldemocraten, voor de geest te halen die, toen hij het eerste telegram las waarin Gapon zijn terugkeer naar Rusland aankondigde, zei: “Wat jammer ... het zou voor zijn naam in de geschiedenis beter zijn als hij net zo mysterieus van het toneel was verdwenen als hij er was opgekomen. We hadden dan een prachtige romantische legende gehad van een priester die de poorten naar de Russische Revolutie wijd open zette". Om er daarna met de hem zo eigen ironie aan toe te voegen: "Sommigen kunnen beter martelaren dan partijgenoten zijn".

3

'In Rusland bestaat er geen revolutionaire bevolking', schreef Peter Stroeve in zijn in het buitenland gepubliceerde krant *Osvobozdeni* (Bevrijding), op 7 januari 1905. Precies twee dagen voordat de garderegimenten de betoging van de Petersburgse arbeiders neersloegen.

"In Rusland bestaat er geen revolutionaire bevolking", stelde het Russische liberalisme bij monde van een afvallige socialist, die tijdens de bankettencampagne van drie maanden zichzelf ervan had overtuigd dat hier het centrum van de politieke actie lag. Maar deze uitspraak kwam tijd tekort om Rusland te bereiken voordat de telegraaf alle hoeken van de wereld bestookte met telegrammen over het grote nieuws van het begin van de Russische revolutie.

Wij hadden erop gewacht, we hebben er nooit aan getwijfeld. Voor vele jaren was het voor ons de logische uitkomst van onze "doctrine", die werd beschimpt door onbenullen van allerlei politiek allooi. Zij geloofden niet in de revolutionaire rol van het proletariaat. In plaats daarvan geloofden ze in de kracht van de zemsty-petities, in Witte, in Svjatopolk-Mirski, in vaten met dynamiet. Er is geen politiek vooroordeel te bedenken waar ze niet in geloofd hebben. En juist ons geloof en vertrouwen in het proletariaat werd door hen als een misplaatst vooroordeel weggezet.

Niet alleen Stroeve, maar ook het "geschoolde publiek" in wiens dienst hij kort geleden was getreden, werd volkomen door de gebeurtenissen verrast. Met van angst opengesperde ogen en verstijfd zagen ze door hun ramen het historische drama voor zich ontvouwen. De interventie van de intelligentsia in de gebeurtenissen was van een jammerlijke en verwaarloosbare aard. Een vertegenwoordiging van een aantal vooraanstaande professoren en geleerden benaderde prins Svjatopolk-Mirski en graaf Witte. Zoals de liberale pers het stelde, deden ze dit "in de hoop de problemen dusdanig te kunnen toelichten dat wellicht het gebruik van geweld voorkomen kan worden". De ene berg was tegen de andere berg aan het botsen en ondertussen geloofden een handjevol democraten dat onderonsjes met een paar ministers het onvermijdelijke konden doen voorkomen. Svjatopolk weigerde de delegatie te ontvangen. Witte stak onmachtig zijn handen omhoog. En toen, als in een toneelstuk van Shakespeare, werd geheel onverwacht een element van farce in deze grootste tragedie gepresenteerd. De politie stelde dat de afgevaardigden een "Voorlopige Regering" vormden en ze werden afgevoerd naar de Petrus-en-Paulusvesting.

Toch trok 9 januari een diepe scheidingslijn door het onsamenhangende en mistige speelveld van het politieke bewustzijn van de intelligentsia. Tijdelijk vielen de intelligentsia terug op de gewoontes van het traditionele liberalisme met haar geloof in het bezweren van de ellende middels een wisseling van de wacht aan de top van de regering. Het dwaze regime van prins Svjatopolk-Mirski was het tijdperk van de bloei, de prachtige bloei van dit soort liberalisme. De hervormingsgezinde oekaze van 12 december was haar rijpste vrucht. Maar 9 januari vaagde deze "Lente" weg, haar vervangend door een militaire politiedictatuur met ongelimiteerde macht voor Trepov, die vlak daarvoor door de liberale oppositie was verwijderd als Commissaris van Politie in Moskou! Tegelijkertijd werden de verschillen tussen de democraten en de officiële oppositie binnen de liberale kringen steeds duidelijker. De acties van de arbeiders versterkten de radicale elementen onder de intelligentsia, net zoals de zemsty-conferentie eerder de troefkaarten juist in handen van de meer opportunistische elementen legde. De kwestie van politieke vrijheid werd voor het eerst concreet in het bewustzijn van de linkervleugel van de oppositie. Ze zagen dit terug in de mate van strijd, de krachtsverhoudingen en de woeste aanvallen op krachtige volksbewegingen. Voor het eerst trad het revolutionaire proletariaat, gisteren nog een 'hersenspinsel van de marxisten', als een krachtige politieke realiteit op de voorgrond.

Het invloedrijke liberale weekblad *Pravo* schreef: "Kunnen we na deze bloedige dagen in januari ook maar één moment twijfelen aan de historische missie van het Russische stedelijke proletariaat? Het is duidelijk dat deze kwestie, in ieder geval voor dit moment van de geschiedenis, is opgelost. Niet door ons, maar door de arbeiders die, tijdens die gedenkwaardige januaridagen, met de kracht van verschrikkelijke en bloedige gebeurtenissen, hun namen in het heilige boek van de sociale beweging in Rusland hebben geschreven". Er zat maar één week tussen het artikel dat Stroeve publiceerde en de bovenstaande zinsneden, toch ligt er een heel historisch tijdperk tussen.

4

Ook voor de kapitalistische bourgeoisie was 9 januari een keerpunt in het politieke bewustzijn.

In de jaren net voor de revolutie, en tot grote ontevredenheid van de kapitalisten, was er een hele school van regeringsdemagogie ontstaan, de zogenaamde Zoebatov-leer. Haar doel was om arbeiders in econonische delicten te laten komen met de eigenaren, zodat botsingen met het staatsapparaat werden vermeden.

Maar na *Bloedige Zondag* kwam de hele normale gang van zaken tot stilstand. Er werd slechts met intervallen gewerkt, tussen de ongeregeldheden door. De enorme winsten uit legerorders en leveringen kwamen niet in de industrie terecht, die in zwaar weer verkeerde, maar in de zakken van een kleine groep roofzuchtige monopolisten met privileges. Er bleef niets over om de industrie te paaien in deze omstandigheden van toenemende chaos. De ene na de andere bedrijfstak ging over naar de oppositie. Verenigingen van beurshandelaren, industriële congressen, de 'adviesbureaus' oftewel gecamoufleerde syndicaten, allerlei andere kapitalistische organisaties die gisteren politiek nog maagd waren, ventileerden hun afkeur over de autocratische politiestaat en begonnen de taal van het liberalisme te spreken. De handelaar van de stad liet merken dat hij ten aanzien van de kwestie van de oppositie, geen duimbreed zou wijken voor de "verlichte" landeigenaren. De Doema's sloten zich niet alleen aan bij de zemstvo's, maar plaatsen zich ook aan het hoofd er van. En de Doema van Moskou, die een organisatie van handelaren was, nam de eerste rij in.

Door de brede roep om een terugkeer van publieke en staatsorde verstomde het onderlinge gevecht tussen de verschillende takken van het kapitaal om de gunsten en gelden van de minister van Financiën enigszins, al was het van tijdelijke aard. Naast eenvoudige verzoeken om concessies en subsidies, kwamen er nu ook, soms zelfs naast elkaar, meer complexe ideeën naar voren over de ontwikkeling van de productiekrachten en de uitbreiding van de binnenlandse markt. Maar in alle oproepen, verzoeken, resoluties en memoranda van de ondernemers werd ook altijd een oproep gedaan om arbeidsonrust en onvrede op het platteland te beteugelen. Het kapitaal was teleurgesteld in het paardenmiddel van politierepressie, dat als een zweep enerzijds de ruggen van werkenden teistert en anderzijds winsten wegzuigt. Zo kwam het tot de conclusie dat voor een vreedzame ontwikkeling van kapitalistische uitbuiting een liberaal regime noodzakelijk was. "Et tu, Brute"!, schreeuwde de reactionaire pers verontwaardigd tegen de Moskouse 'oude getrouwen', de pilaren van eeuwenoude traditie, toen die het grondwettelijke platform ondersteunden. Maar hun gejammer bracht 'Brutus', in deze de grote textielhandelaren, niet tot zwijgen. 'Brutus' moest nog een hele politieke parabool doorlopen om, aan het eind van het jaar, toen de proletarische beweging haar hoogtepunt bereikte, weer de bescherming van de heilige, enig en ondeelbare zweep van de politieagent op te eisen.

5

Het diepst en meest verregaande effect van het bloedbad van januari voltrok zich onder het Russische proletariaat. Enorme stakingsgolven spoelden over het hele land, alle staatslichamen verkrampend. Volgens schattingen werd er in 122 steden en gemeenten gestaakt, in een aantal mijnen in de Donetz en bij de spoorwegen. Grote lagen van de werkenden werden door de gebeurtenissen tot op het bot geraakt. Er waren zo'n miljoen mannen en vrouwen bij de staking betrokken. In bijna twee maanden, zonder een daadwerkelijk plan, soms zelfs zonder maar enige eisen te stellen, het werk neerleggend en weer beginnend, alleen handelend uit solidariteit, heerste de staking over het land.

Tijdens het stormachtige hoogtepunt in februari 1905 schreven we:

> "Na 9 januari kent de revolutie geen weg terug. Zij kan zich niet langer tevreden stellen met ondergronds en verborgen doorwroeten om nieuwe lagen onder de bevolking aan te sporen in actie te komen. Openlijk lanceert zij haar oproep aan haar troepen, compagnieën, divisies en bataljons. Het proletariaat vormt het hart van dit leger en daarom doet de revolutie haar oproep via het stakingswapen".

> "Zaak na zaak, fabriek na fabriek, stad na stad, overal wordt het werk neergelegd. Het spoorwegpersoneel is als de lont van de staking, langs de

spoorlijnen verspreidt de staking zich. Er worden economische eisen gesteld die snel worden ingewilligd. Soms gedeeltelijk, soms volledig. Maar noch het begin, noch het einde van de staking wordt bepaald door de aard van de eisen of hoe die worden gesteld. De staking vindt plaats, niet omdat er door goed geformuleerde eisen een economisch gevecht losbarst, integendeel. De eisen worden gekozen en onder woorden gebracht omdat er gestaakt moet worden. De arbeiders voelen de noodzaak om aan zichzelf, hun medestrijders, het proletariaat in de rest van het land, hun gezamenlijke kracht te tonen, hun klasseninstinct en hun strijdvaardigheid. Alles wordt ondergeschikt gemaakt aan de algemene revolutionaire inschattingen. Als een wervelwind raast de staking over het land, luwend en dan weer oplaaiend, haar wil aan eenieder opleggend; de stakers en hun sympathisanten, diegenen die haar haten en vrezen, gehoorzamend aan de wil van de revolutie dringt ze in alle hoeken en gaten van het land door en raakt eenieders bewustzijn. Over het hele gebied dat door de stakingen is geraakt, en dat is het hele land, hangt er een dreigende en opstandige sfeer".

"Na 9 januari is de revolutie niet meer te stoppen. Zonder zich iets aan te trekken van militaire geheimhouding, maar juist openlijk, luidruchtig, de dagelijkse routines bespottend, haar afstompende saaiheid verwerpend, leidt de revolutie naar haar eigen hoogtepunt".

HOOFDSTUK 7

DE STAKING IN OKTOBER

"Denk je dat de revolutie eraan komt"?
"Nou en of"!; *Novoya Vremja*, 5 mei 1905
"Hier is hij"!; *Novoya Vremja*, 5 mei 1905

1

Een van de meest verbazingwekkende politieke paradoxen was het feit dat tijdens de ongelimiteerde terreur in de straat tijdens het bewind van Trepov in de herfstmaanden van 1905, er ongehinderd volop openbare bijeenkomsten plaatsvonden binnen de universiteitsmuren. Een zekere generaal Glaznov, oud en eigenwijs, die om volstrekt onbekende redenen op de post van minister van Onderwijs was beland, schiep tot zijn eigen verrassing overigens deze eilanden van vrijheid van meningsuiting. De liberale professoren beklaagden zich dat universiteiten waren bedoeld om te studeren en dat er voor de straat dus geen plek was in de academies. Prins Sergei Troebedzkoj stierf met deze waarheid op zijn lippen. Maar toch bleven de deuren van de universiteiten nog weken geopend. "Het volk" vulde de gangen, zalen en aula's. Arbeiders gingen direct van hun werk naar de universiteit. De autoriteiten raakten in verwarring. Op straat konden ze arbeiders aanhouden, arresteren, opjagen en neerschieten, maar zodra ze binnen universiteitsmuren geraakten, waren ze onmiddellijk onschendbaar. En zo kregen ook de autoriteiten aanschouwelijk onderwijs in de voordelen van grondwettelijke bepalingen over autocratische wetgeving.

De eerste openbare bijeenkomsten vonden op 30 september plaats aan de universiteiten van Petersburg en Kiev. Het officiële telegraafagentschap, verafschuwd door het publiek dat zich had verzameld in de grote hal van de Vladimir Universiteit, verklaarde dat naast studenten het overgrote deel van het publiek bestond uit "een samenraapsel van allerlei mannen en vrouwen, leerlingen uit het secundaire onderwijs, tieners uit de stedelijke private scholen, arbeiders en armoedzaaiers".

Het revolutionaire woord was ontsnapt uit haar schuilkelders en vulde de universiteitszalen, gangen en vergaderruimtes. Gretig werden de revolutionaire leuzen door de massa's opgeslagen, prachtig in hun eenvoud. Deze spontane ongeorganiseerde samenscholingen van mensen, die voor de sukkels van de bureaucratie en de prominenten van de reactionaire pers eruit zag als een grote bende armoedzaaiers, legden een hoge morele discipline en politieke gevoeligheid aan de dag die zelfs de burgerlijke journalisten verbaasde.

Een columnist van *Rus* schreef: "Weet u wat mij het meest verbaasde op de bijeenkomsten aan de universiteit? De buitengewone en voorbeeldige rust en orde. Vlak nadat ik was aangekomen werd er een pauze afgekondigd in de aula en ik struinde op mijn gemak door de gangen. Gangen in een universiteit zijn als straten. Alle klaslokalen aan de gang zaten vol met mensen, die allerlei afzonderlijke vergaderingen hielden. En de gangen zelf waren ook vol met mensen, die van de ene naar de andere plek moesten schuifelen. Er zaten mensen op vensterbanken, op tafels en zelfs op kasten. Ze rookten en er werd vooral gefluisterd. Je zou kunnen denken dat je op een of andere receptie was, alleen van een veel serieuzer karakter dan normaal gesproken. En toch was dit het volk het gewone, echte volk, met eeltig geharde handen en gegroefd verkleurd gelaat van langdurige zware arbeid in tochtige en ongezonde ruimtes. Maar diep in hun oogkassen glinsterden hun ogen. Want voor al deze magere, ondervoede mensen, die hier naar toe waren gekomen uit hun werkplaatsen of fabrieken, vanuit de ovens waar het staal wordt gesmolten of de smelterij waar ijzer wordt gegoten, waar hitte en rook overweldigend zijn, was de universiteit een tempel van rust en kalmte en opperste verering, groots en sprankelend wit. Elk woord dat werd gesproken klonk als een gebed ... De pas opgewekte dorst naar kennis zoog alle geuite theorieën op als een spons".

Nee, echt niet alle theorieën werden door deze geïnspireerde mensen opgezogen. Daar waren deze reactionaire windbuilen, die beweerden dat er geen solidariteit bestaat tussen de extreme partijen en het gewone volk, wel achter gekomen als ze het lef hadden gehad om het podium te nemen en ze toe te spreken, maar daar waren ze te angstig voor. Ze verscholen zich in hun holen wachtend op een adempauze, waarin ze weer een poging zouden kunnen wagen om de schandalige aanvallen uit het verleden te vernieuwen. Niet alleen de reactionairen, ook de woordvoerders en politici van het liberalisme slaagden er niet in het steeds wisselende publiek toe te spreken. De woordvoerders van de revolutie voerden de boventoon. Hier werden vitale onbreekbare politieke banden gesmeed om ontelbare mensen met de sociaaldemocratie te verbinden. Hier werden de grote maatschappelijke wensen en verlangens van de massa's vertaald en samengevat in revolutionaire leuzen. Het publiek verliet de universiteit anders dan het was binnengekomen ... Elke dag vonden er bijeenkomsten plaats. De stemming onder de arbeiders liep steeds hoger op, maar de partij liet geen oproep uitgaan. Men ging er min of meer vanuit dat een algemene actie pas later zou plaatsvinden; samenvallend met de herdenking van 9 januari en de instelling van de nieuwe Staatsdoema, gepland op 10 januari. De spoorwegvakbond dreigde ermee vertegenwoordigers van de nieuwe regering van Buljoegins Doema de toegang tot Petersburg te weigeren. Maar de gebeurtenissen namen al snel een heel andere loop dan wie dan ook had voorzien.

Op 19 september gingen de zetters in de drukkerijen van Sytin in Moskou in staking. Ze eisten een kortere werkdag en een hoger stukloon per zetsel van 1000 stuks, waarbij leestekens ook als deel van het zetsel moesten worden meegeteld. Deze kleine staking leidde uiteindelijk tot niets minder dan een algemene politieke staking in Rusland. Een staking die begon over punten en komma's, eindigde met het omvallen van het absolutisme.

De gemeentelijke politie beklaagde zich in haar rapportage over het feit dat de Moskouse Vakbond van Drukkers en Zetters, die door de regering was verboden, munt hadden geslagen uit de staking bij Sytin. Tegen het vallen van de avond van 24 september waren er al 50 drukkerijen in staking. Op de 25ste werd op een speciale bijeenkomst die door de gouverneur van Moskou was toegestaan, een eisenprogramma opgesteld. Dit programma werd door diezelfde gouverneur aangemerkt als een "arbitraire actie van de Sovjet van Arbeidersafgevaardigden van de drukkerijen en als zodanig strijdig met de persoonlijke vrijheden en afspraken van medewerkers van drukkerijen" en poogde nogal klungelig de staking met harde hand neer te slaan.

De staking die over punten en komma's was uitgebroken, had al tijd gehad om zich over andere sectoren uit te breiden. De bakkers van Moskou gingen in staking en wel zo effectief en overtuigend, dat twee compagnieën van het Eerste Don Kozakken regiment, met de heldenmoed die zo kenmerkend is voor deze speciale tak van het tsaristische leger, met geweld de Filippov bakkerijen moesten bestormen. Pas op 1 oktober kwamen er telegrammen uit Moskou dat de stakingen in fabrieken en bedrijven ten einde kwamen. Het bleek een adempauze te zijn.

2

Op 2 oktober besloten de zetters in Petersburg een 3-daagse solidariteitsstaking te houden in solidariteit met hun collega's in Moskou. Moskou telegrafeerde terug dat de industriële werkplaatsen in de stad zouden "blijven doorstaken". Op straat vonden er geen incidenten plaats; de zware stortregens vormden de meest betrouwbare bondgenoot van de rechtsorde.

Vanuit de spoorwegen, die een geweldige rol zouden spelen in de gevechten in oktober, kwam een eerste waarschuwing. De onrust begon op 30 september in de werkplaatsen van de lijn Moskou-Koersk en Moskou-Kazan. Deze twee lijnen troffen voorbereidingen om hun campagne op 1 oktober te beginnen maar werden door de spoorwegvakbond afgeremd. Op basis van de ervaringen met de stakingen in februari, april en juli op de verschillende aparte lijnen, wilde de vakbond naar een algemene staking toewerken, die samen moest vallen met de installatie van de nieuwe Staatsdoema, daarom nam ze stelling tegen plaatselijke acties. Maar het bleef gisten in de werkplaatsen en verblijven. Op 20 september was er een officiële conferentie van vakbondsafgevaardigden bij de spoorwegen om te discussiëren over het opzetten van een pensioenfonds. De conferentie ontwikkelde zich echter spontaan tot veel bredere oogmerken en toegejuicht door de hele spoorwereld vormde ze zichzelf om tot een onafhankelijke gezamenlijke vakbond en een politiek congres. Uit de hele wereld kwamen er solidariteitsverklaringen. De spanningen en onrust liepen nog meer op. Het idee van een onmiddellijke algemene staking begon post te vatten in de hoofden van de afgevaardigden in Moskou.

Op 3 oktober kregen we een telefoontje uit Moskou met de mededeling dat de werkonderbrekingen ten einde kwamen en het werk weer werd hervat. En op de lijn Moskou-Brest, waar er werd gestaakt in de werkplaatsen, was er een duidelijke verandering in de stemming om het werk weer te hervatten.

De staking was nog besluiteloos. Twijfelend en aarzelend over de te volgen weg.

Een bijeenkomst van vakbondsafgevaardigden van de drukkers, technici, schrijnwerkers, arbeiders uit de tabaksindustrie en andere beroepen namen het besluit een Gezamenlijke Raad van Arbeidersafgevaardigden in Moskou (Sovjet) te vormen.

De dagen daarop volgend leek alles erop dat het tot verzoening zou komen. De staking in Riga kwam ten einde. Op 4 en 5 oktober werd in bijna alle drukkerijen in Moskou het werk hervat. De kranten verschenen weer. Een dag later verschenen ook de edities van Saratov weer in de kiosken, na een week niet te zijn verschenen. Niets wees erop dat de vlam alsnog in de pan zou slaan.

Op een bijeenkomst aan de universiteit van Petersburg werd een vijfde resolutie aangenomen die opriep om binnen een bepaalde termijn alle "solidariteitsstakingen" te beëindigen. De zetters in Petersburg beëindigden hun driedaagse solidariteitsstaking. Op diezelfde dag maakte de stadsgouverneur van Petersburg openbaar bekend dat het spoor weer volledig toegankelijk was en dat overal het werk volledig werd hervat. Op 7 oktober ging de helft van de arbeiders op de Neva scheepswerf weer aan het werk. Alle bedrijven die buiten de Nevski-poort lagen hadden ook het werk hervat, met uitzondering van de Oboekov-fabriek die een politieke staking had afgekondigd tot 10 oktober.

Het had er alle schijn van dat de normale gang van zaken zich weer enigszins zou hervatten – het revolutionaire dagelijkse leven, uiteraard. Het leek alsof de staking een aantal ongeorganiseerde pogingen had ondernomen, ze daarna had afgeblazen en was verdwenen. Maar dat was slechts uiterlijke schijn.

3

In werkelijkheid werden er juist allerlei voorbereidingen getroffen om een grootschalige staking van de grond te tillen. Ze wilden dit in een zo kort mogelijke termijn realiseren en het probleem van de spoorwegenkwestie werd als eerste opgelost.

Onder druk van de onrust en onvrede op alle lijnen, maar vooral die in en rond Moskou, besloot het Centrale Bureau van de Spoorwegvakbond een oproep voor een algemene staking uit te vaardigen. Het deed dit met de gedachte dat het een ideale voorbereiding was om de strijdvaardigheid in kaart te brengen. Het grote gevecht stond nog steeds in januari gepland.

De beslissende dag was 7 oktober. “De hartritmestoornissen zijn begonnen”, schreef *Novoje Vremja*. Alle spoorwegen rond Moskou kwamen een voor een tot stilstand. Moskou raakte geïsoleerd van de rest van het land. Verontruste telegrammen werden heen en weer gezonden. Nizjni-Novgorod, Arzamas, Kasjira, Riazan, Venev, van overal waren er berichten over het uitvallen van het spoorverkeer.

Op 7 oktober ging ook de lijn Moskou-Kazan in staking. De Romodanov tak staakte op het knooppunt Nizjni. De volgende dag gingen ook de lijnen Moskou-Jaroslav, Moskou-Nizhegorod en Moskou-Koersk in staking. Niet alle knooppunten gingen echter tegelijk tot actie over.

Op 8 oktober, op een grote bijeenkomst van afgevaardigden van spoorwegpersoneel in Centraal Petersburg, werd besloten om actief een Landelijke Verenigde Spoorwegvakbond op te zetten (zoals voor het eerst voorgesteld op het aprilcongres in Moskou) die dan ondersteund door een algemene landelijke spoorwegstaking haar eisen aan de regering zou voorleggen. Maar ook hier sprak men over die staking in een onbepaalde toekomst.

Op 9 oktober gingen de lijnen Moskou-Brest, Moskou-Kiev-Voronezj en andere in staking. De staking kreeg ferme grip op de situatie en vaagde alle vertragende, matigende of beperkende besluiten voor haar voeten weg.

Op 9 oktober werden op een buitengewone bijeenkomst van de Spoorwegafgevaardigden in Petersburg de eisen voor een algemene spoorwegstaking opgesteld en per telegraaf over het land verspreid. Ze betroffen: 8-uren dag, burgerlijke vrijheden, amnestie, Grondwettelijke Vergadering.

Naarmate de staking zich verder uitbreidde, nam het vertrouwen hand over hand toe. De besluiteloosheid werd definitief afgeworpen. Het aantal stakers nam steeds verder toe en daarmee hun kracht en vertrouwen. Revolutionaire klasseneisen kwamen naar voren in plaats van de beperkte economische eisen van bedrijfstakken. Nu de staking buiten haar oevers van lokale en sectorale grenzen was getreden, kwam er revolutionair elan over de staking, waardoor ongeëvenaarde durf en moed werd aangewakkerd.

De staking verspreidde zich als een lopend vuur langs de spoorlijnen en bracht alles wat ze aanraakte tot stilstand. Haar komst werd per telegraaf aangekondigd. “Staakt”! was het devies dat naar alle hoeken van het land werd uitgestuurd. Op 9 oktober werd er in de kranten bericht over de arrestatie van een zekere Bednov, elektricien, in het bezit van pamfletten met stakingsoproepen voor de Kazan spoorlijn. Ze hoopten nog steeds de staking te kunnen stoppen door wat pamfletten in beslag te nemen. De sukkels! De staking verspreidde zich toch. En hoe!

Als volgens een groots opgezet plan kwam overal in het land het industriële en commerciële leven tot stilstand. Geen enkel detail werd in deze opzet over het hoofd gezien. Als de telegraaf weigerde haar diensten ter beschikking te stellen, werden haar lijnen doorgeknipt en haar masten omvergetrokken. Locomotieven werden stilgezet en de stoom afgeblazen. Electriciteitscentrales kwamen ook stil te liggen en waar dit niet kon, werden de kabels beschadigd zodat menig station in het donker werd gezet. Waar ze serieuze weerstand ondervond, deinsde ze niet terug voor sabotage van rails en seinen, zette voertuigen op hun kant, of werden bruggen of tunnels met wagons versperd. Ze drong in liftkokers. Overal waar ze goederentreinen tegenkwam werden die stilgezet, terwijl reizigerstreinen over het algemeen tot het eerstvolgende knooppunt of eindstation mochten doorrijden.

Alleen voor haar eigen doeleinden brak de staking haar belofte van stilstand. Als ze publicaties over de revolutie nodig had, opende ze een drukkerij. Ze gebruikte de telegraaf om stakingsinstructies uit te vaardigen. Treinen met stakingsafgevaardigden mochten ongehinderd passeren.

Voor het overige waren er geen uitzonderingen; door de staking lagen fabrieken en bedrijven, werkplaatsjes en winkels, bureaus en rechtbanken volledig stil.

Nu en dan verslapten de aandacht en de scherpte. Soms reed er toch opeens een trein door een stakingsgebied. Dan werd de jacht alsnog ingezet. De trein in kwestie, raasde als een misdadiger op de vlucht langs donkere en lege stations, angst en onzekerheid verspreidend omdat ze niet werd aangekondigd door de telegraaf. Maar uiteindelijk achterhaalde de staking altijd zo’n trein, doofde de vuren, zette de bestuurder vast en liet de stoom afblazen.

Alle middelen werden ingezet. Ze smeekte, deed emotionele oproepen, bad op haar knieën – zoals een omroepster deed op station Koerski in Moskou. Ze dreigde, terroriseerde, gooide stenen en uiteindelijk vuurde ze ook met Brownings. Ze wilde haar doel bereiken, koste wat het kost. Er stond heel veel op het spel; het bloed van onze voorvaderen, brood voor onze kinderen, eigen kracht en reputatie. De hele klasse onderwierp zich eraan en als er al een onbetekende fractie van die klasse, gecorrumpeerd door de tegenstander die werd bevochten, een sta in de weg vormde, was het nauwelijks verrassend te noemen dat die zonder pardon aan de kant werd geschoven.

4

De 'spieren' van het land raakten verkrampt. Het economische leven zakte als een pudding in elkaar. Smolens, Kirzanov, Toela en Lukojanov beklaagden zich machteloos over het feit dat het volledige treinverkeer tot stilstand was gekomen. Op de tiende oktober lagen nagenoeg alle lijnen in en om Moskou stil, inclusief de Nikolajev-lijn tot aan Tver. Moskou lag geïsoleerd, omringd door eindeloze vlaktes. Op de zestiende ging de laatste lijn naar Moskou, de Savelovsk-spoorweg, ook in staking.

Op 10 oktober werd op een avondbijeenkomst van de spoorwegstakers in de hal van de universiteit van Moskou besloten om de staking door te zetten totdat alle eisen waren ingewilligd.

Vanuit het centrum verspreidde de spoorwegstaking zich naar de periferie. De Riazan-Oeral lijn ging de 8ste in staking, de Brianskliijn van de Polessky-spoorwegen en de Smolensk-Dankov lijn op 9 oktober. Alle lijnen rond Charkov en de Koersk-Charkov-Sebastopol en de Jekaterininsklijn op de 10de. Overal stegen de voedselprijzen razendsnel. Op de 11de werd er al over een melktekort in Moskou geklaagd.

Dezelfde dag verspreidde de staking zich verder. Het treinverkeer op de lijn Samara-Zhlatoest kwam tot stilstand. Het Orel-knooppunt lag plat. De grootste stations op de zuidwest-spoorlijnen, Kazatin, Birzoela, Odessa en Krementsjoek op de lijn Charkov-Nikolajev, sloten zich bij de staking aan. Amper drie treinen bereikten die dag Saratov. Die vervoerden dan nog geen passagiers, maar stakingsafgevaardigden. De telegraaf seinde rond dat deze treinen met stakingsleiders overal enthousiast werden ontvangen.

Onophoudelijk breidde de spoorwegstaking zich uit. Meer en meer lijnen sloten zich aan, meer en meer treinen bleven staan. Op 11 oktober vaardigde de gouverneur-generaal van Koerland een spoeddecreet uit waarin het neerleggen van het werk bij de spoorwegen strafbaar werd gesteld met een gevangenisstraf van drie maanden. Onmiddellijk kwam er een antwoord op deze aanval. Tegen 12 oktober reden er geen treinen meer tussen Moskou en Kreizburg, de lijn was in staking gegaan; de trein uit Vindava kwam niet aan.

In de nacht van 11 op 12 oktober kwam al het treinverkeer op de lijn in de regio Vestula stil te liggen. 's Morgens vertrokken de treinen van Warschau naar Petersburg niet. Later in de dag, 12 oktober, werd Petersburg meer en meer door de staking getroffen. Het revolutionaire instinct dwong de juiste tactiek af. Eerst mobiliseerde de staking de arbeiders in de regio's en provincies; daarna bombardeerde zij Petersburg met duizenden angstige telegrammen; op die manier de "geesten rijp makend". De staking plaatste de centrale autoriteiten zwaar onder druk en verscheen pas zelf in persoon op het toneel om de genadeslag uit te delen. Op een bijeenkomst in Petersburg werd unaniem besloten het treinverkeer in en om Petersburg in zijn geheel te staken. Alleen de lijn naar Finland bleef rijden, in afwachting van de revolutionaire mobilisatie van heel Finland. Deze spoorlijn kwam vier dagen later, op de 16e, volledig tot stilstand. Op de 13e oktober bereikte de staking Revel, Libava, Riga en Brest. Station Perm kwam stil te liggen. Net als een deel van het treinverkeer op de Tasjkent-spoorlijn. Op de 14e gingen op hun beurt het knooppunt Brest, de Transkaukasische spoorlijn en de stations Asjkabad en Nieuw-Boekara aan de Centraal-Aziatische spoorlijn in staking. Dezelfde dag breidde de staking zich ook uit op de spoorlijnen naar Siberië; te beginnen in Tsjita en Irkoetsk en daarna vanuit het oosten westwaarts, bereikte ze op de 17e oktober Tsjeliabinsk en Koergan. Het station Bakoe was de 15e in staking gegaan. Odessa op de 17e.

Voor een bepaalde periode werd de economische 'spierkramp' vergezeld van een aanverwante 'zenuwinzinking'; de communicatie per telegraaf raakte verbroken in Charkov, op de 13e in Tsjeliabinsk en Irkoetsk, op de 14e in Moskou en op de 15e in Petersburg.

Vanwege de spoorwegstaking moesten ook de Posterijen het interstedelijke postverkeer staken.

Op de oude hoofdweg naar Moskou werd weer een door paarden getrokken *troika* met een ouderwetse gesmede dissel waargenomen.

Niet alleen de Russische en Poolse, maar ook de Vladikarvaz, Transkaukasische en de trans-Siberische spoorlijnen lagen helemaal stil. Het gehele spoorwegleger – bijna driekwart miljoen mensen – was in staking gegaan.

5

De handelaren en markten voor brood, gebruiksartikelen, groenten, fruit, vlees en andere producten begonnen bezorgde verklaringen en oproepen te verspreiden. Consumentenprijzen, vooral dat van vlees, stegen de pan uit. De valutabeurs schudde op haar grondvesten. Revolutie was altijd al haar doodsvijand geweest. Nu ze oog in oog met elkaar kwamen te staan begon de beurs zich als een bezetene te gedragen. Ze rende naar de telegraaf, maar de telegraaf bleef stil. Ook de Posterijen weigerden dienst. De aandelenbeurs klopt op de deur van de staatsbank, maar kreeg te horen dat deze geen borg en garanties zou afgeven tot een nog te bepalen datum. De aandelen van spoorwegen en industriële ondernemingen werden als een grote zwerm vogels opgeschrikt; de vlucht ging echter niet naar boven, maar naar beneden. Er heerste paniek, samen met tandengeknars in de schimmige wereld van de aandelenhandel. Geldstromen raakten geblokkeerd, betalingen vanuit de provincies naar de twee hoofdsteden kwamen niet meer aan. Bedrijven die alleen met contant geld werkten, stopten hun betalingen. Het aantal niet betaalde rekeningen groeide enorm snel. Alle tussenpersonen en verleners van krediet en wissels, alle garantiestellingen, iedereen die moest betalen of van betalingen afhankelijk was, begon te mopperen en te klagen en eiste dat de wet aan hun belangen zou worden aangepast omdat de staking, de revolutie, alle wetten van de beurshandel met de voeten had getreden.

De staking zelf was echter nog niet tevreden met de spoorwegen alleen. Zij poogde algemeen te worden.

Na de stoom uit de ketels te hebben afgeblazen en de stationslichten te hebben gedoofd, trekt de staking met de spoorwegarbeiders mee de steden in.

Zij stopt treinen, stopt de paarden van huurrijtuigen en dwingt gebruikers zelf te lopen. Zij sluit winkels, restaurants, cafe's en kroegen en treedt vol vertrouwen de fabriekspoorten tegemoet. Binnen zitten ze al te wachten. De fluit blaast, het werk wordt gestaakt en men stroomt de fabrieken uit, de straat op. De massa's in de straten zwellen aan. De staking marcheert voorwaarts, nu met een rode vlag voorop. Haar spandoeken eisen een Grondwettelijke Vergadering en een republiek. Ze bevestigt dat ze voor het socialisme wil vechten. De staking passeert het kantoor van de hoofdredactie van een reactionaire krant. Er worden boze blikken op de uitbrakers van een ziekmakende ideologie geworpen en waar ergens een steen voor handen is, gaat die door de ruiten. De liberale pers, die denkt dat ze het volk dient, zend een delegatie naar de staking met de belofte om "voor verzoening te werken" en smekend om genade. Maar de smeekbeden worden niet verhoord. De zetkasten gaan op slot, de zetters en typografen gaan in staking en komen naar buiten. Kantoren en banken worden gesloten. De staking heerst oppermachtig.

Op 10 oktober werd een algemene politieke staking uitgeroepen in Moskou, Charkov, Revel. Op de 11de in Smolensk, Kozlov, Jekaterinoslav en Lodz; op de 12e in Koersk, Belgorod, Samara en Poltava. Op de 13e in Petersburg, Orsja, Minsk, Krementsjoek en Simferopol; op de 14e in Gomel, Kalisj, Rostov aan de Don, Tiflis en Irkoetsk. Op de 15e in Vilna, Odessa en Batoem; op de 16e in Oriënburg en op de 17e in Joeriëv, Vitevsk en Tomsk. Net als in Riga, Libava, Warschau, Plotsk, Bjelostok, Kovna, Dvinsk, Pskov, Plotava, Nikolajev, Mariopol, Kazan, Tsjenstoghovo, Zlatoest en elders. Het industriële leven, net als in veel plaatsen ook het commerciële leven, stortte volledig in. Scholen en universiteiten gingen dicht. "Vakbonden" van de intelligentsia sloten zich aan bij de staking van het proletariaat. Op veel plaatsten weigerden rechters recht te spreken, jury's in zitting te gaan, advocaten om te pleiten en dokters hun patiënten te bezoeken. De geschillenrechtbanken sloten hun deuren.

6

De staking organiseerde enorme massabijeenkomsten. De spanning onder het gewone volk en de onrust onder de autoriteiten namen, elkaar wederzijds beïnvloedend, steeds meer toe. De pleinen en straten werden gevuld met bereden patrouilles en patrouilles te voet. De Kozakken daagden de staking uit om verzet te bieden; ze voerden charges uit tegen groepen mensen, sloegen met hun zwepen, hakten met hun sabels en schoten vanuit hinderlagen zonder te waarschuwen.

Pas toen liet de staking zien dat ze niet zomaar een tijdelijke werkonderbreking of een passief protest met de handen op de rug was. Ze verdedigde zichzelf en ging, in haar verdediging, over tot de aanval.

In een aantal zuidelijke steden werden barricades opgeworpen, wapenwinkels geplunderd om zichzelf te bewapenen en werd heldhaftig weerstand geboden, soms met succes.

In Charkov werd na een grote bijeenkomst op 10 oktober door een grote menigte een wapenwinkel geplunderd. Op de 11de werden er rond de universiteit door arbeiders en studenten barricades opgericht. Telegraafpalen werden omvergetrokken en dwars over straat gelegd; ijzeren hekken, deuren, planken en kisten werden hierop gestapeld en met de telegraafdraden aan elkaar vastgebonden. Sommige versperringen werden op fundamenten van steen gebouwd. Grote stenen en keien werden uit de stoepen en straten losgewrikt en opgestapeld rond houten balken. En zo had men om 1 uur 's middags op deze simpele doch nobele wijze 10 barricades weten op te richten. De ramen en toegangen tot de universiteit werden ook gebarricadeerd. Het universiteitsterrein werd toen in staat van beleg verklaard en toevertrouwd aan de ongetwijfeld heldhaftige luitenant-generaal Mau. Maar de gouverneur accepteerde een compromis dankzij een bemiddelingspoging van de liberale bourgeoisie en eervolle voorwaarden tot overgave werden afgesproken. Er werd daarna een militie georganiseerd, die enthousiast door de bevolking werd verwelkomd. De militie wist de orde te herstellen. Daarna eiste Petersburg dat deze orde met geweld vernietigd moest worden. De militie ontbond zich bijna even snel als ze was opgericht. De stad was wederom in de macht van boeven op paarden of te voet.

Op 11 oktober, nadat Kozakken verraderlijk het vuur hadden geopend op een vredelievende samenkomst, verschenen in Jekaterinoslav voor het eerst barricades in de straat. Zes in totaal. De grootste op het Brianski plein. Karren, rails, palen, tientallen kleinere objecten – al die dingen die, zoals Victor Hugo het stelde, de revolutie weet te vinden om naar de oude orde te smijten – werden gebruikt om ze te bouwen. Het geraamte van de barricade werd daarna bedekt met een dikke laag aarde, aan beide zeiden werden hiertoe greppels gegraven. En daarvoor werden bedrade obstakels geplaatst. Vanaf de ochtend werden alle barricades door enkele honderden bevolkt. De eerst aanval was onsuccesvol. Pas om half vier in de middag werd door de soldaten de eerste barricade veroverd. Tijdens de aanval werden er vanaf de daken twee bommen gegooid, achter elkaar, met doden en gewonden onder de soldaten tot gevolg. Tegen de avond waren alle barricades ingenomen. Op de 12e heerste de stilte van het graf over de stad. Het leger reinigde haar wapens, de revolutie begroef haar doden.

De 16e oktober was de dag van de barricades in Odessa. Vanaf de ochtend werden tramrijtuigen op hun kant gelegd in de Preobrazjenskaja en de Richelieustraat, uithangborden van winkels geconfisqueerd, bomen omgehakt en straatbanken losgetrokken en opgestapeld tot een grote stapel. Vier barricades werden opgetrokken en over de breedte van de straat werden versperringen met prikkeldraad geplaatst. Na een gevecht werden de barricades ingenomen door de soldaten en opgeruimd met behulp van extra schoonmaakploegen.

Schermutselingen tussen stakers en soldaten op straat en pogingen om barricades op te richten vonden in veel steden plaats. Over het geheel bezien waren de oktoberdagen een politieke staking, een revolutionaire oefening, een gelijklopende wapenschouw van de revolutionaire krachten, maar geen gewapende opstand.

7

Toch gaf het absolutisme toe. De enorme spanningen die het hele land in hun greep hielden, de verwarrende rapporten die in grote hoeveelheden uit de provincies binnenstroomden en de volkomen onzekerheid over wat de volgende dag zou brengen; dit alles leidde tot ongelofelijke paniek in regeringskringen. Er was geen volledig en onvoorwaardelijk vertrouwen in het leger. Op bijeenkomsten zag men soldaten. Officieren stelden dat een derde van het leger “voor het volk” was. Bovendien zorgde de spoorwegstaking voor onoverkomenlijke obstakels om militaire operaties uit te voeren. En tenslotte was er de Europese aandelenbeurs. Die begreep dat ze met een revolutie te maken had en verklaarde dat ze niet bereid was deze gang van zaken nog langer te tolereren. Ze eiste orde en grondwettelijke garanties.

In haar verwarring deed het absolutisme een aantal concessies. Op 17 oktober kwam er een manifest uit. Graaf Witte werd premier – dankzij (laat hem dit maar eens ontkennen als hij kan!) de overwinning van de revolutionaire staking, of preciezer gezegd dankzij de *incompleetheid* van die overwinning. In de nacht van 17 op 18 oktober marcheerde de bevolking achter rode vaandels, eiste volledige amnestie en zong "Eeuwig Herinneren"[14] op de plekken van de januari-slachting en riep "Ananthema"![15] voor de deur van Pobenodostsev en voor het kantoor van *Nieuwe Tijden*. In de ochtend van de 18e vielen de eerste dodelijke slachtoffers onder het nieuwe constitutionele tijdperk.

De vijand was niet verslagen. Zij had zich alleen tijdelijk teruggetrokken vanwege de te verwachten slachtpartij. De oktoberstaking had aangetoond dat de revolutie in staat was geheel stedelijk Rusland tegelijk op de been te brengen. Dit was een enorme stap vooruit en de reactionaire heersende kliek toonde een juiste inschatting van dit feit door op de krachtmeting in oktober aan de ene kant te reageren met het 'Manifest van 17 Oktober' en door aan de andere kant al haar gevechtskrachten voor de Zwarte Terreur te mobiliseren.

8

10 jaar terug op het Socialistencongres (1895) in Londen stelde Plechanov dat de Russische revolutionaire beweging zou overwinnen als een arbeidersbeweging, of helemaal niet zou overwinnen.

Op 7 januari 1905 schreef Stroeve: "In Rusland bestaat er geen revolutionaire bevolking".

Op 17 oktober zette het autocratische regime haar handtekening onder de eerste serieuze overwinning van de revolutie – en die overwinning werd door het proletariaat behaald. Plechanov behaalde zijn gelijk: de revolutionaire beweging overwon als een beweging van arbeiders.

Het is waar, de oktoberstaking vond niet alleen plaats dankzij de materiële hulp van de bourgeoisie, maar eveneens met directe steun in de vorm van een staking door de vrije beroepsgroepen. Maar dat betekent niet dat hierdoor de situatie fundamenteel verandert. Een staking van technici, advocaten en

14. Het Russische requiem
15. Een vervloeking

dokters kon geen onafhankelijk belang hebben, en het verhoogde het politieke belang van de arbeidersstaking slechts in beperkte mate. Wat het wel deed,was de onweerlegbare en onbeperkte hegemonie aantonen van het proletariaat in revolutionaire strijd. De vrije beroepen, die na 9 januari de principiële democratische eisen van de arbeiders van Petersburg hadden overgenomen, namen in oktober de toen typische strijdmethode van het proletariaat over: de staking. De studenten, de meest revolutionaire vleugel van de intelligentsia, waren al veel eerder begonnen om de staking over te brengen van de werkplaatsen naar de universiteiten – vergezeld van de eerbiedwaardige protesten van het gehele docentenkorps. De verdere groei van de revolutionaire hegemonie van het proletariaat verspreidde de staking tot in de rechtbanken, de apotheken, de administraties op het platteland en de stadsdoema's.

De oktoberstaking was een demonstratie van de hegemonie van het proletariaat in de burgerlijke revolutie en tegelijkertijd van het overwicht van de steden in een overwegend op de landbouw gericht land.

De oude macht van het land, tot goddelijke status verheven door de narodniki-beweging, maakte plaats voor het *despotisme van de kapitalistische stad.*

De stad werd meester van de situatie. Ze wist enorme rijkdommen binnen haar muren te verzamelen, de dorpen met ijzeren rails aan haar te binden en verzamelde langs deze lijnen de beste krachten op het gebied van creativiteit en initiatief van allerlei slag. Zowel geestelijk als materieel kreeg ze het hele land in haar greep. Tevergeefs hertelden de reactionairen de kleine percentages aantallen van de plattelandsbevolking, zich geruststellend met de gedachte dat Rusland nog een agrarisch land was. Maar het *politieke* gewicht van de moderne stad kan niet worden afgewogen naar haar aantal inwoners alleen, net zo min als daar haar gehele *economische* belang aan kan worden afgemeten. De aftocht van de reactie, oog in oog met de steden in staking – het platteland bleef lange tijd stil – is het beste bewijs van de heerschappij van de steden.

De oktoberdagen toonden aan dat in de revolutie de steden de leiding hebben en in de steden het proletariaat. Maar het toonde tegelijkertijd dat de *bewust revolutionaire steden afgesneden waren van het spontaan in opstand gekomen platteland.*

De oktoberdagen stelden ook het volgende praktische vraagstuk aan de orde en wel op kolossale schaal: aan wiens kant staat het leger? Zij bewezen dat het lot van de Russische vrijheid van dit vraagstuk afhankelijk is.

De oktoberdagen van de revolutie leidden tot de oktoberorgie van de reactie. De Zwarte Honderd krachten maakten gebruik van een moment van revolutionaire eb om een bloedige aanval in te zetten. Deze aanval had vooral succes vanwege het feit dat de revolutionaire staking, na het neerleggen van de hamer, het zwaard nog niet had opgepakt. De oktoberdagen toonden met een keiharde logica aan dat de staking wapens nodig had.

Het platteland organiseren en aan zich binden; nauwe banden met het leger opbouwen, zich bewapenen: dat waren de grote en simpele conclusies uit de strijd van oktober en de les van de oktober-overwinning voor het proletariaat. Op deze conclusies is de revolutie gegrondvest.

* * *

In ons korte geschrift *Voor 9 januari*, dat werd geschreven voor de periode van liberale 'lente', probeerden we de koers van de toekomstige ontwikkelingen in de revolutionaire verhoudingen te schetsen. We benadrukten het enorme belang van de politieke massastaking als de onvermijdelijke methode van de Russische revolutie. Bepaalde personen – waaraan we willen toevoegen dat die in alle aspecten eerbare personen zijn – beschuldigden ons dat we een recept voor revolutie wilden opdienen. Deze criticasters legden ons uit dat de staking, een specifieke methode van de *proletarische klassenstrijd*, niet die rol kon spelen die wij haar "wilden opdringen" in omstandigheden van een *nationale burgerlijke revolutie*. Gelukkig heeft het verloop van de gebeurtenissen mij al lang geleden verlost van de noodzaak om het ongelijk van deze clichés, die onder velen hadden postgevat, niet in het minst onze eerbiedwaardige Martov, Dan en anderen, te weerleggen. De algemene staking in Petersburg die aan de basis lag van de tragische gebeurtenissen op 9 januari, vond plaats op een moment dat het bovengenoemde essay nog niet was gedrukt. Blijkbaar was ons "recept" een simpel plagiaat van de feitelijke revolutionaire ontwikkeling.

In februari 1905, ten tijde van de chaotische stakingsuitbarstingen als direct gevolg van *Bloedige Zondag* in Petersburg, schreven we:

"Na 9 januari kent de revolutie geen weg terug. Zij kan zich niet langer tevreden stellen met ondergronds en verborgen doorwroeten om nieuwe lagen onder de bevolking aan te sporen in actie te komen. Openlijk lanceert zij haar oproep aan haar troepen, compagnieën, divisies en bataljons. Het proletariaat vormt het hart van dit leger en daarom doet de revolutie haar oproep via het stakingswapen".

"Handel na handel, fabriek na fabriek, stad na stad, overal wordt het werk neergelegd. Het spoorwegpersoneel is als de lont van de staking, langs de spoorlijnen verspreidt de staking zich. Er worden economische eisen gesteld die snel worden ingewilligd. Soms gedeeltelijk, soms volledig. Maar noch het begin, noch het einde van de staking wordt bepaald door de aard van de eisen of hoe die worden gesteld. De staking vindt plaats, niet omdat er door goed geformuleerde eisen een economisch gevecht losbarst, integendeel. De eisen worden gekozen en onder woorden gebracht omdat er gestaakt moet worden. De arbeiders voelen de noodzaak om aan zichzelf, hun medestrijders, het proletariaat in de rest van het land, hun gezamenlijke kracht te tonen, hun klasseninstinct en hun strijdvaardigheid. Alles wordt ondergeschikt gemaakt aan de algemene revolutionaire inschattingen. Als een wervelwind raast de staking over het land, luwend en dan weer oplaaiend, haar wil aan eenieder opleggend; de stakers en hun sympathisanten, diegenen die haar haten en vrezen. Gehoorzamend aan de wil van de revolutie dringt ze door tot in alle hoeken en gaten van het land".

Wij hebben ons niet vergist. De grote oktoberstaking groeide op de grond die was ingezaaid met de stakingscampagne van negen maanden.

Voor de liberalen met hun ongeneesbare oppervlakkige blik kwam de oktoberstaking, net als die van 9 januari, als een donderslag bij heldere hemel. Deze gebeurtenissen pasten niet in hun voorbedachte schema's van geschiedkundige ontwikkeling. De schema's werden erdoor aan flarden gescheurd. Maar het voldongen-feiten-liberalisme accepteerde de gebeurtenissen. Meer dan dat, voor de oktoberstaking plaatste het liberalisme haar vertrouwen in de *zemstvo*-congressen en negeerde hooghartig het idee van een algemene staking. Na 17 oktober plaatste datzelfde liberalisme, vertegenwoordigd door haar meest linkse vleugel, haar volledige lot in handen van de zegevierende staking en verwierp het alle andere vormen van revolutionaire strijd.

"Deze geweldloze staking", zo schreef Prokopovitsj in de *Pravo* (nr. 41, 1905), "deze staking die veel minder slachtoffers met zich meebracht dan de gebeurtenissen van de Januari-beweging en die uiteindelijk leidde tot ingrijpende veranderingen in de regering, waren een revolutie die radicaal het staatsbestel heeft veranderd. De geschiedenis", vervolgt hij, "die het proletariaat een van haar wapens tot strijd had ontnomen – de opstand van de straat en de barricades – gaf haar een nog sterker wapen; de algemene politieke staking".

Het bovenstaande citaat toont des te meer het door ons beargumenteerde belang van de politieke staking aan als een onvermijdelijke methode voor de Russische revolutie, in een tijd dat de radicale Prokovitjs nog steeds hun vertrouwen in de oppositie door de zemstvo plaatsten. Dit wil echter niet zeggen dat de algemene staking de oude methodes van revolutie uitwist of vervangt. Het modificeerde en supplementeerde deze feitelijk. Evenzo, hoe hoog we het belang van de oktoberstaking ook achten, kunnen en willen we ook niet stellen dat zij "het staatsbestel van Rusland radicaal veranderde". Integendeel: alle navolgende politieke ontwikkelingen zijn alleen te verklaren omdat de oktoberstaking de staatsstructuur ongemoeid liet. Meer nog, de staking op zich had geen ingrijpende wijzigingen in het bestel kunnen bereiken. Maar als politieke staking voldeed ze aan haar opdracht door de opponenten recht tegen over elkaar te plaatsen.

De spoorweg- en telegraafstaking zaaide ontegenzeggelijk enorme chaos in het bestuurlijke apparaat en die werd alleen maar groter naarmate de staking langer duurde. Een verlengde staking veroorzaakt echter ook een desintegratie van het economische en sociale leven als zodanig en verzwakt onvermijdelijk de arbeiders zelf. Uiteindelijk moest er wel een einde aan de staking komen. Maar zodra de eerste machine weer op stoom kwam en de eerste morsesleutel weer begon te tikken, was het staatsapparaat (dat nog steeds bestond) in staat om de kapotte hefbomen te vervangen en, in zijn algemeenheid, de versleten onderdelen van haar apparaat te vernieuwen.

In een gevecht is het van enorm belang je tegenstander te verzwakken. Dat is wat een staking doet. Tegelijkertijd brengt een staking het leger van de revolutie op de been. Maar noch het een, noch het ander, schept op zich een staatsomwenteling.

De macht moet nog steeds worden ontnomen uit de handen van de oude machtshebbers en worden overgedragen aan de revolutie. Dat is een fundamentele taak. Een algemene staking schept alleen de noodzakelijke voorwaarden; ze is echter totaal niet bij machte de taak zelf te volbrengen.

De oude staatsmacht is gegrondvest in haar materiële krachten en bovenal, het leger. Het leger is de grootste sta in de weg van de echte, niet de papieren, revolutie. Op een bepaald moment in de revolutie komt vanzelf het meest cruciale vraagstuk: aan welke kant staan de soldaten in hun sympathieën en met hun bajonetten?

Dat is geen vraagstuk dat je met behulp van een vragenlijstje kan oplossen. Er zijn veel nuttige en gepaste opmerkingen te maken over de breedte en rechtlijnigheid van straten in moderne steden, het karakter van het moderne wapentuig, enz., enz., maar geen van deze technische overwegingen overstijgt het vraagstuk van de revolutionaire overname van de staatsmacht. De traagheid van het leger moet worden overwonnen. De revolutie dwingt dit af door de massa van het volk lijnrecht oog in oog met het leger te plaatsen. Een algemene staking schept gunstige omstandigheden voor zo'n conflict. Het is een harde manier, maar tot op heden heeft de geschiedenis er ons geen andere gegeven.

HOOFDSTUK 8

DE TOTSTANDKOMING VAN DE SOVJET VAN ARBEIDERSAFGEVAARDIGDEN

Oktober, november en december 1905 waren de maanden van het revolutionaire hoogtepunt. Het begon met een bescheiden staking van de zetters in Moskou en eindigde met een vermorzeling door regeringstroepen in de oude hoofdstad van de Russische tsaren. Maar met uitzondering van de opstand in Moskou, speelde die stad geen eerste viool in de toenmalige gebeurtenissen.

De rol van Petersburg kan op geen enkele manier worden vergeleken met die van Parijs tijdens de Franse revolutie. Het economische primitieve stadium van Frankrijk (en vooral van de communicatiemiddelen) aan de ene kant en de bestuurlijke centralisatie aan de andere, maakten het mogelijk dat de Franse revolutie zich – met alle redenen van dien – juist binnen de muren van Parijs afspeelde. De situatie in Rusland was volledig anders. De kapitalistische ontwikkeling in Rusland heeft net zoveel onafhankelijke centra van revolutie geschapen als ze industriële centra creëerde. Onafhankelijk, maar wel degelijk met elkaar verbonden. De spoorwegen en de telegraaf decentraliseerden de revolutie ondanks het gecentraliseerde karakter van de staat. Tegelijkertijd bracht het een bepaalde eenheid in al haar verspreide uitingen. Als we stellen dat Petersburg de boventoon voerde in de revolutie, wil dat niet zeggen dat deze zich concentreerde rond het Nevski Prospect of naast de deur van het Winterpaleis, maar alleen dat de slogans en strijdmethodes van Petersburg een machtige revolutionaire echo vonden in het gehele land. Het type organisatie dat men in Petersburg opzette, de toon van de Petersburgse media, werden onmiddellijk een blauwdruk voor de provincies. Lokale provinciale gebeurtenissen, uitgezonderd de opstand bij de marine en in de kazernes, hadden geen op zichzelf staand belang.

Als we erkennen dat de hoofdstad aan de Neva het centrum van de gebeurtenissen was aan het eind van 1905, dan moeten we ook stellen dat de Raad van Arbeidersafgevaardigden (Sovjet) in Petersburg in al deze gebeurtenissen de hoofdrol vervulde. Niet alleen omdat het op dat moment de grootste arbeidersorganisatie in Rusland was, of omdat de Sovjet van Petersburg een voorbeeld was voor die van Moskou, Odessa en andere steden. Maar bovenal omdat deze puur op klassenbasis gebaseerde proletarische organisatie de organisatie van de revolutie als zodanig was. De Sovjet was het middelpunt van alle gebeurtenissen, elk draadje kwam bij haar samen, iedere actie-oproep ging van haar uit.

Wat was de Sovjet van Arbeidersafgevaardigden?

De Sovjet ontstond als het antwoord op een concreet vraagstuk, voortkomend uit de loop van de gebeurtenissen. Het was een orgaan met veel autoriteit zonder dat ze in bepaalde tradities stond; in staat om onmiddellijk een menigte van honderdduizenden op de been te brengen zonder feitelijk een organisatorisch apparaat te hebben; dat de revolutionaire stromingen onder het proletariaat verenigde en in staat was initiatief te nemen en zichzelf spontaan te controleren – en, nog wel het meest belangrijke, binnen 24 uur van ondergronds werk massaal in de openbaarheid kon treden. De sociaaldemocratische organisatie, die een paar honderd Petersburgse arbeiders bijeenbracht, en waaraan nog enkele duizenden anderen ideologisch verbonden waren, was in staat om voor de massa's te spreken door hun onmiddellijke ervaring te verlichten met de bliksem van het politieke denken; maar ze was niet in staat om een *levende* organisatorische band met deze massa's te creëren, al was het maar omdat ze het grootste deel van haar werk altijd in het geheim had gedaan, verborgen voor de ogen van de massa's. Al was het alleen maar omdat ze altijd het grootste deel van haar werk clandestien had verricht, buiten het blikveld van de massa's. De organisatie van de sociaal-revolutionairen leed aan dezelfde beroepsziekte van ondergronds werk, nog versterkt door instabiliteit en onmacht. Interne tegenstellingen tussen de beide even sterke fracties binnen de sociaaldemocraten aan de ene kant en de strijd van beide met de SR-en aan de andere kant, maakten de schepping van een *niet-partijgebonden* organisatie absoluut essentieel. Om in de ogen van de massa's direct vanaf haar eerste dag voldoende autoriteit te kunnen hebben, moest het een breed gedragen orgaan zijn. Het antwoord kwam vanzelf. Aangezien het productieproces de enige schakel tussen de proletarische massa's was, die organisatorisch zeer onervaren waren, diende de vertegenwoordiging via de fabrieken en bedrijven te geschieden. Als organisatorisch precedent diende het model van de commissie van senator Zjidlovski: voor elke 500 arbeiders werd één vertegenwoordiger gekozen, waarbij kleine bedrijven zich electoraal konden bundelen. De nieuwe vakbonden kregen ook een paar afgevaardigden. In de praktijk werd wel afgeweken van die norm; soms vertegenwoordigden afgevaardigden maar een paar honderd of tientallen arbeiders.

Op 10 oktober werden de voorbereidingen voor een grote staking in de komende dagen getroffen en een van de twee sociaaldemocratische organisaties in Petersburg nam de taak op zich een revolutionaire raad voor arbeiderszelfbestuur op te richten. De eerste bijeenkomst van wat later de Sovjet zou worden, werd gehouden in de Technische Hogeschool op de avond van de dertiende. Er waren niet meer dan zo'n 30 of 40 afgevaardigden aanwezig. Er werd besloten om het proletariaat van de hoofdstad tot een algemene politieke staking op te roepen en afgevaardigden te laten kiezen. De verklaring van die eerste bijeenkomst stelde:

> "De arbeidende klasse heeft haar toevlucht genomen tot het machtigste wapen van haar klasse – de algemene staking.
>
> "... Beslissende momenten breken aan voor Rusland in de komende dagen. Ze zullen de toekomst van de arbeidersklasse voor de komende jaren bepalen; we moeten die gebeurtenissen voorbereid tegemoet treden, verenigd in onze gezamenlijke Sovjet ...".

Deze enorm belangrijke beslissing werd unaniem genomen en, sterker nog, zonder enige discussie over het principe van een algemene staking, haar methodes, doelen en mogelijkheden, hoewel precies deze kwesties niet lang daarna tot heftige ideologische discussies leidden in de rijen van onze partij in Duitsland. Het is niet nodig dit feit te verklaren uit de verschillen in nationale psychologie. Integendeel, wij Russen zijn welhaast bezeten van het uitpluizen van tactische bespiegelingen en minutieuze voorbereiding van gebeurtenissen. De reden lag in de revolutionaire aard van het moment. Vanaf het eerste moment van haar geboorte tot haar laatste ademtocht stond de Sovjet onder de enorme elementaire druk van de revolutie, rigoureus vooruitlopend op het politieke bewustzijn.

Elke stap van de arbeidersafgevaardigden was bij voorbaat al gedicteerd. Haar "tactiek" sprak voor zich. De strijdmethode hoefde niet te worden bediscussieerd. Er was zelfs amper tijd om ze op papier te zetten.

* * *

Vol vertrouwen groeide de staking in oktober naar haar hoogtepunt. Aan haar hoofd marcheerden de metaalarbeiders en de drukkers. Zij waren als eersten de strijd aangegaan en al op 3 oktober spraken ze luid en duidelijk hun politieke eisen uit.

> "We roepen een politieke staking uit", zo stelden de arbeiders van de Oboekhov-drukkerijen, een bastion van de revolutie, "en zullen tot het einde vechten voor het bijeenroepen van een Grondwettelijke Vergadering op basis van universeel geheim stemrecht voor mannen en vrouwen om tot een democratische republiek Rusland te komen".

De arbeiders van de elektriciteitscentrale brachten dezelfde leuze naar voren en verklaarden:

> "Samen met de sociaaldemocraten zullen we tot het einde voor onze eisen vechten en verklaren ten overstaan van de gehele werkende klasse dat we bereid zijn om met wapens in de handen te vechten voor de volledige bevrijding van ons volk".

Toen ze hun afgevaardigden naar de Sovjet stuurden, stelden de zetters en drukkers het in nog duidelijkere bewoordingen:

> "Vaststellend dat passieve strijd en staken van werkzaamheden als zodanig tekort schieten, zullen we verder gaan en het leger van stakende arbeiders omvormen in een revolutionair leger; oftewel overgaan tot de onmiddellijke vorming van gewapende arbeidersafdelingen. We laten deze afdelingen de taak op zich nemen de rest van de arbeidende massa's te bewapenen, indien nodig via het leeghalen van wapenwinkels en het in beslag nemen van wapens van politie en leger wanneer dit maar mogelijk is".

Het waren geen holle woorden in deze resolutie. Gewapende afdelingen van de drukkers waren buitengewoon succesvol om in de stad de grootste drukkerijen te dwingen de *Izvestia Sovjeta Rabotsjits Depoetatov* (Mededelingen van de Raad van Arbeidersafgevaardigden) te drukken en te publiceren en leverden diensten van onschatbare waarde tijdens het organiseren van de stakingen bij de post en de telegrafie.

Op 15 oktober was de meerderheid van de textielarbeiders nog aan het werk.

De Sovjet bedacht een heel scala aan methodes, van mondelinge oproepen tot vormen van dwang om niet-stakers bij de staking te betrekken. Maar het bleek niet nodig om tot extreme methodes over te gaan. Als een gedrukte oproep geen effect had, was het vaak al genoeg dat er een groepje stakers ten tonele verscheen – soms maar een paar – en het werk werd onmiddellijk neergelegd.

"Ik liep langs de Pecliet fabriek", rapporteerde een afgevaardigde van de Sovjet, "en ik zag dat er nog gewerkt werd. Ik belde aan en stelde me voor als afgevaardigde van de arbeidersraad. 'Wat wil je', vroeg de bedrijfsleider? 'In naam van de Sovjet wil ik dat het werk wordt stilgelegd'. 'Oké dan, we zullen er om 3 uur mee stoppen'".

Op 16 oktober waren alle textielbedrijven in staking. Alleen in het centrum van de stad werd nog gehandeld; in de arbeiderswijken waren de winkels gesloten. Met het uitbreiden van de staking, verbreedde en consolideerde de Sovjet zichzelf. Elk stakend bedrijf koos een vertegenwoordiger, die voorzien van de nodige bewijsvoering, naar de Sovjet werd gezonden.

Haar tweede zitting werd bijgewoond door afgevaardigden van 40 grote bedrijven, 2 fabrieken en 3 vakbonden, die van de drukkers en zetters, de bond van winkelbedienden en de bond van administratieve medewerkers. Deze bijeenkomst, die plaats vond in de Natuurkunde-collegezaal van de Technische Hogeschool, was de eerste die door de schrijver van dit stuk fysiek werd bijgewoond. Dat was op 14 oktober, toen de staking aan de ene kant en de verdeeldheid binnen de regering aan de andere kant onvermijdelijk en overduidelijk tot een crisis moesten leiden. Het was de dag van het beruchte bevel van Trepov: "Geen losse flodders en spaar geen kogel"! Terwijl de volgende dag, op 15 oktober, precies diezelfde Trepov plotseling inzag dat "de menigte de behoefte heeft zich te verzamelen" en, terwijl hij bijeenkomsten binnen de muren van het hoger onderwijs verbood, hij wel drie openbare gebouwen beschikbaar stelde voor allerlei bijeenkomsten. "Wat een omslag binnen 24 uur"!, schreef *Izvestia*. "Gisteren waren we nog rijp voor de kogel, vandaag al rijp genoeg voor openbare bijeenkomsten. Maar deze moorddadige schurk heeft gelijk, in deze grootse dagen van strijd ontwikkelt het Russische volk zich met het uur".

Ondanks het verbod, werden de campussen in de avond van de 14e overspoeld met mensen. Overal werden bijeenkomsten gehouden. Wij allen hier verzameld verklaren, zo begon ons antwoord aan de regering, “dat de muizenvallen die generaal Trepov voor ons heeft klaargezet, te klein zijn om ons vast te houden. We verklaren dat we bijeen zullen blijven komen in de universiteiten, de fabrieken, op straat en alle andere plekken die we geschikt vinden”. Vanuit de aula van de Technische Hogeschool waar over de noodzaak om van de stadsdoema te eisen een bewapende arbeidersmilitie in te stellen werd gediscussieerd, gingen we naar de Natuurkunde-collegezaal.

Daar zagen we voor het eerst de Raad of Sovjet van Arbeidersafgevaardigden, die de dag ervoor was opgericht. Ongeveer honderd arbeidersafgevaardigden en leden van revolutionaire partijen zaten in de collegebanken. De voorzitter en de secretarissen bevonden zich op het podium rond de practicumtafel. De bijeenkomst leek meer op een generale staf dan op een parlement. Er was geen spoortje van afgunst, de zweer in elke vertegenwoordigende organisatie. De kwesties die werden besproken; het uitbreiden van de staking en het eisenprogramma aan de Doema, waren van een puur praktische aard en werden kort bediscussieerd, energiek, maar op een zakelijke manier. Je kreeg het gevoel dat iedere seconde telde. De minste afwijking in de richting van praatjes werd streng beteugeld door de voorzitter onder grote instemming van alle aanwezigen.

Er werd een speciale afvaardiging samengesteld om de eisen aan de stadsdoema over te brengen: 1) onmiddellijke maatregelen treffen om de arbeiderswijken van voldoende voedsel te voorzien; 2) vergaderruimtes ter beschikking stellen 3) per direct blokkeren van alle voedselvoorziening, toewijzingen van gebouwen en de fondsen voor de politie en speciale politie-eenheden en 4) al deze middelen onmiddellijk inzetten om het proletariaat van Petersburg te bewapenen voor haar vrijheidsstrijd.

Vanwege het feit dat de Doema vooral uit staatsbeambten en huiseigenaren bestond, was het overduidelijk dat deze mensen met dit radicale eisenprogramma benaderen puur en alleen een agitatorische stap was. Vanzelfsprekend koesterde de Sovjet geen enkele illusie op dat gebied. Ze verwachtte en kreeg geen praktische resultaten.

Op 16 oktober, na vele avonturen, pogingen tot arrestatie en andere verwikkelingen – laat me de lezer eraan herinneren dat dit alles nog gebeurde voordat de Constitutionele Verklaring was gepubliceerd – werd de delegatie van de Sovjet “in privaat overleg” ontvangen door de Petersburgse stadsdoema. Vooraf eiste de Sovjetdelegatie, daarin overigens energiek ondersteund door een deel van haar eigen Doema-leden, dat de Doema in geval van arrestatie van een der arbeidersafgevaardigden, zou verklaren dat de burgemeester dit zou rapporteren aan de stadsgouverneur als een inbreuk op de Doema zelf. Pas daarna bracht de afvaardiging haar eisen naar voren.

Met deze woorden beëindigde kameraad Radin (Knuniants, helaas overleden) zijn toespraak:

> “De revolutie die nu in Rusland plaatsvindt is een burgerlijke revolutie; ook de bezittende klasse heeft hierin een belang. Het is in uw eigen belang, waarde heren, dat deze zo snel mogelijk wordt voltooid. Als u in eniger mate bent voorzien van een vooruitziende blik, een breder begrip heeft van wat in uw klassenbelang is, dan moet u alles in uw macht doen om het volk te helpen in het zo snel mogelijk overwinnen van het absolutisme. We willen geen resoluties vol sympathie, noch platonische steunbetuigingen voor onze eisen. We verlangen dat jullie je samenwerking in de praktijk laten blijken”.
>
> “Dankzij ons monsterlijke verkiezingssysteem, zijn de bezittingen van een stad van anderhalf miljoen mensen in de handen van de vertegenwoordigers van een paar duizend eigendom bezittende personen. De Sovjet van Arbeidersafgevaardigden eist – en zij heeft het recht om te eisen, niet te vragen, omdat zij honderdduizenden arbeiders vertegenwoordigt, inwoners van deze stad, terwijl u slechts een klein aantal stemmers vertegenwoordigt – de Sovjet van Arbeidersafgevaardigden eist dat de bezittingen van de stad ter beschikking worden gesteld aan alle inwoners van de stad, opdat in haar behoeften wordt voorzien. En omdat de meest belangrijke taak van dit moment de strijd tegen het absolutisme is en we daarvoor verzamelplaatsen nodig hebben; geef ons toegang tot alle openbare gebouwen”!
>
> “We hebben geld nodig om de staking door te zetten: reserveer daar publieke gelden voor; niet om de politie en de troepen te steunen”!
>
> “We hebben wapens nodig om onze vrijheid te veroveren en te behouden. Stel publieke gelden beschikbaar voor het vormen van een proletarische militie”!

De Sovjetdelegatie verliet de bijeenkomst onder bescherming van enkele Doema-leden. De Doema wees alle belangrijkste eisen van de Sovjet af en betuigde haar steun en vertrouwen in de politie als de bewaker van wet en orde.

* * *

Met de groei van de oktoberstaking, kwam de Sovjet steeds meer op de politieke voorgrond. Haar invloed groeide letterlijk met het uur. Het industriële proletariaat was de eerste die zich bij haar aansloot. De Vakbond van Spoorwegarbeiders smeedde nauwe banden met haar. Het Verbond van Vakverenigingen, dat zich op 14 oktober bij de staking aansloot, was gedwongen om zich bijna direct vanaf het begin onder autoriteit van de Sovjet te stellen. Talloze stakerscomités – die van technici, juristen, ambtenaren – pasten hun acties aan de besluiten van de Sovjet aan. Door al die verschillende organisaties onder één paraplu te brengen, verenigde de Sovjet de revolutie om zich heen.

Tegelijkertijd nam de verdeeldheid in regeringskringen hand over hand toe. Trepov deinsde voor niets terug, hij was klaar om te vuren. Op 12 oktober wist hij de tsaar ervan te overtuigen hem aan het hoofd van alle troepen van het Peterburgse garnizoen te stellen. Op de 14e deed hij al de proclamatie uitgaan om "Geen kogels te sparen"! Hij splitste de stad op in 4 militaire zones met elk een generaal aan de leiding. In zijn functie als gouverneur-generaal bedreigde hij alle voedselleveranciers met deportatie uit de stad binnen 24 uur, als ze hun winkels zouden sluiten. Op de 16e sloot hij alle hogere onderwijsinstellingen in Sint-Petersburg en bezette ze met legereenheden. Zonder een formele aankondiging van de staat van beleg, voerde hij die feitelijk in. Bereden patrouilles terroriseerden de straten. Overal waren er troepen – in regeringsgebouwen, openbare gebouwen en in de binnenplaatsen van private woningen. Op het moment dat zelfs de artiesten van het Keizerlijk Ballet zich aansloten bij de staking, stond hij erop de lege theaters met soldaten te bezetten. Met een grimas op zijn gezicht verheugde hij zich handenwrijvend op het komende gevecht.

Maar hij had zich vergist in zijn berekeningen. De overwinning werd behaald door de bureaucratische fractie die tegen hem was en die hoopte een slimme deal met de geschiedenis te maken. Om die reden werd graaf Witte ten tonele gebracht.

Op 17 oktober werd de bijeenkomst van de Sovjet van Arbeidersafgevaardigden door de trawanten van Trepov uiteengejaagd. Maar de Sovjet vond een manier om elders bijeen te komen en besloot met dubbele energie de staking door te zetten, adviseerde de arbeiders geen huur te betalen en alleen op krediet te kopen totdat het werk zou worden hervat en riep huiseigenaren en winkeliers op geen huur te innen of betalingen te eisen van abeiders. Op die dag, 17 oktober, verscheen ook het eerste nummer van de *Izvestia Sovieta Rabotsjik Deputatov*.

En op diezelfde dag ondertekende de tsaar het Constitutionele Manifest.

HOOFDSTUK 9

18 OKTOBER

18 oktober was een dag van grote opwinding. In grote getallen trokken de mensen door de straten van Sint-Petersburg en gingen van hot naar her. Er was een grondwet afgekondigd. Wat nu? Wat zal er wel en wat zal er niet toegelaten worden?

In die spannende dagen verbleef ik in het huis van een van mijn vrienden, die in overheidsdienst was; A. Litkens, het hoofd van de medische afdeling van de Konstatinovok Artillerie opleiding. In de ochtend van de 18e wekte hij me, zwaaiend met de *Pravitelstvenni Vestnik* (de Staatscourant) in zijn hand en een brede lach van opwinding op zijn normaal gesproken sceptische blik in een intelligent gelaat.

"Ze hebben een Grondwettelijke Verklaring aangekondigd"!

"Onmogelijk"!

"Hier. Lees"!

We begonnen hem hardop te lezen. Uiteraard eerst de vaderlijke woorden over de zorgen om de ontstane onrust en de geruststelling dat de zorgen van het volk die 'van ons' zouden zijn en daarna, eindelijk, de belofte van alle vrijheden, de grondwettelijke rechten van de Doema en de verbreding van het stemrecht.

We wisselden stilzwijgend een blik met elkaar. Het is moeilijk om alle tegenstrijdige gevoelens onder woorden te brengen die bij ons opkwamen na het lezen van het Manifest. Vrijheid van vergadering, persoonlijke immuniteit, bestuurlijke controle ... Natuurlijk, het waren alleen maar woorden. Maar het waren geen woorden van een of andere liberale resolutie, dit waren de woorden in een manifest van de tsaar, Nicolaas Romanov, hoogste beschermheer van de plunderende knokploegen. De Telemachos (opperheer) van Trepov was de schrijver van deze woorden. En dit wonder was afgedwongen door de algemene staking. Toen 11 jaar eerder de liberalen een zeer bescheiden petitie indienden, die opriep tot nauwere banden tussen de autocratische monarch en het volk, werd er door onze gekroonde Junker met verbazing gereageerd op zulke 'zinloze dagdromen'. Zo zei hij het letterlijk! En nu was hij door het stakende proletariaat tot de orde geroepen.

"En, wat denk jij"?, vroeg ik aan mijn vriend. "Ze zijn bang, de angsthazen", was zijn reactie. "Je hebt gelijk", zei ik, "die sukkels zijn echt geschrokken".

Vijf minuten later stond ik buiten op straat. De eerste die ik tegen het lijf liep was een student, de zoon van mijn vriend en ook partijlid. Buiten adem en met zijn pet in zijn hand herkende hij mij. "Vannacht zijn er door de troepen schoten gelost bij de Technische Hogeschool. Mensen zeggen dat er van binnenuit een bom naar hen werd gegooid ... duidelijk een provocatie. Net werd er door een patrouille met getrokken sabels een kleine bijeenkomst op het Zabalkanski Prospect uiteengejaagd ... Professor Tarle, die op de bijeenkomst sprak, heeft ernstige snijwonden opgelopen ... ze zeggen dat hij is overleden ...".

"Nou, dat is een mooi begin".

"Overal zijn er mensen die sprekers willen horen. Ik ga naar een partijbijeenkomst voor de agitatoren. Wat denk je? Waar moeten we over praten? Is amnestie het belangrijkste onderwerp"?

"Iedereen zal het over amnestie hebben, ook zonder ons". Eis het verwijderen van de troepen uit Petersburg. Geen enkele soldaat binnen een cirkel van 25 *werst*".

De student ging er weer vandoor, als groet zijn pet in zijn hand boven zijn hoofd zwaaiend. Een bereden patrouille kwam in de straat voorbij. Trepov zat nog steeds in het zadel. De schietpartij op de Technische Hogeschool was zijn antwoord op het manifest van de tsaar. De goede man had geen seconde verspild om elke grondwettelijke illusie van het volk direct om zeep te helpen.

Ik liep langs de Technische Hogeschool. Die was nog steeds gesloten en werd door troepen bewaakt. De oude toezegging van Trepov dat er geen kogels gespaard zouden worden, hing nog steeds aan de muur. Iemand anders had het manifest van de tsaar ernaast geplakt. Overal waren groepjes mensen op straat met elkaar aan het beraadslagen.

“Laten we naar de universiteit gaan”!, riep er een. “Die hebben wel sprekers”! Ik ging met ze mee. We gingen in snel tempo op pad. Met de minuut nam het aantal mensen toe. Er heerste geen vreugdestemming, meer een van ongemakkelijke onzekerheid. We kwamen geen patrouilles meer tegen. De verdwaalde politieagent hier en daar waagde het niet om zich openlijk aan de massa te vertonen. De straten waren versierd met de driekleurige vlaggen.

“Onze Herodotus heeft zijn staart tussen zijn benen”, roept een arbeider hardop. In de menigte wordt er gelachen. De stemming verbetert allengs. Met zijn wandelstok wipt een student een driekleur van boven een deur en scheurt de blauwe en witte strook eraf en zwaait met het rode overblijfsel van onze ‘nationale’ driekleur boven de hoofden van de menigte. Tientallen mensen volgen zijn voorbeeld. Een paar minuten later zwaaiden overal rode vlaggen over de verzamelde mensen. Overal op straat liggen witte en blauwe repen, platgetrapt door de menigte. We gingen de brug over naar Vasiljesvski eiland. Op de kade vormde zich een grote opstopping om in de universiteit te komen, waar grote aantallen binnenstroomden. Iedereen probeerde bij het balkon te komen, waar de toespraken zouden worden gehouden. Het balkon, de ramen, de gangen en de trappen van de univesiteit waren allemaal met rode banieren versierd en slechts met veel moeite kwam ik binnen. Ik was als derde of vierde aan de beurt. Het schouwspel dat zich aan mij op het balkon ontvouwde was buitengewoon. De straat was afgeladen met mensen. De blauwe petten van de studenten en de rode banieren waren opvallend kleurrijke vlekken in de menigte van zo’n honderdduizend mensen. Er heerste complete stilte; iedereen wilde de sprekers horen.

“Burgers! Nu we de heersende kliek met de rug tegen de muur hebben gekregen, beloven ze ons vrijheid. Ze beloven ons electorale vrijheid en wettelijke macht. En wie belooft ons dat? Nicolaas II. En belooft hij dit vanuit zijn eigen goede wil? Of zijn oprechte hart? Dat kan niemand beweren. Hij begon zijn heerschappij met het feliciteren van zijn uitmuntende Fanagorijitsji, de Kozakkenkeurtroepen die de arbeiders van Jaroslav hebben vermoord om, na over vele lijken te hebben heengestapt, uit te komen bij de *Bloedige Zondag* van 9 januari. Het is van deze onvermoeibare tiran en beul dat we deze belofte van vrijheid hebben afgedwongen. Wat een grootse overwinning! Maar laten we vooral niet te vroeg juichen. De overwinning is nog niet binnen. Is een belofte van betaling hetzelfde als klinkende munt? Is de belofte van vrijheid hetzelfde als echte vrijheid? Als iemand enig vertrouwen in de beloften van de tsaar heeft, laat hij het hier hardop zeggen ... we zijn buitengewoon nieuwsgierig naar zo'n zeldzaam natuurverschijnsel. Kijk om u heen, burgers; is er iets veranderd sinds gisteren? Zijn de gevangenispoorten geopend? De Petrus-en-Paulusvesting speelt nog steeds de baas over de stad. Ja toch? Horen we niet nog steeds het gekreun en tandengeknars achter die vervloekte muren? Zijn onze broeders al naar huis teruggestuurd vanuit de Siberische steppen"?

"Amnestie! Amnestie! Amnestie"!, klinkt het uit de menigte.

"Als het de regering echt menens is om haar conflict met het volk bij te leggen, dan zou het eerste wat ze zou moeten doen, het afkondigen van amnestie zijn. Maar, waarde burgers, is amnestie dan het enige waar het om gaat? Vandaag zullen ze honderd politieke gevangenen vrijlaten, om er morgen duizenden te arresteren. Hangt de oproep om geen kogels te sparen niet gewoon naast het manifest over onze vrijheid? Werd er vanmorgen niet met sabels ingehakt op vreedzame luisteraars naar een toespraak? Is de beul Trepov niet nog steeds de baas van Petersburg"?

"Weg met Trepov"!, kwam als antwoord van de menigte.

"Inderdaad, weg met Trepov! Maar is hij de enige? Zitten er op de reservebanken van de bureaucratie niet meer dan genoeg schurken om zijn werk over te nemen? Trepov speelt de baas over ons met behulp van het leger. Zij met het bloed van 9 januari aan hun handen zijn de steun en toeverlaat van Trepovs macht. Het is aan hen dat hij het bevel geeft om geen kogels in jullie borst of hoofd te sparen. We kunnen niet; we willen niet en we moeten niet, onder schot ons leven leiden, waarde burgers! Laten we eisen dat de troepen uit Petersburg worden teruggetrokken. Laat er geen enkele soldaat in een cirkel van 25 werst in de buurt van de hoofdstad komen! De vrije burgers zullen zelf wel de openbare orde bewaken. Niemand zal dan lijden onder geweld en willekeur. Het volk zal iedereen in bescherming nemen".

"Weg met de troepen! Alle troepen uit Petersburg"!

"Burgers! Onze kracht ligt bij onszelf. Met het zwaard in de hand zullen we zelf over onze vrijheid moeten waken. Wat het manifest van de tsaar betreft, kijk, het is maar een vel papier. Hier kun je het zien – en nu is het verfrommeld in mijn vuist. Vandaag hebben ze hem gepubliceerd, morgen zullen ze hem weer weghalen en verscheuren; net zoals ik dit velletje van vrijheid nu voor jullie ogen versnipper"!

Na mij kwamen er nog twee of drie sprekers en allen besloten hun toespraak met de oproep om 4 uur 's middags op het Nevski te verzamelen. Om vandaar in optocht naar de gevangenis te gaan om amnestie te eisen.

HOOFDSTUK 10

HET KABINET VAN GRAAF WITTE

Op 17 oktober capituleerde de tsaristische regering, gehuld in het bloed en de vervloekingen van eeuwen, voor de revolutionaire staking van de werkende massa's. Geen enkele herstelpoging kan dit feit nog uit de geschiedenisboeken wegpoetsen. De heilige kroon van het absolutisme van de tsaar draagt voor altijd een proletarische laarsafdruk.

Voor zowel de interne als externe strijd was de boodschapper van de capitulatie van het tsarisme graaf Witte. Binnen de adellijke kringen van de bureaucratie gezien als een plebejische *parvenu*, was graaf Witte, overigens net als alle bureaucraten niet vatbaar voor enige invloed van algemene politieke of morele principes, toch in het voordeel ten opzichte van zijn naaste rivalen, juist omdat hij als parvenu niet was gebonden aan de tradities van het Hof, de adel of de cavalerie. Dit feit maakte hem tot de ideale bureaucraat, niet alleen bevrijd van vooroordelen over nationaliteit, religie, eer of geweten, maar ook van rangen en standen. Ditzelfde feit maakte hem ook meer gevoelig voor de meer elementaire behoeftes van de kapitalistische ontwikkeling. Tussen de overerfde imbecielen van de cavalerieregimenten scheen graaf Witte wel een geniaal staatsman.

De constitutionele carrière van graaf Witte was volledig op het ritme van de revolutie gebouwd. Na 10 jaar lang de ongecontroleerde boekhouder en kassier van de autocratie te zijn geweest, werd hij in 1902 door zijn tegenpool Plehve op een zijspoor gezet en benoemd tot voorzitter van het tandenloze prerevolutionaire Comité van Ministers. Toen Plehve door een terroristische bomaanslag zelf 'vervroegd uittrad', begon graaf Witte zichzelf naar voren te schuiven als de redder van Rusland. Hij deed dit niet zonder succes en met de hulp van dienstige journalisten. Men zei dat hij met een gepast onbewogen gelaat alle liberale stappen van de regering Svjatopolk-Minski steunde. Toen hij werd geconfronteerd met de nederlagen in het oosten schudde hij verontrust het hoofd. Aan de vooravond van 9 januari zei hij tegen de verschrikte liberalen: "... U weet dat de macht niet in mijn handen is". Op die manier maakten terroristische aanslagen, Japanse overwinningen en revolutionaire gebeurtenissen de weg voor hem vrij. Uit Portsmouth, waar hij een verdrag had getekend dat was gedicteerd door de wereldwijde beurzen en hun politieke agenten, kwam hij terug als een overwinnaar. Iedereen zou haast denken dat niet maarschalk Oyama, maar hij, alle overwinningen in Oost-Azië had behaald. De hele burgerlijke wereld richtte zijn aandacht op deze uitverkoren persoon. De Parijse krant *Matin* stelde in haar winkelruit het vloeipapier ten toon dat Witte had gebruikt voor zijn inktpen bij het zetten van zijn handtekening in Portsmouth. Daarna wekte alles de nieuwsgierigheid op van de boulevardpers; zijn enorme lichaamslengte, zijn vormeloze broeken, zelfs zijn half verzonken neus. Een audiëntie bij keizer Wilhelm versterkte zijn aureool als hooggeplaatst staatsman nog eens.

Aan de andere kant was zijn geheime overleg met de emigré Stroeve een bewijs van zijn succes om ontevreden liberalen te temmen. De bankiers wreven in hun handen: hier was iemand die ervoor zou zorgen dat de rente punctueel zou worden betaald. Na zijn terugkeer in Rusland nam Witte opnieuw zijn machteloze positie in met overduidelijk zelfvertrouwen, gaf liberale toespraken in het comité en, overduidelijk speculerend op revolutie, noemde hij een deputatie van stakende spoorwegarbeiders, 'de beste krachten van het land'. Zijn berekeningen zaten er niet ver naast, de oktoberstaking maakte hem de autocratische premier van het grondwettelijke Rusland.

In zijn programmatische 'Uiterst Loyaal Verslag' slaat hij zijn hoogste liberale toon aan. Het verslag probeert boven het blikveld van het lakeiendom en de fiscale bureaucraat uit te stijgen en tot politieke generalisaties te komen. Ze erkent dat de onrust die het land in zijn greep heeft niet simpelweg de schuld is van opruiing, maar het gevolg van een verstoord evenwicht tussen de ideologische verlangens van het 'denkende publiek' en de dagelijkse werkelijkheid. Als we even het intellectuele niveau buiten beschouwing laten van het milieu voor wie dit rapport werd geschreven, als dit als het programma van een staatsman moet worden beschouwd, kunnen we ons alleen maar verbazen over zijn armzalige gedachtegang, zijn laffe en ontwijkende vorm en het beperkte en ontoereikende bureaucratische jargon. De verklaring over publieke vrijheden zijn in dusdanige vorm gegoten dat de vaagheid erin slechts wordt overtroffen door de energie die is gestoken in het beperken van de toelichtingen.

Witte verzamelt de moed om het initiatief voor een grondwetsherziening te nemen en spreekt het woord "grondwet" niet uit. Hij hoopt dat het in de praktijk zal worden gerealiseerd zonder dat iemand het in de gaten heeft, omdat zijn macht juist rust op diegenen die het woord grondwet niet kunnen uitstaan. Maar daarvoor heeft hij een periode van rust nodig. Hij verklaart dat ondanks dat de arrestaties, inbeslagnames en beschietingen blijven plaatsvinden op basis van de oude wetgeving, zij voortaan zullen worden uitgevoerd 'in de geest' van het Manifest van 17 Oktober. Met dit goedkope truukje hoopte hij dat de revolutie onmiddellijk zou capituleren voor het liberalisme, net zoals de dag ervoor de autocratie had gecapituleerd oog in oog met de revolutie. Hierin sloeg hij de plank flink mis.

Witte kwam aan de macht als gevolg van de overwinning, of beter gezegd door het beperkte karakter van de overwinning van de oktoberstaking. Maar diezelfde omstandigheid plaatste hem vanaf het begin in een hopeloze positie. De revolutie toonde zich niet sterk genoeg om het oude staatsapparaat te vernietigen en uit elementen van zichzelf een nieuwe op te bouwen. Het leger bleef in dezelfde handen. Alle oude bestuurders, geselecteerd om de autocratie te dienen, van gouverneur tot politieagent, bleven op hun plek zitten. En dus bleef ook alle oude wetgeving van kracht, zolang er geen nieuwe wetten verschenen. En dus bleef het absolutisme als een materieel feit als zodanig geheel intact. Het bleef zelfs in naam bestaan: het woord *samoderzjets*, autocraat, werd niet verwijderd uit de titulatuur van de tsaar. Het is waar; de autoriteiten werd opgeroepen om de wetten van het absolutisme in 'de geest van 17 oktober' toe te passen. Maar dat is zo ongeveer hetzelfde als aan een wolf vragen om te leven in de geest van het veganisme.

Het gevolg hiervan was dat alle lokale autocraten in de 60 wingewesten van Rusland totaal hun kop kwijtraakten. Ze liepen achter revolutionaire optochten aan en salueerden de rode vlag, ze parodieerden Gessler en stonden erop dat de bevolking pet of hoed zou afnemen, omdat zij de persoon van Zijne heiligheid de Majesteit vertegenwoordigden, ze stonden het toe aan sociaaldemocraten om aan het hoofd van de troepen te marcheren als ze hun eed gingen afnemen en ze organiseerden openlijk contrarevolutionaire knokpartijen. Er heerste complete anarchie. Er bestond geen wettige autoriteit meer en niemand wist wanneer en hoe zo'n autoriteit weer op te zetten.

Er rees twijfel of de Doema nog wel bij elkaar zou worden geroepen. Boven al deze chaos hing graaf Witte, die zowel Petersburg als de revolutie probeerde te misleiden, maar er hoogstwaarschijnlijk vooral in slaagde om zichzelf voor de gek te houden. Hij ontving een eindeloze reeks delegaties, zowel radicale als reactionaire, was tegenover allen zeer hoffelijk, presenteerde zijn onsamenhangende plannen in het openbaar voor westerse correspondenten, schreef dagelijks regeringscommuniqués in tranentrekkende betogen aan studenten om vooral niet mee te doen aan antiregeringsprotesten en oproepen aan alle scholieren om zich te herpakken en weer aan de slag te gaan. Kort samengevat, ook hij was geheel de kluts kwijt.

Aan de andere kant waren de contrarevolutionaire krachten binnen de bureaucratie druk aan het werk. Ze hadden de steun van "publieke krachten" leren waarderen, waren overal knokploegen aan het opzetten en, de officiële bureaucratische hiërarchie negerend, zich rondom één man in het kabinet aan het verenigen, Durnovo. Dit verachtelijke gedrocht, product van de meest laakbare mores van de Russische bureaucratie, deze schurkachtige ambtenaar waarvan zelfs de onvergetelijke tsaar Alexander III zichzelf genoodzaakt zag hem uit zijn ambt te zetten met de energieke woorden: "Weg met dat zwijn"!, deze Durnovo werd nu uit de vuilnisbak opgevist als tegengewicht voor de 'liberale' premier. Hij kreeg de functie van minister van Binnenlandse Zaken.

Witte accepteerde deze samenwerking – zelfs voor hem beschamend – en zorgde hierdoor ervoor dat zijn eigen rol tot hetzelfde schijnniveau werd gereduceerd, net als die van de bureaucratie als geheel, als resultaat van het Manifest van 17 Oktober. Na het uitdragen van een aantal vermoeiende liberaal-bureaucratische gemeenplaatsen, kwam Witte tot de conclusie dat het de Russische samenleving ontbrak aan elementair politiek inzicht, morele kracht en sociaal instinct. Hij was overtuigd geraakt van zijn eigen bankroet en voorzag de onvermijdelijkheid van bloedig beleid van represailles als de 'voorbereiding' op een nieuw regime. Maar hij voelde zich niet geroepen om die taak op zich te nemen. Daarvoor ontbraken hem de 'benodigde capaciteiten'. Hij beloofde plaats te maken voor een ander. Ook hier betoonde hij zich een leugenaar. Hij bleef zitten in zijn functie van krachteloze premier, door allen veracht, door de hele periode van december en januari, terwijl Durnovo, als grote spelbepaler, zijn mouwen opstroopte en zijn bloedige werk als contrarevolutionaire slager aanpakte.

HOOFDSTUK 11

DE EERSTE DAGEN VAN DE "VRIJHEDEN"

De houding van de Sovjet tegenover het Manifest werd op de dag van de publicatie ervan heel bot en precies verwoord. De vertegenwoordigers van het proletariaat eisten amnestie, ontslagen bij de politie in alle geledingen, het terugtrekken van de troepen uit de stad en het vormen van een volksmilitie. In een commentaar op deze besluiten stelden we in een leidend artikel in *Izvestia*:

> "Er is ons een grondwet geschonken. We kregen vrijheid van vereniging, maar onze bijeenkomsten worden door troepen omsingeld. We kregen de vrijheid van meningsuiting, maar de censuur is nog steeds van kracht. We hebben de vrijheid van onderwijs, maar de universiteiten worden door de troepen bezet. We kregen de persoonlijke immuniteit, maar de gevangenissen zitten nog steeds meer dan overvol. We hebben Witte gekregen, maar Trepov zit nog steeds in het zadel. We hebben een grondwet gekregen, maar de autocratie blijft onaangetast. Er is van alles gegeven en er is niets gegeven".

Ze wilden een periode van rust. Die zouden ze niet krijgen.

> "Het proletariaat weet wat het wil en wat het niet wil. Het wil noch de politie-vandaal Trepov, noch de liberale beurshandelaar Witte. Geen wolvenbek en geen vossenstaart. Het wil geen zweep in de cadeauverpakking van een grondwet".

De Sovjet besloot: de algemene staking gaat door.

De werkende massa's hielden zich met buitengewone unanimiteit aan deze resolutie. Fabrieksschoorstenen zonder rook waren de stille getuigen van het feit dat de grondwettelijke illusies geen vat hadden gekregen op de arbeiderswijken. Maar toch, na 18 oktober verloor de staking haar directe militante karakter. Ze veranderde in een kolossale 'demonstratie van wantrouwen'. De provincies, die eerder in staking waren gegaan dan de hoofdstad, begonnen weer aan het werk te gaan. De staking in Moskou eindigde op de 19e. De Sovjet van Petersburg besloot om op 21 oktober om 12 uur 's middags het werk te hervatten. Zij was de laatste die het strijdperk verliet en organiseerde een verbazingwekkende manifestatie van proletarische discipline door honderdduizenden arbeiders tegelijkertijd weer naar hun werkbanken te leiden.

Reeds voor het beëindigen van de oktoberstaking was de Sovjet in de gelegenheid om de enorme invloed die ze binnen één week had verworven te testen. Dat was toen ze zich, op verzoek van de onmetelijke massa's, aan het hoofd van de protestmars door de straten van Petersburg stelde.

Om 4 uur 's middags op 18 oktober verzamelen zich honderdduizenden mensen bij de Kazankathedraal. Hun leuze is: amnestie. Ze willen in optocht naar de gevangenissen trekken. Zij willen leiders en beginnen waar de Sovjet was gezeteld. Om 6 uur 's middags koos de Sovjet de vertegenwoordigers die de protestmars zouden aanvoeren. Zij verschijnen voor een raam op de tweede verdieping met witte banden om hun hoofd en bovenarmen geknoopt. Beneden hen kolkt een oceaan van mensen. Rode vlaggen zwaaien erboven als de zeilen van de revolutie. Enorme toejuichingen rollen de drie verkozenen tegemoet. De hele Sovjet loopt de trap af en voegt zich bij de menigte. "Spreken"! Tientallen armen strekken zich uit naar de spreker; enkele tellen later bevinden zijn voeten zich op iemands schouders. 'Amnestie!' 'Op naar de gevangenissen!' Revolutionaire liederen zwellen op, leuzes klinken ... Bij het Kazanski en het Alexandrovoski plein worden de hoofden ontbloot; hier wordt de processie vergezeld door de geesten van de slachtoffers van 9 januari. De menigte roept: 'Nooit Vergeten' en 'Als Slachtoffer Gevallen'. Rode vlaggen voor het huis van Poberdonostzev. Gefluit en gescheld. Zou de oude gier hen horen? Laat hem maar zonder angst uit zijn raam kijken, op dit moment laten ze hem ongemoeid. Laat hem zich met zijn oude schuldige ogen maar vergapen aan de revolutionaire menigte, heer en meester van de Petersburgse straten. Voorwaarts!

Nog twee of drie straten en de menigte arriveert bij het Huis van Voorlopige Bewaring. Nieuws bereikt ons dat er een zwaarbewapende legereenheid in een hinderlaag ligt te wachten. De leiders van de demonstratie sturen er verkenners op uit. Tegelijkertijd meldt zich een deputatie van de vakbond van machinisten (naar later blijkt, grotendeels zelf aangesteld) met de mededeling dat het decreet over amnestie al is ondertekend. Alle plaatsen tot gevangenhouding zijn door troepen bezet en de vakbond heeft betrouwbare informatie ontvangen dat in het geval de menigte de gevangenissen nadert, Trepov de vrije hand heeft gekregen;

met het onvermijdelijke bloedbad tot gevolg. Na kort overleg besluit de leiding de optocht te beëindigen en de menigte te verspreiden. De demonstranten beloven dat, mocht het decreet niet ondertekend zijn, ze opnieuw naar de gevangenissen zouden optrekken als de Sovjet daartoe oproept.

Overal vond een strijd voor amnestie plaats. In Moskou dwong een menigte van vele duizenden de gouverneur-generaal op 18 oktober om alle politieke gevangenen vrij te laten. Hij kreeg een lijst overhandigd door de afvaardiging van het stakingscomité (dat al snel de Raad van Arbeidersafgevaardigden van Moskou zou worden), die ook toezag op hun vrijlating. Ook diezelfde dag brak in Simferopol een menigte door de hekken van de gevangenis en voerde de politieke gevangenen in rijtuigen af. In Odessa en in Revel werden onder druk van massale protesten gevangenen vrijgelaten. In Bakoe liep een poging tot vrijlating van gevangenen uit op een botsing met het leger, waarbij drie doden en 18 gewonden vielen. In Saratov, Vidava, Tasjkent, Poltava, Kovno, overal waren er grote protesten die naar de gevangenissen trokken. Amnestie! Niet alleen de straatstenen, maar zelfs de stadsdoema van Petersburg weerkaatste deze oproep.

"Godzijdank! Mijn felicitaties, waarde heren", zei Witte, terwijl hij de telefoon neerlegde, tegen de drie afgevaardigden van de Sovjet. "De tsaar heeft het amnestiedecreet ondertekend".

"Is de amnestie volledig of gedeeltelijk, graaf"?

"De verleende amnestie zal met de nodige terughoudendheid, maar voldoende toereikend zijn".

Pas op 22 oktober publiceerde de regering eindelijk het decreet van de tsaar over de 'verlichting van het lot van personen die, voor het publiceren van het Manifest, criminele activiteiten tegen de staat hadden begaan' – een erbarmelijk, vrekkig en berekenend document van uiterst beperkt 'erbarmen'; een waar product van een macht waarin Trepov de staatsautoriteit belichaamde en Witte het liberalisme.

Er was echter een groep van 'staatsmisdadigers' op wie dit decreet geen betrekking had en ook niet kon hebben. Dat waren diegenen die hun leven hadden gelaten onder de martelingen, onder de sabelhouwen, gewurgd, doorstoken door bajonetten, met kogels neergeschoten. Allen die in naam van het volk waren vermoord. Op hetzelfde moment tijdens de oktoberdemonstraties toen de revolutionaire massa's op de met bloed bevlekte pleinen van Sint-Petersburg met ontbloot hoofd eerbied betoonden aan de slachtoffers van 9 januari, werden de eerste nog nadampende kadavers van het nieuwe constitutionele tijdperk al opgeslagen in het politiemortuarium. De revolutie kon haar nieuwe martelaren geen nieuw leven schenken; zij besloot hen te herdenken en een rouwplechtigheid en begrafenis te organiseren. De Sovjet riep 25 oktober uit tot een algemene dag van herdenking en protest.

Het voorstel wordt gedaan om de regering van te voren op de hoogste te stellen, ondersteund met voorbeelden van precedenten: zo had graaf Witte op verzoek van de Sovjetdelegatie twee gearresteerde leiders van een straatbijeenkomst vrijgelaten, in een ander geval had hij de heropening bevolen van de staatsfabriek Baltiïsk, die was gesloten als represaillemaatregel omdat de arbeiders ervan deelnamen aan de staking. Ondanks de waarschuwingen van de officiële vertegenwoordigers van de sociaaldemocraten, besloot de Sovjet toch graaf Witte te informeren. Een speciale delegatie ging stellen dat de Sovjet de verantwoordelijkheid zou dragen voor de openbare orde tijdens de manifestatie en dat deze de terugtrekking van de politie en het leger eisen.

Graaf Witte had het erg druk en weigerde zojuist twee generaals te ontvangen, maar zonder protest ontving hij de Sovjetdelegatie. Een optocht? Daar heeft hij persoonlijk niets op tegen: "Zulke processies zijn in het westen toegestaan". Maar deze kwestie valt niet binnen zijn competentie. De Sovjet zou zich tot Trepov moeten wenden, de stad staat tenslotte onder zijn bescherming.

"Wij kunnen geen verzoek bij Trepov indienen, daartoe zijn we niet geautoriseerd".

"Wat vervelend". "Wellicht hadden jullie dan zelf kunnen ondervinden dat hij niet het monster is dat het volk van hem maakt".

"Wat te denken van het befaamde bevel: 'Spaar geen kogel, graaf'"?

"Ach, dat glipte eruit in de hitte van het moment".

Witte telefoneert naar Trepov en brengt respectvol zijn wens over dat hij 'geen bloedvergieten wenst' en wacht op een besluit. Trepov verwijst hem nogal arrogant door naar de stadsgouverneur. De graaf zet haastig een paar woorden op papier en overhandigt de brief aan de delegatie. "We zullen uw brief meenemen, graaf, maar houden ons het recht voor naar eigen inzicht handelen. Of we daar wel of niet gebruik van maken is nog niet te voorzien".

"Natuurlijk, natuurlijk, daar heb ik niets op tegen".[16]

Dit is een prima voorbeeld van het dagelijkse leven in oktober. De graaf feliciteert de revolutionaire arbeiders met het tekenen van de amnestie. Graaf Witte wil dat alles zonder bloedvergieten verloopt, 'net als in Europa'. Onzeker of hij over het hoofd van Trepov heen kan handelen, probeert hij terloops het proletariaat met Trepov te verzoenen. De hoogste vertegenwoordiger van de macht vraagt dan de arbeidersdelegatie om als zijn tussenpersoon de gouverneur van de stad te smeken om de grondwet te bewaken. Lafheid, listigheid en stommiteit waren de wachtwoorden van het constitutionele kabinet.

Trepov daarentegen liet er geen gras over groeien. Hij liet weten dat "in deze roerige tijden, waarin een deel van de bevolking bereid is met wapens een ander deel van de bevolking te lijf te gaan, er geen politieke demonstraties kunnen worden toegestaan, slechts in het belang van het demonstreren zelf" en riep de organisatoren op "hun project te staken ... met het oog op de mogelijk zeer ernstige gevolgen van de drastische maatregelen die de politieautoriteiten mogelijk zouden moeten toepassen". Dit was zo klaar als een sabelhouw of revolverschot. Bewapen het uitschot van de stad in de politiebureaus, laat ze los op de demonstranten om zoveel mogelijk verwarring te zaaien. Om dan van opstootjes gebruik te maken om politie en leger erop af te sturen; de stad helemaal schoon te vegen als een wervelstorm, een spoor van bloed, vuur en vernieling achterlatend. Keer op keer hetzelfde recept van deze politieschurk in wiens handen de gekroonde sukkelaar het lot van zijn land had gelegd. Maar de weegschaal van de macht begon te schommelen: Witte of Trepov? De uitbreiding van het grondwettelijke experiment of haar in een slachtpartij

16. Bij graaf Witte, uit een documentair essay van P.A. Zlydniev, lid van de Sovjetdelegatie, uit de bundel 'De geschiedenis van de Raad van Arbeidersafgevaardigden in Sint-Petersburg', 1906. Nadat de delegatie verslag had uitgebracht, werd in opdracht van het Uitvoerend Comité voorgesteld de brief door de Voorzitter van de Raad van Arbeidersafgevaardigden terug te bezorgen aan de Voorzitter van de ministerraad.

verzuipen? Tientallen steden werden na deze wittebroodsdagen van nieuw beleid het toneel van bloedstollende gebeurtenissen, waarvan alle draden in de handen van Trepov samenvielen. Mendelssohn en Rothschild waren voor de grondwet. De wetten van de aandelenbeurs, net als die van Mozes, verboden de consumptie van vers bloed. Daarin lag de kracht van Witte. De positie van Trepov begon scheuren te vertonen. Petersburg was zijn laatste worp met de dobbelsteen.

Het was een moment van enorme belangen en verantwoordelijkheid. De Raad van Afgevaardigden had geen enkel belang om Witte te steunen en wilde dat ook helemaal niet, zoals ze enkele dagen later overduidelijk bewees. Maar ze was nog minder bereid om Trepov op enigerlei wijze van dienst te zijn, en de straat opgaan paste precies in zijn plannen. Het politieke toneel was groter dan het conflict tussen de beurshandelaren en pestkoppen bij de politie. Het was mogelijk om boven zowel Witte als van Trepov uit te stijgen en bewust zelf het moment van confrontatie te bepalen om met allebei af te rekenen. Dat was sowieso het algemene beleid van de Sovjet, zij ging het onvermijdelijke conflict met open vizier tegemoet. Maar ze voelde zich niet genoodzaakt deze botsing te versnellen. Hoe later, hoe beter. Om het definitieve gevecht te laten samenvallen met een begrafenisplechtigheid op een moment van enorme spanningen, waardoor de oktoberstaking al aan het afnemen was en al een tijdelijk psychologisch effect opleverde van tevreden vermoeidheid, zou een monsterlijke fout zijn.

De schrijver van dit boek – dit is nodig om aan te geven omdat mij later, vaak op ongenadige wijze, het tegendeel is verweten – bracht het voorstel in om de demonstratieve begrafenis te schrappen. Op de spoedbijeenkomst van de Sovjet om 1 uur in de ochtend van de 20ste oktober en na verhitte discussie, werd de ingediende motie bijna unaniem woordelijk overgenomen. Bij deze de tekst:

> “De Sovjet van Arbeidersafgevaardigden was van plan om een plechtige begrafenis te organiseren voor de slachtoffers van de gewelddadigheden van de regering op zondag 23 oktober. Maar de vredelievende bedoelingen van de inwoners van Sint-Petersburg hebben alle moorddadige elementen van het stervende systeem op de been gebracht. Generaal Trepov, die over de lijken van 9 januari zijn machtspositie verwierf en in het aanzicht van de revolutie niets meer te verliezen heeft, wierp vandaag zijn laatste uitdaging voor de

voeten van het proletariaat van Petersburg. Onbeschaamd stelt Trepov in zijn verklaring dat hij van plan is bendes van de Zwarte Honderd, bewapend door de politie, tegen de processie in te zetten om daarna, onder het mom van het herstellen van 'rust en orde' eens te meer de straten van Petersburg in bloed te drenken. Met het oog op dit duivelse plan, verklaart de Sovjet van Afgevaardigden: het proletariaat van Petersburg zal haar laatste gevecht met het tsarendom uitvechten, niet op de dag die Trepov het beste uitkomt, maar op de dag dat het proletariaat zelf, georganiseerd en bewapend, daarvoor geschikt acht. Om die reden besluit de Sovjet om de massale begrafenisoptocht om te zetten in lokale en grotere herdenkingsbijeenkomsten in de wijken voor de slachtoffers, die ons door hun martelaarschap de heilige opdracht geven om onze inspanningen ons te bewapenen te vertienvoudigen, opdat de dag dichterbij komt dat Trepov, samen met de hele politiebende op de vuilnisbelt van monarchale resten kan worden gedumpt".

HOOFDSTUK 12

DE MANNEN VAN DE TSAAR AAN HET WERK

De Sovjet bracht de staking ten einde tijdens deze verschrikkelijke zwarte dagen, toen de doodskreten van afgeslachte kinderen, de verschrikkelijkste verwensingen van moeders, de laatste ademtochten van de ouderen en het gebrul van machteloze woede door heel het land ten hemel stegen. Honderden dorpen en steden veranderden in een levende hel. De vele rookpluimen verduisterden de zon. Hele straten gingen met huis, inwoners en al in vlammen op. Dit was de wraak van de oude gevestigde orde op haar vernedering.

Haar stoottroepen werden overal vandaan geronseld. Uit elke steeg, elk kot. Hier een kleine winkelier, daar een bedelaar, de kroegbaas met zijn vaste klanten, de conciërge en de politiespion, de professionele dief en de amateuristische insluiper, de kleine ambachtsman en de bordeelhouder, de hongerige en onderontwikkelde moezjiek en de naar de stad verhuisde dorpsbewoner, inmiddels hardhorend door de herrie van de fabrieksmachines. Verbitterde armoede, hopeloze kortzichtigheid en verdorven corruptie brachten hen samen onder bevel van het bevoorrechte eigenbelang en de anarchie van de heersende klasse.

De eerste ervaring die deze mensen hadden opgedaan met massale straatacties was tijdens de zogenaamde 'patriottische' demonstraties in het begin van de oorlog van Rusland tegen Japan. We maakten toen kennis met hun basisuitrusting: een portret van de tsaar, een fles vodka, de driekleurige vlag. Sindsdien heeft de geplande organisatie van de verschoppelingen van het land een grote vlucht genomen. Hoewel de massa van de pogrom-vandalen (als massa al het goede woord is) zich slechts bij gelegenheid verzamelt, was haar kern altijd gedisciplineerd en in een paramilitaire stijl georganiseerd, haar leuzes en wachtwoorden van boven ontvangend, waar ook de tijd en de omvang van elke moorddadige operatie werden bepaald. Komissarov, hoofdambtenaar bij de politie verklaarde hierover: "Het is gemakkelijk wat voor soort pogrom dan ook te organiseren. Met 10 man of met 10.000 als we dat willen".[17]

17. Aldus verklaard door de afgevaardigde in de eerste Doema door prins Oeroesov, voormalig onderminister van Binnenlandse Zaken (Auteur)

Iedereen weet van te voren dat er een pogrom komt. Er worden pogrom-proclamaties verspreid, er verschijnen bloeddorstige artikelen in de officiële provinciale media, soms wordt hiervoor een speciale krant gepubliceerd. De stadsgouverneur van Odessa vaardigt een provocerende proclamatie onder eigen naam uit. Als de grond is voorbereid, komt een groep bezoekende 'specialisten' langs. Ze verspreiden sinistere roddels onder de slecht geïnformeerde bevolking; de Joden zijn van plan de Russen aan te vallen, sommige socialisten hebben een of ander religieus icoon ontheiligd, sommige studenten hebben het portret van de tsaar verscheurd. Als er geen universiteit is, wordt het verhaal aangepast om op een liberaal dorpsbestuur of opleidingsinstituut in het secundair onderwijs te passen. De wildste verhalen gaan over de telegraaf heen en weer, soms voorzien van een officieel stempel. Ondertussen zijn alle technische voorbereidingen in gereedheid gebracht, er is een lijst met mensen samengesteld, huizen zijn speciaal geselecteerd, er wordt een algemeen strategisch plan opgemaakt en op de gekozen dag wordt er een hongerige meute uit de randgebieden gemobiliseerd. Op die dag wordt er een speciale ceremonie in de kathedraal gehouden. De bisschop houdt een eerbiedige toespraak.

Een processie begint, de priesters voorop met een portret van tsaar Nicolaas, dat uit het politiebureau komt, daarachter velen met de nationale driekleur. Er wordt onophoudelijk gespeeld door een militair orkest. Aan de zijkant en achterkant van de processie loopt de politie. De gouverneur salueert, de politiechef omarmt de plaatselijke leiders van de Zwarte Honderd. De kerken langs de processie luiden hun klokken. "Hoeden af"! Bezoekende "instructeurs" en plaatselijke agenten in burger, hoewel vaak nog in uniformbroek omdat ze geen tijd genoeg hadden zich om te kleden, lopen verspreid langs de toeschouwers. Ze houden een wakend oog over het verloop, vuren de menigte aan en geven een indruk dat alles is toegestaan en tegelijkertijd zijn ze op zoek naar een aanleiding om openlijk tot actie over te gaan. Om te beginnen sneuvelen er een paar ruiten, een paar passanten lopen klappen op; de vandalen slaan geen kroeg over langs de route om bij te tanken. En de hele tijd speelt de band "God redde de tsaar", het lijflied van de pogroms.

Wanneer er geen aanleiding wordt gevonden, wordt er wel een gemaakt: iemand gaat een steeg in en vuurt op de menigte, meestal met oefenpatronen. Patrouilles die met revolvers van de politie zijn bewapend moeten ervoor zorgen dat woede van de massa niet omslaat in angstige verlamming. Als antwoord op de beschieting volgt een stenenregen op vooraf geselecteerde huizen. Er worden wat winkels geplunderd en de gestolen stoffen en zijde liggen als een loper voor de voeten van de vaderlandslievende processie. Als er enig verzet van betekenis is, komen de reguliere troepen te hulp. Met twee of drie salvo's worden de verzetshaarden uitgeroeid of naar een onschadelijke afstand verdreven. En zo trekt de bende door het dorp of de stad; aan de voor- en achterkant beschermd door legereenheden, een detachement Kozakken ter verkenning, met politieagenten en professionele provocateurs als leiders van de optocht en huurlingen voor de ondersteunende taken en vrijwilligers die het op een makkelijke buit hebben voorzien; dronken van de vodka en de geur van bloed.[18] De krotbewoner is koning. Was hij een uur geleden nog een bibberende slaaf, opgejaagd door honger en politie, voelt hij zich nu alleenheerser zonder grenzen. Alles mag, alles kan, hij is baas over eer en bezit, leven en dood. Als hij er zin in heeft gooit hij ongehinderd een oude vrouw uit het raam van de derde verdieping, samen met haar piano, kan hij een stoel op het hoofd van een baby kapot slaan, een meisje verkrachten terwijl de menigte toekijkt, spijkers in een levend persoon hameren ... Hij roeit hele families uit, gooit benzine over huizen en brandt ze tot de grond af. Als iemand probeert te ontsnappen, wordt die alsnog doodgeknuppeld. Een wilde bende stormt een Armeens pension binnen, bejaarden worden overhoop gestoken, de zieken, vrouwen, kinderen ... Alle remmingen zijn weggevallen in deze door drank en furie opgefokte breinen. Ze mogen alles. Ze doen alles. Lang leve de tsaar!

Hier is een jonge man die de dood recht in de ogen keek, zijn haar is helemaal wit geworden. Daar een tienjarige jongen die zijn verstand heeft verloren in de aanblik van zijn verminkte ouders. Hier een legerarts die alle verschrikkingen van het beleg van Port Arthur heeft doorstaan, maar na een paar uur pogrom in Odessa in een eindeloze nacht van verstandsverbijstering terechtkwam. Lang leve de tsaar! De slachtoffers, met bloed besmeurd, onder het roet, in

18. "In veel gevallen geven politieagenten in eigen persoon leiding aan de vandalen om aan te geven welke Joodse huizen en winkels moeten worden overvallen en geplunderd, voorzien de meute van knuppels, doen mee aan het roven en moorden en zien erop toe dat de meute ongehinderd haar gang kan gaan", aldus het Uiterst Loyaal Verslag van senator Koezminski over de pogrom in Odessa. De stadsgouverneur Neidgardt bekende dat "een grote menigte vandalen die aan het roven en plunderen was, hem enthousiast met een Hoera! begroette". Baron Kaulbars, de commandant van het plaatselijke regiment hield een toespraak voor de politie die begon met de volgende woorden: "Laten we de dingen vooral bij hun naam noemen. Laten we toegeven dat, diep in ons hart, we allemaal met deze pogrom sympathiseren"!

doodsangst, proberen desondanks een veilig heenkomen uit deze nachtmerrie te vinden. Sommigen hullen zich in de bloedbesmeurde kleding van de doden, anderen verstoppen zich onder een stapel lijken, zich zo lang mogelijk schuil houdend, soms wel twee of drie dagen. Anderen vallen op hun knieën voor de officieren, de politieagenten, de plunderaars en ze strekken hun armen uit. Kruipen in het stof, kussen de laarzen van de soldaten, smeken om genade. Als antwoord krijgen ze alleen dronkenmansgelach. "Je wilde vrijheid? Kijk, dit is het"!

In het bovenstaande stuk is de volledige infame moraal van de pogrom samengevat. Onze vandaal, druipend van het bloed, haast zich verder. Hij is tot alles in staat, hij durft alles, hij is koning. De tsaar heeft dit mogelijk gemaakt: Leve de tsaar![19] De vandaal slaat de spijker op de kop. Niemand minder dan de autocraat van alle Russen is de opperbeschermheer van deze semiofficiële bende pogromisten en dieven, die met de officiële bureaucratie zijn verweven, waarbij meer dan honderd hogere lokale autoriteiten zijn aangesloten en wiens hoofdkwartier zich in de hoogste kringen aan het Hof bevindt. In zijn bekrompenheid en angst, een almachtige nietsnut, te prooi aan allerlei vooroordelen en het bloed in zijn aderen vergiftigd met alle zonden van vorige generaties, combineert Nicolaas Romanov, net als veel van zijn beroepsgenoten, platte sensatiezucht met ongevoelige wreedheid. Op 9 januari verscheurde hij alle geheiligde sluiers die zijn persoon nog omhulden, de revolutie heeft hem volledig gecorrumpeerd. De tijd dat hij tevreden was in de schaduw te blijven en Trepov als zijn geheim agent in de pogrom-affaires[20] het vuile werk liet opknappen, was voorbij.

Hij laat zich nu openlijk voorstaan op zijn contacten met tuchthuisboeven en de onderklasse. Tegelijkertijd trapt hij de domme gedachte dat hij 'boven alle partijen' staat in de grond. Hij wisselt vriendelijke telegrammen uit met beruchte schurken, heeft audiënties met "patriotten" die door eenieder worden veracht en, op voorspraak van het Verbond van het Russische Volk, verleent hij

19. "In een van zulke optochten werd de driekleur voorop gedragen, daarachter het portret van tsaar Nicolaas en gelijk daarachter een zilveren schaal en een zak vol gestolen goederen". Uit het verslag van senator Tureau (Auteur)

20. Uit een brief van senator Lobhoekin: "Volgens de publieke opinie is het Trepov die met de majesteit het beleid bepaalt ... politiek de lijnen uitzet. Bij zijn aanstelling op de post van paleiscommandant, eiste generaal Trepov, en hij heeft het gekregen, een speciaal budget voor uitgaven aan een geheime dienst".

algemeen pardon aan de dieven en moordenaars die door zijn eigen rechtbanken zijn veroordeeld. Het is moeilijk een grotere schijnvertoning te bedenken van de heilige mystiek van de monarchie, dan het gedrag van deze monarch die in elke rechtbank van ieder land tot levenslange dwangarbeid zou zijn veroordeeld voor zijn daden, mits hij toerekeningsvatbaar is natuurlijk.

Tijdens dit zwarte bacchanaal in oktober, vergeleken waarmee de St. Bartholomeusnacht slechts een plaatselijke theatervoorstelling scheen, kwamen zo'n 3500 tot 4000 mensen om het leven en raakten er zo'n tienduizend gewond in ongeveer 100 steden. De schade die in tientallen, zo niet honderd miljoen roebel liep, was een aantal malen groter dan de schade van de landbezitters als gevolg van de plattelandsrellen. Zo nam de oude orde dus wraak voor haar vernedering!

Wat was de rol van de arbeiders tijdens deze gebeurtenissen?

Eind oktober stuurde de voorzitter van de Federatie van Noord-Amerikaanse Vakbonden een telegram aan graaf Witte waarin met klem werd opgeroepen stelling te nemen tegen de pogroms, die een bedreiging voor de nieuw gewonnen vrijheden betekenden.

"Niet alleen ten behoeve van de 3 miljoen georganiseerde arbeiders, maar ook ten behoeve van alle arbeiders in de Verenigde Staten, verzoeken wij u, geachte graaf, deze boodschap door te sturen aan uw medeburgers, onze broeders-arbeiders". Zo luidde de laatste zin van het telegram.

Maar graaf Witte, die zich eerder in de VS nog had voorgedaan als een echte democraat en had verklaard dat "de pen machtiger is dan het zwaard", vond nog net genoeg schaamteloosheid in zijn reserves om deze brief in een geheime lade van zijn bureau op te bergen. Het was pas in november dat de Sovjet, via slinkse wegen overigens, te horen kreeg van het bestaan van deze brief. Maar tot eer van de Russische arbeiders moet worden gezegd dat zij niet hebben gewacht op de aansporingen van hun vrienden aan de andere kant van de oceaan om actief in te grijpen tijdens deze bloedige gebeurtenissen. In een aantal steden werden gewapende eenheden geformeerd die actieve en op sommige plaatsen heldhaftige weerstand boden aan de schurkenbende; en op die plaatsen waar de troepen min of meer neutraal bleven, hadden de arbeidersmilities geen enkele moeite om een einde te maken aan de uitspattingen van de vandalen.

De oude Nemirovitsj-Dantsjenko, zeker geen socialist of proletariër, schreef in die dagen:

> "Kijk eens hoe, met deze nachtmerrie, deze Walpurgisnacht van een stervend monster, zie hoe majestueus, met welke verbazingwekkende vlotheid, orde en discipline, de arbeidersbeweging zich ontwikkelt. Zij heeft zich niet verlaagd met moordenaars en dieven; integendeel, zij is overal het publiek te hulp geschoten en, haast onnodig om te zeggen, ze beschermt het publiek vele malen beter dan de politie, de Kozakken of de toezichthouders van de destructieve en bloeddorstige meute Kaïns. De bewapende arbeiderseenheden verschenen overal waar de vandalen hun vuile werk verrichten. Deze nieuwe macht, voor het eerst op het historische toneel, was kalm vanuit haar bewustzijn over haar bestaansrecht, bescheiden in de overwinning van haar idealen van vrijheid en algemeen belang, georganiseerd en gehoorzaam als een echt leger dat zich bewust is van het feit dat haar overwinning er een is voor wat het menselijk leven de moeite waard maakt; waarvoor zij leeft, denkt, en zich in verheugt, voor vecht en moet lijden".

In Petersburg vond geen pogrom plaats. Dat wil niet zeggen dat er geen werd voorbereid. Integendeel, de voorbereidingen waren in volle gang. Het Joodse deel van de bevolking leefde in constante angst. Na de 18e werden er dagelijks studenten, arbeiders-propagandisten en Joden in elkaar geslagen op diverse plekken in de stad. Onafhankelijke bendes, fluitend en schreeuwend, vielen niet alleen in de buitenwijken aan, maar ook binnen de arbeiderswijk Nevski zelf, waarbij boksbeugels, messen en zwepen werden gebruikt. Ook de Sovjetdelegaties waren een doelwit van aanslagen en zij voorzagen zich snel van revolvers ter bescherming. Politieagenten riepen winkeliers en bedienden op de geplande begrafenisstoet van 23 oktober aan te vallen. Het was dan ook niet de schuld van de Zwarte Honderd dat ze zich die dag zich tevreden moest stellen met slechts wat guerrilla-acties.

De arbeiders troffen actief voorbereidingen om hun stad te beschermen. In een aantal gevallen verklaarden hele fabrieken de straat op te gaan in geval van gevaar. De wapenwinkels, alle politiebeperkingen negerend, hadden een koortsachtige handel in Brownings. Maar revolvers kosten veel geld en de meeste mensen kunnen ze niet betalen. De revolutionaire partijen en ook de Sovjet hadden moeite om hun eenheden echt te bewapenen. Ondertussen namen de geruchten over een aanstaande pogrom toe. Alle fabrieken en werkplaatsen die over ijzer of staal beschikten, gingen op eigen initiatief over tot de productie van slagwapens. Vele duizenden hamers waren dolken, speren, boksbeugels en kraaienpoten aan het smeden. In de middag, tijdens een zitting van de Sovjet, betrad de ene na de andere afgevaardigde het spreekgestoelte, zwaaiend met hun wapens boven hun hoofden en plechtig de eed van hun kiezers overbrengend dat ze een opkomende pogrom onmiddellijk zouden onderdrukken. Dat schouwspel alleen al deed de moed van de incidentele alledaagse pogromvandaal in de schoenen zinken. Maar daar hielden de arbeiders het niet bij. In de fabriekswijken, voorbij de Nevski Poort, werden speciale milities georganiseerd die nachtelijke buurtpatrouilles uitvoerden. Daarnaast werden er speciale beveiligingsteams voor de revolutionaire persdienst en haar gebouwen georganiseerd. In die bange dagen was het een noodzakelijk kwaad dat de journalist met de revolver in de broekzak moest schrijven en de typograaf moest zetten.

Door zich tegen de Zwarte Honderd te bewapenen, bewapende het proletariaat zich natuurlijk automatisch ook tegen de tsaristische macht. Dit werd door de regering maar al te goed begrepen en zij sloeg al snel alarm. Op 8 november werd het publiek in de *Pravitelstvenni Vestnik*, de Staatscourant, geïnformeerd over hetgeen eenieder al lang wist, namelijk dat arbeiders "zich recentelijk aan het bewapenen zijn met revolvers, sportbuksen, dolken, messen en spiesen. Vanuit die bewapende arbeiders", zo gaat het regeringscommuniqué verder; "wier aantal, volgens de ons beschikbare informatie uit zo'n 6000 personen bestaat, heeft zich een zogeheten zelfverdedigingsorgaan of militie gevormd, bestaande uit zo'n 300 personen, die zich in groepen van tien over straat bewegen, onder het mom van orde en veiligheid, maar wiens werkelijke doel is om de arrestatie van revolutionairen door de politie of het leger te voorkomen".

Er werd een officiële hetze tegen de mannen van de milities gevoerd in Petersburg. De arbeiderseenheden werden ontbonden en hun wapens in beslag genomen. Maar tegen die tijd was het gevaar van een pogrom al geweken, om vervangen te worden door een ander, veel groter gevaar. De regering had tijdelijk verlof verleend aan de dienstplichtigen en riep haar reguliere troepen in actie – de Kozakken en de garderegimenten. Zij was zich aan het voorbereiden op een oorlog langs een breed front.

HOOFDSTUK 13

DE BESTORMING VAN DE CENSUUR BASTILLES

In de strijd voor persvrijheid voert de Petersburgse Sovjet een fantastische campagne; goed georganiseerd, politiek perfect en succesvol. Haar voornaamste steun en toeverlaat in deze strijd was de jonge maar politiek verenigde vakorganisatie, de Bond van Drukkers.

Op een grote bijeenkomst van die bond, voorafgaand aan de oktoberstaking, zei een van de leden: "Persvrijheid is voor ons niet alleen maar van politiek belang. Het is ook een economische eis. De literatuur die uit de klauwen van de censuur wordt gered, zal de vraag naar ons vak en gerelateerde industrieën doen stijgen". Vanaf dat moment begonnen de drukkers een systematische campagne tegen de beknotting door censuur. Al eerder, in het hele jaar 1905, werd er illegale literatuur in legale drukkerijen gedrukt, maar dat gebeurde clandestien, op kleine schaal en met de grootste voorzichtigheid. Vanaf oktober waren de meerderheid van de gewone drukkers en zetters betrokken bij het publiceren van illegale literatuur. In de drukkerijen was het bijna niet meer nodig om op basis van geheimhouding te werken. Tegelijkertijd nam de druk van de arbeiders op de eigenaren toe. De zetters verlangde dat de kranten werden gedrukt in weerwil van de omstandigheden van censuur, dreigend met stakingen als de publicatie zou worden gestaakt. Op 13 oktober was er een vergadering van de drukkers van dag- en weekbladen. Op die bijeenkomst zaten de ratten van *Novoye Vremya* naast de meest extreme radicalen. In deze Ark van Noach van de Petersburgse pers werd besloten "geen enkel verzoek tot persvrijheid aan de regering te richten, maar zulke vrijheden zonder voorafgaande toestemming uit te voeren". Deze resolutie ademt burgerlijke moed! Gelukkigerwijs zorgde de algemene staking ervoor dat de uitgevers niet werden getest op de waarde van hun gelofte en daarna kwam de "Grondwet" hen te hulp. Het Golgotha van het politiek martelaarschap verdween als sneeuw voor de zon door het verlokkende aanbod van een regeling met een nieuw ministerie.

Het Manifest van 17 Oktober repte met geen woord over persvrijheid. Graaf Witte legde aan de liberale delegaties van lobbyisten uit dat deze stilte een teken van instemming was dat de genoemde vrijheid van meningsuiting ook gold voor de media. Maar, zoals de premier zelf al verklaarde, de censuur stond net zo machteloos als hijzelf. Haar lot werd niet door de uitgevers, maar door de arbeiders beslecht.

Op 19 oktober verklaarde de Sovjet:

> "Het Manifest van de tsaar heeft het over de 'vrijheid' van meningsuiting in Rusland, maar de censuur van het Centrale Directoraat voor Mediazaken bestaat nog steeds en de blauwe pen van de censor is nog steeds aan het schrappen ... Persvrijheid zal door de arbeiders moeten worden bevochten. De Raad van Afgevaardigden verklaart dat alleen die kranten mogen worden gedrukt die de censuur negeren, weigeren hun artikelen aan de censuur voor te leggen en, in zijn algemeenheid, in deze op dezelfde wijze als de Sovjet handelen in het publiceren van hun krant. Om deze redenen zullen de drukkers en zetters pas aan het werk gaan als de uitgevers verklaren dat ze bereid zijn de persvrijheid ook werkelijk in de praktijk te brengen. Tot die tijd zullen de drukkerij-arbeiders in staking blijven en de Sovjet van Afgevaardigden zal al het noodzakelijke doen om de salarissen van de stakers door te blijven betalen. Kranten die weigeren aan deze resolutie te voldoen, zullen in beslag worden genomen van hun eigenaren en iedere arbeider die de beslissing van de Sovjet van Afgevaardigden niet respecteert zal worden geboycot".

Deze verklaring, die na een paar dagen ook werd uitgebreid tot alle periodieken, brochures en boeken, werd de nieuwe perswet. De staking van de drukkerijmedewerkers, samen met de algemene staking duurde tot 21 oktober. De Bond van Drukkers besloot zelfs de staking niet te onderbreken voor het drukken van het Grondwettelijk Manifest en daar werd nauwlettend op toegezien. Desgevolgs verscheen het Manifest alleen in de Staatscourant, die door het leger werd gedrukt; alleen het reactionaire *Svet* (Lichtbaken) publiceerde ondergronds het Manifest van de tsaar van 17 oktober, zonder dat de zetters hiervan in kennis waren gesteld. De *Svet* moest er een hoge prijs voor betalen; haar drukkerij werd door fabrieksarbeiders kort en klein geslagen.

Klopt het dat er pas negen maanden zijn verlopen sinds de januari-optocht naar het Winterpaleis? Was het nog maar de vorige winter dat diezelfde mensen een smeekbede tot de tsaar richtten om hen persvrijheid te geven? Ja en nee.

Onze oude kalender liegt! De revolutie heeft haar eigen tijdschaal, waarin maanden jaren en jaren eeuwen kunnen zijn.

Onder alle twintigduizend drukkers was er niemand te vinden die het manifest van de tsaar wilde drukken. Maar de sociaaldemocratische verklaringen met kritiek en uitleg over het manifest werden bij duizenden verslonden, toen ze de 18e oktober in grote aantallen verschenen, net als het tweede nummer van de Sovjets eigen *Izvestia*, op dezelfde dag gepubliceerd en verspreid op elke hoek van de straat.

Na de staking verklaarden alle dagbladen dat ze voortaan zonder censuur zouden publiceren. Maar de meesten besteedden nog geen ademzucht aan diegenen die dit mogelijk hadden gemaakt. Alleen *Novoye Vremya*, middels een artikel van Stolypin – broer van de toekomstige premier – gaf beduimeld lucht aan zijn afkeer. "We waren echt wel bereid dit offer op het altaar van de persvrijheid te brengen, maar ze kwamen naar ons toe, eisten van ons, dwongen ons – en vergalden zo het plezier in onze behulpzaamheid". Behalve deze was er alleen nog een zekere Basjmakov, redacteur van het reactionaire *Narodny Golos* (Stem van het Volk) en het Franstalige diplomatenblad *Journal de St. Petersbourg*, die er niet in slaagde 'stil te blijven zitten terwijl hij werd geschoren'. Hij vroeg en kreeg toestemming van het ministerie om zijn drukproeven niet te hoeven voorlegen aan de censuur en publiceerde de navolgende schandelijke verklaring in *Narodny Golos*:

> "De wet te moeten breken voor een langere periode", zo schreef deze ridder van de legaliteit, "ondanks mijn overtuiging dat een wet, ook al is het een slechte, toch moeten worden nageleefd totdat de autoriteiten deze aanpassen, publiceer ik deze uitgave *tegen mijn wil* zonder hem voor te leggen aan de censuur, hoewel ik dat feitelijk niet mag. Ik protesteer dan ook met heel mijn hart tegen de morele druk die op mij is uitgeoefend en verklaar dat ik van plan ben om de wet weer na te leven zodra de fysieke omstandigheden mij daartoe enigszins weer in staat stellen, omdat ik het als een schande beschouw om in deze turbulente tijden tot de stakers te worden gerekend. Aleksander Basjmakov".

Deze verklaring geeft precies de ontstane krachtsverhoudingen tussen officiële legaliteit en revolutionaire wet van dat moment aan. Om recht te doen aan Basjmakov moeten we ook nog stellen dat deze nog gunstig afstak bij het gedrag van de semi-Oktobristen van *Slovo*, die om een officiële instructie verzochten bij de Sovjet, en deze ook kregen, om hun artikelen niet aan de censuur voor te leggen. Sommige mensen hebben de toestemming van hun nieuwe meester nodig voordat ze de autoriteit van het oude regime durven af te werpen.

Maar de vakbond van drukkers was constant op haar hoede. Het ene moment weet ze een poging van een eigenaar te verijdelen om een Sovjetresolutie naar de censuur door te sturen. Dan weer grijpt ze in om te voorkomen dat een stilstaande pers wordt gebruikt om een pogromproclamatie te drukken. Deze zaken kwamen steeds meer voor. Het gevecht tegen de pogromliteratuur begon met de inbeslagname van een opdracht voor 100.000 exemplaren van een verklaring die was ondertekend door "een groep arbeiders" en die opriep voor een opstand tegen de nieuwe tsaren, oftewel, de sociaaldemocratie. Het originele ontwerp van deze verklaring was voorzien van de handtekeningen van graaf Orlov-Davidov en gravin Moezin-Poesjkin. De zetters vroegen de Sovjet om advies. Het Uitvoerend Comité antwoordde: zet de persen onmiddellijk stil, vernietig de mallen en neem alle gedrukte exemplaren in beslag. Het Uitvoerend Comité publiceerde vervolgens de originele opdracht met handtekening van onze hooggeboren vandalen en voorzien van eigen commentaar in de sociaaldemocratische pers.

Het algemene principe dat zowel door het Uitvoerend Comité als de Bond van Drukkers was aangenomen, hield in dat alle teksten zouden worden gedrukt als er geen expliciete oproepen tot geweld of pogroms in voorkwamen. Dankzij de gezamenlijke inspanningen van de letterzetters werd alle zuivere pogromliteratuur uit de privédrukkerijen geweerd, zodat oproepen tot geweld nu alleen nog werden gedrukt in het departement van de politie en het directoraat van de gendarmerie, met de deuren en luiken goed gesloten, op handbediende persen die eerder van de revolutionairen waren geconfisqueerd.

Over het algemeen kon de reactionaire pers zonder last of hinder verschijnen. Het is waar dat er in de eerste dagen wat uitzonderingen op die regel waren. We weten dat er een poging is ondernomen door drukkers en zetters om hun commentaar op een reactionair artikel en een aantal krasse antirevolutionaire verklaringen gepubliceerd te krijgen. In Moskou hebben een aantal zetters geweigerd een oproep van een nieuw ontstane groep oktobristen te drukken.

“Dat is dan onze persvrijheid”, klaagde Goetsjkov, het toekomstige hoofd van de Unie van 17 Oktober, op een congres in de provincie. “Het is verdorie hetzelfde regime, maar dan onderste boven. Het enige wat we nog kunnen doen is terug naar de methodes onder het oude regime gaan; alles weer naar het buitenland sturen of een ondergrondse drukkerij opzetten”.

Ze voelden zich in hun recht staan, omdat ze vonden dat een zetter niet verantwoordelijk is voor de tekst die hij plaatst. In die specifieke periode hadden de politieke passies echter een dusdanig hoogtepunt bereikt dat een arbeider, ook op zijn werk, geen moment zijn gevoel van revolutionaire verantwoordelijkheid afschudde. Sommige zetters en drukkers gingen zo ver dat ze hun baan bij bepaalde reactionaire uitgeverijen opzegden, zichzelf daarmee in de armoede stortend. Uiteraard werd de persvrijheid in geen enkel opzicht beperkt door hun weigering bepaalde reactionaire of liberale leugens tegen hun eigen klasse af te drukken. In het ergste geval is er sprake van een overtreding van hun arbeidsovereenkomst.

Het kapitaal is echter zo diep doordrongen met het wrede mantra van “de vrije arbeidsmarkt”, die arbeiders dwingt de meest afgrijselijke werkzaamheden te verrichten (gevangenissen en oorlogsschepen bouwen, ketenen smeden, burgerlijke leugens drukken) dat die niet-aflatende druk een toenemende morele weerzin oproept om dit werk ook werkelijk uit te voeren, omdat het haaks staat op zowel ‘de vrijheid van arbeid’ als de ‘persvrijheid’.

* * *

Op 22 oktober verschenen de Russische kranten dan eindelijk verlost van eeuwenlange censuur. Voor een hele zwerm van oude en nieuwe burgerlijke kranten was de nieuwe openheid eerder vloek dan zegen, omdat ze in die grootse periode niets te zeggen hadden, omdat hun vocabulaire tekortschoot om de nieuwe lezers aan te spreken, gewend als ze waren hun zelfcensuur aan te passen aan diegenen die achter hun hoofden zouden meekijken. Deze kranten verschenen luidkeels aangeprezen op de markt, hun politieke onbeholpenheid verhuld achter een toga van superieur staatsmanschap. De nieuwe en levenskrachtige stem van de socialistische pers stak daar onmiddellijk boven uit.

"Onze krant is het orgaan van het revolutionaire proletariaat", verklaarde de sociaaldemocratische *Natsjalo* (De Ster).[21] "Met haar onzelfzuchtige strijd heeft het Russische proletariaat voor ons de poort naar het vrije woord geopend. Wij stellen onze woorden ten dienste van het Russische proletariaat! Wij, de Russische journalisten van het socialisme, die jarenlang gedwongen zijn geweest om als mollen te leven, het leven van de ondergrondse revolutionair, kenden de waarde van een open hemel, frisse lucht en het vrije woord. Wij, die onze leerschool tijdens de donkerste jaren van reactie moesten doorlopen, onder een gure wind terwijl uilen krasten. Wij, klein in aantal, zwak, verspreid, met gebrek aan ervaring, nog bijna jongens, tegen een verschrikkelijk apocalyptisch beest. Wij, die alleen waren bewapend met een onwankelbaar geloof en vertrouwen in het internationale socialisme tegen een machtige vijand die zich van onder tot boven had geharnast in internationaal militarisme. Ons verstoppend in de hoeken en gaatjes van de "legale" samenleving, hadden we de oorlog verklaard aan de autocratie, een gevecht op leven en dood. En met welk wapen? Het woord. Als iemand ooit gaat berekenen hoeveel uur van gevangenschap en verbanning onze partij al heeft betaald voor elk revolutionair woord, zouden we er met zijn allen van schrikken – een gruwelijke statistiek van weinig woorden afgezet tegen vitale energie en bloed"!

Op die lange weg vol met voetangels en klemmen tussen de illegale schrijver en de illegale lezer bevinden zich heel wat illegale tussenstations; de zetter, de drukker, de verspreider. Wat een keten vol inzet en gevaar! Een verkeerde beweging en al het werk van velen gaat verloren. Hoeveel drukpersen zijn er niet in beslag genomen voordat ze hun revolutionaire boodschap ook maar konden beginnen te drukken. Hoeveel revolutionaire literatuur is er niet verbrand op de binnenplaatsen van de gendarmerie, voordat het de lezer kon bereiken! Zoveel werk voor niets, zoveel krachten verlamd, zoveel levens vernietigd!

Onze armzalige clandestiene hectografen en zelfgemaakte illegale drukpersjes waren hetgeen we konden inbrengen tegen de rotatiepersen van het liegende regentendom en het van een stempel van goedkeuring voorziene liberalisme. Is dat niet alsof je met een stenen bijl tegen een Krupp-kanon moet vechten? Ze

---

21. Samen met Parvus bracht Trotski *Natsjalo* uit, met groot succes. Leon Trotski, *Mijn Leven*, Querido, Amsterdam 1930, p. 153. Zie ook The Prophet Armed, Isaac Deutscher, Vintage Books V 746, N.Y., 1965, Ch. 5: Trotsky in 1905, pp. 138-139; noot van de vert.

hadden om ons gelachen. En nu, in de Oktoberdagen, won de stenen bijl. Het revolutionaire woord kwam in de openbaarheid, verbaasd en begeesterd door haar eigen kracht.

De revolutionaire pers had een enorm succes. Er werden twee grote sociaaldemocratische kranten in Petersburg uitgebracht, beiden met meer dan 50.000 abonnees en een wat goedkoper blad dat binnen 2 à 3 weken een oplage van 100.000 exemplaren kende. Ook de krant van de sociaal-revolutionairen had veel lezers. Tegelijkertijd ontstond in snel tempo ook in de provincies een regionale socialistische pers en de roep om grote aantallen revolutionaire publicaties uit de hoofdstad nam hand over hand toe.

De omstandigheden voor de pers waren net als alle andere politieke omstandigheden verschillend naargelang het deel van het land. Alles hing af van de omstandigheid of de reactie dan wel de revolutie sterker stond in een bepaalde plek. In de hoofdstad was de censuur nagenoeg verdwenen. In de provincies bleef zij bestaan, maar beïnvloed door de toon van hoofdstedelijke bladen, vierde zij de teugels in grote mate. De strijd van de politie tegen de revolutionaire pers verloor de coördinatie. Er werden wel bevelen tot inbeslagname van bepaalde individuele publicaties uitgevaardigd, maar daar werd nooit serieus uitvoering aan gegeven. Sociaaldemocratische kranten, die zogenaamd in beslag moesten worden genomen, werden openlijk op straat verkocht. Niet alleen in de arbeiderswijken, maar ook op het Nevski Prospect. De provincies beschouwden de hoofdstedelijke pers als manna uit de hemel. Grote drommen kopers verzamelden zich aan de treinstations in afwachting van de aankomst van de posttrein. De verkopers werden zowat aan stukken gescheurd. Mensen openden bijvoorbeeld een nieuw exemplaar van de *Russkaya Gazetta* en begonnen het hoofdartikel hardop voor te dragen. De treinstations veranderden in een afgeladen en tumultueus auditorium. Dat ging zo twee of drie dagen achter elkaar en werd toen onderdeel van het systeem.

Soms werd de volledige passiviteit van de politie echter ingeruild voor ongeremd geweld. Commandanten van de plaatselijke gendarmerie namen dan de "verderfelijke" Petersburgse publicaties in beslag voordat ze uit de treinwagons konden worden geladen en vernietigden deze ter plekke. Vooral de satirische magazines vormden een doelwit voor de politiehetze. Deze campagne werd door Durnovo geleid, de minister van Binnenlandse Zaken, die later nog een voorstel zou doen tot herinvoering van censuur op illustraties. Nij had hij een goede reden om een hekel te hebben aan de illustraties. Vanwege de gezaghebbende omschrijving door Alexander III werd de minister door de cartoonisten consequent afgebeeld met zijn sullige gezicht op de romp van een varken. Niet alleen Durnovo had een bloedhekel aan de satirische bladen. Alle 'hulptroepen' van de tsaar, genomineerden, kamerheren, edelen en hun aanhang, voelden zich verenigd in hun streven om uiting te geven aan hun wraakzuchtige woede.

Zo slaagde deze bende erin om de wet op de persvrijheid te ontkrachten. Nochtans had de regering verklaard: "De persvrijheid is per direct, voorafgaand aan de wettelijke bekrachtiging door de Staatsdoema, ingegaan". Zij slaagden er met andere woorden in om de door het Petersburgse proletariaat bevochten persvrijheid te muilkorven. De tijdelijke regels van 24 november, die de media weer in handen van het zittende bestuur brachten, verklaarden elke oproep tot staking of protest als strafbaar, net als belediging van het leger, het verspreiden van valse informatie over de activiteiten van de regering en, uiteindelijk, het verspreiden van valse informatie in het algemeen. In Rusland zijn "tijdelijke maatregelen" vaak de langstlopende vorm van wetgeving. Dit wordt maar weer bewezen met de tijdelijke voorschriften voor de pers. Uitgevaardigd voordat de Staatsdoema bijeen zou worden geroepen, werd die door een algemene boycot getroffen en bleef, net als het hele ministerie van Witte, in het luchtledige hangen. De overwinning van de contrarevolutie in december schiep de omstandigheden om de voorschriften af te dwingen. De "tijdelijke maatregelen" werden dagelijkse praktijk en werden nog verrijkt met een bepaling over de strafbaarstelling van het "goedpraten van misdaden" enerzijds en discretionaire rechten voor provinciale en stedelijke gouverneurs. Deze "voorschriften" hebben de eerste Doema overleefd, de tweede Doema overleefd en zullen zonder twijfel ook de derde Doema wel overleven.

* * *

In samenhang met de geschiedenis van het gevecht rond de persvrijheid, komen we nu toe aan het verhaal over het publiceren van *Izvestia*, het officiële orgaan van de Raad van Arbeidersafgevaardigden. De geschiedenis over het uitbrengen van deze bulletins van de revolutie vormt een interessante bladzijde in de geschiedenis van het gevecht om vrijheid van meningsuiting door het Russische proletariaat.

De eerste uitgave, nog voor de publicatie van het Manifest van de tsaar, was zowel van klein formaat als in een kleine oplage. Het werd tegen betaling illegaal gedrukt in een private drukkerij. Het tweede nummer werd op 18 oktober gedrukt.[22] Een groep vrijwilligers ging naar het radicale *Sin Otechetsvja* (Zoon van het Vaderland), dat later door de sociaal-revolutionairen werd overgenomen. De bedrijfsleiding aarzelde. De omstandigheden waren nog steeds verward en niemand wist zeker wat de gevolgen zouden zijn van het drukken van een revolutionaire publicatie.

"Als jullie ons nou eens zouden arresteren", oppert een bedrijfsleider.

"U staat bij deze onder arrest", is het antwoord.

"Onder bedreiging van een wapen", voegt een andere vrijwilliger toe, zijn revolver uit zijn broekzak trekkend.

"U bent bij deze allen gearresteerd". "Iedereen blijft binnen. Niemand mag naar buiten"!

"Waar is de telefoon"? "Pak de telefoon".

Het werk begint, nieuwe mensen komen binnen. De schrijvers, zetters. De zetters worden naar de werkplaats begeleid en gaan aan de slag. De schrijvers leveren hun stukken aan. Overal wordt nijverig gewerkt en er heerst drukte van belang.

De drukkerij van de *Obstsjestvenaja Poltsa* (Het Algemeen Welzijn) wordt bezet. Toegangen worden afgesloten en er worden wachtposten geplaatst.

De voorman stapt de voor zulke bladen karakteristieke werkplaats binnen. De zetsels worden uit de matrijzen geslagen, de ovens aangestoken. Overal onbekende gezichten.

"Wie zijn jullie"? "Hebben jullie hier wel toestemming voor"?, vraagt de nieuwkomer, die opgewonden raakt en probeert de oven weer uit te schakelen.

---

22. De navolgende gebeurtenissen zijn door kameraad Simanovski, uitvoerend leider van de 'vliegende drukkersploeg' van de Sovjet, gepubliceerd onder de titel "Hoe we de *Izvestia* van de Sovjet publiceerden".

Hem wordt gecommandeerd rustig te blijven, anders wordt hij in de kast opgesloten.

“Wat doen jullie”?

We vertellen hem dat het derde nummer van de *Izvestia* van de Sovjet hier gedrukt gaat worden.

“Waarom hebben jullie dat niet gelijk gezegd? Geen enkel probleem ... ik kan altijd ....”. en de ervaren vakman gaat aan het werk.

“Hoe zijn jullie van plan de persen te laten draaien, de elektriciteit is uitgevallen?’, vraagt een gearresteerde bedrijfsleider.

“Wie is jullie elektriciteitsleverancier”? “Dan hebben we hier over een half uur weer stroom”.

De bedrijfsleider geeft de naam, maar blijft sceptisch. Zelf heeft hij al dagenlang tevergeefs geprobeerd weer stroom te krijgen, al was het maar voor wat licht in de private appartementen. Alle energiestations worden vanwege de staking door zeelui bediend en alleen regeringsorganen worden van stroom voorzien.

Na precies een half uur gaat opeens het licht aan in de drukkerij en de persen kunnen draaien. Op de gezichten van de bedrijfsleiding staan blikken van bewondering en verbazing. Enkele momenten later komt de naar de centrale gezonden arbeider met een door de plaatselijk dienstdoende officier getekende verklaring. Op verzoek van de Sovjet van Arbeidersafgevaardigden is de energievoorziening op Bolshaja Podjatjeskaja 39, ten behoeve van de drukkerij *Obstsjestvenaja Poltsa* hersteld. Met de handtekening eronder.

In goede harmonie en een beetje grappend en grollend werken de “invallers” en de “gearresteerden” aan het produceren van grote aantallen van het derde nummer.

Uiteindelijk komt de politie erachter waar de *Izvestia* wordt gedrukt. Ze verschijnen bij de drukkerij, maar komen te laat. Alle exemplaren zijn al afgevoerd, de zetblokken al verwijderd. Pas in de nacht van 3 op 4 november slaagde de politie er voor het eerst in de “vliegende ploeg” van *Izvestia* te betrappen. Dat gebeurde in de drukkerij van *Nasha Zhizn* (Ons Leven), waar al een aaneengesloten tweede dag werd gewerkt. Omdat men weigerde de afgesloten deuren te openen, brak de politie met geweld binnen. Simanovski schrijft: "Onder bescherming van een regiment soldaten met hun wapens op ons gericht, brak de politie de drukkerij binnen met revolvers in hun handen, maar toonde zich enigszins beschaamd, getroffen door de vreedzame sfeer van de drukkers en zetters die rustig en kalm hun werk voortzetten ondanks het verschijnen van bajonetten".

"Wij zijn hier allen in opdracht van de Sovjet van Arbeidersafgevaardigden", verklaren de arbeiders, "en we eisen de onmiddellijke terugtrekking van de politie, anders kunnen wij niet instaan voor de veiligheid van de uitrusting".

Terwijl de onderhandelingen met de politie voortgingen, en deze de mallen en proefdrukken in verzekering stelden, verloren de gearresteerde arbeiders geen tijd en gingen gelijk in debat met de agenten en soldaten, zachtjes de verklaring van de Sovjet en de aan hen gerichte artikelen voorlezend en toelichtend. Kopieën van de *Izvestia* gaan gretig van hand tot hand. De namen van de drukkers worden genoteerd en daarna worden ze vrijgelaten. De drukkerij wordt door de politie verzegeld en door bewakers beschermd. Maar het onderzoeksteam dat de volgende dag arriveert vindt niets! De deuren gesloten, de verzegeling ongebroken en er stond politiebewaking, maar men kon geen mallen en zetsels en proefdrukken vinden. Alles was verplaatst naar de drukkerij van de *Birzhvje Vedomosti* (De Beurscourant), waar nummer 6 van de *Izvestia* zonder verdere problemen ongehinderd van de persen rolde.

Op de avond van 6 november was er de meest grootschalige operatie in dit kader. De enorme drukkerij van de *Novoye Vremya* werd overgenomen. De dag erna publiceerde deze invloedrijke maar kruiperige krant twee artikelen over die gebeurtenis, waarvan één onder volgende titel: "*Hoe het officiële orgaan van het proletariaat wordt gedrukt*". Bij deze dus hoe dit op het zogenaamde 'slachtoffer' overkwam:

Rond 18.00 uur belden drie jonge mannen aan bij de drukkerij. Toevallig kwam ook net de beheerder binnen. De bezoekers werden aangekondigd en het kantoor binnen gelaten.

"Stuur iedereen weg, we moeten u alleen spreken", zei een van de drie tegen de manager.

“Dan is het drie van jullie tegen één, ik hou deze mensen er liever als getuigen bij”, zegt de manager.

“Wij vragen u dan om de anderen even in de andere kamer te laten wachten, we hebben maar een paar korte mededelingen voor u”.

De manager gaat akkoord. De bezoekers delen hem mee dat ze in opdracht van het Uitvoerend Comité van de Sovjet de drukkerij van *Novoye Vremya* zullen gebruiken om de zevende editie van de *Izvestia* te drukken.

“Dat gaat buiten mijn competentie, daar moet ik de eigenaar over raadplegen”, aldus de manager.

“U mag het terrein niet verlaten. Vraag dan de eigenaar maar om naar hier te komen als je hem wilt raadplegen”, stellen de Sovjetvertegenwoordigers.

“Ik kan het hem per telefoon raadplegen”.

“Nee, je mag hem alleen vragen hier heen te komen”.

“Vooruit dan”.

De manager, vergezeld door de afgevaardigden, gaat naar de telefoon en belt met Soevorin junior met de vraag of hij kan komen. Soevorin zegt nee, hij voelt zich niet lekker en stuurt Goldstein, lid van de hoofdredactie, in zijn plaats. Goldstein zelf beschrijft het verdere verloop van de gebeurtenissen redelijk accuraat, behalve dat hij een aantal dingen extra benadrukt om zijn eigen heldenmoed wat op te poetsen.

Toen ik bij de drukkerij aankwam, brandde er geen licht en op straat was het donker. Net buiten de drukkerij stonden groepjes mensen; op de stoep bij de deur een man of tien. Op het binnenplein, direct bij de poort nog een stuk of vier. Een voorman kwam me tegemoet en nam me mee naar kantoor. Daar trof ik de manager van de drukkerij en nog drie andere personen. Jonge mannen die ik niet kende, maar die overduidelijk arbeiders waren. Toen ik binnenkwam stonden ze allemaal op.

“Wat heeft u te zeggen heren”?, vroeg ik.

In plaats van een antwoord gaf een van de drie jonge mannen mij een briefje met instructies van de Sovjet van Arbeidersafgevaardigden om de volgende oplage van *Izvestia* op de persen van de drukkerij van *Novoye Vremya* te drukken. Dit bevel stond op een frommelig briefje voorzien van een stempel.

“Uw drukkerij is aan de beurt”, zei een van de boodschappers.

“Hoe bedoelt u”?, vroeg ik.

“We hebben de krant al bij *Rus, Nasha Zhizn, Syn Otechestva* en *Birzhevye Vedomosti* gedrukt en nu zijn jullie aan de beurt. U moet ons uw erewoord en dat van Soevarin jr. geven dat u ons niet aangeeft, voordat we klaar zijn”.

“Ik ga jullie mijn erewoord niet geven en voor Soevarin jr kan ik niet antwoorden”.

“In dat geval moeten wij u hier vasthouden”.

“Dan zal ik geweld gebruiken. Ik waarschuw jullie, ik ben bewapend”.

“U bent niet de enige met wapens”, zeiden de vertegenwoordigers en toonden hun revolvers.

“Haal de opzichter en de voorman”, zeiden ze tegen de bedrijfsleider. Die keek mij vragend aan. Ik haalde mijn schouders op. De opzichter werd binnengeroepen en gevraagd zijn mantel af te nemen. Ook de voorman werd binnengeroepen. We werden allen gearresteerd. Een paar minuten later hoorde ik een groep mensen de trap opkomen. In het kantoor en de bijkamer waren mensen. De overname had plaatsgevonden.

De drie vertegenwoordigers kwamen regelmatig binnen en verdwenen dan weer, net zo gehaast.

“Mag ik jullie vragen welke machine jullie willen gaan gebruiken”? vroeg ik een van hen.

“De rotatiepers”.

“En wat als die wordt beschadigd”?

“We hebben eersteklas mensen om hem te bedienen”.

“En papier”?

“We gebruiken dat van jullie”.

“Maar dat is diefstal”!

“Niks aan te doen ...”.

Uiteindelijk beloofde de heer Goldstein zijn zwijgen te bewaren en werd hij vrijgelaten.

“Ik liep de trap af. Bij de poort was het volkomen donker. In het wachthok stond een met revolver bewapende “proletariër” in de mantel van de opzichter als bewaker. Een ander stak een lucifer aan en een derde stak de sleutel in het slot. Het slot klikte, de poort ging open en ik ging naar buiten”.

“De nacht ging rustig voorbij. De bedrijfsleider van de drukkerij, die ook mocht vertrekken als hij op erewoord beloofde te zwijgen, weigerde te vertrekken. De proletariërs lieten hem blijven. Het samenstellen van de teksten verliep erg langzaam en de kopij kwam maar langzaam binnen. En de laatste benodigde materialen waren nog niet aanwezig. Toen de bedrijfsleider advies gaf over hoe het werk sneller te laten verlopen, was het antwoord: “We hebben geen haast, tijd zat”. De opmaker en de proeflezer, allebei ervaren vakmensen verschenen pas om 5 uur ’s ochtends”.

“Het zetten was om 6.00 uur klaar. Daarna werd het zetsel uit de mal geslagen en de stereokopie voorbereid. Vanwege de staking was er geen gas om het lood te smelten. Twee arbeiders werden op pad gestuurd en opeens was er gas voor de ovens. Alle winkels waren gesloten, maar zonder problemen werd er de hele nacht eten en drinken aangevoerd voor de werkploeg. De winkels gaan blijkbaar open voor de proletariërs. Om 7.00 begon het drukken van de officiële proletarische krant. Ze gebruikten de rotatiepers en werkten efficiënt. Het drukken ging door tot 11.00 uur. Daarna werd de drukkerij ontruimd en de stapels kranten werden weggedragen en in taxi’s en vrachtwagen afgevoerd, die in voldoende aantallen al buiten klaarstonden. De politie vernam dit alles een dag later en leek uitermate verbaasd".

Een uur nadat het werk was beëindigd was er een inval in het kantoor van de drukkersbond door een politie-eenheid, vergezeld door een compagnie Infanterie, een aantal Kozakken en geüniformeerde bewakers, met als doel het zevende exemplaar van *Izvestia* in beslag te nemen. Ze ondervonden uitermate energieke weerstand. Er werd hen verteld dat de beschikbare kopieën (maar 153 van een oplage van 35.000) niet vrijwillig zouden worden overgedragen. Veel arbeiders in drukkerijen die hoorden van de politie-inval in hun vakbondskantoor, legden direct het werk weer neer dat ze net na de grote novemberstaking weer hadden hervat, in afwachting van het verdere verloop van de gebeurtenissen. De politie stelde een compromis voor; de aanwezigen zouden wegkijken, de politie zou de exemplaren van *Izvestia* in beslag nemen en in het officiële rapport zou er melding van worden gemaakt dat de inbeslagname met geweld gepaard is gegaan. Dit voorstel werd verontwaardigd verworpen. De politie durfde verder geen geweld te gebruiken en trok zich tenslotte volledig terug, er niet in slagend ook maar één exemplaar van de *Izvestia* te confisqueren.

Na de overname van de drukkerijen van *Novoye Vremya* informeerde de stadsgouverneur het politieapparaat dat alle agenten in wiens district in de toekomst een vergelijkbare overname plaats zou vinden, zwaar gestraft zouden worden. Het Uitvoerend Comité antwoordde hierop dat de *Izvestia*, die alleen tijdens algemene stakingen uitkwam, indien noodzakelijk gewoon op dezelfde wijze zou worden geproduceerd. En inderdaad, tijdens de Decemberstaking publiceerde de tweede Sovjet van Arbeidersafgevaardigden (nadat de eerste was gearresteerd) op dezelfde wijze nog vier uitgaven van de *Izvestia*.

Het uitgebreide verslag over de overname van de drukkerijen van *Novoje Vremya* had nog een totaal onverwacht resultaat. Revolutionairen in de provincie deden hun voordeel met het beschreven model. De overname van drukkerijen voor het publiceren van revolutionaire literatuur raakte daarna wijdverspreid door heel Rusland. Hoewel het woord "overname" met enige korrels zout moet worden genomen. En dan hebben we het niet over de drukkerijen van de liberale kranten waar het management maar één ding wilde – elke verantwoordelijkheid afschuiven – en daarom volledig bereid was zich te laten arresteren. Maar zelfs in deze meest gepubliceerde episode rond de overname van *Novoye Vremya*, had dit niet mogelijk geweest zonder de passieve en actieve sympathie van het gehele personeel. Zodra de leider van de overname de 'staat van beleg' had afgekondigd en daarmee de verantwoordelijkheid van de drukkers had overgenomen, verdwenen de verschillen tussen de belegeraars en de overwonnenen; de 'gearresteerde' zetters maakten hun blokken om de revolutionaire manuscripten te drukken, de machinist nam zijn plek in bij de pers en de manager ondersteunde zijn eigen mensen en anderen om het werk zo snel mogelijk te doen. Het succes was niet het resultaat van een uiterst zorgvuldig overnameplan en al zeker niet van fysiek machtsvertoon, maar het gevolg van de revolutionaire atmosfeer van eenheid zonder welke geen van de Sovjetactiviteiten überhaupt mogelijk waren geweest.

Op het eerste gezicht lijkt het moeilijk te begrijpen waarom de Sovjet koos voor de riskante methode van nachtelijke overnames om haar krant te drukken. In die periode kon de sociaaldemocratische pers bijna ongehinderd verschijnen. Haar toonzetting verschilde niet of nauwelijks van die van *Izvestia*. Ze publiceerden de beslissingen van de Sovjet, naar waarheid over haar beraadslagingen. Het is waar, de *Izvestia* kwam bijna alleen maar uit tijdens periodes van algemene stakingen, als de rest van de media was stilgelegd. Maar had de Sovjet dan niet een uitzondering kunnen of moeten maken voor de sociaaldemocratische media, zodat zij zich alle moeite van het overnemen van drukkerijen van de liberale pers had kunnen besparen? De Sovjet koos er bewust voor om het anders te doen. Waarom?

Op zichzelf zo gesteld kan die vraag niet goed worden beantwoord. Maar alles wordt duidelijk als we de Sovjet in zijn geheel beschouwen, haar oorsprong en al haar gebruikte tactiek. De Sovjet is de georganiseerde belichaming van de overheersende rechtmatigheid van de revolutie op haar meest spannende momenten, wanneer zij zich niet wil en kan onderwerpen aan de vijand, als ze vooruit marcheert, heldhaftig haar terrein vergrotend en alle obstakels op haar pad weet te verwijderen. Tijdens de algemene stakingen, als het volledige publieke leven stilviel, stelde het oude regime er eer in om de *Staatscourant* ongehinderd toch te laten verschijnen, onder toezicht van het leger. Hiertegenover zette de Sovjet haar gewapende arbeidersbataljons in, die erop toezagen dat ook de krant van de revolutie werd gepubliceerd.

HOOFDSTUK 14

OPPOSITIE EN REVOLUTIE

In plaats van de orde te herstellen zorgde het Manifest van de tsaar er juist voor dat alle tegenstellingen tussen de twee tegenpolen in de samenleving alleen maar duidelijker werden blootgelegd; de reactionaire pogrommentaliteit van de adel en de bureaucratie tegenover de arbeidersrevolutie. In de eerste dagen, of beter, tijdens de eerste uren, leek het of het Manifest geen enkel verschil had gemaakt in de stemming onder de meest gematigde delen van de oppositie. Maar dat was slechts uiterlijke schijn. Op 18 oktober schreef het zogeheten Adviesbureau der Hoogovens, een van de machtigste organisaties in de hoofdstad, aan graaf Witte:

"We zeggen het recht voor zijn raap. Rusland gelooft alleen in feiten. Haar vergoten bloed en armoede staan haar niet meer toe in woorden te geloven". Naast de eis tot een volledige amnestie schreef het bureau ook dat het "met veel genoegen heeft vastgesteld" dat de revolutionaire massa's enorme terughoudendheid hadden betracht in het gebruik van geweld en zich voorbeeldig gedisciplineerd hadden gedragen.

Zonder, volgens haar eigen zeggen, 'in theorie' een volledig aanhanger te zijn van algemeen kiesrecht, was het bureau tot de overtuiging gekomen dat "de arbeidende klasse, die met zoveel kracht haar politieke bewustzijn en partijdiscipline heeft bewezen, onderdeel zou moeten uitmaken van publieke bestuursorganen".

Dit alles was buitengewoon gul en ruimdenkend gedacht, maar helaas slechts van korte duur. Stellen dat het alleen maar een cynische geste was, is te kort door de bocht. Ongetwijfeld speelden enige illusies een belangrijke rol. Het kapitaal hoopte nog steeds dat verreikende politieke hervormingen het vliegwiel van de industrie ongehinderd zouden laten draaien. Dit verklaart tevens het feit waarom een groot deel van de ondernemers, zoniet de meerderheid, een houding van vriendelijke neutraliteit aannam tijdens de oktoberstakingen. Er vonden nauwelijks bedrijfssluitingen plaats. De eigenaren van de bouwbedrijven in de regio Moskou besloten de steun van de Kozakken af te wijzen. Maar de meest gebruikelijke wijze om sympathie met de politieke doelen van de strijd te laten blijken, was de doorbetaling van de lonen tijdens de hele periode van de oktoberstaking. Terwijl men wachtte op het heropbloeien van de industrie onder “wettelijke regelgeving”, waren de liberale entrepreneurs maar al te bereid deze kosten als speciale extra investering in de toekomst af te boeken. Tegelijkertijd maakte het kapitaal echter duidelijk dat dit de laatste keer zou zijn dat ze deze kosten zou ophoesten. De kracht van de werkende klasse had hen behoedzaam gemaakt. De grootste hoop van het kapitaal bleef onvervuld: de massabeweging kwam na het Manifest niet tot rust. Ze toonde integendeel met de dag steeds duidelijker haar kracht, haar onafhankelijkheid en haar sociale revolutionaire karakter. Terwijl de plantage-eigenaren van de suikerindustrie met onteigening van hun landerijen werden bedreigd, was de kapitalistische bourgeoisie gedwongen om in zijn geheel stap voor stap zich terug te trekken tegenover de werkenden, haar lonen te verhogen en haar arbeidsduur te verkorten.

Naast de angst voor het revolutionaire proletariaat, die in de laatste twee maanden van het jaar 1905 haar hoogtepunt bereikte, waren er andere niet minder acute belangen die het kapitaal tot een snel verbond met de regering dreven. Natuurlijk in de eerste plaats de spreekwoordelijke maar niet te weerstane geldhonger. Eerst en vooral waren de hebzucht en aanvallen van de ondernemers gericht op de staatsbank. Dit instituut functioneerde als een hydraulische pers om het ‘economische beleid’ van de autocratie vorm te geven, met graaf Witte als financieel architect van de laatste 10 jaar. Voor veel van de grootste industriële ondernemingen, was de handelswijze van de staatsbank en hier dus mee samenvallend, de opvattingen, mening en sympathieën van de minister, een kwestie van leven en dood. Ongrondwettelijke leningen, de verrekening van bizarre kosten, vriendjespolitiek op economisch gebied; deze en andere factoren droegen er allemaal aan bij dat het kapitaal een tegenkracht werd. Maar toen de bank onder de drievoudige crisis van oorlog, revolutie en economische depressie haar werkzaamheden tot een minimum terugbracht, kwamen veel kapitalisten in een precaire situatie. De algemene politieke perspectieven konden hen gestolen worden, ze hadden geld nodig; op welke manier dan ook. “We geloven niet in woorden”, vertelden ze graaf Witte op 19 oktober om 2 uur ‘s middags. “Geef ons feiten”! Dus deed de graaf een ferme greep in de staatskas en gaf ze “feiten”. Veel ‘feiten’ zelfs.

De staatsuitgaven stegen abrupt – 138,5 miljoen roebel in november en december van 1905, tegenover 83,1 miljoen in dezelfde periode van het jaar daarvoor, 1904. De kredieten aan private banken stegen in een nog grotere mate – 148,2 miljoen in december 1905, tegenover 39 miljoen in december 1904. Op alle andere gebieden vonden er vergelijkbare stijgingen plaats. "Het bloed en de armoede van Rusland", een term die naar voren werd gebracht door een kapitalistisch syndicaat, werd door de regering Witte op gepaste wijze naar waarde geschat. Het resultaat was de oprichting van het "Verbond van 17 Oktober". Deze partij werd niet zozeer geboren vanuit politieke manoeuvres maar meer door ordinaire omkoping. Vanaf het begin stond dit door de ondernemers gevormde politieke beroepsleger als een resolute en bewuste vijand tegenover de Sovjet van Arbeidersafgevaardigden.

Terwijl de oktobristen vanaf het begin in ieder geval een duidelijk antirevolutionair standpunt innamen, werd in die dagen de meest armzalige politieke rol gespeeld door de partij van de lagere middenklasse en intellectuele radicalen. Binnen zes maanden verviel deze partij al tot een klassiek toneelstukje in valse onmachtige onderkruiperigheid in het Taurische paleis. We doelen hierbij op de Kadettenpartij.

Het oprichtingscongres van de Constitutioneel Democratische Partij (Kadetten) vond plaats op het hoogtepunt van de oktoberstaking. Minder dan de helft van de afgevaardigden was in staat het congres te bezoeken, de rest was thuis of onderweg gestrand door de spoorwegstaking. Op 14 oktober definieerde de partij haar opvattingen ten aanzien van de gebeurtenissen als volgt: "In het licht van onze volledige instemming met de gestelde eisen, ziet de partij het als haar plicht haar volledige solidariteit met de stakingsbeweging uit te spreken. Zij wijst categorisch [categorisch!] het bereiken van haar doelen middels onderhandelingen met de gevestigde machtshebbers af. Zij zal alles in het werk stellen een botsing te voorkomen, maar mocht dit mislukken, verklaart zij op voorhand haar sympathie en steun aan de zijde van het volk". Drie dagen later werd het Manifest van de tsaar ondertekend. De revolutionaire partijen ontsnapten gelukkig aan de vloek van clandestiniteit en, voordat ze de tijd hadden hun bloed, zweet en tranen af te vegen, mengden ze zich vol overgave onder de bevolking, hen oproepend tot eenheid voor de strijd. Het was een tijd van grootse daden, waarbij de harten van het volk opnieuw werden gesmeed door de hamerslagen van de revolutie.

Wat stond de Kadetten, de pandjesjasdragende politici, deze tribunalen van plattelands- en dorpsbesturen te doen onder zulke omstandigheden? Er was wel een Manifest, maar geen parlement. Ze wisten ook niet hoe en wanneer, of dat er überhaupt wel een parlement zou komen. Hun stille droom was de revolutie van zichzelf te redden, maar ze hadden geen idee hoe. Ze ontbraken de moed om op openbare bijeenkomsten te verschijnen. In hun kranten kwam hun gebrek aan ruggengraat en lafhartigheid naar boven. Deze werden bovendien weinig gelezen. Dus in een periode waarin de Russische revolutie eenieder het zwaarst beproefde, stonden zij buiten het actieve politieke leven. Een jaar later, dit feit volledig bevestigend, probeerde Miljoekov de houding van zijn partij goed te praten – niet zozeer dat ze er niet in geslaagd waren hun gewicht in de schaal van de revolutie te plaatsen, maar juist het falen om te proberen de revolutie tegen te houden. "Ieder protest, zelfs dat van een partij als de onze, de Constitutionele Democratische Partij", zo schreef hij aan de vooravond van de verkiezingen voor de tweede Doema, "zou in de laatste maanden van 1905 totaal onmogelijk zijn geweest. Degenen die de partij nu verwijten dat ze toen niet protesteerde, door middel van georganiseerde bijeenkomsten tegen de revolutionaire illusies van het trotskisme ... zijn blijkbaar al vergeten of hebben niks begrepen van de toenmalige stemming van de democratische bevolking tijdens openbare bijeenkomsten". Dat is dus het 'populaire gezicht' van hoe de partij zichzelf ziet. Ze durfden de mensen niet tegemoet treden uit angst dat hun lelijke tronie hen zou afschrikken.

Het Verbond van Vakverenigingen speelde in die periode een eervollere rol. De radicale intelligentsia hielpen actief mee om na de oktoberstaking een algemene staking te maken. Door het opzetten van stakingscomités en het rondzenden van afgevaardigden, wisten ze een halt toe te roepen aan activiteiten van vestigingen die buiten de directe invloed van arbeiders lagen. Op die manier werd het werk stilgelegd in provinciale en stedelijke gemeentehuizen, banken, kantoren, scholen, zelfs in de senaat. Ook de financiële steun die de linkervleugel van de intelligentsia aan de Sovjet van Arbeidersafgevaardigden doneerde was niet onbelangrijk. Toch is het beeld van de reusachtige rol van het Verbond van Vakverenigingen zoals de burgerlijke pers ons voorspiegelt tamelijk absurd in het licht van haar activiteiten in de publieke arena. Het Verbond van Vakverenigingen nam de rol van toeleverancier in de revolutie op zich en op haar best deed ze dienst als een hulptroep in de strijd. Ze heeft nooit de leiding op zich genomen.

Maar wie had dat dan ook verwacht? Het doorsnee lid van het verbond was en bleef dezelfde traditioneel geschoolde kleinburger, wiens vleugels door de geschiedenis waren gekortwiekt. De revolutie deed ze herontwaken en boven zichzelf uitstijgen. Hij kwam zonder zijn dagelijkse krant te zitten, elektriciteit en op de donkere muren verschenen woorden geschreven met vuur, die spraken over nieuwe en grootse, maar vage idealen. Hij wilde er graag vertrouwen in hebben, maar durfde niet. Misschien krijgen we een beter inzicht in dit drama in zijn ziel, als we niet naar hem kijken wanneer hij een radicale verklaring aan het schrijven is, maar bij een kopje thee op de bank.

De dag na het einde van de staking ging ik op bezoek bij de familie[23] van een kennis, die in een gegoede stedelijke buitenwijk woonde, vol van lagere middenklasse radicalisme. Het programma van onze partij, dat pas als gedrukt exemplaar in een paar velletjes was verschenen, hing opgeplakt aan de muur in de eetkamer. Het was als bijlage toegevoegd aan het eerste nummer van de sociaaldemocratische krant,[24] dat na de staking was uitgekomen. De hele familie was er zeer over opgewonden.

"Wel, het is niet slecht"!

"Wat is niet slecht"?

"Hoe kan je dat vragen? Je eigen programma? Lees maar eens wat er staat".

"Ik ben uitgebreid in de gelegenheid geweest het meer dan eens te lezen".

"Luister dan, er staat hier letterlijk: 'Het onmiddellijke politieke doel van de partij is de omverwerping van de autocratie van de tsaar' ... Kijk hier, omverwerping! ... en haar vervanging door een democratische republiek ... een republiek! Weet je wat dat betekent"?

"Ik denk van wel, eerlijk gezegd".

"Maar dit is legaal gedrukt, het wordt onder de ogen van de politie in het openbaar verkocht voor 5 kopeken op de stoep van het Winterpaleis! De

23. Onder de naam Wikentjew huurden ze een kamer bij een beursspeculant, in de Sovjet had hij de schuilnaam Janowski. Trotski, Mijn Leven, Querido 1930, p. 155; nt. vd vert.

24. Natsjalo (Begin). Trotski, *Mijn Leven*, Querido 1930, pp. 155-156.

omverwerping van de tsaar, te koop voor 5 kopeken! Wie had dat verwacht"!

"En? Wat denk je er van"?

"Het maakt niet uit wat ik er van vind, we hebben het hier niet over mij. Zij op het pluche in het Peterhof, daar gaat het om. Zeg me, zullen die het op prijs stellen"?

"Denk van niet".

De *pater familias* was nog het meest opgewonden van allemaal. Nog geen twee of drie weken geleden haatte hij de sociaaldemocratie met de blinde haat van de kleinburger vol met populistische vooroordelen uit zijn vroege jeugd; vandaag werd hij overvallen met gemengde gevoelens, een mengeling van bewondering en angst.

"Vanmorgen lazen we dit programma ook al in het kantoor van de Keizerlijke Openbare Bibliotheek. De editie van deze krant werd ook daar afgeleverd, weet je. Je had de gezichten van die heren moeten zien! De directeur riep twee chefs en mijzelf bij hem op kantoor, deed de deur op slot en las het programma van A tot Z hardop voor. Op mijn erewoord, we waren allemaal sprakeloos. "Wat heb je hierop te zeggen", vroeg de directeur me".

"Wat vindt u ervan, meneer"?, antwoordde ik.

"Weet je, ik kan er maar niet over uit. Een tijdje terug was het nog een misdaad om kritiek op een politieagent te uiten in een krant. En vandaag zeggen ze openlijk tegen de Keizerlijke Majesteit: opkrassen! Deze mensen geven helemaal niets om goede manieren, helemaal niets. Ze flappen er maar uit wat ze denken". Een van de chefs zei toen: "Het is wel erg kras geschreven, de toon mag wel wat lichter. Toch"? De directeur keek hem over zijn bril aan, "Dit is geen zondagse bijlage van een feuilleton, beste man, dit is een partijprogramma". En weet je wat het laatste was wat deze mensen van de bibliotheek tegen elkaar zeiden? Ze vroegen aan elkaar: hoe kan je lid worden van de sociaaldemocratische partij? Wat vind je daarvan"?

"Mooi om te horen".

"Euh, hoe word je eigenlijk lid", vroeg mijn gastheer enigszins terughoudend.

“Fluitje van een cent. Het belangrijkste is dat je het programma onderschrijft. Dan word je lid van een lokale afdeling en betaal je regelmatig een bijdrage. Je bent het eens met het programma, toch”?

“Verdomme. Het is zeker niet slecht, dat zal niemand ontkennen. Maar wat denk je over de huidige situatie? En dan niet als een redacteur van de sociaaldemocratische krant, maar gewoon eerlijk, vanuit jezelf. Want het is natuurlijk nog een lange weg naar een democratische republiek, maar we hebben nu toch een grondwet, nietwaar”?

“Nou nee, in mijn optiek is de republiek veel dichterbij en een grondwet veel verder weg dan jij denkt”.

“Maar wat hebben we nu dan, verdomme? Is dat geen grondwet dan”?

“Nee, meer de voorbode van een staat van beleg”.

“Wat? Onzin. Dat is jargon van de krantenjongens. Dat kan je toch zelf niet geloven? Je speculeert maar wat”.

“Integendeel, het is je reinste realisme. De kracht en de overtuiging van de revolutie neemt alleen maar toe. Kijk wat er gebeurt in de fabrieken en op straat. Of hier naar het papier dat je op de muur hebt geprikt. Twee weken terug zou je dat niet hebben gedaan. Laat mij jou dezelfde vraag stellen die je mij vroeg: wat zullen zij in Peterhof ervan denken? Ze leven nog steeds en ze willen hun leven behouden. Ze hebben nog steeds het leger achter zich. Denk je soms dat ze zich vrijwillig zullen overgeven, zonder schermutseling? Oh, zeker niet, geloof me, voordat ze verdwijnen zullen ze alles in het strijdperk gooien wat ze hebben. Tot de laatste bajonet”.

“Maar het Manifest dan? De amnestie? Dat zijn toch feiten”?

“Het Manifest is alleen de afkondiging van een tijdelijk staakt-het-vuren, een adempauze, meer niet. Uit het raam kun je de spits van de Petrus-en-Paulusvesting zien; en die staat er nog behoorlijk stevig. Net als de Kresty gevangenis. En de geheime dienst van de politie. Je twijfelt aan mijn oprechtheid, maar laat me je dit vertellen: persoonlijk kom ik in aanmerking voor die amnestie, maar ik heb helemaal geen haast om terug te keren naar een legale status. Totdat de hele zaak voorbij is, blijf ik op mijn valse paspoort leven. Het Manifest heeft mijn legale status en ook mijn tactiek niet veranderd".

"Maar in dat geval zouden jullie toch juist veel voorzichtiger moeten zijn"?

"Hoe bedoel je"?

"Zoals het niet hebben over de omverwerping van de autocratie".

"Bedoel je dat wanneer we een lievere toon aanslaan, Peterhof wel akkoord zal gaan met een republiek en de landonteigeningen"?

"Hmm ... al met al denk ik dat je overdrijft". "We zullen zien. Tot kijk, ik moet naar een bijeenkomst van de Sovjet. Maar rond lidmaatschap, je hoeft het maar te zeggen en we maken je lid". "Dank je wel, dank je wel ... er is nog tijd ... er staat nog veel te gebeuren. We spreken elkaar nog wel. Het allerbeste en tot kijk".

HOOFDSTUK 15

DE NOVEMBERSTAKING

Het ministerie van oktober zocht zich voorzichtig rondtastend een uitweg, te midden van allerlei verborgen voetangels en klemmen. Waar naartoe? Dat wist ze zelf geeneens.

In Kronstadt, op drie geweerschoten afstand van Sint-Petersburg, brak op 26 en 27 oktober een muiterij uit.[25] De meer politiek bewuste elementen onder de bemanning probeerden de massa nog te weerhouden, maar er brak een spontane furie uit. Er niet in geslaagd zijnde om de beweging tegen te houden, plaatsten de beste elementen in het leger zich aan het hoofd ervan. Maar ze slaagden er niet in om een aantal door de autoriteiten opgezette pogroms van vandalisme tegen te houden. De voornaamste rol hierin werd gespeeld door de bendes van de welbekende wonderdoener Jan van Kronstadt, die de meest goedgelovige en onnozele matrozen achter zich had weten te scharen. Op 28 oktober werd de staat van beleg in Kronstadt utgeroepen en de onfortuinlijke muiterij werd de kop ingedrukt. De beste elementen onder de soldaten en matrozen hing de doodstraf boven het hoofd.

Op de dag dat het fort van Kronstadt werd ingenomen, zond de regering een scherpe waarschuwing uit aan het land door in heel Polen de staat van beleg af te kondigen. Dat was het eerste grote bot dat het ministerie van het manifest aan de kliek in Peterhof toewierp. Graaf Witte nam de volledige verantwoordelijkheid voor deze stap. In een regeringsverklaring loog hij over een 'schandalige afscheidingspoging' van Polen en waarschuwde de bevolking "niet voor een tweede keer dit gevaarlijke pad te volgen". Om niet het gevaar te lopen zichzelf tegen te komen als gevangene van Trepov, moest hij de volgende dag alweer de aftocht blazen. Hij gaf toe dat de regering zich niet zozeer baseerde op de loop van de actuele gebeurtenissen, maar op "de buitensporige ontvlambaarheid van de Polen". Deze staat van beleg was dus in zekere zin een grondwettelijke

25. Over de muiterij verscheen de beroemde gedramatiseerde klassieke film *Bronenosets Potjomkin* (in Nederland bekender onder de naam Pantserkruiser Potemkin) van Sergei Eisenstein en medescriptschrijver Sergej Tretjakov, uitgebracht in 1925 door Mosfilm, USSR. Nt.vd vert.

eerbetuiging aan het politieke temperament van de Poolse bevolking.

Ook in een aantal districten waar agrarische onlusten waren uitgebroken, in de provincies Tsjernigov, Saratov en Tambov, werd op 29 oktober de staat van beleg uitgeroepen. Blijkbaar hadden ook de moezjieks van Tambov last van 'buitensporige ontvlambaarheid'.

In liberale kringen klappertandde men van angst. Ondanks alle verachtelijke blikken die de liberalen Witte hadden toegeworpen, bleven ze diep in hun hart toch op hem vertrouwen. Nu was Durnovo echter op de voorgrond getreden vanachter de rug van Witte. Durnovo was net slim genoeg om het aforisme van Cavour – "de staat van beleg is de methode van een regering van dwazen" – om te vormen tot basis van zijn eigen richtlijn.

Het revolutionaire instinct van de arbeiders deed hen begrijpen dat wanneer men deze open aanval van de contrarevolutie niet zou pareren, dit tot grotere reactionaire aanvallen zou leiden. Op 29 en 30 oktober en begin november vonden grote massabijeenkomsten plaats, in Petersburg vooral bij de grote industriële bedrijven, die opriepen tot drastische protestmaatregelen door de Sovjet van Petersburg.

Op een zeer druk bezochte zitting van die Sovjet op 1 november; na veel beraad en lange verhitte discussie, nam de overweldigende meerderheid van de afgevaardigden de volgende resolutie aan:

> "De regering gaat nog steeds over lijken. De dappere soldaten en matrozen van Kronstadt moeten voor de krijgsraad verschijnen, omdat ze opkwamen voor hun rechten en de vrijheid van het volk. Met de staat van beleg wordt de onderdrukte Poolse bevolking in een wurggreep gehouden".
>
> "De Sovjet van Arbeidersafgevaardigden roept het revolutionaire proletariaat van Petersburg op haar broederlijke solidariteit te betuigen met de revolutionaire soldaten van Kronstadt en de revolutionaire arbeiders in Polen door middel van een algemene politieke staking, die haar formidabele kracht al eerder heeft aangetoond, en door middel van massale protestbijeenkomsten".
>
> "Morgen, 2 november om 12 uur, zullen de arbeiders in Petersburg het werk neerleggen onder de volgende leuzes: Weg met de krijgsraad! Weg met de doodstraf! Weg met de staat van beleg in Polen en andere gebieden in Rusland"!

Het succes van de oproep overtrof alle verwachtingen. Ondanks het feit dat er pas twee weken voorbij waren gegaan sinds het einde van de oktoberstakingen die zoveel offers hadden geëist, legden de arbeiders van Petersburg het werk neer in buitengewone eensgezindheid. Alle fabrieken en bedrijven die in de Sovjet waren vertegenwoordigd lagen op 2 november ruim voor 12 uur stil. Veel middelgrote en kleine industriële ondernemingen die nog niet eerder aan politieke activiteiten hadden meegedaan, sloten zich bij de staking aan, kozen afgevaardigden en zonden die naar de Sovjet. Het regionale comité van de Petersburgse spoorwegbedrijven nam het besluit van de Sovjet over en al het spoorverkeer, uitgezonderd dat naar Finland, kwam stil te liggen. Het absolute aantal deelnemers aan de novemberstaking overtrof niet alleen dat van januari, maar ook dat van de oktoberstaking. Alleen de Post- en Telegrafiedienst, de paardentaxi's en paardentrams en de meerderheid van de winkelbedienden staakten niet. Van alle kranten verschenen er maar drie: de *Staatscourant* en *De Petersburgse Stads Gazet* onder bescherming van het leger, en als derde de *Izvestia*, onder bescherming van het gewapende arbeidersdetachement.

Graaf Witte werd hierdoor volledig verrast. Twee weken eerder had hij nog gedacht dat met de macht in handen, hij alleen maar hoefde te besturen, aanmoedigen, afremmen, dreigen en te administreren. Maar de novemberstaking, het vastberaden protest van het proletariaat tegen de hypocrisie van de regering, schoof de grootse staatsman aan de kant. Er is niets zo karakteristiek van zijn onbegrip over de revolutionaire gebeurtenissen en zijn kinderlijke verwarring in het aangezicht ervan en tegelijkertijd zijn eigen opgeklopte zelfbedrog als het telegram dat Witte opstelde om het proletariaat tot kalmte aan te manen. Bij deze de hele tekst:

> "Broeders arbeiders, ga weer aan het werk, stop uw ongehoorzaamheid, denk aan uw vrouwen en kinderen. Luister niet naar slechte raad. De tsaar heeft ons opgedragen extra aandacht te geven aan de problemen van arbeiders. Met dit doel heeft Zijne Keizerlijke Majesteit het ministerie voor Handel en Industrie opgezet, dat voor eerlijke verhoudingen tussen patroons en arbeiders gaat zorgen. Geef ons tijd en we zullen alles voor jullie doen wat we kunnen. Neem dit advies van iemand die jullie een warm hart toedraagt en welgezind is ter harte. Graaf Witte".

Toen dit schaamteloze telegram, waarin lafhartige haat en een verborgen mes in de broekzak met vriendelijke en kalmerende woorden werden verhuld, werd ontvangen en voorgelezen op de zitting van de Sovjet op 3 november, leidde dit tot een storm van verontwaardiging. Ter plekke en uitermate eensgezindheid werd er een antwoord opgesteld, dat de volgende dag in de *Izvestia* werd gepubliceerd. Ook hier de tekst:

"De Sovjet van Arbeidersafgevaardigden, kennis genomen hebbende van het telegram van graaf Witte dat begint met 'Broeders arbeiders', wenst in de eerste plaats haar uiterste verbazing uit te spreken over de buitengewone familiaire toon die deze lieveling van de tsaar hanteert door de arbeiders van Petersburg aan te spreken als 'broeders'. Er is geen enkele familieband tussen de proletariërs en graaf Witte".

"Ten aanzien van deze kwestie verklaart de Sovjet:"

"1) Graaf Witte roept ons op om aan de vrouwen en kinderen te denken. Daartegenover vraagt de Sovjet aan alle arbeiders om uit te rekenen hoeveel weduwen en wezen er in de rangen van de werkende klassen bij zijn gekomen sinds graaf Witte aan de macht kwam".

"2) Graaf Witte vraagt erkenning voor de welwillende aandacht van de tsaar voor werkende mensen. De Sovjet van Arbeidersafgevaardigden herinnert het proletariaat van Petersburg aan *Bloedige Zondag* op 9 januari".

"3) Graaf Witte vraagt om geduld en belooft 'alles in het werk te stellen' voor de arbeiders. De Sovjet van Arbeidersafgevaardigden weet dat Witte al tijd heeft gevonden om Polen aan militair beulswerk over te leveren en de Sovjet van Arbeidersafgevaardigden twijfelt er ook niet aan dat graaf Witte alles in het werk zal stellen om het revolutionaire proletariaat te wurgen".

"4) Graaf Witte pretendeert het goed met ons te menen en wenst ons het beste. De Sovjet van Arbeidersafgevaardigden verklaart dat ze geen behoefte heeft aan gunsten van een lieveling van de tsaar. Zij eist een regering van het volk, op basis van algemeen, gelijk voor man en vrouw, direct en anoniem kiesrecht".

Goed geïnformeerde personen aan het Hof verklaarden dat toen dit antwoord van zijn 'stakende broeders' aan de graaf werd overhandigd, hij een aanval van hyperventilatie kreeg.

Op 5 november kwam navolgende verklaring van het persagentschap: "In het licht van de geruchten die er worden verspreid in de provincies (!) over de krijgsraad en mogelijke doodstraf voor militairen die deelnamen aan de onlusten in Kronstadt, zijn we geautoriseerd om te verklaren dat deze geruchten voorbarig (?) en ongefundeerd zijn ... Deelnemers aan de gebeurtenissen in Kronstadt zullen niet worden berecht door de krijgsraad". Deze categorische verklaring betekende niets meer of minder dan dat de regering capituleerde als gevolg van de staking. De kinderachtige verwijzing naar 'geruchten in de provincies' op het moment dat het protesterende proletariaat van Petersburg het volledige commerciële en industriële leven tijdelijk had stilgelegd, kon dat feit natuurlijk niet verbloemen. Ten aanzien van de Poolse kwestie deed de regering nog eerder concessies, met haar belofte de noodtoestand in de provincies van het koninkrijk Polen op te heffen, zodra "de opwinding wat was afgenomen".[26]

Op de avond van 5 november legde het dagelijks bestuur aan de Sovjet een resolutie voor om de staking te beëindigen, in de overtuiging dat dit psychologisch gezien het ultieme moment was om dat te doen. Ter verduidelijking van de politieke situatie van dat moment zullen we de toespraak aanhalen van de toenmalige rapporteur van het dagelijkse bestuur:

> "Er is zojuist een regeringstelegram verschenen waarin wordt verklaard dat de matrozen van Kronstadt niet voor de nationale krijgsraad zullen worden berecht, maar door een regionaal militair tuchtcollege".
>
> "Dit telegram bewijst niet alleen de zwakte van de tsaristische regering, maar is ook een bewijs van onze kracht. Eens te meer kunnen we het proletariaat van Petersburg feliciteren met het behalen van een klinkende morele overwinning. Maar laten we duidelijk zijn, ook zonder dit regeringstelegram hadden we toch een oproep aan de arbeiders in Petersburg moeten doen om de staking te beëindigen. De nieuwsberichten van vandaag tonen aan de protesten over heel Rusland afnemen. Onze staking, in alle realiteit, is niet meer of minder dan een protestactie. Alleen vanuit dat oogpunt kunnen we bepalen of ze een succes of een mislukking was. Ons directe doel was om aan het ontwakende leger te laten zien dat de arbeidersklasse aan haar zijde staat, dat ze het leger steunt. Hebben we dat doel niet bereikt? Hebben we de harten van de oprechte soldaten voor ons weten te winnen? Niemand kan dat ontkennen. En als dat zo is, wie kan dan beweren dat we niks hebben bereikt? En is het beëindigen van de staking dan een nederlaag? Hebben we niet juist

26. De staat van beleg werd middels de oekaze van 12 november weer opgeheven.

aan heel Rusland laten zien dat, een paar dagen slechts na de geweldige strijd in oktober, zonder dat de arbeiders tijd hadden het bloed weg te wassen en hun wonden te verzorgen, de massadiscipline dusdanig groot bleek te zijn dat één woord van de Sovjet genoeg was om ze uiterst eendrachtig weer in staking te brengen"?

"En kijk! Deze keer hebben zelfs de meest achtergebleven lagen zich bij de staking aangesloten, lagen die nog nooit hadden meegestaakt. Vandaag zitten hun afgevaardigden hier samen met ons in de Sovjet. Leidende elementen in het leger hebben protestbijeenkomsten georganiseerd en hebben op die manier deelgenomen aan onze manifestaties. Is dat geen overwinning? Is dat geen fantastisch succes? Kameraden, we hebben alles gedaan wat we konden. Eens te meer hebben de Europese beurzen onze kracht erkend. Het besluit van de Sovjet om een staking uit te roepen deed overal in Europa de Russische aandelen kelderen. Dus al onze acties, of het ons antwoord was op graaf Witte of aan de hele regering, hebben rake klappen aan het absolutisme uitgedeeld".

"Sommige kameraden eisen dat de staking moet aanhouden totdat de matrozen van Kronstadt door een civiel gerecht zijn behandeld en de noodtoestand in Polen volledig is opgeheven. Met andere woorden, totdat deze regering valt, want het tsarisme zal al haar krachten tegen onze staking inzetten, kameraden. Laat daar geen misverstanden over bestaan. Als we als doel van onze actie de omverwerping van de autocratie voor ogen hadden, dan hebben we natuurlijk dat doel niet bereikt. Vanuit dat oogpunt hadden we onze verontwaardiging moeten onderdrukken en ons moeten weerhouden van deze protestuiting. Maar kameraden, onze tactiek was daar helemaal niet op gebaseerd. Onze tactiek is gebaseerd op een reeks van opeenvolgende gevechten. Met als doel de vijand te desorganiseren en nieuwe vrienden te maken. En wiens sympathie is ons liever dan die van het leger? Dus we moeten goed begrijpen: als we praten over doorgaan of stoppen met de staking zijn we feitelijk aan het discussiëren of we het protestkarakter willen behouden, of dat we hem omzetten in een definitieve strijd, de dood of de gladiolen in feite. We zijn niet bang voor de strijd of een nederlaag. Nederlagen zijn opstapjes naar de overwinning. Maar voor elk gevecht moeten we de meest gunstige omstandigheden uitkiezen. Op dit moment werkt de tijd in ons voordeel en er valt geen winst te behalen om die voortgang te forceren. Ik vraag jullie: wie heeft er het meeste voordeel bij om de definitieve strijd uit te stellen, wij of de regering? Wij, kameraden! Want morgen zullen we sterker zijn dan vandaag. En overmorgen weer sterker dan morgen.

"Laten we ook niet vergeten dat de mogelijkheden om massabijeenkomsten te organiseren met duizenden mensen, het proletariaat te verenigen en de hele bevolking met onze revolutionaire pers te bereiken nog maar een heel korte periode bestaat. We moeten optimaal van deze mogelijkheden gebruik maken om zo breed mogelijk propaganda onder het proletariaat te maken en haar te organiseren. We moeten de periode van voorbereiding tot directe actie van het volk verlengen, als het kan met twee of drie maanden, om zoveel als mogelijk als een verenigd en georganiseerd leger te kunnen opereren. Uiteraard zou de regering ons liever nu al aan flarden schieten, omdat we nog niet goed zijn voorbereid op het beslissende gevecht".

"Andere kameraden hebben twijfels, die ze ook hadden toen we de begrafenisprocessie hadden afgelast. Als we nu de aftocht blazen, zullen we op een volgend moment dan wel in staat zijn het proletariaat terug in actie te brengen? Zullen de massa's niet in slaap vallen? Mijn antwoord hierop is het volgende: denken we echt dat dit regime in staat is omstandigheden te scheppen waarin de massa's vredig kunnen slapen? Moeten we ons echt zorgen maken dat toekomstige omstandigheden ze niet in beweging zullen brengen? Geloof me, er zullen teveel van dat soort gebeurtenissen zijn. Het tsarisme is daar de garantie voor. Laten we ook niet vergeten dat er nog een verkiezingscampagne in het verschiet ligt, dat het hele revolutionaire proletariaat op de been zal brengen. En wie weet of deze verkiezingscampagne de huidige regering niet volledig zal laten ontploffen? Laten we ons hoofd koel houden en niet op de gebeurtenissen vooruit lopen. Laat ons vertrouwen hebben in het revolutionaire proletariaat. Viel het na 9 januari in slaap? Of na de Commissie van Sjidlovski? Of na de gebeurtenissen in de Zwarte Zee? Nee, het revolutionaire tij stijgt nog steeds en het moment waarop zij zal doorbreken en het hele autocratische regime zal wegspoelen is niet ver weg".

"Een beslissend en genadeloos gevecht ligt voor ons. Laat ons de staking nu beëindigen, laten we tevreden zijn met de geweldige morele overwinning. Laat ons alle inspanningen richten op het scheppen en creëren van datgene wat we het hardst nodig hebben: organisatie, organisatie en organisatie. We hoeven maar om ons heen te kijken om te zien dat elke dag nieuwe vruchten oplevert".

“De spoorwegarbeiders en telegrafiemedewerkers zijn zich aan het organiseren. Met het ijzer van de rails en de kabels van de telegraaf worden alle delen van het land tot een revolutionair centrum verbonden. Het zal ons in staat stellen om, wanneer het zover is, binnen 24 uur heel Rusland op de been te brengen. We moeten ons op dat moment voorbereiden en de discipline en organisatie tot het hoogste niveau opvoeren. Aan de slag, kameraden”!

“We zullen onmiddellijk moeten beginnen om de arbeiders te organiseren en voor te bereiden voor dit gevecht. We moeten ‘strijdvaardige tientallen’ in elk bedrijf opzetten met een verkozen leiding, gecombineerd met ‘honderdtallen’ met andere leiders en een ‘commandant’ over die honderdtallen. We zullen onder die cellen een dusdanige discipline moeten ontwikkelen dat zij paraat staan om op elk gegeven moment bij de eerste oproep de hele fabriek met zich te mee krijgen. Laten we niet vergeten dat wanneer puntje bij paaltje komt, we alleen op onszelf kunnen rekenen. De liberale burgerij begint ons al wantrouwig en vijandig te behandelen. De democratische intelligentsia wapperen alle kanten op. Het Verbond van Vakverenigingen dat ons tijdens de eerste staking zeer bereidwillig steunde, was tijdens de tweede al een stuk terughoudender. Een van hun leden vertelde me een paar dagen terug: ‘Jullie jagen door die stakingen de publieke opinie tegen jullie in het harnas. Denk je nu echt dat je zonder hulp kunt winnen’? Ik herinnerde hem aan de Franse revolutie toen de Conventie een verklaring aannam dat ‘De Franse natie onder geen beding een verdrag zou tekenen met een vijand die het op haar grondgebied had gemunt’. Een van de leden van de Conventie riep toen uit: ‘Hebben jullie dan een verdrag met de overwinning gesloten’? Het antwoord: ‘Nee, we hebben een verdrag met de dood gesloten’”.

“Kameraden, wanneer de liberale burgerij ons voor de voeten werpt of we verwachten ‘alleen te kunnen vechten’ - hebben jullie dan een verdrag met de overwinning gesloten? - en daarmee al blijk geeft van een bepaalde trots in het verraad, zullen we hen recht in hun gezicht antwoorden: ‘nee, een verdrag met de dood’”.[27]

Met een overweldigende meerderheid van stemmen nam de Sovjet de motie aan om de staking te beëindigen op maandag 7 november om 12 uur. In alle fabrieken en bedrijven werden gedrukte affiches met het besluit van de Sovjet opgehangen, net als in de gehele stad. Op de vastgestelde dag, op het vastgestelde

27. Letterlijke aanhaling uit de tekst van de Sovjetverklaring (schrijver).

tijdstip, eindigde de staking net zo eensgezind als zij was begonnen. Ze had 120 uur geduurd, drie keer zo kort als de periode van de staat van beleg in Polen.

Het belang van de novemberstaking lag natuurlijk niet zozeer in het feit dat ze een aantal matrozen van de strop wist te redden. Wat maken tijdens een revolutie een paar levens uit op de vele duizenden slachtoffers? Ook niet zozeer in het feit dat de regering haastig een einde maakte aan de afkondiging van de staat van beleg in Polen. Wat maakt een extra maand van noodtoestand uit in de lange geschiedenis van armoe en ellende van dit geteisterde land? De novemberstaking was een alarmsignaal aan het hele land. Wie weet of er geen reactionair bacchanaal in het hele land was uitgebroken als het experiment in Polen succesvol was geweest? Als het proletariaat niet had aangetoond dat het fit en strijdvaardig was, in staat om klappen uit te delen?

In een verslag over de novemberstaking haalde een correspondent van de *Times* uit Londen een kolonel van de garde aan die het volgende zei: "Helaas kan niet worden ontkend dat de interventie van de arbeiders ter ondersteuning van de muiters in Kronstadt een betreurenswaardige morele invloed had op onze soldaten". Het succes van de novemberstaking ligt juist in die "betreurenswaardige morele invloed". Met een klap werd het bewustzijn in vele lagen binnen het leger wakker geschud en binnen een paar dagen vonden er binnen de barakken van het Petersburgse garnizoen politieke bijeenkomsten plaats. Niet alleen individuele soldaten maar ook gekozen soldaten-afgevaardigden begonnen zich te melden bij het dagelijks bestuur en zelfs de zittingen van de Sovjet. Ze gaven toespraken, verslagen, vroegen ondersteuning, verklaringen werd breed verspreid en gelezen en zo werd de revolutionaire band met de troepen versterkt.

In die dagen bereikte de agitatie binnen het leger zelfs de hoogste adellijke kringen. Tijdens de novemberstaking was de schrijver in de gelegenheid om als 'arbeidersvertegenwoordiger' deel te nemen aan een militair overleg, een zeer unieke gelegenheid. Het is de moeite waard dat verhaal hier te vertellen.

Gewapend met een uitnodiging van barones X,[28] kwam ik om 9 uur 's avonds aan bij een van de duurste huizen in Petersburg. De portier, die eruit zag als iemand die zich had voorgenomen zich nergens meer over te verbazen in deze dagen, nam mijn overjas aan en hing die tussen een lange rij officiersjassen.

28. Haar naam kan nu wel worden vrijgegeven; barones Uexhull von Hildebrandt

Een voetsoldaat stond klaar om mijn papieren te checken. Maar helaas, wat voor papieren kan een 'illegaal' hebben? Om hem uit zijn benarde positie te verlossen toonde ik mijn uitnodiging van de barones. Een student, gevolgd door een radicale universiteitshoogleraar en, uiteindelijk, de barones zelf, kwamen de hal in. Blijkbaar hadden ze verwacht dat de 'arbeidersvertegenwoordiger' een persoon van grotere statuur zou zijn. Ik gaf hen mijn naam. Ze vroegen me beleefd binnen te komen. Een afschermend gordijn werd opzijgeschoven en ik trad binnen in een ruimte met zestig of zeventig mensen. Aan een kant van de zaal zo'n dertig of veertig officieren, waaronder sommige zeer elegante wachtcommandanten, gezeten op een stoelenrij, aan de andere kant van de zaal de dames. In de hoek voorin zat een groepje zwartgeklede journalisten en radicale advocaten. Achter de centrale kleine tafel zat de dagvoorzitter, een al oudere man die ik nog nooit had gezien. Naast hem zat Rodisji, de toekomstige senator voor de Kadetten. Hij sprak over het afkondigen van de staat van beleg in Polen, en wat de houding over de Poolse kwestie voor het liberale publiek en de weldenkende lagen in het leger diende te zijn; zijn toespraak was saai en haperend, de gedachten die naar voren werden gebracht waren saai en haperend en ook het applaus na de toespraak haperde.

Na hem sprak Peter Stroeve, voorheen "banneling in Stuttgart", die zijn terugkeer naar Rusland had te danken aan de oktoberstaking, maar die positie gelijk te baat had genomen om zich op de uiterste rechtervleugel van het *zemstvo* liberalisme te nestelen en vanuit die positie een smerige campagne begon tegen de sociaaldemocratie. Een hopeloos armoedige spreker, hijgend en stamelend, probeerde hij aan te tonen dat het leger het Manifest van 17 Oktober zou moeten omarmen en het zowel tegen links als rechts zou moeten verdedigen. Dit conservatieve betoog vol giftige wijsheden klonk bijzonder vreemd over de lippen van een voormalig sociaaldemocraat. Terwijl ik naar zijn toespraak luisterde, herinnerde ik me dat deze man zeven jaar terug had geschreven: "Hoe verder naar het oosten in Europa, des te zwakker, laffer en bekrompener de burgerij is", om zich, nadat hij op de krukken van het Duitse revisionisme was overgestapt naar het kamp van de liberale burgerij, als bewijs van zijn historische generalisatie, dit zelf tentoon te spreiden.

Na Stroeve sprak de radicale journalist Prokopovitsj over de opstand in Kronstadt, daarna een hoogleraar die in ongenade was gevallen en twijfelde tussen liberalisme of sociaaldemocratie en in de tussentijd overal en nergens over kletste; daarna een bekende advocaat (Sokolov), die de legertop vooral uitnodigde niet op te treden tegen politieke debatten in de kazernes. De toespraken begonnen steeds resoluter te worden, de atmosfeer verhitte, het applaus werd energieker. Toen ik aan de beurt kwam, legde ik uit dat de arbeiders ongewapend waren en samen met hen, de vrijheid dus ook onbewapend was, dat de sleutels tot de landelijke wapenarsenalen in handen van de officieren waren en dat op het beslissende moment deze sleutels moeten worden overgedragen aan het volk, dat daar recht op had. Het was de eerste en waarschijnlijk ook de allerlaatste keer in mijn leven dat ik een dusdanig publiek moest toespreken.

De 'betreurenswaardige morele invloed' van het proletariaat op de soldaten leidde ertoe dat de regering een aantal repressieve maatregelen invoerde. In een van de garderegimenten vonden een aantal arrestaties plaats en een aantal matrozen werden onder escorte overgebracht van Petersburg naar Kronstadt. Van overal werd de Sovjet door soldaten benaderd met de vraag wat ze eraan konden doen. Op deze vragen hebben we geantwoord met een verklaring die bekend werd onder de naam *Manifest aan de Soldaten!* Hieronder de tekst:

> "De Sovjet van Arbeidersafgevaardigden deelt de soldaten het volgende mee:"
>
> "Broeders, soldaten van het leger en de marine"!
>
> "Vaak richten jullie je tot ons, de Sovjet van Arbeidersafgevaardigden, voor advies of steun. Toen de soldaten van het Preobrazjenski regiment werden gearresteerd, kwamen jullie naar ons voor hulp. Toen de studenten van de militaire technische academie werden gearresteerd, kwamen jullie naar ons voor hulp. Toen er mariniers onder escorte van Petersburg naar Kronstadt werden overgeplaatst, zochten zij onze bescherming".
>
> "Veel regimenten sturen al afgevaardigden naar ons".
>
> "Broeders, soldaten, jullie hebben gelijk. Jullie hebben geen andere bescherming dan die van de werkende mensen. Tenzij de arbeiders jullie te hulp komen, is er geen hoop op redding. De vervloekte kazernes zullen jullie wurgen".
>
> "De arbeiders staan altijd aan de kant van de oprechte soldaten. In Kronstadt en Sebastopol vochten en stierven arbeiders samen met de soldaten. De

regering stelde een krijgsraad in om de matrozen en soldaten van Kronstadt terecht te stellen en onmiddellijk gingen de arbeiders van Petersburg overal in staking".

"Ze zijn bereid honger te lijden, maar niet om stilzwijgend toe te kijken hoe soldaten onrechtmatig behandeld worden".

"In naam van alle arbeiders in Petersburg verklaart de Sovjet van Arbeidersafgevaardigden het volgende."

"Jullie zorgen zijn onze zorgen, jullie behoeftes zijn onze behoeftes, jullie strijd is onze strijd. Jullie overwinning zal onze overwinning zijn. We zijn verbonden door dezelfde ketenen. Alleen de gezamenlijke inzet van de bevolking en het leger kan die kettingen breken".

"Hoe kunnen we de mensen van het Preobrazjinski regiment bevrijden? Hoe kunnen we de mensen van Kronstadt en Sebastopol redden"?

"Om dat te bereiken zullen we in het hele land de gevangenissen en krijgsraden van de tsaar moeten verwijderen. We kunnen niet in een klap de mensen van het Preobrazjinski regiment bevrijden of de mensen van Kronstadt of Sebastopol redden. We zullen in een gezamenlijke en machtige aanval de willekeur en het absolutisme van ons moederland moeten wegvegen".

"Wie kan deze grootse daad volbrengen"?

"Alleen de werkende bevolking samen met hun broeders in de strijdmacht".

"Broeders, soldaten! Wordt wakker! Sta op! Sluit je bij ons aan! Eerlijke en dappere soldaten, richt je eigen vakbond op"!

"Maak diegenen die nog sluimeren wakker. Ondersteun de strompelaars! Kom tot overeenstemming met de arbeiders! Verbind je met de Sovjet van Arbeidersafgevaardigden"!

"Voorwaarts, voor de waarheid, het volk, voor vrijheid, voor onze vrouwen en kinderen"!

"De Sovjet van Arbeidersafgevaardigden reikt u zijn broederlijke hand".

Deze verklaring werd aangenomen en gepubliceerd in de laatste dagen van het bestaan van de Sovjet.

HOOFDSTUK 16

ACHT UREN EN EEN WAPEN

In dit gevecht stond het proletariaat alleen. Niemand wilde of kon helpen. Het ging nu niet meer over de persvrijheid, noch de ambtelijke willekeur of zelfs het algemeen kiesrecht. De werkende mens eiste de garantie dat zijn lichaam, zijn zenuwen en zijn hersens zouden worden beschermd. Hij had besloten een stuk voor zichzelf terug te winnen. En hij kon niet langer wachten – het geduld was op. Tijdens de revolutionaire gebeurtenissen was hij zich voor het eerst bewust geworden van zijn kracht en door diezelfde gebeurtenissen had hij voor het eerst een glimp gezien van een nieuwe, hogere vorm van leven. Het was alsof hij geestelijk was herboren. Zijn zenuwen gespannen als snaren op een gitaar. Nieuwe, onmetelijke, stralende werelden ontvouwden zich aan hem ... Zou hij snel worden geboren, de grote dichter die de revolutionaire wederopstanding van de werkende massa's in woorden giet?

Na de oktoberstaking, die de met roet bedekte fabrieken had veranderd in tempels van revolutionaire toespraken, na een overwinning die zelfs de meest bedrukte harten vervulde met trots, vonden de arbeiders zich eens te meer gekluisterd aan de verwenste ketenen van de machine. In de halfslaap van het ochtendgrauw betraden ze de gapende muil van de industriële hel; laat in de middag, wanneer de machinerie haar verlossende fluitsignaal liet horen, sleepten ze hun lichamen naar de donkere, afstotelijke holen die ze hun thuis noemden. Maar overal brandden er felle lichten – licht dat ze zelf hadden doen ontbranden. De socialistische pers, politieke bijeenkomsten, partijstrijd – een fantastisch en prachtig feest van interesses en passies. Waar lag de oplossing? In de achturige werkdag. Dat was de moeder van alle programma's, het recept aller recepten. Alleen de achturendag kon onmiddellijk de klassenkracht van het proletariaat vrijmaken voor de revolutionaire politiek van dat moment. Te wapen, proletariaat van Petersburg! Er is een nieuw hoofdstuk aangebroken in het grimmige dagboek van de strijd.

Al tijdens de grote staking zeiden veel afgevaardigden dat de mensen onder geen beding onder de oude omstandigheden weer aan het werk zouden gaan. Op 26 oktober besloot een aantal afgevaardigden van een district in Petersburg om met revolutionaire middelen de achturige werkdag in hun fabrieken in te voeren, zonder medeweten van de Sovjet. Op de 27ste werd dit voorstel unaniem aangenomen op een aantal arbeidersbijeenkomsten. Bij Alexandrovski, een groot metaalverwerkingsbedrijf, werd een anonieme stemming georganiseerd om druk van buitenaf te voorkomen. De uitkomst was 1668 voor en 14 tegen. Vanaf de 28ste gingen verscheidene grote metaalbedrijven over op een achturige werkdag. Een vergelijkbare beweging ontstond aan de andere kant van Petersburg. Op de 29ste vertelde de initiator van de campagne aan de Sovjet dat via de tactiek "van overnames" de achturige werkdag was ingevoerd bij drie grote bedrijven. Een donderend applaus volgde. Geen ruimte voor twijfels of terughoudendheid. Waren het niet juist die 'overnames' die ons de persvrijheid en vrijheid van vereniging hadden geschonken? Was het grondwettelijk manifest dan niet het resultaat van het revolutionaire initiatief? Waren de privileges van het kapitaal dan heiliger voor ons dan de privileges van de monarchie? De benepen stemmen van de sceptici gingen verloren in de golf van universeel enthousiasme.

De Sovjet nam een enorm belangrijk besluit: zij riep alle fabrieken en bedrijven op om eigenmachtig op eigen initiatief de achturige werkdag in te voeren. Dit besluit werd nagenoeg zonder debat aangenomen, als ware het vanzelfsprekend. De Sovjet gaf de arbeiders van Petersburg 24 uur de tijd om deze stap voor te bereiden. En de arbeiders hadden daar ruim genoeg aan. "Het voorstel van de Sovjet werd met gejuich door de andere arbeiders aangenomen", schreef mijn vriend Nemstov, afgevaardigde van een metaalfabriek.

In oktober vochten we voor de belangen van het hele land, maar nu brengen we onze eigen proletarische eis naar voren, die duidelijk maakt aan onze burgerlijke bazen dat wij de eisen van onze klasse geen moment vergeten. Na rijp beraad van het Arbeiderscomité (een werkgroep van de afgevaardigden van de werkplaatsen, onder leiding van Sovjetdelegaties), werd besloten om op 1 november overal de achturige werkdag in te voeren. Nog dezelfde dag is dit besluit door de afgevaardigden meegedeeld in alle werkruimtes, met het voorstel dat de arbeiders eten mee zouden nemen, zodat ze niet de gebruikelijke middagpauze van anderhalf uur hoefden uit te zitten. Op 1 november begonnen de arbeiders zoals gebruikelijk om 6.45 uur. Toen om 12 uur de fluit blies voor de middagpauze leidde dat tot veel grappen en grollen onder de arbeiders, die hadden besloten maar 30 minuten pauze te nemen voor de lunch in plaats van het voorgeschreven anderhalf uur. Om 15u30, half vier precies, stopte het gehele personeel met werken, na precies acht uur arbeid.

"Op maandag 31 oktober", zo stond in nr. 5 van *Izvestia* te lezen, "hebben alle arbeiders van de fabrieken in ons district, overeenkomstig het besluit van de Sovjet, na acht uur te hebben gewerkt, hun werkplaatsen verlaten en zijn ze de straat op gegaan, met rode banieren en de *Marseillaise* zingend. Tijdens de optocht hebben de demonstranten verscheidene kleinere bedrijven waar wel nog werd gewerkt 'leeggehaald'". Het besluit van de Sovjet werd in andere districten met dezelfde revolutionaire eenheid tot uitvoer gebracht. Op 1 november was de beweging al uitgebreid tot bijna de gehele metaal- en textielindustrie. Arbeiders van de Schlisselburg fabrieken stuurden een telegram naar de Sovjet met de vraag: "Hoeveel uur moeten we vanaf vandaag werken"? De campagne breidde zich met onweerstaanbare unanimiteit uit. Maar de staking van vijf dagen in november was vanaf de start een wig in de campagne. De situatie werd steeds complexer. De reactionaire elementen binnen de regering kregen steeds meer voet aan de grond. De kapitalisten schaarden zich eensgezind achter Witte, rekenend op tegenmaatregelen. De burgerlijke democraten, uitgeput door de stakingen, wilden vooral rust en kalmte.

Tot de novemberstaking hadden de kapitalisten op verschillende manieren gereageerd op het terugdringen van de werkdag; sommigen dreigden hun bedrijf te sluiten, anderen betaalden navenant minder salaris. Op weer andere plekken werden er door de bedrijfsleiding concessies gedaan en werd de werkdag verkort tot negen en een half of zelfs 9 uur met behoud van loon. Zo'n overeenkomst werd door de Bond van typografen en drukkers afgesloten. Maar tegen het eind van de novemberstaking had het verenigde kapitaal haar krachten opnieuw gebundeld en nam een totaal onverzoenlijke stelling in: volledige uitsluiting. De regering opende de weg voor alle private ondernemingen. Ze was de eerste die alle staatsbedrijven sloot. Steeds vaker werden bijeenkomsten van arbeiders door het leger uiteengejaagd om deze te ontmoedigen. De situatie werd steeds acuter. Na de sluiting van de staatsbedrijven sloten ook een aantal privébedrijven hun poorten. Tienduizenden arbeiders kwamen op straat te staan. Het proletariaat stond met haar rug tegen de muur. Terugtrekken was onvermijdelijk geworden. Maar de werkende bevolking hield vast aan haar eis; zij peinsde er niet over weer aan het werk gaan onder de oude condities.

Op 6 november kwam de Sovjet tot een compromis door te verklaren dat de eis niet langer algemeen was, maar alleen van toepassing op die bedrijven waar de strijd ervoor op enige mate van succes kon rekenen. Deze oplossing was duidelijk ontoereikend omdat het geen eenduidige oproep tot strijd was en zo de beweging voor de achturendag dreigde te versplinteren in een reeks deelgevechten. In de tussentijd verslechterde de situatie voortdurend. Terwijl de poorten van de staatsbedrijven weer open gingen omdat afgevaardigden opriepen om toch onder de oude voorwaarden aan het werk te gaan, gingen de poorten van een aantal private bedrijven en fabrieken juist op slot. Nog eens 19.000 mensen kwamen zonder werk op straat te staan. De zorg om toch weer aan het werk te kunnen, desnoods dan maar onder de oude voorwaarden, drukte het vraagstuk van de achturendag steeds verder naar de achtergrond.

Drastische stappen bleken noodzakelijk en op 12 november besloot de Sovjet de aftocht te blazen. Dit was de meest dramatische bijeenkomst van allemaal in het bestaan van het arbeidersparlement. De stemming was verdeeld. Twee leidende metaalarbeiders pleitten hartstochtig om de strijd voort te zetten. Ze werden daarin gesteund door vertegenwoordigers van verscheidene glasblazerijen, textiel- en tabaksfabrieken. Een vrouw van middelbare leeftijd van de Maxwell fabriek stond op om te spreken. Ze had een mooi, open gezicht en droeg een wat verbleekte katoenen jurk, hoewel het laat in de herfst was. Haar hand trilde van spanning toen ze wat nerveus aan haar kraagje frummelde. Haar stem, onvergetelijk, klonk buitengewoon helder en geïnspireerd. “Jullie hebben je vrouwen laten wennen om in zachte bedden te slapen en lekkernijen te proppen”, wierp ze Poetilov-afgevaardigden voor. “Daarom zijn jullie bang je baantje te verliezen. Maar wij zijn niet bang. We zijn zelfs bereid te sterven, maar die achturendag zal er komen! We zullen tot het eind toe doorvechten. De dood of de gladiolen. Lang leve de achturendag”!

Tot op de dag van vandaag, alweer dertig maanden later, klinkt deze stem vol hoop, wanhoop en passie nog na in mijn oren; een hartstochtelijke handreiking, een niet te negeren oproep tot actie. Wat is er met je gebeurd, dappere kameraad in je verschoten katoen? Gewend geraakt aan een zacht bed en lekkernijen ...

De welluidende stem kwam tot zwijgen. Er was een moment van pijnlijke stilte. Daarna een storm van donderend applaus. Op dat moment stegen alle deelnemers, bedrukt onder de negatieve stemming van hulpeloosheid onder het kapitalistische juk, hoog boven hun dagelijkse beslommeringen uit. Zij applaudisseerden op hun toekomstige overwinning over wreedheid en onmenselijkheid.

Na een zwaar debat dat vier uur duurde nam de Sovjet met overweldigende meerderheid een de motie aan om de staking af te bouwen. Na uit te leggen dat de coalitie tussen het verenigde kapitaal en de regering het probleem van de achturendag in Petersburg tot een staatsaangelegenheid had gemaakt en dat daarom de arbeiders van Petersburg alleen, geïsoleerd van de rest van het land, nooit hun overwinning konden behalen, stelde de verklaring: "Om deze redenen vindt de Sovjet van Arbeidersafgevaardigden het noodzakelijk om tijdelijk een halt toe te roepen aan de onmiddellijke en algemene invoering van de achturendag door deze gedwongen op te leggen". Deze terugtocht goed organiseren was nog een zware opgave. Veel arbeiders voelden meer voor de tactiek van de vrouw van de Maxwellweverij. "Beste kameraden uit andere fabrieken en bedrijven", zo schreven de arbeiders van een grote fabriek, die hadden besloten door te vechten voor een negen-en-een-half urige werkdag, aan de Sovjet, "vergeef ons dat we dit doen, maar we hebben geen kracht meer over om ons lijdzaam geestelijk en lichamelijk leeg te laten zuigen. We zullen vechten tot onze laatste druppel bloed ...".

Toen de campagne voor de achturendag begon, waren de kapitalistische media er natuurlijk als de kippen bij om de Sovjet ervan te beschuldigen dat ze het land economisch wilde ruïneren. De liberale democratische pers, die in deze periode trilde en beefde van angst voor de macht van links, was met stomheid geslagen en zweeg nagenoeg. Pas in december, toen de nederlaag van de revolutie haar van beklemmingen had bevrijd, begon ze alle aantijgingen van de reactie tegen de Sovjet in haar eigen liberale jargon te vertalen. De actie voor de achturendag werd in hun terugblik in het bijzonder hard veroordeeld. Maar we moeten niet vergeten dat het idee om een kortere werkdag te forceren, de feitelijke stillegging van het werk zonder overeenstemming met de eigenaars, niet in oktober is ontstaan en ook niet binnen de Sovjet. Pogingen hiertoe vonden overal plaats in de loop van de stakingen van 1905 en niet altijd zonder succes. In de staatsbedrijven, waar de politieke motieven altijd een grotere rol spelen dan de economische, werd op die wijze de negenurige werkdag ingevoerd. Toch kan het idee om een normale werkdag met revolutionaire middelen in Petersburg binnen 24 uur in te voeren buitengewoon waanzinnig lijken. Een respectabele penningmeester van een respectabele vakbond zou het gekkenwerk hebben verklaard. En het was gekkenwerk – afgezet tegen "normale" tijden. De revolutionaire "gekkigheid" had echter zijn eigen "normaal". Uiteraard zou de invoering van een normale werkdag alleen in Petersburg zinloos zijn. Maar de Sovjet was in de overtuiging dat een campagne in Petersburg de arbeiders in het hele land op de been kon brengen. Uiteraard kan de achturendag alleen landelijk worden ingevoerd met de hulp van de staatsmacht. Maar het proletariaat vocht juist op dat moment om de staatsmacht. Had ze haar politieke overwinning behaald, dan zou de achturendag niet meer dan een logisch gevolg zijn van dat "gekkenwerk". Maar zij slaagde er niet in de overwinning te behalen en uiteraard vormde dat haar zwaarste 'fout'.

Toch zijn we nog steeds van mening dat de Sovjet handelde naar haar mogelijkheden. Ze had in feite geen andere keuze. Als ze zich zogenaamd "realistisch" had opgesteld, en met gebruikelijke terughoudendheid de massa's had proberen af te remmen, dan hadden die de Sovjet simpelweg links laten liggen. De strijd zou dan toch weer hebben opgelaaid, zonder leiding. Stakingen zouden uitbreken, maar dan verspreid en geïsoleerd. Onder zulke omstandigheden zou een nederlaag tot volledige demoralisatie hebben geleid. De Sovjet had een andere kijk op haar rol. Haar leidende elementen rekenden heus niet op een snel of volledig succes van de campagne, maar zij zagen de machtige en spontane beweging als een onmiskenbaar feit en ze besloten die te veranderen in een majestueuze manifestatie, zoals de socialistische beweging nog nooit had gezien, voor de achturige werkdag.

De praktische vruchten van deze campagne, aanzienlijke verlagingen van de werktijd in een groot aantal bedrijven, werden snel weer teruggedraaid door de bazen. Maar het politieke resultaat liet een onuitwisbare indruk na op het bewustzijn van de bevolking. De achturige werkdag heeft zelfs onder de meest achtergestelde lagen van de arbeidersklasse populariteit verworven, iets wat met de jarenlange normale en aanhoudende propaganda nooit is bereikt. Tegelijkertijd werd deze leuze onlosmakelijk gekoppeld aan de basiseisen voor politieke democratie. Na te zijn geconfronteerd met het georganiseerde verzet van het kapitaal, kwamen de arbeidende massa's weer terug bij het kernvraagstuk van de revolutie; de onvermijdelijkheid van een opstand, de noodzaak tot bewapening.

In zijn ondersteunende betoog in de Sovjet voor de motie om de campagne te staken, vatte de woordvoerder namens het dagelijks bestuur het als volgt samen: "We hebben de achturige werkdag niet weten te winnen voor alle werkenden, maar we hebben de massa's wel weten te winnen voor de achturendag. Daarom zal onze strijdkreet: *Acht uur en een wapen!* voortleven in alle harten van de Petersburgse werkers".

HOOFDSTUK 17

DE BOERENOPSTAND

De doorslaggevende gebeurtenissen van de revolutie vonden in de steden plaats. Maar op het platteland was het echt niet stil. Het begon zich luidruchtig, onhandig voorwaarts struikelend alsof ze al slaapwandelend langzaam wakker werd, op het strijdtoneel te roeren. Zelfs die eerste onhandige stappen deden bij de heersende klasse het haar al te berge rijzen.

Twee tot drie jaar voorafgaand aan de revolutie waren de verhoudingen tussen de boeren en landeigenaren al enorm verscherpt. Overal, dan weer hier, dan daar, vonden 'misverstanden' plaats. Vanaf de lente van 1905 nam de gisting evenwel onrustbarende vormen aan, die zich op diverse plekken in het land op verschillende wijze uitten. Grofweg waren er drie hoofdgebieden in de agrarische 'revolutie' 1) het noorden, dat zich onderscheidde door een aanzienlijke ontwikkeling van verwerkingsbedrijven; 2) het zuidoosten met relatief zeer vruchtbare landbouwgrond en 3) het centrum, waar het tekort aan landbouwgrond nog werd versterkt door de armzalige staat van de industrie. De boerenbeweging kwam tot vier verschillende vormen van strijd: overname van het land van de grootgrondbezitters, gepaard gaand met het wegjagen van de eigenaren en het vernietigen van hun landhuizen, met als doel het land voor eigen gebruik onder de boeren te verdelen; inbeslagname van het graan, vee, hooi en gekapt hout ter onmiddellijke lediging van de noden van de hongerige dorpsbewoners; een stakings- en boycotbeweging gericht op het verlagen dan wel verminderen van de pachtsommen dan wel verhoging van de lonen en, als laatste, het simpelweg weigeren van het leveren van dienstplichtigen of het betalen van belasting of leningen. Al deze vormen van strijd werden, afhankelijk van de economische omstandigheden in deze gebieden, naast en met elkaar, ingezet. De boerenbeweging was het meest gewelddadig in het achtergestelde centrale gedeelte van het land. Hier liet het slopen en de vernietiging van de landhuizen en het eigendom van grootgrondbezitters een groot spoor van vernieling achter. Stakingen en boycotten waren schering en inslag in het zuiden. In het noorden, waar de beweging het zwakste stond, was onwettige houtkap voor eigen gebruik het meest voorkomende verschijnsel. Overal waar onvrede over de economische leefomstandigheden zich verbond met radicale politieke eisen, weigerden de boeren de bestuurlijke gezagsdragers te erkennen en belasting te betalen. Laten we de manier waarop de boeren hun revolutie wilden maken eens nader beschouwen.

In de provincie Samara verspreidden de onlusten zich over vier regio's. In het begin trokken de boeren naar de landeigenaren en namen niets mee, behalve veevoer. Ze hielden precies bij welk vee bij welke boerderij hoorde en voor het overgebleven vee lieten ze precies de juiste hoeveelheid voer achter. De rest namen ze mee met hun boerenwagens. De boeren traden stilzwijgend op, zonder geweld. Ze probeerden tot overeenstemming te komen zonder "onaangenaamheden", om het zo te zeggen. Ze legden aan de eigenaars uit dat het nieuwe tijden waren en de mensen onder eerlijkere omstandigheden moesten gaan leven en dat diegenen die heel veel hadden dat moesten delen met hen die te weinig hadden, enzovoort.

In een later stadium trokken 'vertegenwoordigers' naar de stations waar de grootgrondbezitters grote opslagplaatsen beheerden om graan op te slaan. Dan stelden ze vast van wie hoeveel graan was en maakten bekend dat ze bij "algemene overeenstemming" hun deel meenamen.

Het gebruikelijke protest van de stationschef: "Jullie mogen dat niet zomaar meenemen ... ze houden mij ervoor verantwoordelijk ... heb meelij, alsjeblieft". "Dat is waar", beaamden de verschrikkelijke "onteigenaars", "jou willen we niet in de problemen brengen. Maar het station was het dichtstbij en zijn landgoed zo ver weg. Maar goed, eerlijk is eerlijk, dan zoeken we hem zelf wel op en halen ons deel rechtstreeks uit zijn schuur". Het bij het station opgeslagen graan bleef onaangeroerd en de boeren trokken naar het landgoed om hun deel daar op te halen. Al snel verloor het argument van de "nieuwe tijden" zijn zeggingskracht over de landeigenaren. Die verzamelden hun moed en ze begonnen de boeren af te wimpelen en lieten ze met lege handen staan. Daarop kwamen de goedgemutste boeren in opstand – en er bleef geen steen overeind van het landhuis van hun heer en meester.

In de provincie Cherson trokken boeren met karren van landhuis naar landhuis om de "gedeelde" goederen op te halen. Er kwam geen geweld aan te pas en er vielen ook geen doden omdat de angstige eigenaren en hun medewerkers wegvluchtten. Ze openden direct de poorten en schuren als de boeren daarom vroegen. In dezelfde provincie vond ook een hevige strijd plaats om de pacht te verlagen. De prijzen werden vastgesteld door een boerencomité op basis van "rechtvaardigheid". Alleen al van het Bezjoekov-klooster werd 15.000 *dessyatin* grond afgenomen zonder compensatie op grond van het feit dat "monniken God moeten dienen en niet voor winst in grondbezit moeten handelen".

De meest stormachtige gebeurtenissen vonden aan het eind van 1905 plaats in de provincie Saratov. Er was geen enkele passieve boer meer in de dorpjes te vinden, iedereen was bij de beweging betrokken en kwam in opstand. De landeigenaren en hun families werden uit hun huizen verdreven, alles wat los en vast zat werd afgevoerd, inclusief het vee. Arbeiders en personeel werden uitbetaald en daarna "ging de rode haan erin", oftewel de huizen werden tot de grond toe afgebrand. De stoottroepen van de boeren die deze operaties uitvoerden werden door een bewapend detachement voorafgegaan. De lokale en plaatselijke politie had zichzelf al in veiligheid gebracht en werd in sommige gevallen door de boeren gearresteerd. De landhuizen werden in brand gestoken opdat de landeigenaar nooit meer zou kunnen terugkomen, maar tegen de personen zelf werd geen geweld gebruikt.

Na het volledige eigendom te hebben verwoest, stelden de boeren meestal een 'verklaring' op waarin stond dat het land van de grootgrondbezitter onder de boeren werd verdeeld. Het geld dat in huizen, kantoren en uit kluizen, ook wat van de staatsslijterij en penningmeesters in beslag werd genomen, werd tot algemeen bezit verklaard. Plaatselijke boerencomite's en broederschappen werden ingesteld om de in beslag genomen goederen eerlijk onderling te verdelen. Het eigendom werd geplunderd, nagenoeg onafhankelijk van de bestaande relatie tussen de boeren en de individuele landeigenaar. Het eigendom van de reactionaire grootgrondbezitter sneuvelde, maar ook dat van de liberale landeigenaar. Politieke nuances werden volledig weggeveegd door de enorme golf van klassenhaat. Huizen van plaatselijke liberale *zemtsy* (gemeentelijke adviesraad) gingen plat, oude landhuizen met een uitgebreide bibliotheek en vele kunstwerken werden tot de grond toe afgebrand. In bepaalde districten was het aantal landhuizen dat was blijven staan letterlijk op één hand te tellen. Het verhaal van de kruistocht van de boeren is nagenoeg overal hetzelfde.

Een krant schreef:

> "Het begint. De hele nacht is de lucht in een rode gloed gekleurd. Het is een verschrikkelijk gezicht. In de ochtend zie je lange rijen door paarden getrokken rijtuigen, gevuld met mensen die van hun landgoed zijn gevlucht. Zodra de avond valt lijkt het alsof de horizon een halsketting van vuur draagt. Op sommige nachten waren er zestien vuren te zien ... De eigenaren vluchten in paniek en overal langs hun weg breidt de paniek verder uit".

Binnen een korte tijd werden 2000 landhuizen doorheen het land in de as gelegd, in Saratov alleen al 272. De verliezen voor de landeigenaren, volgens de officiële cijfers over de tien zwaarst getroffen districten, bedroeg 29 miljoen roebel, inclusief ongeveer 10 miljoen voor de provincie Saratov.

* * *

Als het in zijn algemeen waar is dat de loop van de klassenstrijd niet wordt bepaald door de politieke ideologie, dan geldt dat zeer zeker en drie keer zo sterk voor de boeren. Uiteraard had de keuterboer uit Saratov zijn eigen zwaarwegende redenen – concreet genoeg binnen zijn eigen huis, grond en dorp – om een brandende bundel stro op het dak van de landeigenaar te gooien. Maar het zou een fout zijn om het effect van politieke propaganda helemaal te negeren in deze. Hoe verward en chaotisch de boerenopstand ook was, ze was toch voorzien van onmiskenbare elementen van een poging om tot politieke generalisaties te komen; en die pogingen kwamen vooral door het werk van politieke partijen. In 1905 probeerden zelfs de liberale *zemsty* om de boeren wat oppositionele verheffing bij te brengen. In een aantal plattelandsdistricten werden semiofficiële adviesraden met plaatselijke vertegenwoordigers ingesteld en vraagstukken van meer algemene aard openlijk ter beraadslaging voorgelegd. De werkenden van de plaatselijke organen, bij de burgerlijke stand, onderwijzend personeel, openbare werken en wijkverpleging waren veel actiever dan de liberale grondbezitters. Veel van deze werkenden hoorden bij de sociaaldemocraten of de sociaalrevolutionairen; de meerderheid bestond uit geradicaliseerden zonder partijachtergrond, voor wie grondbezit zeker geen heilig instituut bleek te zijn.

Een aantal jaren voorafgaand aan 1905 hadden de socialistische partijen via een aantal werkenden in de landbouw, kleine revolutionaire groepen onder de boeren opgebouwd en wat illegaal politiek drukwerk weten te verspreiden. In 1905 kreeg de politieke propaganda opeens massale proporties en kwam ze bovengronds. De absurde oekaze van 18 februari, die een soort recht op petities regelde, speelde een belangrijke rol in deze ontwikkeling. Gebruikmakend van dit recht, of beter van de verwarring hierover bij de plaatselijke autoriteiten, wisten politieke propagandisten bijeenkomsten te beleggen en resoluties aangenomen te krijgen onder de boeren voor de afschaffing van het private eigendom en de invoering van het algemeen kiesrecht. Op veel plekken beschouwden boeren die zo'n petitie hadden ondertekend zich lid van de 'boerenbond' en kozen onder hun leden eigen vertegenwoordigers die in veel gevallen de plaatselijke dorpsautoriteiten volledig aan de kant schoven.

Dat gebeurde bijvoorbeeld onder de Kozakkenbevolking in de Don regio. Bijeenkomsten met wel 600 of 700 mensen kwamen op de dorpspleinen samen. "Een verbazingwekkende bijeenkomst", schreef een van de politieke sprekers, "Achter de tafel zit de Ataman (hoofdman) in volledige bewapening. Overal mannen, sommige met, andere zonder sabel. We waren al gewend geraakt aan dit uiterlijke vertoon als een soort ongewenste climax van onze bijeenkomsten en vergaderingen. Nu is het vreemd om in hun ogen te kijken als die kwaad oplichten tegen de grootgrondbezitters en de rijksambtenaren. Wat een ongelooflijk verschil tussen de Kozak met militaire verplichtingen en de Kozak aan de ploeg"! Politieke sprekers werden enthousiast verwelkomd, groepen Kozakken reden samen tientallen kilometers om sprekers op te halen en te beschermen tegen de politie. Veel boeren in de afgelegen gebieden hadden echter slechts een beperkte en nogal verwarde opvatting over hun eigen rol. "Dit zijn aardige landheren", zei menig moezjiek na het ondertekenen van een petitie tot zichzelf, "ze zullen ons wel een stukje land geven".

Het eerste Boerencongres vond plaats in augustus 1905 vlakbij Moskou. In een grote schuur die nogal ver van de weg af lag, kwamen meer dan 100 vertegenwoordigers uit 22 provincies twee dagen bij elkaar. Op dit congres kreeg het idee van een Al-Russische Boerenvakbond, die vele partij- en niet-partijgebonden boeren en intellectuelen zou verenigen, voor het eerst vorm.

Het Manifest van 17 Oktober gaf nog meer ruimte aan politieke agitatie op het platteland. Zelfs de inmiddels overleden graaf Hezden, een buitengewoon gematigd lid van de zemstvo in de provincie Pskov organiseerde toen openbare bijeenkomsten om het "nieuwe systeem" uit te leggen. Eerst was er weinig belangstelling voor onder de boeren, maar uiteindelijk ontstond er dusdanig veel opwinding dat men besloot van woorden naar daden over te gaan; om te beginnen met het 'wegstaken' van een stuk bos in private handen.[29] Op zoiets had de liberale graaf al helemaal niet gerekend. Dus terwijl de liberale landeigenaren steeds hun vingers brandden aan hun pogingen om meer harmonieuze klassenverhoudingen te scheppen op basis van het Manifest van de tsaar, boekten de revolutionaire intelligentsia enorme successen.

Alle provincies organiseerden hun eigen boerencongressen, de politieke agitatie werd koortsachtig, enorme stapels revolutionaire literatuur werden in de dorpen verspreid, de Boerenbond groeide in omvang en macht. In de verafgelegen provincie Vjatka vond er een congres met 200 boerenafgevaardigden plaats; ook drie daar gelegerde bataljons van de strijdkrachten zonden hun afgevaardigden, spraken hun sympathie uit en beloofden steun. Een gelijksoortige verklaring werd door de plaatselijke afgevaardigden van de arbeiders afgelegd. De autoriteiten waren totaal verrast en gaven het congres toestemming om plaatselijke bijeenkomsten te beleggen in de dorpen en steden. Twee weken lang werden er overal openbare bijeenkomsten georganiseerd. De resolutie van het congres met de oproep om belastingbetalingen te staken werd energiek ondersteund.

Van alle actievormen die werden toegepast, produceerde de boerenbeweging wel de meest massale fenomenen door het hele land. In de grensstreken nam het direct een duidelijk gedefinieerd revolutionair karakter aan. De boeren van Litouwen, in overeenstemming met de besluiten van een congres bij Vilnius waarop meer dan 2000 vertegenwoordigers aanwezig waren, gebruikten revolutionaire middelen om gemeenteambtenaren, toezichthouders, onderwijzend personeel te vervangen, ontsloegen politieagenten en districtscommandanten en introduceerden rechtbanken met een jury en een districtsbestuur. De boeren in Georgië in de Kaukasus namen nog drastischere maatregelen.

Het tweede Boerencongres werd in alle openheid vanaf 6 november in Moskou gehouden. Het werd door 187 afgevaardigden uit 27 verschillende

---

29. De term 'staker' werd onder de boeren en de brede bevolking synoniem voor 'revolutionair'. En 'staken' werd een synoniem voor elke vorm van revolutionaire actie. Een politieagent wegstaken duidde op hem arresteren of vermoorden. Dit verrassende gebruik van het woord is een bewijs van de enorme revolutionaire invloed van de arbeiders en hun strijdmethodes.

provincies bezocht en hiervan hadden er 105 een geschreven mandaat van hun dorps- of districtscomité en de rest van provinciale of gebiedscommissies dan wel plaatselijke afdelingen van de Boerenbond. Er waren 145 boeren en de andere leden waren intellectuelen, sterk verbonden aan de boerengemeenschap, zoals mannelijk en vrouwelijk onderwijzend personeel, gemeenteambtenaren, huisartsen, enzovoorts. Uit folkloristisch oogpunt was dit een van de meest interessante bijeenkomsten van de revolutie; er was een grote verscheidenheid te bewonderen van de meest pittoreske karakters, 'provincialen' in hun dagelijkse klederdracht, spontane revolutionairen die "alles voor zichzelf hadden bedacht", gepassioneerde temperamentvolle dorpspolitici met nog wildere en verwarde verwachtingen en ideeën.

Bij deze een klein inkijkje op basis van een verslag van een deelnemer aan het congres.

Anton Sheherbak, een "vader" van de Kozakken, groot, grijs behaard, een kleine snor en doordringende ogen, alsof hij zo uit het schilderij *Zaporozjsti* van Rapin was gestapt, introduceerde zich als een boer van twee werelden; na 20 jaar als boer in Amerika te hebben gewerkt en met zijn Russische familie in het bezit van een goed voorziene boerderij in Californië ... De priester Miretski, afgevaardigde uit de provincie Voronezj, las vijf "verklaringen" voor, vastgesteld door districtscomités. In een van zijn toespraken omschreef hij Jezus als de eerste socialist: "Als Christus vandaag zou leven, zou hij aan onze kant staan" ... Twee boerenvrouwen in katoenen bloezen, wollen sjaals en geitenleren schoeisel waren de andere vertegenwoordigers uit een dorpje uit dezelfde provincie Voronezj.

Kapitein Perelesjin kwam uit dezelfde provincie als de vertegenwoordiger van de handwerkslieden. Hij verscheen in vol ornaat, geüniformeerd en met een sabel, wat tot veel opwinding leidde. Iemand in de zaal riep: 'Weg met de politie!' Toen stond de kapitein op en verklaarde, wat tot algemeen applaus leidde: "Ik ben kapitein Perelesjin uit de provincie Voronezj. Ik heb mijn overtuigingen nooit voor mij gehouden en altijd in alle openbaarheid geacteerd, daarom draag ik mijn uniform".

De centrale discussie betrof de te volgen tactiek. Sommige afgevaardigden waren voorstander van alleen vreedzame strijd – openbare bijeenkomsten en burgerlijke “rechtspraak”; gemeenschappelijke vormen van burgerlijke ongehoorzaamheid, zoals het “vreedzaam” boycotten van de autoriteiten, vreedzaam overnemen van landgoederen, het vreedzaam weigeren belastingen of pacht te betalen of dienstplichtigen te leveren. Weer anderen, met name uit de provincie Saratov, riepen op tot gewapende strijd en de onmiddellijke steun aan elke opstand, waar dan ook in het land. Uiteindelijk werd er tot een compromis besloten.

“De zware lasten voor ons volk als gevolg van een nijpend gebrek aan grond”, zo begon de verklaring, “kunnen alleen worden beëindigd als al het land overgaat in maatschappelijk eigendom voor heel het volk, op voorwaarde dat het land wordt gebruikt door diegenen die het zelf bewerken, hierin geholpen door alleen hun familie of in vrije associatie met anderen”. De vestiging van een rechtvaardig systeem tot verdeling van het land werd toevertrouwd aan een nog te vormen grondwettelijke regering, die op de meest democratische grondslagen moest worden ingesteld, “niet later dan februari volgend jaar”. (!) Om dit doel te bereiken “zal de Boerenvakbond tot overeenstemming komen met hun broeders de arbeiders van de plaatselijke bedrijven, bedrijfstakken en industriële ondernemingen, de spoorwegvakbonden en met alle andere organisaties die de belangen van de werkende bevolking verdedigen ... In het geval dat deze eisen van de bevolking niet worden ingewilligd, zal de Boerenvakbond overgaan tot een algemene landbouwstaking (!), daarmee bedoelend dat ze haar arbeidskracht zal onthouden aan de eigenaren van agrarische ondernemingen van allerlei aard aldus daarmee hun ondernemingen stilleggend. Wat betreft de organisatie van een algemene staking, zal dit worden besloten in overeenstemming met de werkende klasse”.

Daarna werd besloten de consumptie van alcohol aan banden te leggen en de resolutie sloot af met de woorden “dit alles op basis van de informatie die uit alle hoeken van het platteland in Rusland is verkregen, waaruit blijkt dat het niet vervullen van de wensen van het Russische volk tot grote problemen in het land zal leiden en onvermijdelijk tot een algemene opstand van de boeren, want voor de boeren is de maat vol”. Hoewel deze verklaring op bepaalde punten nogal naïef was, toonde het niettemin de revolutionaire richting onder de progressieve boeren aan. Uit deze bijeenkomsten van het boerenparlement rees het spookbeeld van onteigening recht voor de neuzen van de regering en de adel op, in al zijn wrede werkelijkheid. De reactie luidde de noodklok – en had daar ook alle reden toe.

Op 3 november, een paar dagen voor het Congres, publiceerde de regering een manifest waarin de geleidelijke afschaffing van bepaalde pachtgelden werd toegezegd en vergroting van de fondsen voor de banken in de agrarische sector. Het manifest sprak de hoop uit dat de regering, samen met de Doema, erin zou slagen de essentiële behoeften van de boeren te vervullen, "zonder overlast voor de andere eigenaren van het land". De resolutie van het Boerencongres was niet geheel in overeenstemming met deze hoop. De dagelijkse praktijk van "de boerenbevolking, die ons zo nauw aan het hart ligt" stemde echter nog minder tot tevredenheid. Vernielingen en brandstichting, "vreedzame" overnames van private landbouwgrond en opgelegde prijsafspraken over loon en pachtgelden deden de landeigenaren furieuze druk uitoefenen op de regering. Uit het hele land werd er geschreeuwd om het leger in te zetten. De regering schudde zichzelf wakker en realiseerde zich dat de tijd voor sentimentele beschouwingen voorbij was en het tijd werd om "aan de slag te gaan".

Het Boerencongres was op 12 november afgelopen; op de 14e stonden de bestuurders van de boerenbond in Moskou al onder arrest. Dat was pas het begin. Twee of drie weken later, in antwoord op vragen over mogelijke toekomstige boerenopstanden, gaf de minister van Binnenlandse Zaken het navolgende antwoord, dat we woordelijk zullen weergeven: "Opstandelingen zullen onmiddellijk met geweld worden uitgeschakeld en hun eigendommen tot aan de grond afgebrand in het geval dat er verzet wordt gepleegd. Het eigen rechter spelen moet eens en voor altijd worden uitgeroeid – Nu. Arrestaties dienen geen enkel doel op dit moment en het is onmogelijk honderdduizenden voor de rechter te brengen. Het is van wezenlijk belang dat de troepen deze instructies volledig begrijpen. *P. Durnovo*"

Deze kannibalistische kliek opende een nieuwe fase in de helse orgie van de contrarevolutie. Deze nieuwe fase begon in de steden en verspreidde zich daarna over het platteland.

HOOFDSTUK 18

DE RODE VLOOT

"Revolutie", zo schreef de oude Soevorin, dat oerreptiel van de Russische bureaucratie, eind november: "verleent een buitengewoon elan aan mensen en verwerft zich een bonte verzameling van toegewijde fanatici die bereid zijn hun leven op te offeren. De strijd tegen een revolutie is juist daarom zo moeilijk omdat we tegen veel inzet, moed, oprechte toewijding en bruisend enthousiasme moeten opboksen. Hoe sterker de vijand, des te resoluter en driester de revolutie wordt en met elke overwinning groeit haar aanhang. Eenieder die dit niet beseft of snapt, en die niet begrijpt dat de revolutie als een gepassioneerde aantrekkelijke vrouw is die haar armen uitnodigend openspreidt en je overweldigt met een hartstochtelijke zoen, is nooit zelf jong geweest".

De geest van muiterij golfde door het land. Er was zich een geweldig en mysterieus proces aan het voltrekken in de harten van mensen: ketenen van angst werden verbroken, de persoonlijkheid van het individu, amper van zichzelf bewust geworden, werd in de massa meegenomen en de massa raakte vervuld en meegesleept in het revolutionaire elan. Nadat ze zichzelf had bevrijd van overgeërfde angsten en denkbeeldige obstakels, wilde de massa de reële hindernissen op de weg niet zien en dat kon ze ook niet. Daarin lag zowel haar kracht als haar zwakte. Ze baande zich als een door een storm aangewakkerde vloedgolf een weg. Elke dag bracht nieuwe lagen van de bevolking op de been en opende nieuwe mogelijkheden. Het was alsof iemand met een hele grote lepel de maatschappelijke ketel tot aan de bodem aan het doorroeren was. Terwijl liberale bestuurders aan het passen en meten waren over het nog te vormen staatskleed van Boelygins Doema, was het hele land in oproer. Arbeidersstakingen, opstandige samenscholingen, optochten, plunderingen van landgoederen, stakingen van politieagenten en gevangenisbewaarders, en, uiteindelijk, onrust en muiterij onder de soldaten en matrozen. Alles implodeerde en veranderde in chaos.

En toch, tegelijkertijd ontstond binnen die chaos de noodzaak van een nieuwe orde en elementen ervan begonnen zich uit te kristalliseren. Regelmatig terugkerende bijeenkomsten behoefden vanuit zichzelf al de nodige organisatie. Bijeenkomsten kozen delegaties en die vormden samen een vertegenwoordigende vergadering. Maar net zoals de spontane verontwaardiging zich veel sneller ontwikkelde dan het politiek bewustzijn, overstroomde het verlangen naar actie de koortsachtige pogingen om zulks te organiseren in hoge mate.

Daarin ligt de zwakte van de revolutie – *elke* revolutie – maar daarin ligt ook haar kracht. Eenieder die een invloedrijke rol wil spelen in een revolutie moet dat geheel doorzien. De slimme strategen die denken dat je een revolutie als een bos asperges kan behandelen, waarin de eetbare delen naar wens van de oneetbare kunnen worden gescheiden, zijn gedoemd tot de rol van vruchteloze wauwelaars aan de zijlijn. Omdat revolutionaire gebeurtenissen per definitie geen 'rationele' omstandigheden scheppen, zodat hun 'rationele' voorwaarden om hun 'verstandige' strategie toe te passen bij voorbaat uitgesloten zijn en onmachtig achter alle gebeurtenissen aan struikelen. Ten leste blijft ze niets anders over als de woorden van Figaro: "Helaas, er zal geen herhaling zijn waarin we de redenen achter de fouten van de eerste keer kunnen uitleggen".

Ons doel is niet om alle gebeurtenissen van het jaar 1905 te beschrijven of te categoriseren. We geven een zeer algemene schets van het verloop van de revolutie en bovendien, als we ons zo mogen uitdrukken, op de schaal van Petersburg, hoewel vanuit het oogpunt van de hele natie. Ondanks die beperkingen kunnen we een van de belangrijkste gebeurtenissen van dat gedenkwaardige jaar tussen de oktoberstaking en de barricades van december niet onbesproken laten: de militaire opstand in Sebastopol, die op 11 november begon, waardoor op de 17e Tsjoeknin gedwongen was om aan de tsaar te melden: "De militaire storm is geluwd, de revolutionaire storm zeker niet".

De tradities van de *Potemkin* leefden nog in Sebastopol. Tsjoeknin had wreed met de matrozen van de Rode Kruiser afgerekend: vier werden er doodgeschoten, twee opgehangen en een dertigtal naar de strafkampen gestuurd en tenslotte werd de *Potemkin* zelf omgedoopt tot *Panteleimon*. Hij slaagde er niet in wie dan ook schrik aan te jagen, juist alleen in het verhevigen van gevoelens van muiterij in de marine. De oktoberstaking luidde een periode in van massale straatbijeenkomsten, waar matrozen en soldaten regelmatig aan deelnamen, ook als sprekers. Een soldatenorkest speelt de *Marseillaise* aan het hoofd van een revolutionaire parade. Samengevat: totale "demoralisatie" troef. Een uitgevaardigd bevel dat militairen verbood aan openbare bijeenkomsten deel te nemen, leidde tot speciale militaire bijeenkomsten op de binnenplaatsen van de barakken en kazernes. De officieren durfden hiertegen niet op te treden en de deuren van de legerkampen stonden dag en nacht open voor de vertegenwoordigers van onze partij in Sebastopol. Het comité moest keer op keer ingaan tegen het ongeduld van de matrozen die actie eisten.

De *Prout*, omgevormd tot een gevangenisschip met zware arbeid, voer dichtbij en vormde een constante herinnering aan het feit dat de slachtoffers van de Juniopstand nog steeds werden gepijnigd voor hun aandeel in de *Potemkin*-affaire. De nieuwe bemanning van de *Potemkin* verklaarde zich bereid om met de kruiser op te stomen naar Batuiri ter ondersteuning van de opstand in de Kaukasus. Die van de net te water gelaten *Otsjakov* verklaarde hetzelfde. Maar de sociaaldemocratische organisatie drong aan op een afwachtende tactiek en stelde voor om een Raad van afgevaardigden van soldaten en matrozen te vormen, in nauwe samenwerking met de arbeidersorganisatie, om tot een landelijke marine-opstand ter ondersteuning van een aanstaande politieke staking van het proletariaat te komen. De revolutionaire raad van de matrozen accepteerde dit plan. Maar de revolutie ging verder.

De bijeenkomsten werden steeds groter en frequenter. Ze begonnen zich te verplaatsen naar het plein tussen de marinebarakken en de kazerne van het infanterieregiment Brest. Omdat er geen soldaten naar arbeidersbijeenkomsten gaan, gingen arbeiders met duizenden tegelijk naar de soldatenbijeenkomsten. Het idee van gezamenlijke actie werd enthousiast begroet. De meest progressieve eenheden kozen vertegenwoordigers. De militaire autoriteiten besloten in te grijpen. Pogingen van officieren met "patriottische" toespraken hadden armzalige resultaten. De matrozen, ruim bespraakt in het politieke debat, zetten hun officieren gemakkelijk 'in hun hemd'.

Al snel werd besloten alle politieke bijeenkomsten te verbieden. Op 11 november werd een bewapende compagnie bij de poort van de marinebarakken geposteerd. Waarnemend admiraal Pisarevski vaardigde in veler bijzijn het volgende bevel uit: "Niemand mag de barakken uit. In geval van insubordinatie: schieten"! Petrov, een matroos in de compagnie die net de orders mondeling had ontvangen, trad voorwaarts, schouderde zijn geweer en, ten overstaan van eenieder, schoot hij majoor Stein van de Brest compagnie dood. Hij verwondde met het tweede schot Pisarevski. Onmiddellijk riep een officier: “Arresteer hem”! Niemand bewoog. Petrov gooide zijn wapen op de grond. “Waar wachten jullie op? Arresteer me”. Petrov werd gearresteerd. Van alle kanten werd er door matrozen geprotesteerd, zijn vrijlating werd geëist en men was bereid garant te staan. De opwinding bereikte een hoogtepunt.

Een officier, op zoek naar een uitweg, ondervroeg Petrov. “Petrov, heb je per ongeluk geschoten”?

“Hoezo per ongeluk? Ik ben naar voren gestapt, doorgeladen, mijn geweer geschouderd, gemikt. Wat is daar per ongeluk aan”?

“Maar ze eisen je vrijlating ...”.

Petrov werd effectief vrijgelaten. De matrozen waren eens te meer bereid om direct in actie te komen. Alle dienstdoende officieren werden gearresteerd, ontwapend en in een kantoor opgesloten. Uiteindelijk, onder invloed van een sociaaldemocratische spreker, besloten de matrozen de beslissingen van de afgevaardigdenbijeenkomst van de volgende ochtend af te wachten. Ongeveer 40 matrozenvertegenwoordigers beraadslaagden de hele nacht. Ze besloten de officieren vrij te laten, maar verboden hen de barakken in te gaan. Ook besloten ze alle essentiële taken gewoon uit te voeren. Een speciale optocht met muzikale omlijsting werd opgetuigd om naar de infanteriekazerne te gaan en de steun van de soldaten te verwerven. In de ochtend arriveerde een delegatie van de arbeidersraad om te overleggen. Een paar uur later lag de hele haven plat, en ook de spoorwegen kwamen tot stilstand. De situatie ontwikkelde zich snel. Uit semiofficiële telegrammen volgt hierna een verslag.

“Binnen de kazernes heerst een perfecte orde. De matrozen gedragen zich voorbeeldig. Iedereen nuchter”. Alle matrozen zonder wapen werden in compagnieën opgedeeld. Maar een bewapende compagnie bleef achter om de kazernes tegen een plotselinge aanval te beschermen. Petrov werd tot bevelhebber gekozen.

Enkele matrozen onder aanvoering van twee sociaaldemocratische sprekers, gingen naar de naastgelegen barakken van het Brest-regiment. De stemming onder de soldaten was een stuk twijfelachtiger. Pas na zware druk van de matrozen werd het besluit genomen de officieren te ontwapenen en hen uit de barakken te zetten. De officieren van Mukden gaven zonder problemen hun sabels en revolvers af en stelden: “we zijn ongewapend, jullie mogen ons niets doen” en wandelden door de rijen soldaten. De soldaten waren wankelmoedig vanaf het begin en drongen erop aan een paar officieren toch in de barakken achter te laten. Dat bleek later een enorme invloed op de loop van de gebeurtenissen te hebben.

De soldaten verdeelden zich in groepen, van plan om samen met de matrozen naar de kazerne van het Belostok-regiment op te trekken. Terwijl ze hun groepen formeerden, zorgden ze ervoor dat “vrije lieden” (burgers) apart zouden marcheren, niet allemaal door elkaar. Op het hoogtepunt van deze voorbereidingen, kwam de commandant van het fort, Neploejev, samen met generaal Sedelnikov, commandant van een divisie, in zijn rijtuig aangereden. Hij werd gevraagd de machinegeweren te verwijderen, die sinds die ochtend op de Istoristjeski boulevard waren geplaatst. Niploejev antwoorde dat dit niet zijn verantwoordelijkheid was, maar die van Tsjoeknin. Daarna werd hij gevraagd op zijn woord van eer als fortcommandant, om de machinegeweren niet te gebruiken. De generaal had voldoende moed om dat te weigeren. Er werd besloten hem te arresteren en te ontwapenen. Hij weigerde zijn wapens af te geven en de soldaten twijfelden om dit met geweld af te dwingen. Uiteindelijk sprongen een paar matrozen op het rijtuig en reden met de generaals naar hun eigen barakken. Daar werden ze zonder veel omhaal[30] ontwapend en onder arrest geplaatst. Later werden ze beiden alsnog vrijgelaten.

De soldaten marcheerden de kazernes uit, aangevoerd door de fanfare. Ook de matrozen kwamen strak in het gelid de hunne uitgemarcheerd. Een enorme menigte arbeiders stond al op het plein te wachten. Wat een indrukwekkend moment! De ontvangst was buitengewoon enthousiast. Handen werden geschud, omhelzingen. De lucht werd gevuld met broederlijke groeten en plechtige beloftes om elkaar te steunen tot het eind. Na een herschikking van de groeperingen, vervolgde de processie door het centrum van de stad in de richting van de barakken van het Belostok-regiment. De soldaten en matrozen droegen banieren van Sint George, de arbeiders vaandels van de sociaaldemocratische partij. Een semiofficieel agentschap rapporteerde: “De demonstranten hielden een protesttocht door de stad die buitengewoon ordelijk verliep, met een

30. In de originele tekst in het Frans: ‘sans frase’

muziekkapel aan het hoofd van de optocht en met rode banieren". De weg ging verder over de Istoritsjeski boulevard, waar de machinegeweren stonden. De matrozen deden een beroep op de compagnie schutters om de machinegeweren te verwijderen. En dat dezen ze. (Ook al werden ze later weer teruggeplaatst.)

"Bewapende compagnieën van het Belostok-regiment", zo vervolgde het agentschap, "presenteerden hun geweer in het bijzijn van de officieren en lieten de demonstranten vrije doorgang". Er had een fantastische bijeenkomst plaats buiten de barakken van het Belostok-regiment. Maar toch was het succes slechts gedeeltelijk. De soldaten twijfelden; sommige betuigden hun solidariteit met de matrozen, anderen zeiden slechts toe niet te schieten. Uiteindelijk slaagden de officieren erin het Belostok-regiment af te marcheren. De processie kwam pas laat in de avond terug bij de marineverblijven.

Ondertussen was op de *Potemkin* de sociaaldemocratische vlag gehesen. Alleen de *Rostislav* seinde terug: "Ik zie je". De andere oorlogsschepen antwoorden niet. Reactionaire elementen onder de zeelieden protesteerden omdat de revolutionaire vlag boven die van Sint Andreas was gehesen. De rode vlag moest weer neergehaald worden. De situatie bleef in het ongewisse. Maar er was al geen terugkeer meer mogelijk.

Een groep vertegenwoordigers, samengesteld uit soldaten, matrozen en vertegenwoordigers van zeven oorlogsschepen, zat ondertussen op uitnodiging van matrozen en vertegenwoordigers van sociaaldemocratische partijen, in constant overleg samen in een van de kantoren van de marinekazerne. Een sociaaldemocraat was tot permanent voorzitter gekozen. Hier kwam alle informatie bij elkaar en hier werden de beslissingen genomen. Dit was ook de plek waar de specifieke eisen van de matrozen en soldaten werden geformuleerd en aan algemene politieke eisen werden gekoppeld. Voor de brede massa waren die specifieke eisen de eerste prioriteit. Voor de groep was het belangrijkste vraagstuk het tekort aan munitie; er waren genoeg geweren, maar kogels waren uiterst schaars. "Het gebrek aan een leider met grote militaire capaciteiten was overduidelijk", schreef een actief deelnemer aan deze gebeurtenissen.

Het comité van vertegenwoordigers drong erop aan dat de marine-eenheden hun officieren zouden ontwapenen en van de schepen en uit de kazernes verwijderen. Dit was een essentiële maatregel. Die officieren van het

Brest-regiment die in de barakken waren achtergebleven hadden een enorm ontregelend effect op de soldaten. Ze voerden actieve propaganda tegen de matrozen, 'vrije lieden' en de 'joden' en lieten de alcohol ver boven de normale rantsoenen aanvullen. 's Nacht leidden deze officieren de soldaten heimelijk naar een afgelegen kampement. Uiterst schaamtevol, door een gat in de muur in plaats van door de poort. De volgende dag kwamen ze wel weer terug, maar daarna namen ze niet meer actief deel aan de strijd. De wankelmoedigheid van het Brest-regiment zou ontegenzeggelijk zijn invloed hebben op de stemming onder de matrozen.

De volgende dag kwam het succes weer bijna net zo vanzelfsprekend als de opgaande zon; de genie had zich bij de opstand aangesloten en kwam bewapend aangemarcheerd. Ze werd met enthousiasme onthaald en in de barakken ondergebracht. De stemming steeg wederom naar een grote hoogte. Overal kwamen groepen vertegenwoordigers vandaan; de artilleristen van het fort, het Belostok-regiment en de grenstroepen beloofden niet te schieten. De autoriteiten, die niet meer op de lokale regimenten konden rekenen, begonnen troepen van nabijgelegen steden aan te trekken; uit Simferopol, Odessa en Feodosia. Onder de nieuwkomers werd actief en met succes revolutionaire propaganda gevoerd. De communicatie van het comité met de oorlogsschepen verliep veel moeizamer omdat weinig matrozen de vlagsignalen konden lezen. Desalniettemin kwamen er solidariteitsverklaringen van de kruiser *Otsjakov*, het slagschip *Potemkin*, de torpedobootjagers *Volny* en *Zavetny* en later ook van andere torpedobootjagers. De andere schepen twijfelden en beloofden op hun beurt slechts 'niet te schieten'.

Op 13 oktober kwam er een officier naar de kazernes met een telegram: de tsaar eiste dat de muiters hun wapens binnen de 24 uur zouden neerleggen. De officier werd uitgejouwd en de poort weer uitgejaagd. Om de stad tegen mogelijke pogroms te beschermen, vormden de matrozen patrouilles. Deze maatregel leidde onmiddellijk tot steun en sympathie onder de bevolking. De matrozen zelf bewaakten de drankwinkels om openbare dronkenschap te voorkomen. Tijdens de hele opstand was de stad een toonbeeld van rust en orde.

De namiddag van 3 november was een beslissend moment: het comité van afgevaardigden had luitenant Schmidt uitgenodigd, een gepensioneerde marineofficier die grote populariteit had verworven tijdens de bijeenkomsten in oktober, om de leiding van de militaire operaties over te nemen. Hij had de moed om de uitnodiging te aanvaarden en stond vanaf die dag aan het hoofd van de beweging. De volgende avond had Schmidt zijn intrek genomen op de kruiser *Otsjakov*, waar hij tot op het laatst zou blijven. Hij liet de admiraalsvlag op de *Otsjakov* hijsen en zond het bericht "Heb commando over vloot; Schmidt", in de hoop hiermee de overige vloot mee te trekken in de opstand. Daarna stoomde hij met zijn kruiser op naar de *Prout*, om de mannen van de *Potemkin* te bevrijden. Er werd geen tegenstand geboden. De *Otsjakov* nam de gevangenen aan boord en voer met hen langs het hele squadron. Luide hoera's weerklonken van elk schip. Op sommige schepen, waaronder de *Potemkin* en de *Rostislav*, ging de rode vlag in de top. Op de *Rostislav* echter maar voor een paar minuten.

Nadat hij de leiding van de opstand op zich had genomen liet Schmidt het volgende bekendmaken:

"Aan de burgemeester van Sebastopol.

"Vandaag heb ik een telegram naar de tsaar verstuurd met de volgende boodschap:

"De roemvolle Zwarte Zeevloot, die een heilig verbond heeft met de bevolking, doet een oproep aan u, Sire, om per direct een Grondwettelijke Vergadering uit te roepen en niet meer aan uw ministers te gehoorzamen.

"Burger Schmidt, commandant van de vloot"

Het bevel om de opstand te onderdrukken kwam per telegram uit Petersburg. Tsjoeknin werd vervangen door de beul Meller Zakomelski, die al snel uitermate berucht werd. De stad en het fort werden onder staat van beleg gesteld en de straten door de legereenheden bezet. Het beslissende uur was aangebroken. De muiters rekenden op de toezeggingen van de troepen om niet te schieten en dat de overige schepen zich bij hen zouden aansluiten. Op een aantal schepen werden de officieren inderdaad gearresteerd en overgedragen aan Schmidt op de *Otsjakov*. Ook in de hoop dat hiermee het vlaggenschip gevrijwaard zou blijven van vijandelijk vuur. Een grote menigte stond op de kade te wachten op het saluutschot waarmee de vloot zich bij de opstand zou aansluiten. Maar deze hoop was tevergeefs.

De 'vredestichters' lieten de *Otsjakov* geen tweede ronde langs de schepen maken en openden het vuur. De menigte dacht in eerste instantie dat dit het saluut was, maar had haar vergissing al snel in de gaten en velen vluchten in de paniek de stad in. Er werd opeens van alle kanten geschoten. Er werd vanaf schepen geschoten, vanaf het fort en met veldartillerie en door de machinegeweren op de Istoritjeski boulevard. Al bij een van de eerste salvo's werd de elektrische motor van de Otsjakov vernietigd. Na slechts zes schoten te hebben gelost, vielen de kanonnen van het schip stil en was het gedwongen de witte vlag te hijsen. Ondanks de witte vlag gingen de beschietingen gewoon door totdat aan boord brand uitbrak. Het lot van de *Potemkin* was nog erger. De kanonniers hadden geen tijd gehad het schip schietklaar te maken en waren volledig hulpeloos toen ze werden beschoten. De *Potemkin* hees de witte vlag zonder zelf maar één schot te hebben gelost. De eenheden van de matrozen op land hielden het nog het langste vol, zich pas overgevend nadat ze alle munitie tot op de laatste kogel hadden verbruikt. Tot het einde wapperde de rode vlag over de kazernes. Pas rond 6 uur 's avonds wisten de regeringstroepen de kazernes te bezetten.

Nadat de eerste angst rond het vuurgevecht was verdwenen, keerde een deel van de menigte terug naar de haven. "Wat zich voor onze ogen afspeelde was verschrikkelijk", aldus de al eerder aangehaalde deelnemer aan de opstand. "Enkele torpedobootjagers en sloepen werden door artillerievuur tot zinken gebracht. Op de *Otsjakov* braken al snel vlammen uit. Zeelui probeerden zich zwemmend in veiligheid te brengen en riepen om hulp. Maar ze werden gewoon doodgeschoten. Boten die te hulp probeerden te komen, werden ook beschoten. Matrozen die de wal wisten te bereiken waar troepen stonden, werden direct doodgeschoten. Alleen degenen die een plek aan wal wisten te bereiken waar sympathisanten stonden, hebben het er levend van afgebracht. Schmidt probeerde verkleed als gewone matroos te ontsnappen, maar werd alsnog gevangengenomen.

Het bloedige beulswerk van deze 'pacificatie' duurde tot 3 uur 's middags. Daarna moesten ze zichzelf veranderen in beulen van "rechtvaardigheid".

De overwinnaars deden verslag: "Meer dan 2000 mensen zijn gearresteerd en vastgezet, 19 officieren en burgers die werden vastgehouden door de rebellen zijn bevrijd; 4 banieren, geldkluizen en een grote hoeveelheid staatseigendom, patronen, wapens en uitrustingen, waaronder 12 machinegeweren zijn in beslag genomen". Admiraal Tsjoeknin telegrafeerde naar Tsarkoye Selo: "De militaire storm is bedwongen, maar de revolutionaire storm niet".

Maar wat een enorme stap vooruit vergeleken met de muiterij in Kronstad! Dat was een spontane uitbarsting die eindigde in woeste uitspattingen. Hier was een opstand die volgens een plan verloopt en bewust eenheid in actie en orde wist te bewerkstelligen. De sociaaldemocratische *Natsjalo* schreef op het hoogtepunt van de gebeurtenissen in Sebastopol: "In de opstandige stad is er geen sprake van vernielzucht of plunderaars en het aantal gewone diefstallen is lager dan normaal, om de simpele reden dat de toezichthouders van het staatseigendom in leger- of marineuniformen deze blijde plek hebben verlaten ... Burgers, als u wilt weten hoe democratie gesteund door een bewapende bevolking eruit ziet, kijk dan naar Sebastopol. Kijk naar het republikeinse Sebastopol, waar alle bestuurlijke autoriteit wordt uitgeoefend door verkozen en verantwoordelijke mensen".

En toch wist Sebastopol het maar 4 of 5 dagen uit te houden, lang voordat ze al haar reserves in militaire middelen had uitgeput. Strategische fouten? Twijfel bij de leiding? Noch het een, noch het ander kan worden ontkend. Maar het uiteindelijke resultaat had diepere oorzaken.

De opstand werd door de matrozen geleid. Het ligt in de aard van de marine dat ze meer zelfredzaamheid en een grotere mate van onafhankelijkheid heeft dan het landleger. Maar de tegenstellingen tussen de gesloten topkaste van officieren en de gewone matrozen bij de marine is juist vele malen groter dan in het gewone leger, waar de helft van de officieren gewone plebejers zijn. Daarnaast had de nederlaag in de Russisch-Japanse oorlog, waarin de marine het zwaarst werd getroffen, alle respect dat er wellicht nog leefde onder de matrozen voor hun knoeiende en laffe kapiteins en admiraals, weggenomen.

Zoals we zagen waren het de sappeurs die zich met de meeste overtuiging bij de matrozen aansloten. Bewapend namen ze intrek in de marineverblijven. In alle revolutionaire bewegingen in ons leger kunnen we eenzelfde trend onderscheiden: het meest revolutionair zijn de sappeurs, de artilleristen, kanonniers, kortom de meer geschoolde, leesvaardige en technisch getrainde soldaten in plaats van de grijze groep analfabeten in de infanterie. Dit onderscheid heeft ook een sociale achtergrond; de overgrote meerderheid van de infanterie wordt onder de boeren gerekruteerd, terwijl de sappeurs en kanonniers vooral uit de arbeidersklasse komen.

We hebben kunnen zien hoe er werd getwijfeld in de Brest en Belostok regimenten tijdens de dagen van de opstand. Ze besloten al hun officieren te verwijderen. In eerste instantie sloten ze zich aan bij de matrozen, later vielen ze weg. Ze beloofden niet te schieten, maar uiteindelijk, volledig gedomineerd door hun meerderen, openden ze schandalig genoeg het vuur op de marinebarakken. Later zagen we dezelfde revolutionaire twijfel onder de door de boeren gedomineerde infanterie, zowel langs de Siberische spoorlijn als in het Sveaborg-fort.

Maar niet alleen in het leger speelden de technisch geschoolden, oftewel de proletarische elementen, de revolutionaire hoofdrol. Hetzelfde was ook binnen de marine waarneembaar. Wie waren de mannen die de ‘muiterijen’ van de matrozen leiden? Wie hees de rode banier op het gevechtsschip? De technici, de machinisten. Deze industriële arbeiders in legeruniform, die een minderheid van de bemanning vormen, zijn toch dominant over de bemanning omdat ze het hart van het schip, de motoren, bedienen.

Wrijving tussen de proletarische minderheid en de meerderheid van de boeren in het leger is kenmerkend voor al onze militaire opstanden. Het verlamt ze en besteelt ze van hun macht. De arbeiders nemen hun voordeel van klassenbewustzijn mee in de kazernes: intelligentie, technische training, doortastendheid en het ontplooien van gezamenlijke gecoördineerde actie. De boeren hebben een overweldigend numeriek overwicht. Het leger, vanwege de universele dienstplicht, overstijgt het gebrek aan productieve coördinatie onder de moezjieks op een mechanische manier. Haar passiviteit, haar belangrijkste politieke tekortkoming, wordt in een onvervangbare deugd omgezet. Zelfs wanneer de boerenregimenten als gevolg van hun directe noden in de revolutionaire opstand werden meegetrokken, namen ze toch een afwachtende houding aan en bij de eerste aanval van de vijand, lieten ze de ‘muiters’ in de steek en voegden ze zich weer onder het juk van militaire discipline. Hieruit volgt dat alleen de directe aanval de enig juiste manier van militaire opstand is.

Een aanval zonder onderbrekingen, die kunnen leiden tot twijfel of wanorde. Maar hieruit volgt ook dat de tactiek van de revolutionaire aanval rekening moet houden met het voornaamste obstakel van de passiviteit en het wantrouwen van de ongeletterde moezjiek soldaten.

Deze tegenstelling kwam in alle hevigheid naar buiten tijdens de onderdrukking van de decemberopstand, waarmee het eerste hoofdstuk van de Russische revolutie werd afgeloten.

HOOFDSTUK 19

OP DE RAND VAN CONTRAREVOLUTIE

Zoals de sluwe conservatief De Toqueville al schreef: "Er is voor een slechte regering geen gevaarlijker moment dan wanneer ze van koers gaat veranderen". Deze waarheid begon zich met de dag duidelijker aan graaf Witte op te dringen. De revolutie was doortastend en meedogenloos tegenover hem. De liberale oppositie durfde hem niet openlijk te steunen. De hofhouding was tegen hem. Het regeringsapparaat begon in zijn handen uiteen te vallen. Uiteindelijk werd hij zijn eigen vijand; niets begrijpend van de gebeurtenissen, zonder plan en vertrouwend op intrige in plaats van een actieprogramma. Terwijl hij stond te proesten en te blazen, waren de revolutie en de reactie onstuitbaar op weg naar een confrontatie.

In een geheim memorandum dat was gericht tegen de "mannen van Trepov", dat in opdracht van graaf Witte in november 1905 werd opgesteld, valt te lezen:

> "De feiten, zoals ook blijkt uit de verslagen van de politie, toonden duidelijk aan dat een aanzienlijk deel van de beschuldigingen die aan de regering zijn gericht door de bevolking en groepen mensen in de dagen net nadat het Manifest werd gepubliceerd volledig gegrond waren. Er werden 'partijen' opgericht door sommige hoge regeringsfunctionarissen met als doel om 'extreme elementen te bestrijden'; er werden patriottische manifestaties georganiseerd terwijl andere bijeenkomsten werden verboden; vreedzame demonstranten zijn beschoten, mensen zijn geslagen en gemarteld en de kantoren van een lokale plattelandsraad zijn in de brand gestoken, onder toezicht van de politie en het leger; vandalen konden ongehinderd hun gang gaan terwijl burgers, die zich hiertegen probeerden te beschermen, werden beschoten. De vandalen werden tot geweld opgehitst, bewust of onbewust [?], door officiële oproepen door de hoogste lokale autoriteiten ondertekend en als er ongeregeldheden plaatsvonden werd er niets ondernomen deze te stoppen. Al deze feiten vonden plaats in verschillende plekken in heel Rusland in drie of vier dagen en veroorzaakten een storm van verontwaardiging onder de bevolking, die het oorspronkelijke enthousiasme voor het Manifest van 17

Oktober volledig teniet heeft gedaan".

> "De bevolking is er volledig van overtuigd geraakt dat deze pogroms die zo onverwacht en breed verspreid gelijktijdig over Rusland spoelden zijn uitgelokt en georganiseerd door een en dezelfde hand, een heel machtige hand bovendien. Helaas zijn er serieuze gronden voor de bevolking om dit te geloven".

Toen de gouverneur-generaal van Koerland een telegram naar Trepov stuurde met de mededeling dat 20.000 mensen hadden verzocht de noodtoestand op te heffen omdat "de noodtoestand niet in overeenstemming is met de nieuwe omstandigheden", schreef Trepov vol vertrouwen het volgende terug: "Lees je telegram van 20 oktober. Oneens met conclusie dat noodtoestand onverenigbaar is met nieuwe situatie". Witte accepteerde stilzwijgend de schaamteloze opvatting van zijn ondergeschikte dat de noodtoestand uitstekend verenigbaar was met het Manifest van 17 Oktober en probeerde zelfs een groep arbeiders ervan te overtuigen dat "Trepov niet zo monsterlijk is als wordt beweerd". En inderdaad, het is waar, onder druk van de publieke verontwaardiging moest Trepov terugtreden. Maar Durnovo, die zijn plaats innam als minister van Binnenlandse Zaken, was geen haar beter. Daarnaast hield Trepov, die zichzelf liet benoemen als paleiscommandant, op de achtergrond de touwtjes nog stevig in handen. De gedragingen van de provinciale bureaucratie werden dan ook veel meer door hem dan door Witte bepaald.

> "De extreme partijen", zo ging het verder in het eerder genoemde memorandum, "hebben aan kracht gewonnen omdat ze in het scherpe veroordelen van het optreden van de regering maar al te vaak gelijk hebben. Deze partijen zouden veel van hun prestige hebben verloren, als de bevolking direct had kunnen zien dat de regering werkelijk van plan was de toezeggingen in het Manifest na te komen en daar ook werkelijk mee bezig was. Helaas gebeurde precies het tegenovergestelde en de extreme partijen kregen wederom de gelegenheid – de betekenis hiervan kan en mag niet worden onderschat – om zich erop te beroepen dat zij, en zij alleen, de waarde van de beloften van de regering juist hadden ingeschat". In november begon Witte dit pas te begrijpen, zoals uit dit memorandum blijkt. Maar de mogelijkheid om iets met deze inzichten te doen was hem ontnomen. Het memorandum dat hij naar

de tsaar stuurde bleef dan ook voer voor de prullenbak.[31]

Hopeloos rondfladderend werd Witte uiteindelijk in de contrarevolutie meegesleept.

Op 6 november vond het congres van de *zemtsy* in Moskou plaats en hier zouden de liberalen hun positie tegenover de regering bepalen. De stemming was enigszins terughoudend maar met een duidelijke onderstroom naar een rechtse koers. Er kwamen ook wat radicale stemmen aan bod, zeker. Er werd gesteld dat "de bureaucratie niet in staat is zichzelf op een creatieve manier om te vormen, alleen te vernietigen", dus dat er voor creatieve krachten naar de "machtige arbeidersbeweging moet worden gekeken die voortkwam uit het Manifest van 17 Oktober"; dat we "geen grondwet willen dat als cadeautje wordt gepresenteerd, we accepteren die alleen uit de handen van het Russische volk". Rodietsjev, met zijn onweerstaanbare voorkeur voor de pseudoklassieke stijl, stelde: "Ofwel komt er algemeen en universeel kiesrecht, of er komt geen Doema"! Maar hetzelfde congres stelde ook vast: "Agrarische onlusten en stakingen veroorzaken overal angst; het kapitaal maakt zich zorgen en ook grote investeerders hebben hun geld van de bank gehaald en verlaten het land". Voorzichtige grondbezitters vroegen: "Er wordt hier geklaagd over de gouverneurs die de opstand onderdrukken, maar kan iemand een beter grondwettelijk middel bedenken om deze te bevechten"? "Het is beter om hoe dan ook een compromis te sluiten, dan de strijd aan te wakkeren". "Het is tijd om ermee te stoppen", riep Goeksjov, zich voor het eerst vertonend op het politieke toneel, "we zijn alleen maar olie op een vuur aan het gooien dat ons allemaal zal vernietigen".

Het nieuws over de opstand van de vloot in Sebastopol plaatste de oppositionele stemming onder de *zemsty* voor een onmogelijke opgave. Petrunkevitsj, de nestor van het zemsty-liberalisme zei het zo: "Dit is geen revolutie, maar anarchie". Onder de directe impact van de gebeurtenissen in Sebastopol overheerste de mening dat overeenstemming met het ministerie van Witte moest worden gevonden. Miljoekov deed zijn best om het congres te behoeden voor al te overduidelijke compromitterende stappen. Hij stelde de *zemsty* gerust met de woorden: "De opstand in Sebastopol is al bijna ten

31. Dit interessante memorandum werd gepubliceerd in Materiaal over de geschiedenis van de Russische contrarevolutie, dat in 1908 in Petersburg is gedrukt, maar in zijn geheel in beslag is genomen.

einde, de belangrijkste muiters zijn opgepakt en alle angst lijkt nogal voorbarig". Tevergeefs! Het congres besloot een deputatie naar graaf Witte te sturen met een verklaring over voorwaardelijke steun en vertrouwen, omhuld in oppositionele democratische frasen.

Ondertussen was de ministerraad, met de medewerking van een aantal "publieke deskundigen" uit de liberale rechtervleugel, een systeem aan het bediscussiëren om een vorm van stemrecht in te voeren ter verkiezing van de Staatsdoema. De zogenaamde "publieke deskundigen" verdedigden het principe van algemeen stemrecht als een betreurenswaardige noodzaak. Witte op zijn beurt probeerde de voordelen van het stapsgewijs verbeteren van het briljante systeem van Boeligin te bepleiten. Uiteindelijk kwam men niet tot overeenstemming en vanaf 21 november gingen de beraadslagingen van de ministerraad verder zonder de "publieke deskundigen". Op 22 november kwam de delegatie van de *zemsty*, bestaande uit Petrunkevitsj, Moeromtsev en Kokosjin de zemstvo-verklaring aan graaf Witte overhandigen en, na geen antwoord te hebben gekregen na zeven dagen wachten, keerden ze vol schaamte naar Moskou terug.

Ze werden op de voet gevolgd door het antwoord van de graaf, in uitermate arrogante bureaucratische bewoordingen. Volgens het antwoord was de eerste en belangrijkste taak van de ministerraad het uitvoeren van de wil van Zijne Keizerlijke Majesteit; alles dat buiten de grenzen van het Manifest van 17 Oktober valt, zal worden weggevaagd; de heersende onlusten maakten het onmogelijk de beperkende clausules in het Manifest op te heffen; en ten aanzien van die sociale groepen die onwelwillend zijn om de regering te steunen, doen die er goed aan de consequenties van hun handelen te overwegen.

Als tegenwicht voor het zemstvo-congres, dat ondanks haar slappe lafhartigheid toch een stuk linkser was dan de werkelijke stemming in veel van de provinciale Doema's, ging de delegatie van de zemstvo uit Toela op bezoek in de strafgevangenis Tsarskoje Selo op 24 november. Het hoofd van de afgevaardigden, graaf Brobrinski, zei woordelijk in een blijk van byzantijnse onderdanigheid:

> "We vragen niet om veel rechten, omdat ons eigen welzijn het verlangt dat de macht van de tsaar groot en effectief is. Sire, het zijn niet de stemmen van die

paar schreeuwers die kunnen uitleggen wat de noden van het volk zijn. Alleen een Staatsdoema, wettelijk door u bijeengeroepen, kan dat. Wij smeken u de instelling ervan niet te herroepen. Want de bevolking heeft uw verklaring over de verkiezing op 6 augustus al in haar hart gesloten".

De gebeurtenissen leken samen te spannen om de bezittende klasse in het kamp van tucht en orde te dwingen. In het midden van november brak spontaan en onverwacht een post- en telegrafiestaking uit. Dat was een reactie van de wakker geworden personeelsleden van de postagentschappen op een circulaire van Durnovo waarin beambten werd verboden vakbonden te vormen. De vakbonden zonden een ultimatum naar graaf Witte waarin de intrekking van de circulaire van Durnovo werd geëist en de terugkeer naar de werkplek van verwijderde vakbondsvertegenwoordigers. Op een congres in Moskou op 15 november besloten 73 afgevaardigden het volgende telegram landelijk te verspreiden: "Geen antwoord van Witte. Staken"! De spanning was in Siberië al zo hoog opgelopen dat de staking begon voordat het officiële ultimatum was verstreken. De volgende dag, onder toejuichingen in brede kringen van progressieve bestuurders, had de staking zich al over het hele land verspreid. Witte verzuchtte tegen vele delegaties die hij te woord moest staan dat de regering deze loop van de gebeurtenissen "niet had voorzien". De liberalen, bezorgd over de schade aan de "cultuur" veroorzaakt door de onderbreking in de postdiensten, begonnen met opgeheven wenkbrauwen "de beperkingen in vrijheid van verenigingen in Duitsland en Frankrijk" te bestuderen.

De Sovjet van Arbeidersafgevaardigden in Petersburg aarzelde geen moment. En hoewel de post- en telegrafiestaking niet op voorstel van de Sovjet was uitgebroken, werd deze met haar actieve steun in Petersburg uitgevoerd. Uit de solidariteitskas van de Sovjet werd 2000 roebel aan de stakers gedoneerd. Vanuit het dagelijks bestuur werden er sprekers naar bijeenkomsten gestuurd, al het drukwerk en proclamaties werden verzorgd en stakingsposten versterkt. Het is best moeilijk een inschatting te maken over de impact van deze tactiek op de "cultuur", maar zonder twijfel nam hierdoor de sympathie voor het proletariaat onder het personeel van de post en telegrafie toe. En vanaf het begin van de staking vaardigden zij vijf vertegenwoordigers naar de Sovjet af.

De onderbreking in alle post- en telegrafiecommunicatie bracht zeker grote schade toe, zoniet aan de "cultuur", maar wel degelijk aan de handel. Kooplieden en beurshandelaren renden voor- en achteruit van het stakingscomité naar het ministerie, eerst smekend om de staking op te heffen, daarna om hardhandig tegen de stakers op te treden. Als gevolg van de nieuwe dreigingen voor hun portemonnee, worden de kapitalistische klassen met de dag meer reactionair. Ondertussen nam ook de reactionaire schaamteloosheid in Tsarskoje Selo hand over hand toe. Als er al iets de reactionaire slachtpartij tegenhield, dan was het de angst voor het onvermijdelijke revolutionair antwoord. Dit wordt wel zeer duidelijk bewezen door een incident dat plaatsvond in verband met een uitspraak van de krijgsraad over een aantal spoorwegbeambten in een fort in Koesjka in Centraal-Azië.

Op 23 november, op het hoogtepunt van de post- en telegrafiestaking, ontving het comité van de Petersburgse spoorwegen een telegram uit Koesjka waarin werd gemeld dat machinist Sokolov en een aantal andere beambten voor de krijgsraad werden gebracht en, beschuldigd van revolutionaire agitatie, ter dood werden veroordeeld. De strafvoltrekking zou op middernacht van de 23ste plaatsvinden. Ondanks de staking traden alle spoorwegcomités binnen een paar uur met elkaar in telegrafisch contact. Het leger van spoorwegarbeiders wilde een ultimatum naar de regering sturen. En dat werd verstuurd. In overeenstemming met het dagelijks bestuur van de Sovjet van arbeidersafgevaardigden stelde de spoorwegvakbond aan de regering dat wanneer het doodsvonnis niet om 20.00 uur was ingetrokken, het landelijke treinverkeer tot stilstand zou worden gebracht.

Deze schrijver heeft een levendige herinnering aan de bijeenkomst van het dagelijks bestuur waar het actieplan werd opgesteld, terwijl er op het antwoord van de regering werd gewacht. Iedereen keek constant naar de klok. Vertegenwoordigers van diverse spoorlijnen kwamen de een na de ander melden dat die en die lijn zich per telegram had aangesloten bij het ultimatum. Meer en meer werd duidelijk dat tenzij de regering zou toegeven, er een wanhopige confrontatie zou ontstaan. Wat gebeurde er? Vijf minuten na de deadline van 20u - de tsaristische regering had 300 seconden gewacht om haar gezicht te redden - kwam via het ministerie van Communicatie een spoedtelegram aan het spoorwegcomité, dat de voltrekking van het vonnis was stopgezet.

De volgende ochtend verscheen een openbaar regeringscommuniqué waarin stond dat ze “een verzoek” (!) hadden ontvangen om de uitspraak te herroepen, die vergezeld ging van een "intentie" (!) tot staking als deze stap niet tot uitvoer zou worden gebracht. De regering was niet in het bezit van een verslag door de lokale autoriteiten, "waarschijnlijk het gevolg van de staking bij de telegrafie". "Onmiddellijk nadat hij deze telegrammen had ontvangen", had de minister van Oorlog het bevel gegeven "om de uitvoering van de uitspraak stop te zetten, in afwachting van verdere verduidelijking van de feiten in de zaak". Het officiële communiqué vergeet te vermelden dat de minister van Oorlog noodgedwongen zijn bevelen via de spoorwegvakbond moest verzenden, omdat de telegraafdiensten vanwege de staking niet beschikbaar waren voor regeringsinstanties.

Deze mooie overwinning was helaas de laatste van de revolutie. Na deze kende ze alleen nog nederlagen. In het begin werden haar organisaties constant onder vuur genomen. Het werd steeds duidelijker dat er een openlijke aanval werd voorbereid. Al op 14 november werden er leiders van de Boerenbond in Moskou gearresteerd op grond van een aanscherping van de veiligheidsmaatregelen bij regeringsdecreet. Ongeveer tegelijkertijd werd in Tsarskoje Selo besloten tot de arrestatie van de voorzitter van de Sovjet van Petersburg. Maar de autoriteiten waren traag met het doorvoeren van dit besluit. Ze voelden zich nog te onzeker en probeerden de stemming voorzichtig af te tasten.

De minister van Justitie verzette zich tegen het plan van Tsarskoje Selo, met het argument dat de Sovjet niet als een geheime organisatie kon worden beschouwd, omdat ze publiekelijk handelde, verslagen van haar beraadslagingen in kranten publiceerde en overlegde met personen binnen de ambtenarij. "Het feit dat noch de regering noch de lokale autoriteiten", zo schreef de goed geïnformeerde pers over de opvattingen van de minister, "ook maar enige maatregelen nam om enige activiteit bedoeld tot de omverwerping van de bestaande orde te stoppen; dat de autoriteiten in een aantal gevallen patrouilles naar de bijeenkomsten van de Sovjet zonden om de orde te bewaken; dat de gouverneur van de stad notabene persoonlijk Kroestalev heeft ontvangen, de voorzitter van de Sovjet, precies wetend wie hij was en in welke hoedanigheid hij daar verscheen – dit alles geeft de leden van de Sovjet van Arbeidersafgevaardigden het recht hun activiteiten te beschouwen als niet tegengesteld aan wat in regeringskringen gebruikelijk is, en dus als zodanig, niet crimineel".

Maar uiteindelijk vond de minister van Justitie toch manieren om zijn wettelijke scrupules te overwinnen en op 26 november werd Kroestalev gearresteerd in de verblijven van het Uitvoerend Comité.

Een paar woorden over het belang van deze arrestatie. Op de tweede bijeenkomst van de Sovjet werd, op voorstel van de vertegenwoordiger van de sociaaldemocratische organisatie, de jonge advocaat Georgiy Nosar tot voorzitter gekozen, die onder de naam Kroestalev later grote faam onder de bevolking verwierf. Hij was voorzitter van de Sovjet tot de dag van zijn arrestatie, op 26 november. Alle organisatorische draden van de praktische activiteiten van de Sovjet liepen via zijn handen. Binnen een paar weken hadden de rioolbladen enerzijds en reactionaire pers in politiehanden anderzijds een historische legende gemaakt van de persoonlijkheid van Kroestalev. Zoals 9 januari hen de vrucht had geleken van de vooruitziende blik en het demagogisch genie van Georgiy Gapon, schilderden zij de Sovjet van Arbeidersafgevaardigden af als een pion in de machtige klauwen van Georgiy Kroestalev-Nosar.

Deze tweede vergissing was zo mogelijk nog meer uit de lucht gegrepen en absurder dan de eerste. Het werk dat Kroestalev verrichtte als voorzitter van de Sovjet was enorm veel inhoudsvoller dan de avontuurlijke activiteiten van Gapon, maar de persoonlijke invloed van de voorzitter op de loop van de gebeurtenissen en haar resultaten was vele malen kleiner dan de invloed die de muitende priester wist te verkrijgen. Dat was geen fout van Kroestalev, dat is de verdienste van de revolutie. Tussen januari en oktober had zij het proletariaat door een intensieve politieke opleiding geleid. De termen “held” en “omstaanders” bleken niet meer van toepassing te zijn in de revolutionaire praktijk van de werkende bevolking. De persoonlijkheid van de leiders smolt samen met de organisatie en tegelijkertijd werd de verenigde massa zelf een politieke entiteit.

Als een persoon met praktische vaardigheden en vindingrijkheid, een gemiddeld redenaar, maar een energiek en behendig voorzitter, met een impulsief karakter en zonder een duidelijk politiek gezicht, was Kroestalev de uitgelezen persoon om die rol eind 1905 te spelen. De meerderheid van de werkende bevolking, hoewel in een revolutionaire stemming en sterk klassenbewustzijn verkerend, had zich nog niet bij enige partij aangesloten. Alles wat we al over de Sovjet hebben gezegd, is van toepassing op Kroestalev. Alle socialisten met een politiek verleden waren partijmensen en de kandidatuur van iemand die aan een politieke partij was verbonden, had vanaf het begin van het ontstaan van de Sovjet tot weerstand geleid. Bovendien was het feit dat Kroestalev politiek ongebonden was een belangrijk hulpmiddel voor de Sovjet in het onderhouden van contacten met niet aan haar gelieerde organisaties van de niet-proletarische wereld, met name die van de intelligentsia, van wie ze aanzienlijke materiële steun ontving. Door het voorzitterschap aan een niet-partij man te geven, rekenden de sociaaldemocraten erop dat ze de politieke controle in de Sovjet zouden hebben. Dat hadden ze goed bekeken. Na een paar weken kon de enorme groei in aantal en omvang van de macht en invloed van de Sovjet over de hele linie worden afgemeten aan het feit dat Kroestalev publiekelijk bekend maakte dat hij zich aansloot bij de sociaaldemocratie (mensjewieken).

Wat hoopte de regering te bereiken met de arrestatie van Kroestalev? Dacht ze dat ze door de voorzitter weg te halen, de organisatie zou vernietigen? Dat zou wel heel erg dom en kortzichtig zijn, zelfs voor een Durnovo. Maar het is moeilijk een meer precies antwoord te geven op de achterliggende motieven, vooral ook omdat de beweegredenen van de samenzweerders die in Tsarskoje Selo de revolutie wilden indammen nog verholen waren en zij niet anders wilden of konden doen dan zich tot politiemaatregelen beperken. Hoe dan ook, de arrestatie van de voorzitter onder de omstandigheden waarin dit werd uitgevoerd, was van een enorm symptomatisch belang voor de Sovjet. Het werd aan eenieder duidelijk, ook wie daar gisteren nog over twijfelde, dat geen van beide partijen zich terug zouden trekken, dat een definitieve botsing onvermijdelijk was en dat deze botsing geen maanden of weken, maar slechts dagen van ons was verwijderd.

HOOFDSTUK 20

DE LAATSTE DAGEN VAN DE SOVJET

Het politieke toneel zomaar verlaten na de arrestatie van Kroestalev was natuurlijk onmogelijk voor de Sovjet. Als een vrij verkozen parlement van de werkende klasse ontleent ze haar kracht juist aan het publieke karakter van haar activiteiten. Het ontbinden van de organisatie zou betekenen dat er bewust een zwakke plek wordt gecreëerd voor de vijand. Er bleef maar één optie over: op de oude voet doorgaan, met het vooruitzicht van een confrontatie. Op de bijeenkomst van het Uitvoerend Comité op 26 november stelde de vertegenwoordiger van de Sociaal-Revolutionairen (Tsjernov "zelf") voor een verklaring uit te geven waarin werd gesteld dat elke onderdrukkende maatregel van de regering door de Sovjet met een terroristische *coup* zou worden beantwoord. Wij hebben ons tegen dat voorstel uitgesproken. In de korte tijd die ons restte voordat de militaire operaties zouden beginnen, moest de Sovjet zoveel mogelijk banden aanhalen met andere steden, met de Boerenbond, met de Spoorwegbond, de Post- en Telegrafievakbonden en het leger (met dat doel werden twee vertegenwoordigers midden november op pad gestuurd, een naar de Wolga, een naar het zuiden). Terroristische aanslagen op ministers daarentegen zouden alle tijd en energie van het Uitvoerend Comité opslokken.

In plaats daarvan werd de volgende verklaring voorgesteld voor de bijeenkomst van de Sovjet: "Op 26 november heeft de tsaristische regering de voorzitter van de Sovjet van Arbeidersafgevaardigden, kameraad Kroestalev-Nosar gearresteerd. De Sovjet zal een vervangend presidium kiezen en zich verder voorbereiden op de gewapende opstand". Drie kandidaten werden voorgedragen voor het dagelijks bestuur: Janovski, de rapporteur van het Uitvoerend Comité (de schuilnaam van de schrijver in de Sovjet), penningmeester Vvedenski (Svertsjkov) en Zliednev, arbeidersvertegenwoordiger van de Oboekov-fabriek.

De algemene zitting van de Sovjet vond de volgende dag plaats, zoals altijd openbaar, met 302 vertegenwoordigers aanwezig. Er hing spanning in de lucht. Veel leden van de Sovjet wilden een snel en direct antwoord op de verrassingsaanval vanuit de regering. Na een kort debat nam de bijeenkomst echter unaniem de door het Uitvoerend Bestuur aangenomen resolutie over en verkoos per geheime stemming de voorgedragen kandidaten in het presidium.

De aanwezige voorzitter van het Algemeen Bestuur van de Boerenbond vertelde over de beslissingen die op het congres van de boeren in november waren genomen om geen rekruten voor het leger te leveren, geen belastingen te betalen en tegoeden bij de spaar- en staatsbanken weg te halen. Omdat het Uitvoerend Comité al op 23 november een resolutie had aangenomen waarin arbeiders werd opgeroepen “in het licht van het aanstaande onvermijdelijke bankroet van de regering alleen betalingen in goud te accepteren en tegoeden bij banken op te nemen”, werd er besloten deze financiële boycotmaatregelen samen te voegen en ze als gezamenlijk manifest van de Sovjet, De Boerenbond en de socialistische partijen aan het volk te presenteren.

Zouden we in de toekomst ook nog dit soort openbare bijeenkomsten van het proletarische parlement kunnen houden? Niemand wist het zeker. De bijeenkomst besloot dat, in het geval het onmogelijk zou zijn de Sovjet bijeen te roepen, haar taken op een uitgebreid Uitvoerend Comité moesten overgaan. Het was op basis van dit besluit dat op 3 december, na de uitspraak tegen de Sovjet, dat haar macht bij het tweede Uitvoerend Comité van de Sovjet kwam te liggen.

Op dezelfde bijeenkomst werden er warme groeten in ontvangst genomen van de politiek bewuste bataljons in Finland, net als van de Poolse Socialistische Partij en de Al-Russische Boerenbond. De vertegenwoordiger van de revolutionaire agrariërs beloofde broederlijke ondersteuning op het beslissende uur. Toen de vertegenwoordiger van de Boerenbond en de voorzitter van de Sovjet elkaar op het podium de handen schudden, brak er een donderend applaus uit van onbeschrijfelijk enthousiasme onder de deelnemers en gasten. Pas laat op de avond werd de bijeenkomst afgesloten. De laatste die vertrokken waren zoals gewoonlijk de beveiligers van de ordedienst, die in opdracht van de stadsgouverneur de ingang van de bijeenkomst bewaakten. Een interessant licht op de toenmalige situatie wordt er geworpen door het feit dat er diezelfde avond door een lagere politiebeambte in opdracht van dezelfde gouverneur van de stad, een wettige en vreedzame bijeenkomst van burgerlijke kiezers, aangevoerd door Miljoekov, juist werd gesloten.

De meeste bedrijven in Petersburg verklaarden zich solidair met de resolutie van de Sovjet, die ook een sympathieke weerklank wist te vinden in de resoluties die werden aangenomen door de Sovjets in Moskou en Samara, de spoorwegbond, de post- en telegrafievakbond en een groot aantal lokale organisaties. Zelfs het Centrale Bureau van het "Verbond van Vakverenigingen" bekrachtigde de verklaring van de Sovjet en publiceerde een oproep aan de "vitale elementen van het land" om zichzelf voor te bereiden op een aanstaande politieke staking en voor "een laatste gewapende botsing met de vijanden van algemene vrijheid".

De sympathie tegenover het proletariaat die de radicale en liberale bourgeoisie nog koesterde, was in oktober echter al flink aan het bekoelen. De zaak werd meer en meer op de spits gedreven, het liberalisme was gefrustreerd over haar eigen onmacht en nam een steeds norsere houding tegenover de Sovjet aan. De man op de straat, met weinig kennis van de politiek, had een mix van verering en onderdanigheid tegenover de Sovjet. Als hij bang was dat er een spoorwegstaking zou zijn als hij op reis moest, nam hij contact op met de informatiedienst van de Sovjet. Hij ging ook naar de Sovjet als hij hoopte een telegram te kunnen versturen, ondanks de post- en telegrafiestaking; en als men het bericht belangrijk genoeg vond, gebeurde dat ook. (Bijvoorbeeld: de weduwe van senator B. die al tevergeefs bij diverse ministeries had aangeklopt, wendde zich uiteindelijk tot de Sovjet om een belangrijk telegram over familiale aangelegenheden te verzenden, hetgeen gebeurde). De geschreven richtlijnen die de Sovjet had uitgevaardigd, sloten de stadsbewoners uit van het gehoorzamen aan de wet. Een voorbeeld: een graveerbedrijf accepteerde na schriftelijke "instemming" van de Sovjet om een zegel te maken voor de illegale post- en telegrafievakbond. De Bank van het Noorden verleende de Sovjet krediet voor een verlopen cheque. De drukkerij van het ministerie van de Marine vroeg aan de Sovjet advies over wel of niet staken.

Mensen van allerlei rangen en standen in nood kwamen naar de Sovjet met hulpverzoeken, over en tegen individuen, beambten en bestuurders en tegen de regering zelf. Toen de noodtoestand werd afgekondigd in de provincie Letland, vroeg het Letse deel van de bevolking van Petersburg "actie te ondernemen" tegen deze uiting van tsaristische willekeur. Op 30 november deed de vakbond van brancarddragers een beroep op de Sovjet ten behoeve van haar leden die op valse voorwendselen van het Rode Kruis hadden deelgenomen aan de Russisch-Japanse oorlog, maar daarna zonder vergoeding weer naar huis werden gestuurd; de arrestatie van de Sovjet maakte een einde aan de zeer uitgebreide correspondentie hierover met de centrale leiding van het Rode Kruis.

In de lokalen van de Sovjet was er altijd een komen en gaan van pleitbezorgers en schuldeisers in allerlei soorten en maten – meestal arbeiders, huishoudelijk personeel, winkelbedienden, landarbeiders, soldaten, matrozen. Sommigen hadden een buitengewoon fantasierijk beeld over de macht en werking van de Sovjet. Zo was er een blinde veteraan uit de Russisch-Turkse oorlog, behangen met erekruizen en medailles, die klaagde over zijn bittere armoede en smeekte om wat "druk uit te oefenen op de Nummer Een" (oftewel, de tsaar). Verzoeken en petities kwamen binnen uit de verste uithoeken van het land. Na de novemberstaking stuurden de inwoners van een district in de Poolse provincie een bedankbrief aan de Sovjet. Een oude Kozak uit de provincie Poltava klaagde over zijn onheuse behandeling door prinses Repnin, voor wie hij 20 jaar had gezwoegd als klerk, maar die hem zonder tekst en uitleg had ontslagen. De oude man vroeg de Sovjet om in zijn belang met prinses Repnin te onderhandelen. De enveloppe met dit curieuze verzoek was simpelweg geadresseerd aan "De Arbeidersregering, Petersburg" en werd keurig op de juiste plek bezorgd door de revolutionaire postdienst.

Een speciale afgevaardigde van scheepsbemanningen in de provincie Minsk bezocht de Sovjet. Een grootgrondbezitter wilde zijn schuld van 3000 roebel aan de boeren in aandelen afbetalen. "Wat moeten we doen", vroeg de afgevaardigde? "We zijn wel bereid die aandelen te accepteren, maar we zijn ook bang. We hoorden een gerucht dat jullie regering zegt om alleen betalingen in goud of zilver te accepteren". De zaak werd onderzocht en er werd ontdekt dat de aandelen van de landheer nagenoeg waardeloos waren.

Nieuws over de Sovjet wist ook de binnenlanden te bereiken. In de eindperiode van haar bestaan kwamen er steeds vaker verzoeken van boeren binnen. Boeren uit de provincie Tsjernikov wilden in contact komen met plaatselijke socialistische organisaties, boeren uit de provincie Mogilev stuurden boodschappers met 'verklaringen' uit verschillende dorpen die samen met de stedelijke arbeiders en de Sovjet actie hadden ondernomen.

Er opende zich een enorm werkterrein voor de Sovjet. In grote hoeveelheden kwam er nieuwe politieke grond beschikbaar voor de diepe ploeg van de revolutie. Maar er was slechts weinig tijd. De reactie was zich koortsachtig aan het bewapenen en ieder moment kon die uitbreken. Tussen alle dagelijkse beslommeringen door wist het Uitvoerend Bestuur de resolutie van 27 november nog tot uitvoering te brengen. Ze zond een oproep aan de legertroepen (zie hoofdstuk 'De novemberstaking') en, op een gezamenlijke bijeenkomst met de vertegenwoordigers van de revolutionaire partijen, stemden ze in met het "financieel" manifest, waarvan de tekst door Parvus was ingediend. Op 2 december werd het Manifest in acht Petersburgse kranten afgedrukt, vier socialistische en vier liberale kranten. Bij deze de tekst van dit historische document:

MANIFEST

De regering staat op de rand van een faillissement. Ze heeft het land in puin gelegd en overal verspreid liggen de lijken. De boeren, door honger en armoede uitgeput, kunnen onmogelijk nog belasting betalen. De regering leende geld aan de landeigenaren op kosten van de bevolking. En nu weet ze niet wat ze met al die schuldpapieren moet doen. Fabrieken en bedrijven liggen stil. Er heerst werkloosheid en de handel is stil komen te liggen. De regering heeft het geld dat ze in het buitenland heeft geleend gebruikt om spoorwegen, oorlogsschepen en militaire forten te bouwen en de wapenvoorraad uit te breiden. Die buitenlandse bronnen zijn nu opgedroogd en de staatsopdrachten lopen ook ten einde. De handelaar, de toeleverancier, de aannemer, de fabriekseigenaar, die gewend waren zich te verrijken op kosten van de staatskas, zien hun winstkansen verdwijnen en sluiten hun kantoren en bedrijven. Het ene faillissement volgt op het andere. Banken storten in. Op alle beurzen is er slechts minimale activiteit. De strijd van de regering tegen de revolutie zorgt voor dagelijkse onrust. Niemand weet wat de dag van morgen zal brengen.

Het buitenlandse kapitaal vlucht terug naar huis en "puur Russisch" kapitaal vlucht ook naar buitenlandse banken. De rijken verkopen hun bezittingen en vertrekken op zoek naar veiliger oorden in het buitenland. De aasgieren cirkelen over ons land en kapen de bezittingen van het volk.

Al vele jaren lang heeft de regering alle staatsopbrengsten besteed aan het leger en de marine. Er is een tekort aan scholen. Wegen zijn verwaarloosd. En ondanks dit alles is er geeneens genoeg geld om het leger van voedsel te voorzien. De oorlog werd met name verloren omdat de militaire voorraden tekortschoten. Overal in het land breken muiterijen uit van hongerende en armoede lijdende troepen.

Het is de schuld van de regering dat de spoorwegen economisch verziekt zijn. Er zijn miljoenen roebels nodig om de spoorwegen weer normaal te laten functioneren.

De overheid heeft de spaarbanken geplunderd en deposito's uitgedeeld om particuliere banken en industriële ondernemingen te steunen, vaak volledig fictieve ondernemingen. Ze gebruikt het kapitaal van de kleine spaarder om op de beurs te spelen, waar dat kapitaal dagelijks aan risico's wordt blootgesteld.

De goudreserves van de staatsbank zijn verwaarloosbaar tegenover de uitstaande regeringsleningen en de vereisten van de handelsbalans. En ze zullen volledig verdampen op het moment dat er goud wordt geëist als borg voor iedere transactie.

Gebruikmakend van het gebrek aan enig toezicht op de staatsfinanciën, heeft de regering gedurende vele jaren leningen afgesloten die de afbetalingsmogelijkheden van het land ver overschrijden. Met de nieuwe leningen worden slechts de rentebetalingen op de oude leningen afgedekt.

Jaar na jaar geeft de regering valse rekeningen van uitgaven en inkomsten uit, die beide minder laten zien dan ze in werkelijkheid zijn en die lukraak roven om een overschot te laten zien in plaats van een jaarlijks tekort. Bestuurders zijn vrij om de schatkist te plunderen, die sowieso al uitgeput is.

Alleen een Grondwettelijke Vergadering, na de omverwerping van de autocratie, kan deze financiële rampspoed ten einde brengen. Zij zal een indringend onderzoek naar de staatsfinanciën doen en een gedetailleerde, accurate, duidelijke en verantwoorde balansrekening van de staatsinkomsten en -uitgaven (begroting) maken.

Het is de angst voor publieke controle, die aan de hele wereld het financiële falen van deze regering zou tonen, die ze ervan weerhoudt om een volksvertegenwoordiging in te stellen.

Het is juist om haar hebzuchtige activiteiten te beschermen dat de regering mensen in een strijd op leven of dood dwingt. Honderdduizenden burgers kwijnen weg en worden geruïneerd in deze strijd. De industrie, handel en communicatiemiddelen zijn tot in hun fundamenten beschadigd.

Er blijft maar één uitweg over: deze regering omverwerpen, haar laatste krachten ontnemen. Het is nodig om de regering van haar laatste bron van bestaan af te snijden: de financiële inkomsten. Dat is niet alleen noodzakelijk voor de politieke en economische bevrijding van het land, maar ook, meer in het bijzonder, voor het herstellen van de financiële toestand van de staat.

Daarom besluiten wij:

- Te weigeren om pachtgelden voor grond te betalen en alle andere betalingen aan de staatskas. In alle transacties en alle loon- en salarisbetalingen eisen we betaling in goud en in het geval van een bedrag dat lager is dan 5 roebel, betaling in harde munt.
- Onze tegoeden van de spaarbanken en de staatsbank weg te halen en te eisen deze in baar goud uit te betalen.
- Nooit heeft de autocratie het vertrouwen van het volk gehad en nooit heeft de bevolking haar enige autoriteit verleend.
- Op dit moment gedraagt de regering zich als een bezettende macht binnen de eigen landsgrenzen.
- We hebben daarom besloten om geen leningen terug te betalen die door de regering zijn aangegaan terwijl deze open en bloot oorlog voert tegen de gehele bevolking.

Getekend:

De Sovjet van Arbeidersafgevaardigden

Algemeen Bestuur van de Al-Russische Boerenbond

Centraal Comité en Organisatorisch Comité van de Russische Sociaal Democratische Arbeiders Partij

Centraal Comité van de Sociaal-Revolutionairen Partij

Centraal Comité van de Poolse Socialistische Partij

Het spreekt natuurlijk vanzelf dat met dit Manifest op zich de tsaar en zijn boekhouding niet omvergeworpen zouden worden. Het was de eerste Staatsdoema, die zes maanden later zo'n wonder verwachtte vanuit de Verklaring van Vyborg, waarin de bevolking werd opgeroepen "op de vreedzame, Engelse manier" belastingbetalingen te weigeren. Het financiële manifest was slechts een ouverture voor de opstand in december. Versterkt door een staking en door gevechten op de barricaden, kreeg het een krachtige weerklank in het hele land. Terwijl in de maand december van de voorgaande drie jaren de deposito's in de spaarbanken de betalingen met 4 miljoen roebel hadden overschreden, bedroeg het overschot van de betalingen ten opzichte van de deposito's in december 1905 90 miljoen: in één enkele maand onttrok het manifest 94 miljoen roebel aan de overheidsreserves! Toen de opstand door de tsaristische horden was neergeslagen, werd het evenwicht in de spaarbanken weer hersteld.

* * *

In de laatste 10 dagen van november werd in Kiev de noodtoestand afgekondigd, net als in de bestuurlijke districten in Lijfland, Dzjernikov, Saratoj, Penza en provincies in Simbirsk. Dit waren immers de voornaamste centra van onrust op het platteland.

Op 24 november, op de dag waarop de "tijdelijke" mediabeperkingen werden afgekondigd, werden de bevoegdheden van de provinciale en stedelijke gouverneurs aanzienlijk uitgebreid.

Op de 28ste werd de "tijdelijke" functie van gouverneur-generaal van de Baltische landen ingevoerd. Op de 29ste kregen de plaatselijke gouverneurs de bevoegdheid, in geval van een spoorweg-, post- of telegrafiestaking, noodmaatregelen naar eigen goeddunken te nemen, zonder de centrale autoriteiten te moeten raadplegen.

Op 1 december ontving tsaar Nicolaas II een in aller haast bijeengeraapt gezelschap van angstige landbezitters, monniken en stedelijke plunderaars. Deze delegatie verlangde een genadeloze afstraffing van de revolutionaire booswichten en tegelijkertijd, niet tevreden zijnde over hoe een aantal hogere regeringsleiders met de revolutie omgingen, werd ten aanzien van Witte en anderen het volgende toegevoegd: "Roept u alstublieft per keizerlijk bevel een aantal van uw dienaren van uw keizerlijke wil terug". Nicolaas antwoordde deze kliek van zakkenvullers en uitbuiters met de woorden: "Ik zie hier de werkelijke zonen van Rusland voor me, met heel hun hart toegewijd aan mij en het vaderland". Na een oproep vanuit Petersburg verstuurden de provinciale besturen een groot aantal berichten van dankbaarheid aan de oppermachtige tsaar, zich voordoenend als leden van de boerenbevolking en de kleine middenstand. De "Unie van het Russische Volk", waarvan we hebben begrepen dat die toen haar eerste aanzienlijke subsidies kreeg, begon een aantal bijeenkomsten te organiseren waarin patriottisch-pogromistische literatuur werd verspreid.

Op 2 december werden de acht kranten die het financiële Manifest van de Sovjet hadden afgedrukt in beslag genomen en hun publicatie werd stopgezet. Diezelfde dag werd wetgeving afgekondigd waarin het verboden werd voor arbeiders van de spoorwegen, posterijen en telegrafie om te staken of bij een vakbond aan te sluiten, op straffe van maximaal 4 jaar hechtenis. De revolutionaire pers publiceerde het navolgende bevel van de gouverneur van de provincie Voronezj, gebaseerd op een geheime circulaire van Durnovo: "*Topgeheim.* Identificeer onmiddellijk de leidende onruststokers van de antiregering- en boerenbeweging en sluit ze op in de lokale gevangenissen, in afwachting van verdere maatregelen en bevelen vanuit het ministerie van Binnenlandse Zaken". De regering verzond dus haar eerste dreigbrief. De extreme partijen, zo stelde ze, hadden zich tot doel gesteld om de economische, sociale en politieke structuur te verstoren; de sociaaldemocraten en sociaal-revolutionairen waren in feite anarchisten; ze hadden de oorlog aan de regering verklaard, belasterden hun tegenstanders, weerhielden de samenleving ervan de vruchten van het nieuwe regime te plukken door stakingen te veroorzaken om arbeiders tot grondstof van de revolutie om te vormen. "Het vergieten van het bloed van de arbeiders [door de regering!] roept bij hen [de revolutionairen!] geen enkel mededogen op". Als de gebruikelijke maatregelen tegen al deze fenomenen tekortschieten, dan "zou onvermijdelijk de noodzaak ontstaan om over te gaan tot buitengewone maatregelen".

De kastenbelangen van de bevoorrechten en de angstigen, de wraakzuchtige woede van de bureaucraten, de onderdanigheid van wie omgekocht was, de domme haat van de misleiden, al dit kwam samen tot één afstotelijk, bloeddorstig en smerig reactionair blok. Tsarskoje Selo zorgde voor het goud, het ministerie van Durnovo smeedde heimelijk de samenzwering; en de ingehuurde moordenaars slepen hun messen.

Ondertussen groeide de revolutie onweerstaanbaar. Steeds nieuwe krachten sloten zich bij het hoofdleger aan, het industriële proletariaat. In de stad vonden er bijeenkomsten plaats van schoonmakers, portiers, keukenpersoneel, dienstbodes, vloerpoetsers, kelners, badpersoneel en wasserijmedewerkers. Verbazingwekkende figuren verschenen op openbare bijeenkomsten en in de kantoren van de revolutionaire pers: "politiek bewuste strijdbare Kozakken, spoorwegpolitieagenten, gewone politieagenten en officieren, soms zelfs spijtbetuigende rechercheurs. Vanuit mysterieuze onbekende diepten, wierp de sociale aardbeving steeds weer nieuwe lagen naar voren, wier bestaan in het geheel niet wordt vermoed in tijden van vrede. Gemeenteambtenaren, gevangenisbewaarders, legerklerken ... zaten in de kantoren van de revolutionaire pers te wachten om te worden gehoord.

De novemberstaking had een enorm effect op het leger. Er spoelde een golf van legerbijeenkomsten over het hele land. In de kazernes heerste een geest van muiterij. De ontevredenheid ontstond hier meestal door een gebrek aan alledaagse benodigdheden van de soldaten, wat zich dan razendsnel ontwikkelde en een politieke richting kreeg. De laatste anderhalve week van november vonden er zeer zware militaire ongeregeldheden plaats in Petersburg (onder de matrozen), Kiev, Jekaterinodar, Jelisavetpol, Proskoerovo, Koers en Lomza. In Warschau eisten bewakingsdiensten de vrijlating van hun gearresteerde officieren. Uit allerlei hoeken kwamen er berichten waaruit het leek of het hele leger van Mantsjoerije in revolutionaire vlam stond. Een bijeenkomst in Irkoetsk op 28 november werd door het complete garnizoen bijgewoond; zo'n 4000 man. Onder het voorzitterschap van een ongebonden officier besloot de bijeenkomst de oproep tot een grondwettelijke vergadering te ondersteunen. In veel steden vond er verbroedering tussen de soldaten en arbeiders plaats. Op 2 en 3 december braken er rellen uit onder troepen van het garnizoen in Moskou. Er waren bijeenkomsten waaraan ook Kozakken deelnamen, er waren straatoptochten onder de klanken van de *Marseillaise* en in sommige regimenten werden bepaalde officieren onder dwang van hun post verwijderd ...

En uiteindelijk, tegen de revolutionaire achtergrond van steden als kokende ketels, kwamen de vlammen van de boerenopstanden op het platteland. Eind november en begin december verspreidden de agrarische onlusten zich over veel landbouwgebieden. In het centrum in de buurt van Moskou, langs de Wolga, langs de Don en in het koninkrijk Polen waren er aanhoudende boerenopstanden, vernieling van de drankwinkels van de staat, brandstichting van landhuizen, inbeslagnames van landerijen en bezittingen. De hele provincie Kovno was in de ban van de opstand van de boeren in Litouwen. Uit Lijfland kwamen steeds wanhopiger smeekbedes. Grootgrondbezitters vluchtten van hun land, plaatselijke bestuurders verlieten hun posten.

Met dat duidelijke beeld van Rusland voor ogen is het duidelijk hoe onvermijdelijk de botsing in december was. "De botsing had vermeden moeten worden", zeiden sommigen, achteraf hun wijsheid tentoonspreidend (Plechanov). Alsof het een spelletje schaak was, in plaats van een elementaire volksbeweging van miljoenen!

* * *

"De Sovjet van Arbeidersafgevaardigden is niet ontmoedigd", schreef *Novoye Vremya*. "Zij blijft energiek handelen en publiceert haar besluiten in een pure, Spartaans geformuleerde, voor ieder begrijpelijke, duidelijke wijze. Dat kan op geen enkele wijze worden gesteld over de regering van Graaf Witte, die de langdradige plechtmatigheden van een melancholieke dienster verkiest". Maar op 3 december sprak de regering "voor eenieder duidelijke taal". Het gebouw van de Vrije Handelsvereniging werd omsingeld met eenheden uit allerlei legeronderdelen en de Sovjet werd opgepakt.

Het Uitvoerend Bestuur kwam op die dag om 16.00 uur bijeen. De agenda van de vergadering was al bepaald door de inbeslagname van de acht kranten, de draconische maatregelen ten aanzien van stakingen en stakers en het samenzweringstelegram van Durnovo. De vertegenwoordiger van het centraal comité van de sociaaldemocratische partij (bolsjewieken) diende zijn partijvoorstel in om direct in contact te treden met alle revolutionaire organisaties in het land, een dag voor een landelijke algemene politieke staking te kiezen, alle krachten en reserves te mobiliseren en, gesteund door de agrarische opstanden en de rellen in het leger, naar een definitieve oplossing te streven.

De afgevaardigde van de spoorwegvakbond vertelde dat de bond op 6 december in congres bijeen zou komen en zeker voor een staking zou zijn.

De vertegenwoordiger van de vakbond voor post- en telegrafiepersoneel sprak ten faveure van het partijvoorstel en sprak tevens de hoop uit dat een algemene stakingsbeweging nieuw leven zou blazen in de post- en telegrafiestaking, die langzaam aan het verlopen was. Het debat werd onderbroken met het nieuws dat de Sovjet gearresteerd zou worden. Een half uur later werd dit nieuws bevestigd. Tegen die tijd was de centrale hal volledig gevuld met afgevaardigden, partijvertegenwoordigers, journalisten en andere gasten. Het Uitvoerend Bestuur, dat in een kamer boven apart bijeenkwam, besloot dat een aantal leden zich moest terugtrekken om de voortgang te garanderen in het geval van arrestatie. Maar het was al te laat. Het gebouw was omsingeld door de soldaten van het Izmailovski-regiment, bereden Kozakken, politieagenten en beveiligers. Overal klonk het geluid van stampende laarzen, gerinkel van sporen en wapengekletter. Duidelijk konden we de luide protesten van de afgevaardigden beneden horen. De voorzitter opende het raam van de eerste verdieping en riep naar beneden: "Kameraden, bied geen weerstand! Bij deze verklaren wij nu al dat wanneer er schoten worden gelost, deze afkomstig zullen zijn van de politie of een *agent-provocateur*". Een paar minuten later klommen de soldaten de trappen op en namen positie in voor de deur van het kantoor waar het Uitvoerend Bestuur bijeenkwam.

Voorzitter (tegen een officier): "Ik stel voor dat u de deur sluit en onze bijeenkomst niet verstoort".

De soldaten blijven in de doorgang staan, maar sluiten de deur niet.

Voorzitter: "We hervatten de zitting. Wie wil het woord"?

Afgevaardigde van de vakbond van kantoorpersoneel: "Met de gewelddadige inval van vandaag heeft de regering alle argumenten voor een algemene staking alleen maar versterkt. De uitslag van een nieuwe en beslissende actie van het proletariaat is afhankelijk van de troepen. Laat hen opstaan ter verdediging van ons moederland"! (De officier doet gehaast de deur dicht, maar de spreker verheft zijn stem.) "Zelfs door gesloten deuren zal de oproep tot broederschap van de arbeiders en de stemmen van ons geteisterde land de soldaten bereiken"!

De deur gaat open en de commandant van de gendarmerie komt uiterst schuchter en lijkbleek binnen (hij werd onder schot gehouden), met achter hem aan een dertigtal politieagenten die zich achter de stoelen van de vertegenwoordigers opstellen.

Voorzitter: “Bij deze verklaar ik de zitting van het Uitvoerend Bestuur gesloten”.

Beneden klonk gebonk en gekletter van metaal. Het leek wel of er een dozijn smeden op hun aambeeld stonden te slaan. De afgevaardigden sloegen hun brownings kapot zodat deze niet in de handen van de politie zouden vallen!

Het onderzoek begon. Iedereen weigerde zijn naam op te geven. Na te zijn gefouilleerd, signalement was opgemaakt en ieder van een nummer was voorzien, werden de leden van het Uitvoerend Bestuur afgevoerd door halfdronken bewakers.

De Petersburgse Sovjet van Arbeidersafgevaardigden was in de handen gevallen van de samenzweerders in Tsarskoje Selo.

HOOFDSTUK 21

DECEMBER

Op 4 december onderschreef de Sovjet van Moskou het "financiële manifest", en op 6 december, onder directe invloed van de grote ongeregeldheden in het garnizoen van Moskou, besloot de Sovjet, die toen inmiddels ruim 100.000 arbeiders vertegenwoordigde, om op 7 december een politieke algemene staking in Moskou af te kondigen met de belofte alles in het werk te stellen om de staking in een gewapende opstand over te laten gaan. Een conferentie met vertegenwoordigers van 29 spoorweglijnen kwam op 5 en 6 december in Moskou bijeen en besloot zich bij de Sovjet aan te sluiten om dit plan uit te voeren. Eenzelfde soort besluit werd genomen op het congres van de post en telegrafie bond.

De staking in Petersburg begon op de achtste en bereikte de volgende dag haar hoogtepunt, maar begon ineen te storten na de twaalfde december. Ze was veel minder unaniem dan de novemberstaking en uiteindelijk nam maar tweederde van de arbeidersbeweging deel. Deze terughoudendheid is goed te begrijpen uit het feit dat de arbeiders in Petersburg heel goed in de gaten hadden dat het niet om een gewone stakingsbeweging ging, maar om een strijd op leven of dood. 9 januari had een onuitwisbare indruk achtergelaten op het bewustzijn van de brede bevolking. Oog in oog met garnizoenen van monsterlijke afmetingen, waar de garderegimenten de ruggengraat van vormden, was het Petersburgse proletariaat zelf niet in staat om het initiatief tot een revolutionaire opstand te nemen. Haar missie was, zoals de oktoberstaking had aangetoond, om de definitieve nekslag aan het absolutisme uit te delen, dat al verzwakt was door de opstand in de rest van het land. Grote overwinningen in de provincies waren een noodzakelijke mentale voorwaarde voor doorslaggevende acties in Petersburg. Maar die overwinningen bleven uit en de twijfel sloeg om in terugtocht.

Naast de passiviteit in Petersburg, had ook het feit dat de Nikolajevskaja spoorlijn steeds bleef rijden een fatale invloed op het verdere verloop van de gebeurtenissen. De afwachtende houding die overheerste in de hoofdstad, beïnvloedde het Petersburgse comité van die spoorlijn. De regering, die haar volledige aandacht op de Nikolajevskaja spoorlijn had gevestigd, maakte gebruik van die vertraging en liet de spoorlijn door troepen bezetten. Een aantal werkplaatsen ging wel in staking, maar de telegrafiedienst werd door de autoriteiten zelf bediend en de spoorlijn door een speciaal spoorwegbataljon. Er werden regelmatig pogingen ondernomen om het treinverkeer stil te leggen, maar zonder succes. Op 16 december werd een deel van het spoorwegtraject vernield door arbeiders uit Tver om troepenverplaatsingen van Petersburg naar Moskou te verhinderen, maar het was al te laat. De treinen hadden de troepen van het Semjonovski-regiment al naar Moskou overgebracht. Maar in het algemeen begon de spoorwegstaking zeer eensgezind. De meeste lijnen waren op de 10e in staking, de rest sloot zich in de dagen erna aan.

Bij het uitroepen van de staking verklaarde de spoorwegvakbond: "Wij gaan proberen sneller dan de regering kan de troepen terug uit Mantsjoerije te transporteren ... We zullen alles in het werk stellen om graanvoorraden naar hongerende boeren en voorraden naar onze kameraden te versturen via de spoorwegen". Dit is niet de eerste keer dat we in aanraking kwamen met een fenomeen waarvan de betekenis zeker bestudeerd moet worden door anarchisten met denkvermogen: door de staatsmacht te verlammen, legt een algemene staking een aantal belangrijke regeringsfuncties bij de eigen organisaties. En we moeten toegeven dat, in het algemeen, de spoorwegvakbond daarin een uitstekende rol wist te spelen. Treinen die reservevoorraden bij zich hadden, bewapende revolutionaire detachementen, en leden van de revolutionaire organisaties konden met opmerkelijke regelmaat en snelheid rondreizen, ondanks de aanwezigheid van troepen in de buurt op veel plaatsen. Veel stations werden geleid door verkozen commandanten. Op veel stations werd de rode vlag uitgehangen. De eerste stad die in staking ging was Moskou (op de 7e). De volgende dag sloten Petersburg, Minsk en Taganrog zich aan. Op de tiende Tiflis, op de elfde Vilnius, de twaalfde Charkov, Kiev en Nizhni Novgorod, op de dertiende Odessa en Riga. Op de 14e sloot Lodz zich aan, en de 15e ook Warschau, om de belangrijkste centra te noemen. Alles bij elkaar deden aan de staking 33 steden mee, in oktober waren dat er 39.

Moskou vormde het centrum van de Decemberbeweging.

In de eerste dagen van december heerste er al een revolutionair opstandige stemming onder een aantal regimenten in Moskou. Ondanks alle pogingen van de sociaaldemocraten om geïsoleerde uitbraken te voorkomen, bleef het gisten en waren er uitbarstingen. Onder arbeiders gingen stemmen op om de soldaten te steunen. Het zou eeuwig zonde zijn dit gunstige moment te laten schieten, zo werd er betoogd. De soldaten die de fabrieken bewaakten, raakten volledig onder invloed van de arbeiders. Velen van hen stelden: "Zodra jullie in opstand komen, openen wij de wapenarsenalen voor jullie en komen wij ook in opstand". Het was ook niet ongewoon voor soldaten en officieren om op bijeenkomsten te spreken. Op 4 december werd een Sovjet van Soldatenafgevaardigden gevormd in het leger en de soldatenafgevaardigden sloten zich aan bij de Sovjet van Arbeiders. Er kwamen ook vage aanhoudende geruchten over de samensmelting tussen soldaten en arbeiders in andere steden. Dat was de toestand toen de staking in Moskou begon.

Op de eerste dag legden zo'n 100.000 arbeiders het werk neer. Twee machinisten die met een trein een station wilden verlaten, werden gedood. Door de hele stad waren er kleine schermutselingen. Een detachement arbeiders overviel en plunderde een wapenwinkel. Vanaf toen verdwenen er gewone politieagenten die hun buurtrondes deden in de straten van Moskou. Er werd daarna alleen nog in groep gepatrouilleerd. Op de tweede dag steeg het aantal stakers naar 150.000. De staking in Moskou was nagenoeg algemeen en begon zich te verspreiden naar de bedrijven rondom Moskou. Overal vonden grootschalige bijeenkomsten plaats. Op het eindstation voor de treinen uit het Verre Oosten werden officieren die terugkwamen uit Mantsjoerije door grote groepen mensen ontwapend. Arbeiders namen tientallen kilo's patronen weg uit een wagon. Later werd er nog een wagonlading wapens in bezit genomen.

Op 8 december, de tweede stakingsdag, besloot het Uitvoerend Comité: "Waar er maar troepen verschijnen, probeer met de soldaten in gesprek te komen en probeer ze met kameraadschappelijke woorden te beïnvloeden ... Probeer voorlopig open botsingen te voorkomen, bied alleen gewapend verzet als de troepen zich op een bijzonder uitdagende manier gedragen". Iedereen begreep dat het beslissende woord door het leger gesproken zou worden. Het kleinste gerucht over de stemming onder het garnizoen ging als een lopend vuurtje rond. Er was een onophoudelijk gevecht tussen de revolutionaire bevolking en de autoriteiten om de gunsten van het leger.

Een voorbeeld: nadat ze gehoord hadden dat mannen van de infanterie door de straat hadden gemarcheerd op de klanken van de Marseillaise, zonden de zetters een delegatie naar hen. Maar het was al te laat. De militaire autoriteiten had de opgewonden soldaten laten omsingelen door Kozakken en dragonders[32] en ze teruggeleid naar de barakken, om daarna hun eisen in te willigen. Diezelfde dag kreeg een politiecommandant met het bevel over 500 Kozakken de opdracht het vuur te openen op demonstranten. De Kozakken weigerden dit, traden in overleg met de demonstranten en, daarna, op een bevel gegeven door een zelf aangestelde officier, keerden zij hun paarden en reden langzaam weg, onder gejuich van de demonstranten.

De *druzhinniki*, oftewel, de gewapende tak van de revolutionaire organisaties, werden steeds actiever. Elke politieagent die ze tegenkwamen werd systematisch ontwapend. De opdracht “Handen omhoog” werd toen ook uitgevaardigd om de veiligheid van de activisten beter te waarborgen. Wie aan het bevel geen gehoor gaf werd doodgeschoten. Soldaten werden expres met rust gelaten uit angst zich van hen te vervreemden. Op een bijeenkomst ging men zelfs zo ver om te besluiten dat iemand die het vuur opende zonder expliciete opdracht van de bevelvoerder van het detachement direct geëxecuteerd moest worden. Arbeiders bij de fabriekspoorten voerden constant agitatorisch werk uit onder de aanwezige soldaten.

Vanaf de derde dag van de staking begonnen er bloedige conflicten met het leger uit te breken. Een voorbeeld: een squadron dragonders jaagt een avondbijeenkomst uit elkaar die wordt gehouden op een plein in de stad, onverlicht vanwege de staking. “Broeders, laat ons ongemoeid, we steunen jullie”!, klinkt het vanuit de bijeenkomst. De soldaten rijden weer weg. Maar een kwartier later komen ze in grotere aantallen terug en vallen de protestbijeenkomst aan. Het is donker, paniek, geschreeuw, gevloek; een deel van de bezoekers probeert te schuilen in de stationsrestauratie. De dragonders eisen overgave. De menigte weigert. Er worden diverse salvo’s afgevuurd; een scholier wordt gedood, een aantal mensen raakt gewond. Met een belast geweten of uit angst voor represailles galopperen de dragonders weer weg. “Moordenaars”! De menigte verzamelt zich om de lichamen van de eerste slachtoffers, de vuisten van woede gebald. “Moordenaars”! De menigte zoekt een uitlaatklep voor haar emoties. In de duisternis, omringd door gevaar, zoeken de mensen een uitweg, lopen tegen

32. Een dragonder was een infanterist die zich per paard (“bereden”) verplaatste en te voet (“afgestegen”) vocht.

obstakels aan, zetten door. Er worden meer schoten gelost. "Moordenaars"! De menigte begint barricades te bouwen. Door een gebrek aan ervaring wordt er onhandig en niet systematisch gewerkt. In het donker beginnen dertig of veertig mensen de revolutionaire begrafenishymne '*Je bent slachtoffer*' te zingen. Meer salvo's, meer doden en gewonden. De nabijgelegen binnenplaatsen worden omgevormd tot eerstehulpposten, buurtbewoners dragen brancards en bewaken de poorten.

In een ander geval kwam een protestbijeenkomst van zo'n tienduizend arbeiders oog in oog te staan met een detachement Kozakken. Twee vrouwen die rode vlaggen droegen, stapten naar voren en wierpen zich op de Kozakken: "Ga je gang, schiet maar op ons", riepen ze uit, "maar we geven onze vlag niet levend over". De Kozakken zijn verrast en voelen zich beschaamd. Het beslissende moment. De menigte, die hun twijfeling voelt, probeert de Kozakken te paaien: "We staan hier onbewapend, met lege handen. Gaan jullie echt op ons schieten"? "Als jullie ons niet beschieten, schieten wij ook niet op jullie", antwoorden de Kozakken. Hun bevelhebber, angstig en boos, barst in scheldtirades uit. Maar te laat. Zijn stem gaat ten onder in het uitgelaten geschreeuw van de menigte. Iemand houdt een korte toespraak, de menigte juicht. Een minuut later draaien de Kozakken hun paarden om en galopperen weer weg, met de geweren over hun schouders.

Uiteindelijk, nadat legertroepen een grote bijeenkomst uiteen hadden gejaagd en de onbewapende menigte met stokslagen uiteen hadden gedreven, werd de stemming in de stad wat grimmiger. Steeds meer mensen gingen de straat op, en allerlei geruchten deden continue de ronde. Elk gezicht had de combinatie van tegelijkertijd opgewonden spanning en bedrukte angst in zich. De schrijver Maxim Gorki, op dat moment in Moskou, noteerde:

> "Velen geloven dat het de revolutionairen waren die zijn begonnen met het optrekken van barricades. Dat klinkt erg flatteus, maar het klopt niet helemaal. Het was de gewone man van de straat, de niet-partij gebonden mensen, die begonnen met het optrekken van barricades. En dat maakt deze gebeurtenissen zo bijzonder. De eerste barricades op de Tverskaya werden onder een ludieke stemming opgericht, met grappen en gelach en een enorm grote variëteit van mensen nam deel aan deze gezellige klus; van de respectabele heer in een duur pak tot de chef-kok en de schoonmaker, die tot dan toe allen deel

uitmaakten van de “gevestigde orde”. Dragonders vuurden een salvo af op de barricade, enkele mensen raakten gewond, sommigen worden gedood. Kreten van verontwaardiging barsten uit, er wordt unaniem om wraak geroepen en de hele situatie slaat om. Na dat salvo begon de man in de straat barricades met een serieuze intentie op te richten, niet meer als een spel. Met als doel zijn leven te verdedigen tegen Dhr. Dubasov en zijn dragonders.”

Toen de militaire operaties begonnen, hing de sociaaldemocratische strijdorganisatie een proclamatie op aan de muren van Moskou waarin ze de opstandelingen de volgende technische instructies gaf:

1. Regel een: opereer niet in grote groepen. Handel in kleine groepjes van 3 of 4, niet meer. Maar zorg dat het aantal van dit soort groepen zo hoog mogelijk is en ze moeten allen leren snel te kunnen verschijnen en weer te verdwijnen. De politie probeert eenheden van zo’n honderd kozakken te laten schieten op menigtes van duizend of meer. Wat wij moeten doen is 1 of 2 sluipschutters inzetten tegen 100 Kozakken. Het is makkelijker honderd mensen te raken dan 1, zeker als zo’n persoon verdekt weet te vuren en ongezien weet te verdwijnen, met onbekende bestemming.

2. Kameraden, ga geen versterkte gebouwen bezetten. De troepen zullen ze altijd weten te heroveren of simpelweg met artillerie in puin schieten. Laat onze forten die binnenplaatsen zijn, met in- en uitgangen aan beide kanten en alle plekken waar het makkelijk is om vandaan te schieten en daarna een veilig heenkomen te vinden. Als zo’n plek dan wordt veroverd, dan zullen ze niemand vinden en zelf een hoge prijs hebben betaald.

Deze tactiek van de revolutionairen werd natuurlijk als het ware door de situatie zelf afgedwongen. Daarentegen bleken de regeringstroepen de eerste vijf dagen niet in staat zich aan die tactiek van de tegenstander aan te passen, zodat bloeddorstige wreedheden werden afgewisseld met verwarring en opwinding.

Hier zo’n typisch voorbeeld van een botsing. 24 man van een van de meest roekeloze en dappere *druzhina* in Georgië marcheren zij aan zij openlijk door de straat. Een menigte waarschuwt hen dat 16 dragonders met hun bevelvoerder naar hen onderweg zijn. De *druzhina* stopt, splitst zich op, pakt hun mausers en maakt zich op voor het vuurgevecht. Zodra de bereden eenheid in het zicht komt, vuren de *druzhina*. De officier raakt gewond, net als wat paarden in de voorste rij, die zich omkeren en de dragonders, verrast, kunnen niet terugschieten. Daardoor kunnen de *druzhina* nog zo'n 100 schoten afvuren en de dragonders vluchten in verwarring weg, enkele doden en gewonden achterlatend. "Zorg dat je wegkomt", wordt er vanuit de menigte benadrukt, "zo dadelijk komen ze met de artillerie". En ze hebben gelijk; amper een moment later wordt er artillerievuur ingezet, waardoor enkele tientallen worden gedood en verwond in de onbewapende menigte, die er nooit op had gerekend beschoten te worden. Ondertussen waren de Georgiërs al weer in een vuurgevecht gewikkeld met de troepen op een andere plek. De *druzhina* is bijna onkwetsbaar, omdat ze wordt beschermd door het harnas van publiekelijke steun.

Nog een voorbeeld, zoals er zoveel zijn. Een groep van 13 *druzhinniki,* die zich in een gebouw hadden verschanst, wisten het met 3 pistolen en 2 machinegeweren 4 uur uit te houden tegen zo'n 500 tot 600 schietgrage soldaten. Nadat alle munitie was verbruikt en ze grote verliezen onder de troepen hadden veroorzaakt, trekken de *druzhinniki* zich terug, zonder maar één gewonde; terwijl de soldaten een aantal huizenblokken met artillerie platbombarderen, houten huizen in as leggen en meer dan een paar angstige bewoners vermoorden, allemaal om een dozijn revolutionairen weg te jagen.

De barricades werden niet verdedigd. Ze waren alleen bedoeld als obstakels voor troepenbewegingen, vooral van dragonders. De huizen in de gebieden met barricades waren buiten bereik van het artillerievuur. Na een zware beschieting, namen de troepen de barricade dan in, om er zeker van te zijn dat er zich ook niemand bevond. Maar zodra de troepen weer vertrokken, werd de barricade weer opgebouwd. Vanaf 10 december begon de artillerie van Durnovo het werk serieus aan te pakken. Machinegeweren en karabijnen vuurden onophoudelijk, de ene na de andere straat leeg vegend. De slachtoffers waren niet meer op een hand te tellen. De menigte, boos en wantrouwig, rende van plek naar plek, vol ongeloof over wat zich voor haar ogen voltrok. De soldaten schoten. Echter niet op revolutionairen, maar op een vage vijand met de naam Moskou: Moskouse huizen met kinderen en bejaarden, onbewapende mensen op straat. "Moordenaars"! "Lafaards"! "Is dit de manier waarop je jouw glorie van Mantsjoerije wil herstellen"?

Na die eerste aanvallen, werden er koortsachtig meer en meer barricades opgeworpen. Het ritme van het werk werd breder, de methodes gewaagder.

De menigte zet een groot fruitkraam op zijn kant, een krantenkiosk, halen uithangborden van winkels neer, slopen hekwerk en ijzeren leuningen en bovenleidingen van het tramnet.

"In strijd met het politiebevel dat alle poorten vergrendeld moeten zijn", schreven de reactionaire kranten, "zijn van veel huizen de hekken en deuren uit hun scharnieren gehaald en gebruikt bij de bouw van barricades". Rond 11 december waren zo'n beetje alle belangrijke knooppunten in de stad omringd door een netwerk van barricades. Hele straten waren afgesloten met een web van prikkeldraad.

Dubasov liet bekendmaken dat op elke samenscholing "van meer dan drie personen" onverwijld zou worden geschoten. Maar de dragonders schoten ook op individuen. Eerst werden ze gefouilleerd: als er geen wapen werd gevonden mochten ze vertrekken; om ze daarna een kogel na te sturen. Ze schoten zelfs op mensen die de proclamatie van Dubasov aan het lezen waren! Het was al genoeg als er ergens uit een raam een schot werd gelost – vaak overduidelijk door een *agent-provocateur* – opdat de artillerie het vuur kon openen om de omgeving in puin te schieten. Plassen bloed en bloederige resten haar en hersens op de brokstukken van winkels waren stille getuigen van de granaatscherven. Veel huizen zaten vol gaten. Voor een beschadigd gebouw – afschuwelijke publiciteit voor de opstand! – een bord met een klomp menselijk vlees en de tekst: "Geef geld voor de gewonden".

Na twee of drie dagen werd de stemming onder het garnizoen in Moskou steeds ongunstiger voor de opstandelingen. Vanaf het begin van de ongeregeldheden hadden de militaire autoriteiten een aantal maatregelen in de barakken doorgevoerd: ze hadden de reservetroepen, de vrijwilligers en diegenen die ze het meest onbetrouwbaar achtten, weggezonden en hadden de maaltijdvoorziening voor de overblijvers verbeterd. In het begin werden alleen de meest betrouwbare troepen ingezet. De regimenten waar meer twijfel over bestond, zonder de verwijderde meest politiek bewuste elementen, werden in de kazernes gehouden en kwamen alleen tijdens de tweede fase in actie. In het begin waren deze troepen onwillig en zonder vertrouwen. Maar een willekeurige kogel of de woorden van een officier die op hun vermoeidheid of honger spelen, konden hen tot vreselijke uitwassen van wreedheid drijven. Dubasov versterkte al deze factoren met voldoende gratis vodka: de dragonders waren meestal halfdronken.

Guerrilla-aanvallen veroorzaken niet alleen woede, maar ook vermoeidheid. De algemene vijandigheid van de bevolking had een demoraliserend effect op de soldaten. 13 en 14 december waren dagen van crisis. De dodelijk vermoeide troepen weigerden nog te vechten met een vijand die ze niet konden zien en wiens kracht door alle geruchten schromelijk werd overdreven. In die dagen pleegden een aantal officieren zelfmoord.

Dubasov rapporteerde aan Petersburg dat van de 15.000 man van het garnizoen van Moskou er maar 5000 direct inzetbaar waren, omdat de rest onbetrouwbaar was en vroeg daarom om versterkingen. Hem werd verteld dat een deel van het Petersburgse garnizoen naar de Baltische staten was gezonden, een ander deel onbetrouwbaar was en de rest ter plekke nodig was. Deze informatie raakte in de stad bekend door diefstal van documenten uit het hoofdkwartier van het leger en zorgde voor een krachtige impuls van hoop en moed. Maar Dubasov won. Hij drong erop aan om in direct contact met Tsarskoje Selo te treden per telefoon en verklaarde dat hij anders niet kon garanderen "dat de autocratie intact zou blijven". Direct werd een order uitgevaardigd om het Semyonovski-garderegiment naar Moskou te zenden. Nieuws over de komst van het garderegiment deed de stemming onder de reactionaire groeperingen in Moskou weer stijgen. Een bewapende "militie" die door de 'Unie van het Russische Volk' uit de sloppenwijken bijeen was geraapt, verscheen op straat. De actieve troepen van de regering werden versterkt met troepen uit nabijgelegen steden. De *druzhinniki* waren uitgeput. De gewone man in de straat had genoeg van alle onzekerheid en angst. De moraal van de arbeidersklasse verdampte, de hoop op overwinning verdween. De winkels, banken, kantoren en de beurs gingen weer open. Het verkeer in de straten nam weer toe. Er verscheen weer een krant. Iedereen had het gevoel dat het leven van de barricades ten einde was gekomen. Vuurgevechten in de stad namen af. Op de 16e, met de aankomst van troepen uit Petersburg en Warschau, werd Dubasov heer en meester van de situatie. Hij zette het offensief in en verwijderde in het centrum alle barricades. De hopeloosheid van de situatie erkennend, besloten de Sovjet en de partij die dag om de staking per 19 december te beëindigen.

Tijdens de opstand leidde de wijk Presnya, het Montmartre van Moskou, een geheel eigen leven. Op 10 december, toen de geweerschoten al in het centrum van de stad klonken, was het in Presnya nog rustig. Er waren politieke bijeenkomsten, maar die stelden de menigte niet meer tevreden. De mensen wilden meer en maakten dat overduidelijk aan hun vertegenwoordigers. Om 4 uur 's middags kwam uiteindelijk de oproep uit het centrum om barricades op te richten. Presnya kwam tot leven. Nergens was hier de desorganisatie te vinden die zo overheerste in de rest van de stad. De arbeiders vormden groepen van tien, kozen teamvertegenwoordigers, bewapenden zichzelf met spades, breekijzers, houwelen en bijlen en marcheerden in gelid door de straten, als reguliere stratenmakers. Iedereen had een taak. De vrouwen trokken sledes met hekken en brandhout op straat. Werklui velden en zaagden telegraaf- en lantarenpalen om. In heel Presnya klonk het geluid van hakkende bijlen, alsof er een heel bos werd geveld.

Afgesloten van de stad door legertroepen, veilig omringd door een netwerk van barricades was Presnya omgevormd tot een proletarisch fort. Overal hielden de *druzhinniki* de wacht; 's nachts patrouilleerden ze bewapend tussen de barricades en controleerde passanten met het afgesproken wachtwoord. De jonge vrouwelijke arbeidsters toonden veel enthousiasme. Ze deden verkenningsopdrachten en wisten veel informatie te onttrekken aan gezagsdragers door vriendelijk met ze in gesprek te gaan.

Hoeveel *druzhinniki* waren er in Presnya actief? Op z'n hoogst 200, niet meer. Ze beschikten over ongeveer 80 mausers en revolvers. Ondanks dit kleine aantal waren ze constant in gevecht gewikkeld met de troepen. Soldaten werden ontwapend, zij die weerstand boden werden gedood. Arbeiders repareerden de vernietigde barricades. De *druzhinniki* beperkten zich strikt tot guerrillatactieken: ze vormden groepjes van twee of drie, schoten op de Kozakken en de artilleriemanschappen vanuit verdekte posities in huizen, schuren of wagons, verplaatsten zich snel van de ene naar de andere plek en gaven de vijand overal de volle laag. Op 12 december wisten de *druzhinniki* een machinegeweer te veroveren. Een kwartier lang probeerden ze het apparaat aan de praat te krijgen, maar het lukte niet. Het probleem werd opgelost toen er een regiment dragonders en Kozakken als versterking op het toneel verscheen en zij het machinegeweer wisten te heroveren.

In de avond van 13 december wisten de *druzhinniki* van Presnya zes artilleristen krijgsgevangen te nemen en zij werden naar een fabriek gebracht.

Daar kregen ze aan de gezamenlijke eettafel een maaltijd aangeboden. Tijdens de maaltijd werden er toespraken met een politieke inhoud gegeven. De soldaten luisterden aandachtig en met sympathie. Na de maaltijd werden ze vrijgelaten en mochten ze terug naar hun legerkamp, zonder te zijn gefouilleerd of ontwapend; de arbeiders waren erop gebrand om vriendschappelijke betrekkingen te onderhouden.

In de nacht van 15 december wisten de *druzhinniki* op straat Voyloshnikov, het hoofd van de geheime politie, te arresteren. Ze doorzochten zijn appartement waar foto's werden geconfisqueerd van personen die door de politie in de gaten werden gehouden en zo'n 600 roebel aan publieke gelden. Voyloshnikov werd onmiddellijk ter dood veroordeeld en terechtgesteld op de binnenplaats van de Prokhorov-fabriek. Kalm hoorde hij zijn veroordeling aan en trad dapper de dood tegemoet, nobeler dan zijn leven was geweest.

Gericht mortiervuur op Presnya begon op 16 december. Energiek gingen de *druzhinniki* in een tegenoffensief en dwongen de artillerie zich terug te trekken. Diezelfde dag werd bekend dat Dubasov zijn versterkingen uit Petersburg en Warschau had gekregen en dat was een enorme domper op de moraal. De uittocht van twijfelaars naar het platteland begon. De wegen waren overvol door de stroom van vluchtelingen te voet, beladen met witte schoudertassen.

In de nacht van de zestiende werd Presnya volledig omsingeld en kwam het in de ijzeren wurggreep van de regeringstroepen. Kort na 6 uur in de ochtend van de 17e begon er een genadeloze beschieting. De kanonnen vuurden wel 7 keer per minuut en dat duurde, slechts onderbroken door een pauze van maar 1 uur, tot wel 4 uur in de middag. Veel fabrieken en huizen werden in puin gelegd. De aanval werd van twee kanten uitgevoerd. Huizen en barricades stonden in vuur en vlam, vrouwen en kinderen renden door de straten gevuld met zwarte rook en de lucht was gevuld met het geraas en gedonder van de beschietingen. De gloed was zo fel dat je kilometers verder nog 's nachts kon lezen op straat, alsof het dag was. Tot het middaguur wisten de *druzhinniki* zich nog redelijk te verweren tegen de troepen, maar het aanhoudende vijandelijke vuur dwong hen te stoppen. Slechts een kleine groep *druzhinniki* bleef geheel op eigen verantwoording en risico bewapend en actief.

In de ochtend van de 18e december waren de barricades in Presnya verdwenen. Het werd aan de "vreedzame" bevolking toegestaan Presnya te verlaten; de troepen waren zo nalatig om diegenen die weggingen niet te fouilleren. De *druzhinniki* waren bij de eersten die vertrokken, sommigen nog in bezit van hun wapen. Later waren er wel schotenwisselingen en andere gewelddadigheden van soldaten, maar toen waren er al geen *druzhinniki* meer te bekennen.

De "vredestroepen" van het Semyonovski-regiment, die waren ingezet om de 'rust' bij de spoorwegen te herstellen, kregen de opdracht geen gevangenen te maken en zonder mededogen op te treden. Ze ondervonden nergens tegenstand. Er werd op hen geen schot gelost, maar toch schoten ze ongeveer 150 spoorwegmensen langs de lijn dood. Zonder enige vorm van onderzoek of proces. Gewonden werden van hun brancards gelicht en doodgeschoten. Overal lagen lijken en niemand durfde ze weg te halen. Een van degenen die werd doodgeschoten door de Petersburgse bewakers, was de machinist Oehktomski, die een grote groep *druzhinniki* het leven had gered door met veel te hoge snelheid met zijn trein weg te rijden onder aanhoudend vuur van machinegeweren. Voordat ze hem executeerden, vertelde hij wat hij had gedaan: "Ze zijn allemaal veilig, jullie krijgen ze nooit meer te pakken", waren zijn met kalme trots gesproken laatste woorden.

De opstand in Moskou duurde negen dagen, van de negende tot en met de zeventiende december. Hoeveel strijdkrachten van de opstand waren er in totaal? Hun aantallen waren verwaarloosbaar. De *druzhinniki* van de partij telden 700 tot 800 activisten: 500 sociaaldemocraten en ongeveer 250 tot 300 sociaal-revolutionairen. Ongeveer 500 bewapende spoorlieden bewaakten de stations en de lijnen. Ongeveer 400 bewapende zetters, drukkers en winkelbedienden vormden ondersteunende eenheden. Er waren ook groepjes van ongebonden sluipschutters. Nu ik het daar toch over heb, een groep van vier vrijwilligers uit Montenegro is wel een aparte vermelding waard. Uitstekende scherpschutters, dapper en onvermoeibaar, werkten ze als groep samen, alleen politieagenten en legerofficieren dodend. Twee van hen werden gedood, een raakte gewond, het geweer van de vierde werd vernietigd. Hij werd van een nieuw geweer voorzien en bedreef daarna zijn verschrikkelijke sport in zijn eentje. Iedere dag kreeg hij 50 patronen, maar hij klaagde altijd dat het te weinig was. Het leek wel of hij in een roes verkeerde, verteerd door het verlies van zijn kameraden op zoek naar dodelijke wraak voor dat verlies.

Hoe kon zo'n klein aantal *druzhinniki* anderhalve week lang gevecht leveren tegen een troepenovermacht van vele duizenden? Het antwoord op dit raadsel van de revolutie ligt in de stemming onder de overgrote meerderheid van de bevolking. De hele stad, met al haar straten, stegen, muren en hekken vormde een grote samenzwering tegen de regeringstroepen. Het miljoen inwoners vormde een levende muur tussen de guerrilla en de regeringstroepen. Er waren maar een paar honderd *druzhinniki*. Maar de barricades werden opgebouwd en herbouwd door de menigte. De mensen omringden de bewapende revolutionairen in een sfeer van actieve sympathie en er altijd op gericht om de plannen van de regering te dwarsbomen, waar het maar kon. Wie waren die honderdduizenden sympathisanten? De intelligentsia, de kleinburgers, maar bovenal de arbeiders. Uitgezonderd de vandaliserende huurlingen, stond alleen de kapitalistische toplaag aan de kant van de regering. De stadsdoema van Moskou, die zich twee maanden voor de opstand nog zo radicaal had uitgesproken, had zich haastig en vierkant achter Dubasov geschaard. Naast de oktobrist Goetskov, nam nu ook Golovin, de toekomstige voorzitter van de tweede Doema voor de Kadettenpartij, zitting in de algemene adviesraad van de stadsgouverneur.

Hoeveel slachtoffers zijn er bij de opstand in Moskou gevallen? Het exacte aantal is onbekend en zal nooit worden vastgesteld. De gegevens uit de 47 ziekenhuizen en klinieken duiden op 885 gewonden, waarvan 174 uiteindelijk met dodelijke afloop. Maar degenen die werden gedood werden bijna nooit naar een ziekenhuis gebracht. De meesten lagen rond het politiebureau en werden 's nachts heimelijk begraven. In die dagen werden er 454 slachtoffers, gedood dan wel dodelijk gewond, officieel begraven. Maar er werden veel lijken in spoorwegwagons afgevoerd. Ik denk niet dat we er ver naast zitten als we het dodental van de opstand in Moskou op ongeveer duizend schatten en evenzoveel gewonden. Hieronder 86 kinderen, waarvan er een aantal minderjarig onder de wapens waren. Deze aantallen worden des te belangwekkender als we ons herinneren dat als gevolg van de Maartopstand in Berlijn in 1848, die een onherstelbare scheur wist te slaan in het Pruisische absolutisme, het aantal slachtoffers maar 183 bedroeg. De regering heeft nooit het aantal slachtoffers dat aan beide zijden viel bekendgemaakt; het officiële rapport schrijft over "enkele tientallen" gedode of gewonde soldaten. In werkelijkheid waren het er enkele honderden. De prijs was echter niet te hoog, want Moskou stond op het spel: "het hart van Rusland".

Als we de grensregio's buiten beschouwing laten (de Kaukasus en de Baltische staten) dan lag het meeste gewicht van de decemberopstand in Moskou. Maar er waren ook barricades en vuurgevechten met regeringstroepen in andere steden, waaronder Charkov, Alexandrovsk, Nizhny Noygorod, Rostov en Tver.

Nadat de opstand overal was gebroken, brak het tijdperk van de strafexpedities aan. Zoals de officiële instructie al aangaf, ging het er niet om een vijand te bestrijden maar wraak te nemen op de overwonnenen. In de Baltische staten, waar de opstand twee weken eerder was uitgebroken dan in Moskou, werd de strafexpeditie uitgevoerd door in groepen opgedeelde detachementen, die hun bloeddorstige opdrachten kregen van de Baltische baronnen, de smerige kaste van waaruit de Russische bureaucratie haar meest brute vertegenwoordigers selecteerde. Arbeiders en boeren in Letland werden doodgeschoten, opgehangen, doodgeknuppeld, moesten spitsroeden lopen en werden geëxecuteerd onder de klanken van het tsaristische volkslied. Volgens zeer onvolledige informatie werden 749 mensen geëxecuteerd, werden er 100 boerderijen platgebrand en werden er veel mensen doodgeslagen in de Baltische staten binnen een periode van 2 maanden.

Dat was dus dc wijzc waarop hct absolutismc, bij Gods gratic, vocht om haar voortbestaan. Tussen 9 januari 1905 en het bijeenkomen van de eerste Staatsdoema op 27 april 1906, doodde de tsaristische regering, in geschatte maar niet overdreven aantallen, meer dan 14.000 mensen, waarvan er zeker 1000 werden geëxecuteerd, raakten er meer dan 20.000 gewond (waarvan er veel aan hun verwondingen overleden) en 70.000 mensen werden gevangengenomen of verbannen. Die prijs was niet buitensporig, want het voortbestaan van het tsarisme stond op het spel.

HOOFDSTUK 22

SAMENVATTING

De geschiedenis van de Raad of Sovjet van Arbeidersafgevaardigden in Petersburg is er een van 50 dagen. De oprichtingsvergadering vond plaats op 13 oktober 1905. Met het ingrijpen van de troepen tijdens een bijeenkomst werd haar bestaan op 3 december beëindigd.

Op haar eerste bijeenkomst waren er maar een twintigtal mensen aanwezig, in de tweede helft van november was dit al gegroeid tot 562, inclusief 6 vrouwen. Deze mensen vertegenwoordigden 147 fabrieken en bedrijven, 34 werkplaatsen en 16 vakbonden. Het overgrote deel van de afgevaardigden – 351 mensen – waren metaalarbeiders; zij speelden een doorslaggevende rol in de Sovjet. Er waren afgevaardigden vanuit de textielindustrie, 32 van de drukkerijen en papierindustrie, 12 van de winkelbediendes, kantoormedewerkers en drogisterijen. Het Uitvoerend Comité vormde als het ware de ministersposten in de raad. Ze werd op 17 oktober ingesteld en bestond uit 31 personen – 22 afgevaardigden en 9 partijvertegenwoordigers (6 uit de twee sociaaldemocratische fracties en 3 sociaal-revolutionairen).

Wat was nu feitelijk het karakter van dit instituut dat in zo'n korte tijd de meest vooraanstaande plaats in de revolutie kon innemen tijdens het hoogtepunt van haar macht?

De Sovjet organiseerde de werkende massa's, stuurde de politieke stakingen en demonstraties aan, bewapende de arbeiders en beschermde de bevolking tegen pogroms. Vergelijkbaar werk werd er natuurlijk al verricht door andere revolutionaire organisaties, voordat de Sovjet ontstond en tijdens het bestaan ervan ermee concurrerend. Dit was ook het geval nadat de Sovjet weer was ontbonden. Maar dat levert hen niet de invloed op die de Sovjet wist te verwerven. Het geheim van die invloed ligt in het feit dat de Sovjet groeide als een natuurlijk organisme van het proletariaat in haar aanhoudende gevecht om voortbestaan, gedicteerd door de dagelijkse loop van de gebeurtenissen. De naam "arbeidersparlement" die de arbeiders aan de Sovjet gaven, net zoals de reactionaire media overigens, was de weerspiegeling van het feit dat de Sovjet in werkelijkheid een embryo van een arbeidersregering was. De Sovjet vertegenwoordigde macht, inzoverre die werd gegarandeerd door de revolutionaire kracht van de arbeidersdistricten; zij moest om die macht vechten waar die nog in handen bleef van de militair-politieke monarchie.

Voordat de Sovjet ontstond, waren er onder de industriële arbeiders een veelvoud van revolutionaire organisaties actief, die over het algemeen onder leiding stonden van de sociaaldemocratische partij. Maar dat waren organisaties *binnen het proletariaat* en hun onmiddellijke doel was invloed over de massa's te verwerven. De Sovjet was vanaf haar begin de organisatie *van het proletariaat* en haar doel was het gevecht voor een revolutionaire machtsovername.

Toen ze de focus van alle revolutionaire aandacht van het land werd, heeft de Sovjet haar klassenkarakter weten te behouden. Zij was en bleef de georganiseerde uitdrukking van klassenbelangen van het proletariaat. In haar strijd om de macht gebruikte zij dan ook methodes die natuurlijkerwijs waren afgeleid van de klassenpositie van het proletariaat: haar rol in de productie, haar grote aantal, haar sociale homogeniteit. Bovenal combineerde en leidde de Sovjet in haar gevecht om de macht, als het hoofd van alle revolutionaire krachten, vele verschillende onafhankelijke activiteiten onder de werkende massa's; ze moedigde niet alleen vakbondslidmaatschap aan, maar greep ook in bij lopende conflicten tussen individuele arbeiders en hun collega's. Juist omdat de Sovjet het middelpunt vormde van alle klassenbelangen van het proletariaat, als vertegenwoordigend lichaam in een revolutionaire periode, kwam ze onder een allesbeslissende invloed te staan van de sociaaldemocratische partij. De partij was nu in de gelegenheid om alle enorme voordelen van haar marxistische opleiding te gebruiken en omdat zij haar politieke koers duidelijk kon uitstippelen in de politieke "chaos", slaagde ze er bijna moeiteloos in de Sovjet, die formeel niet-partijgebonden was, om te vormen tot een organisatorisch instrument onder haar invloed.

De gebruikelijkste strijdmethode van de Sovjet was de politieke algemene staking. De revolutionaire kracht van zo'n staking ligt in het feit dat deze de staatsmacht desorganiseert, ongeacht de wensen van het staatshoofd. Hoe uitgebreider de staking, hoe groter de "anarchie" die door de staking wordt veroorzaakt, hoe dichter de staking bij een overwinning is. Maar dat alles onder één bepaalde voorwaarde: de anarchie mag niet worden gecreëerd met anarchistische methodes. Want de klasse die, door het gelijktijdig gezamenlijk neerleggen van het werk, het productieproces stillegt en daarmee ook het centrale machtsapparaat, zodat delen van het land van elkaar geïsoleerd raken wat tot algemene verwarring leidt, moet zich voldoende hebben georganiseerd om niet het eerste slachtoffer te worden van de anarchie die ze zelf heeft geschapen. Hoe meer de staking het staatsapparaat lamlegt, des te groter wordt de druk op de staking om taken van de staat zelf over te nemen. Die omstandigheden rond een algemene staking als proletarische strijdmethode, bepaalden dus ook het immense belang van de raad of de Sovjet van Arbeidersafgevaardigden.

Met behulp van stakingen werd door de Sovjet de persvrijheid gewonnen. Ze organiseerde straatpatrouilles om de veiligheid van de bewoners te garanderen. In meer of mindere mate nam ze de post, de telegrafie en het treinverkeer in eigen handen. Ze greep met autoriteit in bij economische conflicten tussen arbeiders en kapitalisten. Zij deed een poging om onder directe revolutionaire druk de achturenwerkdag in te voeren. Met het lamleggen van de autoritaire staatsmacht door de opstandige staking, introduceerde ze een eigen vrije democratische orde in het leven van de werkende stedelijke bevolking.

Na 9 januari bewees de revolutie dat ze het bewustzijn van de werkende meerderheid van de bevolking beheerste. Op 14 juni, met de muiterij aan boord van de kruiser *Potemkin*, bewees de revolutie dat ze zich materiële middelen wist te verwerven. Met de oktoberstaking toonde zij aan dat ze de vijand kon desorganiseren, diens wilskracht kon verlammen en volledig kon vernederen. En uiteindelijk, door in het hele land arbeiderssovjets te organiseren, toonde de revolutie dat zij in staat was haar eigen machtsorganen te creëren. Revolutionaire macht kan alleen worden ontleend aan actieve revolutionaire kracht. Wat eenieders visie op de toekomstige ontwikkeling van de Russische revolutie ook moge zijn, feit blijft dat geen enkele andere sociale klasse behalve het proletariaat, zich bereid en in staat heeft getoond de revolutionaire macht te ondersteunen.

De eerste akte van de revolutie was een poging tot een dialoog van het proletariaat en de monarchie in de straten van de stad; de eerste belangrijke overwinning van de revolutie werd behaald door een puur klassewapen van het proletariaat: de politieke staking; uiteindelijk vormde het vertegenwoordigende lichaam van het proletariaat het eerste embryonale orgaan van revolutionaire macht. Met het ontstaan van de Sovjet hadden we de eerste verschijning van een democratische macht in het moderne Rusland. De Sovjet is de georganiseerde macht van de massa zelf over haar verschillende delen. Ze vormt een authentieke democratie, zonder een eerste en tweede kamer, zonder professionele bureaucratie, maar met het recht van de stemmers om hun vertegenwoordigers op ieder moment terug te roepen. Via haar leden – allen afgevaardigden die direct door arbeiders zijn gekozen – oefent de Sovjet rechtstreekse leiding uit over alle maatschappelijke uitingen van het proletariaat als geheel en van haar individuele groepen; ze organiseert haar acties en voorziet ze van slogans en banieren.

Volgens de telling van 1897 woonden er ongeveer 820.000 "actief werkende" personen in Petersburg, waarvan 433.000 handarbeiders en huishoudelijk personeel. In andere woorden; ongeveer de helft, 53% van de inwoners van Petersburg waren proletariërs. Als we de werkloze bevolking erbij tellen, komen we op een iets lager percentage (50,8%), mede als gevolg van de kleine omvang van de proletarische gezinnen. Maar hoe dan ook, het proletariaat van Petersburg vormde iets meer dan de helft van de bevolking van Petersburg.

De Sovjet van Arbeidersafgevaardigden was niet de officiële vertegenwoordiger van de half miljoen grote proletarische bevolking van de hoofdstad; organisatorisch gesproken vertegenwoordigde ze ongeveer 200.000 personen, voornamelijk arbeiders van fabrieken en bedrijven, maar haar politieke invloed, zowel direct als indirect, reikte veel verder, naar de bredere en belangrijke kringen van het proletariaat (arbeiders in de bouw, huishoudelijk personeel, ongeschoolde arbeidskrachten, taxibestuurders en koetsiers), die niet of nauwelijks in de raad waren vertegenwoordigd. Maar het kan niet worden betwijfeld dat de Sovjet de belangen van de hele werkende klasse vertegenwoordigde. Zelfs waar er zogenaamde "Zwarte Honderd"-groepen bestonden in bedrijven, nam hun aantal met de dag en het uur af. Onder de proletarische massa's in Petersburg vond de politieke overmacht van de Sovjet geen tegenstanders, alleen medestanders. De enige uitzondering hierop vormde misschien een kleine laag van geprivilegeerde dienstbodes – lakeien van de hooggeplaatste lakeien in de bureaucratie, van ministers, beurshandelaren en adellijke blaaskaken; mensen voor wie conservatisme en monarchie een beroepsziekte vormen.

Onder de in Petersburg zo talrijke intelligentsia had de Sovjet meer vrienden dan vijanden. Duizenden studenten erkenden de politieke leiding van de Sovjet en ondersteunden krachtdadig haar maatregelen. De beroepskrachten en de intelligentsia in de openbare diensten, met uitzondering van diegenen die zich achter hun bureaus hadden volgevreten, stonden aan haar kant – voor zolang als het duurde.

De energieke steun van de Sovjet aan de staking bij de post en de telegrafie leidde tot de sympathieke aandacht van de lagere ambtenarij. Allen in de stad die zich onderdrukt en tekortgedaan voelden, en die oprecht en levenslustig waren, werden bewust of onbewust in de richting van de Sovjet gestuwd.

Wie stonden er tegenover? De vertegenwoordigers van het roofzuchtige kapitalisme, de beurshandelaren die speculeerden op prijsstijgingen, projectontwikkelaars, handelaren en exporteurs die door de stakingen werden geruïneerd, leveranciers van edelmetalen, de kliek die rond de Petersburgse Doema rondhangt (het butlersyndicaat), de toplaag van de bureaucratie, *poules de luxe*, een oord dat volledig uit het staatsbudget werd gefinancierd met duur betaalde en rijk gedecoreerde publieke figuren, de geheime politie – kortom alles en iedereen die rot, verdorven of tot de ondergang verdoemd was.

Tussen de aanhangers en de vijanden van de Sovjet stonden de politiek onbepaalde, twijfelende of onbetrouwbare elementen. De meest onderontwikkelde lagen van de kleinburgerij, nog niet politiek actief, hadden geen tijd om de rol en het belang van de Sovjet te doorgronden. Eigenaren van kleine werkplaatsen met mensen in loondienst waren bang en op hun hoede, de afkeer van de kleine ondernemer voor stakingen vocht met vage verwachtingen van een betere toekomst.

De carrièrebeluste beroepspolitici uit intellectuele kringen, radicale journalisten die niet precies wisten wat ze wilden, de met scepsis overladen democraten, allen sloegen een aangebrande en neerbuigende toon aan tegen de Sovjet. Ze telden de fouten van de Sovjet op hun vingers af en propageerden in het algemeen dat wanneer zij maar aan het hoofd van de Sovjet zouden staan, het eeuwige geluk van het proletariaat voor altijd zou zijn verzekerd. Het excuus van zulke heren is altijd hun onmacht.

Hoe dan ook was de Sovjet het orgaan dat in potentie en feitelijk de overgrote meerderheid van de bevolking vertegenwoordigde. Haar vijanden onder de bevolking zouden geen bedreiging voor haar macht hebben gevormd als ze niet werden gesteund door het absolutisme, dat nog steeds in leven was en op zijn beurt werd gesteund door de meest onderontwikkelde lagen van het leger, de horige plattelandsdienstplichtigen. De zwakte van de Sovjet lag niet zozeer in haar vorm, maar het feit dat ze een orgaan van de puur stedelijke revolutie was.

De periode van 50 dagen vormde het hoogtepunt van revolutionaire macht. De Sovjet was het strijdorgaan om die macht. Het klassenkarakter van de Sovjet werd bepaald door de scherpe klassenverdeling onder de stedelijke bevolking en de grote politieke tegenstellingen tussen het proletariaat en de kapitalistische bourgeoisie, zelfs binnen het geschiedkundig beperkende raamwerk van de strijd tegen het absolutisme. Na de oktoberstaking probeerde de kapitalistische bourgeoisie de revolutie bewust te vertragen; de kleinburgerij bleek niet in staat een onafhankelijke rol te spelen; het proletariaat had de onbetwiste leiding over de stedelijke revolutie en haar eigen klassenorganisatie was haar wapen in het gevecht om de macht.

De macht van de Sovjet nam toe naarmate de regering meer en meer gedemoraliseerd raakte. In niet-proletarische kringen nam de sympathie voor de Sovjet toe, omdat de oude staatmacht steeds vaker hulpeloos en incompetent overkwam in vergelijking met de Sovjet.

Het voornaamste wapen van de Sovjet was de grootschalige politieke staking. Omdat deze directe revolutionaire banden smeedt tussen alle groepen van het proletariaat en arbeiders in alle bedrijven steunt met de autoriteit en kracht van de hele werkende klasse, wist ze genoeg macht te ontwikkelen om het hele economische leven van het land plat te leggen. Hoewel het bezit van de productiemiddelen in handen bleef van de kapitalisten en de staat en ondanks het feit dat de bureaucratie de staatsmacht behield, lag het feitelijk laten draaien van de landelijke productie- en communicatiemiddelen in handen van de Sovjet – voor zover het de mogelijkheid in zich had om het normale functioneren van de economische en staatsaangelegenheden te ontregelen. Juist die mogelijkheid van de Sovjet, een in de praktijk bewezen kracht, om de economie plat te leggen en het leven van de staat te ontregelen, maakte de Sovjet tot wat ze was. En juist daarom was het hopeloos utopisch om naar manieren te zoeken waarop de Sovjet en het oude regime vreedzaam naast elkaar konden bestaan. Nochtans was alle kritiek op de Sovjet, als we naar de werkelijke inhoud kijken, juist gebaseerd op dat fantasievolle idee. Na oktober had de Sovjet van alle offensieve actie moeten afzien en zich moeten richten op het organiseren van de massa's op het terrein dat van het absolutisme was gewonnen.

Maar wat was het karakter van de overwinning in oktober?

We kunnen niet ontkennen dat als gevolg van de oktobercampagne het absolutisme zich 'in principe' herriep. Het had het gevecht echter niet verloren, het weigerde feitelijk om het gevecht aan te gaan. Het nam geen serieuze maatregelen om het plattelandsleger in te zetten tegen de muitende, stakende steden. Uiteraard was het niet om humanitaire redenen dat het van zo'n poging afzag; het was simpelweg uitermate ontmoedigd en van zijn aanzien bestolen. De liberale elementen binnen de bureaucratie, wachtend op hun kans, kregen pas de overhand toen de staking alweer aan het verlopen was en publiceerden op 17 oktober het Manifest, waarin zogenaamd 'in principe' afstand werd gedaan van het absolutisme. De hele materiële organisatie van de staat - de ambtelijke hiërarchie, de politie, de rechtbanken, het leger - bleef allemaal onvervreemdbaar eigendom van de monarchie. Wat kon en moest onder zulke omstandigheden de tactiek van de Sovjet zijn? Haar kracht bestond uit het feit dat ze, met de steun van het productieve proletariaat, in staat was (voor zover als zij dit kon) het absolutisme juist het gebruik van haar materiële machtsapparaat te ontzeggen. Vanuit dit oogpunt bestond de activiteit van de Sovjet uit het organiseren van "anarchie". Haar voortdurende bestaan en ontwikkeling zou die "anarchie" alleen maar uitbreiden. Langdurige coëxistentie was een onmogelijkheid. Het toekomstige conflict was vanaf het begin de verkapte boodschap van de halve overwinning in oktober.

Wat kon de Sovjet nog doen? Doen alsof we niet in de gaten hadden dat een conflict onvermijdelijk was? Ze laten geloven dat we de massa's aan het organiseren waren voor de toekomstige vreugde van een grondwettelijk regime? Wie had dat geloofd? Het absolutisme zeker niet en de werkende klasse al helemaal niet.

Het voorbeeld van de twee navolgende Doema's toonde later hoe compleet nutteloos uiterlijk correct vertoon – lege vormen van loyaliteit – zijn in de strijd tegen het absolutisme. Om in staat te zijn geweest te anticiperen op de "grondwettelijke" hypocrisie in een autocratisch land had de Sovjet uit ander materiaal hebben moeten bestaan. Maar waar zou dat toe hebben geleid? Naar hetzelfde einde als dat van de twee Doema's: een bankroet.

Er bleef voor de Sovjet niets anders over dan in te zien dat een toekomstige botsing onvermijdelijk was; ze kon geen andere tactiek kiezen dan de voorbereiding tot opstand.

En wat zou de aard van die maatregelen zijn geweest, anders dan het ontwikkelen en consolideren van die kwaliteiten van de Sovjet waaraan zij haar kracht ontleende en die haar in staat stelden het staatsleven lam te leggen? Uiteraard leidde die logische tendens van de Sovjet om haar kwaliteiten uit te breiden en te versterken juist tot het onvermijdelijk dichterbij brengen van het conflict.

Meer en meer poogde de Sovjet invloed te vergaren over het leger en de boeren. In november riep de Sovjet de arbeiders op tot het uiten van actieve solidariteit met het ontwakende leger, zoals werd gepersonifieerd door de matrozen van Kronstadt. Deze stap niet nemen, zou een weigering inhouden om haar invloed uit te breiden. Het wel doen, betekende een stap dichter zetten naar het conflict.

Maar was er misschien een derde weg? Misschien had de Sovjet, samen met de liberalen een beroep moeten doen op het zogenaamde "staatsmanschap" van de autoriteiten? De grens zoeken en vinden die de rechten van de gewone bevolking scheidde van de voorrechten van de monarchie en bij die heilige grens zichzelf een halt toeroepen? Wie kon echter garanderen dat ook de monarchie zich aan haar kant van de scheidslijn niet zou roeren? Wie moest die vrede organiseren, of zelfs maar een tijdelijk bestand sluiten tussen die twee kampen? Het liberalisme? Op 18 oktober stelde een van de afgevaardigden in de Sovjet voor om graaf Witte een voorstel te schrijven om als handreiking naar de bevolking, de troepen uit de hoofdstad terug te trekken. "Het is beter om zonder elektriciteit en water te zitten, dan zonder het leger", was het antwoord van de minister. De regering had duidelijk geen enkele intentie om te ontwapenen.

Wat kon de Sovjet nog doen? Ofwel van het toneel verdwijnen, de kwestie overlatend aan de Verzoeningskamer en een toekomstige Staatsdoema, wat de liberalen het liefste wilden; of voorbereidingen treffen om gewapenderhand te behouden wat in oktober was gewonnen en, indien mogelijk, een nog groter offensief in te zetten. We weten maar al te goed dat de verzoeningskamer veranderde in een nieuw toneel van revolutionair conflict. Met als gevolg dat de objectieve rol die de twee Doema's hebben gespeeld de voorspelde politieke bevestiging vormden van de tactiek waarop het proletariaat zich had gebaseerd. Maar we hoeven niet zover vooruit te lopen. We vragen alleen: wie of wat garandeerde de vorming van zo'n "verzoeningskamer" waarin niemand zich met elkaar ging verzoenen? Datzelfde "staatsmanschap" van de monarchie? Haar heilige beloften? Het erewoord van graaf Witte? Het bezoek van de *zemtsy* aan Peterhof, waar ze door de achterdeur naar binnen moesten? De waarschuwende woorden van de heer Mendelssohn? Of, uiteindelijk, de 'natuurlijke loop der dingen', op wiens schouders het liberalisme alle taken plaatst die de geschiedenis, waar zij roept om initiatief, intelligentie en kracht, van het liberalisme zelf verlangt?

Als de botsing van december onvermijdelijk was, lag de oorzaak van de nederlaag van de Sovjet dan niet bij haar eigen samenstelling? Er werd gezegd dat de fundamentele zwakte van de Sovjet in haar klassensamenstelling lag. Om het orgaan van een "nationale" revolutie te kunnen worden, had de Sovjet haar structuren moeten verbreden, zodat vertegenwoordigers van alle lagen van de bevolking erin plaats hadden kunnen nemen. Dat had op zijn beurt de autoriteit van de Sovjet gestabiliseerd en haar kracht vergroot. Maar is dat in werkelijkheid ook zo?

De kracht van de Sovjet werd bepaald door de rol van het proletariaat in een kapitalistische samenleving. De taak van de Sovjet was niet om zichzelf om te vormen tot een parodie van een parlement, of het organiseren van een evenredige vertegenwoordiging van verschillende sociale groepsbelangen, maar om eenheid te brengen in de revolutionaire strijd van het proletariaat. Het voornaamste wapen in die strijd was de politieke staking – een unieke methode van het proletariaat, omdat zij de klasse van loonarbeiders vormt. De homogeniteit in haar klassensamenstelling verwijderde interne wrijving binnen de Sovjet en maakte het haar mogelijk revolutionair initiatief te nemen.

Met welke middelen had de Sovjet haar samenstelling kunnen verbreden? De vertegenwoordigers van de liberale vakbonden hadden kunnen worden uitgenodigd zitting te nemen; dat had de Sovjet dan verrijkt met ongeveer een twintigtal intellectuelen. Hun invloed in de Sovjet zou in verhouding zijn tot de rol die het Verbond van Vakverenigingen in de revolutie speelde, verwaarloosbaar klein.

Welke andere sociale groepen konden er door de Sovjet vertegenwoordigd worden? Het *zemstvo*-congres? De handel en industriële ondernemingen?

Het *zemstvo*-congres kwam in Moskou bijeen in november. Het bediscussieerde zijn relatie met het ministerie van Witte. Het bespreken van de verhouding tot de Sovjet kwam niet eens bij de deelnemers op.

De opstand in Sebastopol vond plaats toen het congres bezig was. Zoals we zagen leidde dit onmiddellijk tot een scherpe draai naar rechts in de *zemstvo*, dusdanig dat Miljoekov zich gedwongen voelde het congres gerust te stellen met een toespraak die zoveel inhield dat de opstand, godzijdank, al was onderdrukt. Welke revolutionaire vorm van samenwerking had er kunnen ontstaan tussen deze contrarevolutionaire heren en de arbeidersafgevaardigden die de opstand in Sebastopol juist toejuichten en steunden? Tot op heden heeft niemand daar antwoord op gegeven. Een van de half oprechte, half hypocriete punten van het liberalisme is dat het leger buiten de politiek moet blijven. In tegenstelling hiermee legde de Sovjet juist heel veel energie aan de dag om het leger in de revolutionaire politiek te betrekken. Of had de Sovjet dan maar een oneindig vertrouwen in het Manifest van de tsaar moeten leggen en had ze het leger maar aan Trepov moeten overlaten? En dan? Wat was dan het programma op basis waarvan samenwerking met de liberalen denkbaar zou kunnen zijn op dit enorm belangrijke terrein? Wat hadden deze heren kunnen bijdragen aan de activiteiten van de Sovjet, anders dan systematische oppositie, eindeloze debatten en interne demoralisatie? Welke adviezen hadden ze ons kunnen geven, dan die zij altijd al spuwden in hun liberale kranten? Het mag dan zo zijn dat het "staatsmanschap" de drijfveer was van de Kadetten en de oktobristen; maar de Sovjet kon zich niet omvormen tot een club van politieke polemieken en wederzijdse indoctrinatie. Ze moest een strijdorgaan zijn en blijven.

Wat hadden de vertegenwoordigers van het burgerlijk liberalisme en de burgerlijke democratie kunnen toevoegen aan de kracht van de Sovjet? Hoe hadden zij de strijdmethoden van de Sovjet kunnen verrijken? Het is al voldoende om de weinige weerstand in herinnering te brengen die ze in oktober, november en december in de schaal legden toen *hun eigen* Doema werd ontbonden, om te begrijpen dat de Sovjet ertoe gerechtigd was, verplicht zelfs, om een klasse-organisatie te blijven, oftewel, een strijdorgaan. Burgerlijke afgevaardigden zouden de Sovjet in aantal wel hebben vergroot, maar waren absoluut niet in staat haar sterker te maken.

Op basis van ditzelfde punt verwerpen we dan ook die puur versimpelde onhistorische beschuldigingen dat de onverzoenlijke klassentactiek van de Sovjet de liberale burgerij terug in kamp van de orde joeg. Het staken van de arbeid, dat zichzelf een machtig wapen van de revolutie betoonde, introduceerde ook "anarchie" in de economie. Dat feit op zich was al genoeg om het zich hiertegen verzettende kapitaal achter de slogan van publieke rust en orde te brengen en de kapitalistische uitbuiting te verkiezen boven alle leuzes van het liberalisme.

De ondernemers besloten dat de "glorieuze" (zoals zij dat noemden) oktoberstaking ook gelijk de laatste moest zijn – en organiseerden zich in de antirevolutionaire Unie van 17 oktober. Ze hadden hiervoor natuurlijk alle aanleiding. Ze hadden allen zelf kunnen zien in hun eigen fabrieken hoe de politieke overwinningen van de revolutie hand in hand gingen met de consolidatie van de arbeiders als klasse tegen het kapitaal. Sommige politici denken dat het grootste probleem in het gevecht om de achturige werkdag de verdeeldheid was die dit in de oppositie veroorzaakte, waardoor het kapitaal een contrarevolutionaire kracht werd. Deze commentatoren zouden graag de energie van het proletariaat in handen van de geschiedenis geven, zonder de gevolgen van de daarbij behorende klassenstrijd te accepteren. We hoeven niet uit te leggen dat de algemene invoering van de 8-urige werkdag tot een onvermijdelijke en vijandige reactie van de ondernemers zou leiden. Maar het zou onzin zijn om te denken dat zonder deze genoemde campagne er geen toenadering zou hebben plaatsgevonden tussen de kapitalisten en de kapitalistische pro-aandelenbeurs regering van graaf Witte. Het verenigen van het proletariaat als een onafhankelijke revolutionaire kracht, die zichzelf aan de leiding van de massa's plaatste en daarmee de "normale gang van zaken" constant bedreigde, was al reden genoeg voor een coalitie tussen het kapitaal en de autoriteiten.

Het is waar dat dit door de liberalen werd getolereerd in de eerste fase van de revolutie, toen die zich manifesteerde in spontane lokale uitbarstingen. Ze zagen duidelijk dat de revolutionaire beweging de grondvesten van het absolutisme deed wankelen en de heersende klasse dwong in de richting van een grondwettelijke overeenkomst. De liberalen verdroegen de stakingen en demonstraties, namen een vriendelijke houding aan tegenover de revolutionairen en bekritiseerden hen op een voorzichtige en milde toon. Na 17 oktober, toen de voorwaarden voor een grondwettelijke overeenkomst op papier werden gezet en het leek of er alleen nog uitvoering aan die plannen moest worden gegeven, werden de revolutionaire werkzaamheden overduidelijk een hinderpaal op de weg naar een mogelijke overeenkomst tussen de liberalen en de autoriteiten. Vanaf het moment dat de proletarische massa's, verenigd door de oktoberstaking en door zelforganisatie ,de kern van de revolutie vormden, was hun bestaan al voldoende om de liberalen tegen hen te doen keren. De liberalen hadden het gevoel dat de Moor[33] zijn werk had gedaan en nu weer rustig terug in zijn hok moest. De Sovjet was daarentegen juist van mening dat het belangrijkste gevecht nog voor ons lag. Onder zulke omstandigheden is elke revolutionaire samenwerking tussen de kapitalistische bourgeoisie en het proletariaat een onmogelijkheid.

December volgde op oktober als een logische conclusie van het voorafgaande. De uitkomst van de botsing in december valt niet zozeer te verklaren door op zichzelf staande tactische fouten, maar door het beslissende feit dat de materiële krachten van de reactie groter en sterker bleken te zijn dan die van de revolutie. Het proletariaat werd in de opstand van december en januari verslagen, niet door haar eigen fouten, maar door een veel reëlere kwantiteit: de bajonetten van het boerenleger.

Het liberalisme is, eerlijkheidshalve, van mening dat een tekort aan vuurkracht in alle gevallen dient te worden beantwoord met extra snelheid in de benenwagen: zij beschouwt terugtrekking op het beslissende moment als de meest oprechte, dappere, volwassen, beproefde en effectieve tactiek. Deze liberale filosofie om de aftocht te blazen heeft een indruk achtergelaten op bepaalde *littérateurs* in de rijen van de sociaaldemocratie zelf, die in hun terugblikken de vraag stelden: als de nederlaag van het proletariaat in december het gevolg was van haar eigen gebrek aan kracht, bestond haar fout dan juist niet precies in het feit dat ze de strijd aanging terwijl ze wist dat ze niet sterk

33. Een verwijzing naar een zin in het toneelstuk van Schiller: De samenzwering van Fiesco in Genua: "De Moor heeft zijn werk gedaan, de Moor kan gaan".

genoeg was om te winnen? Als antwoord op deze vraag kunnen we stellen: als gevechten alleen worden aangegaan als de overwinning bij voorbaat al vaststaat, zouden er in de wereld geen gevechten plaatsvinden. Een voorafgaande berekening van de krachtsfactoren kan de uitkomst van revolutionaire botsingen niet bij voorbaat bepalen. Als dat wel zo was, zou de klassenstrijd allang door boekhouders zijn vervangen. En dat is ook hetgeen waarvan, nog niet zo lang geleden, penningmeesters van een aantal vakbonden droomden. Het bleek echter zelfs met de meest moderne methoden van boekhouding onmogelijk te zijn om de kapitalisten te overtuigen met feiten uit het grootboek. Argumenten ontleed aan de cijfers moeten uiteindelijk ondersteund worden met het argument van de staking.

En dan nog, hoezeer alles ook van te voren is berekend, iedere staking leidt tot een reeks van nieuwe feiten, materiaal en moraal, die niet voorzien kunnen worden, maar uiteindelijk wel de uitkomst van de strijd bepalen. Laten we ons eens voorstellen dat zo'n vakbond, met haar precieze methodes van boekhouden, aan zet komt. Ze verbreedt de staking over het hele land, geeft het een groots politiek doel; ze plaatst het proletariaat en de staatsmacht oog in oog als onmiddellijke vijanden; omsingelt beiden met aanhangers – echte, potentiële en schijnbare; tel daar dan de onverschillige lagen van de bevolking bij op, om wier gunsten beide kampen genadeloos vechten; plus het leger, waarin de revolutionaire elementen alleen naar boven kunnen drijven tijdens de meest roerige omstandigheden; tel de overdreven hoop aan de ene kant en overdreven angst aan de andere erbij op, tenslotte spelen beide factoren een grote rol; de uitbarstingen op de beurzen en alle complexe effecten op de internationale verhoudingen – dan heb je een formule voor de stemming tijdens een revolutie. Onder zulke omstandigheden is de subjectieve wil van een partij, zelfs van een "toonaangevende", maar één van de factoren die een rol spelen. En bij lange na niet de belangrijkste.

In een revolutie, nog meer dan in een oorlog, wordt het moment van de botsing niet zozeer bepaald door berekeningen van een der strijdende partijen, maar meer door de respectievelijke positie van de tegenover elkaar staande legers. Het is waar dat in een oorlog, vanwege de mechanische discipline in het leger, het soms mogelijk is een heel leger van het slagveld weg te voeren, zonder een onderling treffen. Maar in zulke omstandigheden moet de militaire bevelhebber zich altijd afvragen of de strategie van terugtrekking zijn troepen niet zal demoraliseren en, door vandaag de slag te ontlopen, een desastreuzere uitkomst in de toekomst met zich meebrengt. Daarover kan generaal Kuropatkin wellicht nog een behoorlijke duit in het zakje doen. Maar in een zich ontwikkelende revolutionaire situatie is een geplande aftocht vanaf het begin ondenkbaar. Een partij kan de massa's achter zich aankrijgen als ze in de aanval is, maar dat wil niet zeggen dat ze in staat is tijdens die aanval deze naar eigen wens ook weer weg te leiden. Het is niet alleen de partij die de massa's leidt, op haar beurt drijven de massa's de partij voorwaarts. Dat gebeurt in elke revolutie, ongeacht hoe krachtig zij is georganiseerd. In dit soort omstandigheden betekent het blazen van de aftocht zonder strijd, dat de partij de massa's in de steek laat terwijl die onder vijandig vuur liggen.

Uiteraard hadden de sociaaldemocraten als 'toonaangevende' partij de uitdaging van de reactie in december kunnen weigeren en, om dezelfde warme woorden van Kuropatkin te gebruiken, "zich kunnen terugtrekken naar eerder voorbereide posities", oftewel terug in de illegaliteit. Hadden ze dat gedaan, dan had dit de regering in staat gesteld, in de afwezigheid van enige algemene tegenstand, om alle legale en semilegale organisaties van de arbeiders (aan wier opbouw de partij zelf had meegewerkt) één voor één te vernietigen. Dat had dan de prijs geweest die de sociaaldemocratie moest betalen voor het twijfelachtige privilege om zich buiten de revolutie te houden, over haar fouten te filosoferen en foutloze plannen uit te werken, waarvan het enige nadeel is dat ze worden gemaakt op het moment dat niemand ze meer wil hebben. Het is niet moeilijk voor te stellen hoe dit zou hebben geholpen in het versterken van de band tussen de partij en de massa's.

Niemand kan beweren dat de sociaaldemocraten het conflict hebben versneld. Integendeel. Het was op hun initiatief dat de Sovjet van Petersburg op 22 oktober de begrafenisprocessie afblies om een botsing met het 'nieuwe regime' te vermijden. Waarom niet gebruik maken van de twijfels en terughoudendheid voor brede agitatorische en organisatorische activiteit onder de brede bevolking? Toen de regering haar overhaaste poging ondernam en de staat van beleg afriep in Polen, hield de Sovjet vast aan haar defensieve tactiek en ondernam ze geen enkele poging om de novemberstaking tot een open conflict om te vormen. In plaats daarvan maakte zij van de staking een protestbeweging en stelde zichzelf tevreden met het enorme morele effect ervan op het leger en de Poolse arbeiders.

Hoewel de partij, zich bewust van de noodzaak van organisatorische voorbereiding, de strijd in oktober en november uit de weg ging, waren deze overwegingen in december niet meer van toepassing. Niet omdat (overbodig wellicht om te zeggen) alle voorbereidingen inmiddels waren getroffen, maar omdat de regering – die ook geen keuze had – het gevecht opende door alle revolutionaire organisaties die waren opgezet in oktober en november te vernietigen. Had de partij onder die nieuwe omstandigheid geweigerd het gevecht aan te gaan, of - als ze daartoe in staat was geweest - de massa's weer van het slagperk af te voeren, dan had ze alleen een nog slechtere basis gelegd voor de omstandigheden van een opstand; namelijk de afwezigheid van sympathieke media en alle massaorganisaties, plus een atmosfeer van demoralisatie die onvermijdelijk volgt op een aftocht.

Marx schreef:[34]

> "Zowel in revolutie als oorlog is het absoluut noodzakelijk alles op alles te zetten op het beslissende moment, wat ook de mogelijke uitkomst van het gevecht is. Onze geschiedenis kent geen enkele succesvolle revolutie die het tegendeel hiervan kan bewijzen ... Een nederlaag na een langdurig gevecht is in feite van niet minder revolutionair belang dan een eenvoudig behaalde overwinning ... In elk gevecht is het absoluut onvermijdelijk dat ook de uitdager de kans loopt het gevecht te verliezen; maar is dat daarom reden om maar bij voorbaat zichzelf verslagen te verklaren en de strijdbijl te begraven"?
>
> "Eenieder die in een revolutie een leidende positie bezet en deze opgeeft zonder de tegenstander te dwingen tot de aanval over te gaan kan slechts als verrader worden bestempeld". (*Revolutie en contrarevolutie in Duitsland*, K. Marx)

In zijn welbekende voorwoord bij *De Klassenstrijd in Frankrijk* van Marx uit 1850, laat Engels wat ruimte tot ernstige misverstanden toen hij de nieuwe mogelijkheden op een overwinning in relatie zette tot de klassensamenstelling van het leger tegenover de militair-technologische moeilijkheden van een opstand (troepentransporten per spoor, de vernietigende kracht van moderne artillerie, brede straten in moderne steden.) Aan de ene kant maakte Engels een nogal eenzijdige inschatting van het belang van de moderne techniek in revolutionaire

34. Deze tekst werd feitelijk door Engels en niet door Marx geschreven (de auteur)

opstanden en, aan de andere kant, vond hij het niet nodig of ongemakkelijk om uit te leggen dat de ontwikkeling in de klassensamenstelling van een leger alleen een politieke lading kan krijgen tijdens een directe confrontatie tussen het leger en het volk.

Een paar woorden over beide kanten van deze kwestie.[35] De aard van een revolutie maakt een voortdurend verplaatsen van troepen noodzakelijk. Engels stelde dat, dankzij de spoorwegen, garnizoenen in aantal kunnen worden verdubbeld binnen 24 uur. Hij laat echter buiten beschouwing dat een echte algemene opstand feitelijk een spoorwegstaking vooronderstelt. Voordat de regering de troepen kan verplaatsen moet ze, in een wreed gevecht met het stakende personeel, bezit nemen van de spoorwegen en het materieel, het treinverkeer organiseren en de opgeblazen rails en bruggen herstellen. Dat kunnen de beste geweren en scherpste bajonetten niet; en de ervaringen van de Russische revolutie tonen aan dat zelfs minimale successen op dit vlak veel meer tijd behelsen dan 24 uur.

Sterker nog, voordat die troepen ergens naartoe worden verplaatst, moet de regering inzicht hebben over de plaatselijke gang van zaken. De telegraaf heeft de informatievoorzieningen enorm versneld, meer nog dan de spoorwegen de transportsnelheid. Maar ook hier geldt hetzelfde: een opstand vooronderstelt en veroorzaakt een algemene post- en telegrafiestaking. Als de opstandelingen er niet in slagen de post en telegrafie aan hun zijde te krijgen – feitelijk een teken van zwakte van de revolutionaire beweging! – kunnen ze nog steeds de telegraafpalen omvertrekken en de draden doorsnijden. En hoewel dit nadelig kan werken voor beide zijden, is het voor de revolutie, wiens principiële kracht in geen geval steunt op een automatisch functionerende organisatie, veel minder risicovol dan voor de staat.

Zonder twijfel zijn de telegraaf en de spoorwegen machtige wapens in handen van de moderne gecentraliseerde staat. Maar het mes snijdt aan twee kanten. Want hoewel het voortbestaan van de samenleving en de staat als geheel afhankelijk zijn van het voortduren van proletarische arbeid, is die afhankelijkheid het meest zichtbaar in het geval van de spoorwegen en de post- en telegrafiediensten.

35. Hier moet echter duidelijk worden gesteld dat Engels zich in zijn voorwoord specifiek beperkte tot de situatie in Duitsland, terwijl onze overwegingen zijn gebaseerd op de ervaringen van de Russische Revolutie. (Deze niet erg overtuigende toelichting werd bewust, omwille van de Duitse censuur, in de tekst opgenomen; de schrijver.).

Zodra het spoor en de telegraaf stilvallen, valt het regeringsapparaat uiteen in allerlei kleine segmenten zonder middelen van transport of communicatie (zelfs niet de meest primitieve vormen). In zulke gevallen is het overduidelijk dat er heel wat tijd overheen gaat voordat de autoriteiten hun garnizoenen weten te 'verdubbelen'.

Samen met de problemen van troepentransporten, wordt de regering door de opstand ook geconfronteerd met het probleem van het transport van militaire hulpgoederen. We zijn al bekend geraakt met de problemen hiervan die een algemene staking veroorzaakte, maar hier moet worden aan toegevoegd dat deze het risico lopen in handen van de opstandelingen te vallen. Dat risico wordt des te groter, hoe meer verspreid het karakter van de revolutie is en hoe meer mensen erbij betrokken zijn. We hebben gezien dat arbeiders in Moskou wapens op het station in beslag namen en deze naar een verder afgelegen actiecentrum overbrachten. Hetzelfde gebeurde in vele andere plaatsen. In de regio Koeban onderschepten opstandige Kozakken een wapentransport. Revolutionaire soldaten voorzagen opstandelingen vaak van munitie, enzovoorts.

Uiteraard kan er, alles bij elkaar opgeteld, geen sprake zijn van een puur militaire overwinning van de opstandelingen over de regeringstroepen. Men mag ervan uitgaan dat deze laatste in principe fysiek sterker zijn, maar in deze kwestie is de stemming en het gedrag van de troepen bepalend. Zonder klassenverwantschap aan beide zijde van de barricade zou, met de huidige stand van de militaire techniek, een overwinning van de revolutie uitgesloten zijn. Aan de andere kant zou het de meest gevaarlijke illusie zijn om te denken dat een leger "dat overgaat naar de zijde van het volk" de vorm kan krijgen van een vreedzame en spontane gebeurtenis. De heersende klasse, die zich vanuit haar positie met de dood bedreigd voelt, zal nooit vrijwillig haar positie inleveren op basis van theoretische overwegingen over de klassensamenstelling van het leger.

De politieke stemming in het leger, die grote onbekende van elke revolutie, kan alleen worden vastgesteld in het proces van een botsing tussen de soldaten en het volk. Het overgaan van het leger naar de kant van het volk is een moreel proces; maar kan niet alleen op basis van moraal worden afgedwongen. Verschillende houdingen en belangen vermengen en kruisen elkaar binnen het leger. Alleen een minderheid is bewust revolutionair, terwijl de meerderheid terughoudend is en op een impuls van buitenaf wacht. De meerderheid is in staat de wapens neer te leggen, of, uiteindelijk haar bajonetten op de reactie te richten, maar alleen als ze er geloof in begint te krijgen dat het volk kan winnen. Zo'n geloof ontstaat niet uit alleen politieke agitatie. Alleen wanneer de soldaten er zelf van overtuigd raken dat de massa's die de straat op zijn gegaan, bereid zijn om een gevecht op leven of dood te voeren – niet om tegen de regering te protesteren, maar om haar echt omver te werpen – ontstaat de psychologische voorwaarde die het hen mogelijk maakt 'over te stappen naar de kant van het volk'.

Dus is een opstand in essentie niet zozeer een gevecht tegen het leger als wel een gevecht *om* het leger. Hoe vasthoudender, verreikender en succesvoller de opstand is, hoe meer waarschijnlijk – en inderdaad onvermijdelijk – die fundamentele verandering onder de troepen zal plaatsvinden. Guerrillagevechten op basis van een revolutionaire staking kunnen op zichzelf, zoals we in Moskou hebben gezien, niet tot de overwinning leiden. Maar het schept wel de mogelijkheid om de stemming in het leger te testen en, na een eerste belangrijke overwinning – oftewel wanneer een deel van het garnizoen zich bij de opstand aansluit – de guerrillastrijd om te vormen tot een massastrijd waarin een deel van de troepen, gesteund door de bewapende en onbewapende bevolking, het gevecht aangaat met het andere deel van het leger, die dan is omsingeld door een kring van algemene haat. We hebben gezien dat bij de Zwarte Zeevloot, in Kronstadt, in Siberië, in de regio Koeban, later in Sveaborg en in veel andere plaatsen waar de klassensamenstelling, moraal en politieke verscheidenheid binnen het leger leidde tot troepen die overgingen naar de kant van het volk, dit altijd in eerste instantie een gevecht tussen twee kampen binnen het leger betekent. In al deze gevallen waren de meest moderne wapens van het militarisme – karabijnen, machinegeweren, fort- en veldartillerie, kruisers – te vinden in handen van de regering alsook ten dienste van de revolutie.

Op basis van de ervaringen van de *Bloedige Zondag*, 9 januari 1905, kwam de Britse journalist Arnold White tot de briljante gevolgtrekking dat wanneer Lodewijk XVI een paar batterijen Maxim-machinegeweren tot zijn beschikking had gehad, de Franse revolutie niet zou hebben plaatsgevonden. Wat een zielig bijgeloof om te denken dat de historische kansen van een revolutie worden afgemeten aan het kaliber van geweren of de doorsnee van kanonnen! De Russische revolutie heeft opnieuw aangetoond dat mensen niet geregeerd worden door pistolen, geweren en slagschepen; uiteindelijk worden pistolen, geweren en kanonnen door mensen bediend.

Op 11 december publiceerde de regering van Witte en Durnovo, die toen al de regering van Durnovo en Witte was geworden, een electorale wet. Op het moment dat Dubasov, de admiraal ter land, de eer van de vlag van Sint Andreas aan het herstellen was in de straten van Presnya, probeerde de regering haastig een legaal electoraal olifantenpaadje te scheppen voor een verzoening tussen de bezittende klasse aan de ene kant en de monarchie en de bureaucratie aan de andere. Vanaf dat moment ontwikkelde de strijd om de macht, hoewel in essentie revolutionair, zich onder het mom van grondwettelijkheid.

In de eerste Doema wierpen de Kadetten zich op als leiders van het volk. Omdat de meerderheid van de bevolking, met uitzondering van het stedelijke proletariaat, zich nog steeds in een uiterst chaotische oppositionele stemming bevond en omdat de verkiezingen door de extreemlinkse partijen werden geboycot, werden de Kadetten heer en meester in de Doema. Ze "vertegenwoordigden" heel Rusland; de liberale landeigenaren, de liberale handelaars, de advocaten, artsen, ambtenaren, winkeleigenaars en hun assistenten en soms zelf groepen boeren. En hoewel de leiding van de Kadettenpartij stevig in handen bleef van de landeigenaren, professoren en advocaten, draaide de partij onder druk van de belangen en de noden van het platteland, wat alle andere problemen overschaduwde, naar links. Zo komen we bij het ontbinden van de Doema en het Manifest van Vyborg, dat de opgeblazen liberalen later zoveel slapeloze nachten heeft bezorgd.

In de tweede Doema werden er minder Kadetten gekozen, maar zoals Miljoekov toegaf, hadden ze nu het voordeel dat ze niet alleen door de ontevreden man van de straat werden gesteund, maar ook door kiezers die zich niet met links wilden identificeren; oftewel die bewust voor het antirevolutionaire kamp kozen. Terwijl het merendeel van de grondbezitters en het grootkapitaal al was ovegestapt naar de actieve reactie, kozen de stedelijke kleinburgerij, arbeiders in de dienstverlening en de gewone activisten onder de intelligentsia voor de partijen op de linkervleugel. Een deel van de landbezitters en de stedelijke bevolking volgde de Kadetten. De vertegenwoordigers van de boeren en de arbeiders stonden ter linkerzijde van hen.

De Kadetten stemden voor de regeringsplannen om werving voor het leger uit te breiden en beloofden de staatsbegroting te steunen. Op dezelfde manier zouden ze trouwens een verhoging van de buitenlandse leningen om de staatsschuld af te dekken steun geven en zouden ze probleemloos verantwoordelijk hebben genomen voor alle oude schulden van de autocratie. Golovin, een triest figuur die in de voorzittersstoel al de impotentie en de verwaarloosbaarheid van het liberalisme belichaamde, zei nadat de Doema werd ontbonden, dat de regering de houding van de Kadetten moest beschouwen als haar eigen overwinning op de oppositie. Hij had helemaal gelijk. Onder zulke omstandigheden kan men denken dat er helemaal geen reden was om de Doema te ontbinden. Toch gebeurde het. Dat bewijst dat er sterkere krachten zijn dan de politieke argumenten van het liberalisme. De innerlijke logica van de revolutie vormde die kracht.

In haar strijd met de door de Kadetten gedomineerde Doema raakte de regering meer en meer van haar eigen kracht overtuigd. Ze beschouwde dit pseudoparlement niet zozeer als een historische uitdaging die een oplossing behoefde, maar als een verzameling van politieke tegenstanders die onschadelijk moesten worden gemaakt. Hun politieke vaardigheid bestaat vooral uit afwisselende aanhalingen van wetteksten en pseudoklassieke prietpraat. Een handjevol advocaten die politiek meer zagen als een pleidooi voor een rechtbank, leken rivalen van de regering en eisers van politieke macht. In het debat over de kwestie van noodtoestand en krijgsraden kwamen deze twee partijen oog in oog te staan. De Moskouse advocaat Maklakov, in wie de liberalen hun man van de toekomst zagen, gaf vernietigende wettelijke kritiek op de rechtsgang in het leger en, hieraan gekoppeld, op de regering. “Maar de krijgsraden zijn geen wettelijk instituut”, antwoordde Stolypin: “Het zijn wapens in de strijd. Wilt u aantonen dat dit wapen in strijd met de wet is? Het past wel in lijn van de ervaring. De wet is geen doel op zich. Als de staat zich bedreigd voelt, heeft ze niet alleen het recht, maar ook de plicht om eventuele wettelijke beperkingen naast zich neer te leggen en alle middelen die ter haar beschikking staan te gebruiken”.

Dit antwoord, dat niet alleen de filosofie achter de *coup* van de regering blootlegt, maar ook over de algemene opstand, zette de liberalen enorm in hun hemd. “Wat een schandalige uitspraak”! jammerden de liberale journalisten, die voor de duizendste keer beloofden dat het recht de knoet zou overwinnen.

Terwijl hun hele politiek erop was gericht aan de regering precies het tegenovergestelde te bewijzen. Om de Doema te redden van haar ontbinding, zagen ze af van al haar rechten, zo het levende bewijs gevend van het feit dat de knoet sterker was dan het recht. Onder zulke omstandigheden was dat een open uitnodiging aan de regering om haar machtswapens tot het einde in te zetten.

De tweede Doema werd ontbonden. Nu leken de conservatieve nationaal-liberalen, belichaamd in het Verbond van 17 oktober, de troonopvolgers van de revolutie. De Kadetten zagen zichzelf als de erfgenamen van de taken van de revolutie. De oktobristen waren in feite de erfgenamen van de toegefelijke tactiek van de Kadetten. Hoezeer ze ook hun afkeer lieten blijken over de oktobristen, trokken deze toch de enige logische conclusie over de uitgangspunten van de Kadetten; als je niet wordt gesteund door de revolutie, kun je maar beter hengelen naar het constitutionalisme van Stolypin.

De derde Doema leverde aan de tsaristische regering 456.535 nieuwe rekruten voor het leger, hoewel de beloofde hervormingen van Kuropatkins en Stessels Departement van Defensie niet veel verder gingen dan nieuwe epauletten, kragen en ordetekens. Ze stemde in met de begroting van het ministerie van Binnenlandse Zaken, waardoor 70% van het land in handen werd gelegd van de gouverneurs, die de noodwetten gebruikten als een vrijbrief voor de beul. De overgebleven 30% liet ze over om te hangen en te drogen op basis van de 'gewone' wetten. Ze accepteerde alle formele uitgangspunten van de beroemde oekaze van 9 november 1906, uitgevaardigd door de regering op basis van paragraaf 87. Het doel hiervan was om een deel van de vastgoedbezitters onder de boeren af te romen en de rest over te laten aan het proces van natuurlijke selectie in de biologische zin van dat woord. In plaats van de onteigening van grootgrondbezitters ten gunste van de boeren, werden grondbezitters onteigend ten gunste van de koelakken. "De wet van 9 november", zo stelde een van de extreem reactionaire vertegenwoordigers in de derde Doema, "heeft genoeg springstof in zich om heel Rusland op te blazen".

Als gevolg van deze historische patstelling door de onverzettelijke houding van de adel en de bureaucratie, die eens te meer als overwinnaars uit het strijdperk traden, zochten de burgerlijke partijen naar een uitweg voor de politieke en economische tegenstellingen waarin ze terecht waren gekomen – in het imperialisme. Ze zochten genoegdoening voor hun binnenlandse falen in buitenlandse zaken – in het Verre Oosten (de Amoerspoorweg), in Perzië en in de Balkan. De zogenaamde "annexatie" van Bosnië-Herzegovina werd in Petersburg en Moskou begroet met ouderwets oorverdovend patriottistisch wapengekletter. De Kadettenpartij, die van alle burgerlijke partijen beweerde het meest tegen het oude regime te zijn, staat nu aan het hoofd van het militante "neoslavisme". De Kadetten hopen dat het kapitalistische imperialisme wel de problemen kan oplossen waar de revolutie niet in slaagde. In een positie gebracht waarin ze feitelijk de hoop op iedere vorm van onteigening van de grootgrondbezitters of democratisering van het sociale systeem hebben opgegeven – wat ook betekent het opgeven van de hoop om op basis van landbouw een stabiele interne markt voor kapitalistische ontwikkeling te scheppen – hebben de Kadetten al hun hoop gericht op de buitenlandse markten. Om op dat terrein succes te boeken, is een sterke staatsmacht noodzakelijk; en de liberalen zien zich gedwongen om actieve steun aan het tsarisme te verlenen als feitelijke houder van die macht. Het oppositioneel klinkende imperialisme van Miljoekov en de zijnen is niet meer dan de ideale cosmetische crème om de weerzinwekkende mix van autocratische bureaucratie, onmenselijk grootgrondbezit en parasitair kapitalisme die de kern van de derde Doema vormen, te verhullen.

De hieruit ontstane situatie kan natuurlijk tot de meest verrassende gevolgen leiden. Dezelfde regering die haar reputatie van kracht moest begraven in de wateren van Tsushima en de slagvelden in Mukden; dezelfde regering die klap na klap kreeg te verwerken als gevolg van haar avonturistische politiek, vindt zich nu, geheel onverwacht, vaderlandslievend ondersteund door de vertegenwoordigers van "het land". Uiteraard kreeg ze zonder problemen een half miljoen nieuwe soldaten en een half miljard roebel voor haar huidige militaire uitgaven. Daarbovenop krijgt ze de steun van de Doema voor nieuwe avonturen in het Verre Oosten. Sterker nog, zowel van 'links' als rechts, de Kadetten en de Zwarte Honderd, wordt er bij de regering aangedrongen op een actievere buitenlandse politiek! De logica van de gebeurtenissen dwingt de regering naar het gevaarlijke pad om haar internationale prestige te herstellen. Wie weet? Misschien dat, eer het lot van de autocratie uiteindelijk en definitief wordt beslist in de straten van Petersburg en Moskou, het wederom zal worden getest op de oevers van de Amoer en de kust van de Zwarte Zee.

DEEL 2

HOOFDSTUK 23

IN PLAATS VAN EEN VOORWOORD BIJ DEEL TWEE

Enkele merkwaardige statistische gegevens over de omstandigheden waaronder de partij van het proletariaat in Rusland haar activiteiten uitvoert, werden gepubliceerd op het congres van de sociaaldemocratische partij in Stockholm.

De 140 aanwezigen op het congres hadden bij elkaar opgeteld 138 jaar en 3,5 maanden in de gevangenis doorgebracht.

Ze waren bij elkaar 148 jaar en 6,5 maanden in verbanning.

18 aanwezigen waren aan hun gevangenis ontsnapt, 4 leden zelfs twee keer.

32 leden waren uit hun verbanning gevlucht, 5 twee keer en 1 zelfs drie keer.

Als we het feit in ogenschouw nemen dat de 140 leden bij elkaar 942 jaar actief zijn in de sociaaldemocratische beweging, dan kunnen we vaststellen dat de periodes in gevangenis en ballingschap een derde vertegenwoordigen van hun partij-activiteiten. Overigens wordt met de opmerking dat 140 leden bij elkaar 942 jaar actief waren alleen bedoeld dat dit de optelsom is van de aanwezigen op dat moment, niet dat er 942 jaar met alleen politieke activiteit is gevuld. Door het vele clandestiene werk was de effectieve politieke activiteit vaak enorm beperkt, met een factor vijf of tien in een aantal gevallen. Aan de andere kant was de weergave van de tijd in ballingschap of gevangenis wel degelijk een exact cijfer; de congresleden hadden meer dan 50.000 dagen en nachten moeten doorbrengen achter tralies en nog veel meer in de afgelegen, barbaarse regionen van het land.

Laat ik hier wat gegevens van mijn eigen geschiedenis aan toevoegen. De schrijver van deze tekst, voor het eerst gearresteerd in januari 1898 na tien maanden van activiteit in arbeiderskringen in de stad Nikolajev, bracht twee jaar door in de gevangenis en ontsnapte uit Siberië, na twee jaar van zijn opgelegde 4 jaar ballingschap.

De tweede keer werd de schrijver gearresteerd op 3 december 1905, als lid van de Sovjet van Arbeidersafgevaardigden. De periode van activiteit van de Sovjet bedroeg in totaal zeven weken. Zij die voor hun lidmaatschap van de Sovjet werden veroordeeld, werden 57 weken in de gevangenis vastgehouden, waarna ze werden overgeplaatst naar Obdorsk "in afwachting van het verdere verloop" ... Er is geen Russische sociaaldemocraat die 10 jaar of langer actief is geweest voor de partij, die geen vergelijkbare verhalen heeft.

Het buitengewoon verwarde regime dat in Rusland aan de macht kwam na 17 oktober 1905 en dat door de *Almanak van Gotha* met onbedoelde humor van legale opschepperij wordt beschreven als 'een constitutionele monarchie met een autocratische tsaar', heeft in geen enkel opzicht de omstandigheden van ons politieke werk verbeterd. We verkregen 50 dagen politieke vrijheid en we hebben deze ten volle benut. Tijdens deze glorieuze dagen kwam het tsarisme tot een ontdekking die wij lang geleden al hadden gedaan; dat we niet naast elkaar kunnen bestaan. Daarna kwamen de maanden van een verschrikkelijke afrekening. Na 17 oktober werden de Doema's door de tsaar vervangen zoals een boa constrictor zijn huid afwerpt, maar ongeacht de getoonde huid, de aard van het beestje bleef hetzelfde. Naïeve sukkels en de liberalen die ons de afgelopen twee jaar zo vaak hebben toegeroepen om de legaliteit te omarmen zijn te vergelijken met Marie-Antoinette, die de hongerende boeren adviseerde om dan maar cake te eten. Misschien dat sommigen denken dat we een of andere aangeboren afkeer van cake hebben. Anderen denken misschien dat we houden van de dampige zompige lucht van de kerkers en cellen van de Petrus-en-Paulusvesting en daarom doen wat we doen! Weer anderen zullen beweren dat we gewoon geen zin hebben om ander werk te vinden in ruil voor de eindeloze uren die de gevangenis van ons leven steelt.

Wij voelen ons net zo min gecharmeerd door onze ondergrond als een verdronkene door de zeebodem. Maar laten we het eerlijk zeggen – in deze kwestie hebben we net zo weinig keuze als onze tegenstander; het absolutisme. Het feit dat we dit helder voor ogen hebben, maakt dat we optimistisch blijven, zelfs wanneer die ondergrond meedogenloos onze keel dichtknijpt. Ze kan ons niet wurgen, daar zijn we van overtuigd. We zullen iedereen overleven. Als de botten van de huidige prinsen der aarde, die van hun dienaren en de dienaren daarvan tot stof zijn vergaan, als niemand meer in staat is de graven te vinden waarin de lijken van de huidige partijen en hun activiteiten zijn begraven, dan zal de zaak die wij dienen over de aarde heersen. Dan zal onze partij, die vandaag de dag ondergronds moet vechten voor haar dagelijks brood, zijn opgegaan in een mensheid die, voor het eerst in de geschiedenis, meester zal zijn over haar eigen lot. Het wiel van de geschiedenis draait in ons voordeel, onze idealen. Het draait met een barbaarse traagheid, ongevoelige wreedheid, maar het draait. Wij zijn daar zeker van. Als door deze allesetende machinerie ons bloed als brandstof wordt opgeëist, willen we met alle kracht die we nog bezitten uitroepen:"Sneller! Doe het sneller"!

Oglby (vlakbij Helsingborg) 8 – 21 april, 1907

HOOFDSTUK 24

DE RECHTSZAAK TEGEN DE SOVJET VAN ARBEIDERSAFGEVAARDIGDEN

Het tijdperk van de contrarevolutionaire samenzwering trad in de openbaarheid op 3 december 1905 met de arrestatie van de Sovjet van Arbeidersafgevaardigden. De decemberstaking in Petersburg en de opstanden in december in vele delen van het land waren een heldhaftige poging van dat deel van de revolutie om de posities die zij had veroverd in oktober te behouden. In die tijd ging de leiding van de werkende massa's in Petersburg over op de tweede Sovjet, die werd gevormd door de overgeblevenen uit de eerste en nieuw gekozen afgevaardigden. Er waren ongeveer 300 leden van de eerste Sovjet vastgezet in de drie gevangenissen van Petersburg. Wat hun lot zou zijn bleef voor lange tijd een mysterie, niet alleen voor de gevangenen, maar ook voor de heersende bureaucratie. De goed geïnformeerde pers verklaarde dat het ministerie van Justitie er absoluut tegen was dat de arbeidersafgevaardigden in een publieke rechtbank zouden worden berecht. Want als hun volkomen openlijke activiteiten strafbaar zouden zijn, dan gold dat ook voor de rol van de hogere autoriteiten, die niet alleen samen met de Sovjet plannen maakte, maar ook officiële verbonden met haar aanging, wat in de ogen van het ministerie dan ook strafbaar zou moeten zijn. En zo bleven de ministers onderling debatteren, bleven de gendarmes ondervragen en zaten de afgevaardigden eenzaam in hun cellen. Tijdens de strafexpedities in december en januari was er alle aanleiding om aan te nemen dat de Sovjet voor een krijgsraad tot de strop zou worden veroordeeld. Aan het eind van april, in de eerste dagen van de eerste Doema begonnen de afgevaardigden, net als de rest van het land, hoop te krijgen op amnestie. En zo slingerden hun vooruitzichten heen en weer tussen doodstraf en vrijlating.

Die slingerbeweging kreeg op het laatste moment een tegenkracht. De regering van de Doema van Goremykin (beter gezegd een anti-Doema) droeg de zaak van de Sovjet ter onderzoek over aan de Onderzoekskamer en vertegenwoordigers van het Hof.[36]

36. Zeven personen: 4 kroonrechters; graaf Gudovich, vertegenwoordiger van de adel in het district Petersburg; Troynitski, vertegenwoordiger van de Petersburgse Doe-

De uiteindelijke tenlastelegging, een nogal armzalig samenraapsel van de gendarmes en het openbaar ministerie, is als weerspiegeling van dat wonderlijke tijdvak een interessant document. Het weerspiegelt de revolutie op dezelfde wijze als een modderige plas op een luchtplaats van een politiebureau de zon weerkaatst. De leden van de Sovjet werden ervan beschuldigd een gewapende opstand voor te bereiden, strafbaar onder twee artikelen; de ene met een maximale gevangenisstraf van 8 jaar, de andere met een maximum van 12 jaar met dwangarbeid. De schrijver van dit boek had de wettelijke basis voor die aanklacht geanalyseerd, beter gezegd de absolute afwezigheid hiervan, in een klein schotschrift,[37] dat hij vanuit het Huis van Preventieve Bewaring stuurde naar de sociaaldemocratische fractie in de eerste Doema, met het oogmerk via een parlementaire vraag de kwestie van de rechtszaak tegen de Sovjet op de agenda te krijgen. Maar de eerste Doema werd ontbonden en de vraag kon niet meer worden gesteld, omdat de sociaaldemocratische fractie nu zelf werd aangeklaagd.

Als begindatum van de rechtszaak, die in openbaarheid zou plaatsvinden, werd 20 juni aangekondigd. Er ging een golf van protesten door alle fabrieken en bedrijven in Petersburg. Als de aanklager het wilde doen lijken dat de leden van het Uitvoerend Bestuur van de Sovjet een kleine kliek samenzweerders was die de massa's hun wil wilde opleggen; als de liberale pers na de gebeurtenissen in december dagelijks bleef herhalen dat de 'naïeve revolutionaire methodes' van de Sovjet hun alle steun onder de bevolking had gekost, omdat die 'een normaal en rustig bestaan onder de nieuwe grondwet willen' – dan waren die protesten, bijeenkomsten en resoluties van de arbeiders in Peterburg, die in hun fabrieken hun solidariteit uitspraken met hun opgesloten vertegenwoordigers, een fantastische klap in het gezicht van de ruggengraatloosheid van de liberalen en de leugenachtigheid van de politie. De vertegenwoordigers eisten dat zij zouden worden berecht als actieve participanten in de revolutionaire gebeurtenissen, stelden dat de Sovjet de gezamenlijke wil uitvoerde, waarvan zij hadden gezworen deze tot het einde te volvoeren!

De binnenplaats van het gerechtsgebouw en de omliggende straten waren in een militair kamp veranderd. De volledige politiemacht van Petersburg was

---

ma, voormalig provinciaal gouverneur ontslagen vanwege verduistering, lid van de Zwarte Honderd en als laatste, een vertegenwoordiger van de ambtelijke dienst van de provincie Petersburg, als ik me het goed herinner een "progressief".

37. Zie het volgende hoofdstuk 25: De Sovjet en de aanklagers.

op de been gebracht. Ondanks deze kolossale voorbereidingen vond het proces toch niet plaats. Tegen de wens van zowel de aanklager als de verdediging, en zoals later bleek het ministerie zelf, verdaagde de rechtbankvoorzitter de zitting op een formele grond naar 19 september. Dat was een subtiele politieke zet. Aan het einde van juni was de stemming nog van "alles is mogelijk": een ministerie van Kadetten was net zo waarschijnlijk als herstel van het absolutisme. Maar een rechtszaak tegen de Sovjet vroeg om een doortastende voorzitter van een rechtbank. Daarom besloot de persoon in kwestie de geschiedenis te voorzien van drie extra maanden ter reflectie. Maar helaas, nog geen paar dagen later moest deze diplomatieke twijfelaar zelf het veld ruimen. Peterhof had de touwtjes zelf in handen genomen. De tsaar en zijn beulen wilde een meedogenloze afrekening.

Onder nieuw voorzitterschap begon de rechtszaak tegen de Sovjet op 19 september en duurde bijna een maand. Dat was een kritieke fase tussen de eerste en tweede Doema, de wittebroodsweken van de krijgsraad. Desalniettemin was het onderzoek van het Hof naar de meeste, zoniet alle vragen die werden gesteld, uitgevoerd met een vrijheid die niet helemaal kan worden begrepen, als je de achterliggende bureaucratische raderen niet kent. Dit was blijkbaar de manier waarop het ministerie van Stolypin met graaf Witte poogde af te rekenen. En de naadloze berekeningen van Stolypin droegen vrucht. Hoe meer echte feiten aan het licht kwamen, des te duidelijker werd het falen van de regering op het eind van 1905 aangetoond. De samenzweringen van Witte, intriges naar beide zijden, zijn valse beloften aan Peterhof, de botte wijze waarop hijzelf van de revolutie profiteerde; dit was de conclusie die de hogere kringen van de bureaucratie haalden uit het proces tegen de Sovjet. De aangeklaagden konden niet meer doen dan politiek optimaal gebruik te maken van deze gunstige omstandigheid en de draagwijdte van het proces te maximaliseren.

Er werden zo'n 400 getuigen opgeroepen, waarvan er meer dan 200 ook verschenen en voor de rechtbank getuigden.[38] Arbeiders, fabriekseigenaren, rechercheurs, monteurs, huishoudelijk personeel, gewone burgers, journalisten, postkantoorbedienden, scholieren, leden van de Doema, vuilnismannen, senatoren, vandalen, afgevaardigden, professoren en soldaten verschenen een maand lang in het getuigenbankje en werden onderworpen aan een kruisverhoor van zowel de rechtbank, de aanklager, de verdediging en de aangeklaagden – vooral door de aangeklaagden – en reconstrueerden stap voor stap, steen voor

38. Van veel getuigen was het 'adres onbekend' of ze zaten vast in Siberië.

steen, het beeld van de periode van activiteit van de arbeidersraad, zo rijk aan gebeurtenissen.

Voor de ogen van de rechtbank passeerde de algemene staking van oktober die de Doema van Bulygin aan zijn ondergang had geholpen; de manifestatie en staking van november in Petersburg, dat nobele en majestueuze protest van het proletariaat tegen de veroordeling van de matrozen van Kronstadt en de verkrachting van Polen; de heldhaftige strijd van het proletariaat van Petersburg voor de achturendag; uiteindelijk het verzet, geleid door de Sovjet, door de al lang lijdende loonslaven van de post en telegrafie. Tijdens de zitting kwamen voor het eerst de notulen van de Sovjet en haar Uitvoerend Bestuur in de openbaarheid en deze toonden aan het hele land de reusachtige dagelijkse arbeid die door dit vertegenwoordigend orgaan van het proletariaat werd verzet in het organiseren van steun voor werklozen, bemiddeling in conflicten tussen arbeiders en ondernemers en toezicht bij economische stakingsacties.

Het in steno opgemaakte woordelijke verslag van de zitting, dat ongetwijfeld enige delen zal beslaan, is tot op heden nog niet gepubliceerd. Alleen een grondige verandering in de politieke omstandigheden van Rusland kan die historisch belangwekkende documenten vrijgeven. Een Duitse rechter en een Duitse democraat zouden net zo verbaasd zijn geweest als ze zich in de rechtszaal hadden bevonden tijdens het proces. Buitengewone hardheid ging gepaard met een grenzeloze vrijbrief, die een bizar geheel vormden en beiden van verschillende kanten licht wierpen op de aspecten van de buitengewone verwarring die er nog heerste in regeringskringen als gevolg van de oktoberstaking.

Rond de rechtbank was de noodtoestand afgekondigd en de hele omgeving in een militair kamp omgevormd. Op de binnenplaats, bij de deuren, in alle omringende straten waren een aantal compagnieën soldaten en Kozakken opgesteld. Langs de volledige lengte van de ondergrondse gang die de gevangenis met de rechtbank verbond, in alle kamers van de rechtsbank en in elke hoek van de zaal bij de verdediging, waarschijnlijk zelfs in de open haarden, stonden gendarmes met getrokken sabels. Zij vormden een levend schild tussen de aangeklaagden en de buitenwereld, inclusief mensen op de publieke tribune (ongeveer 100 tot 120). Enkel 30 tot 40 advocaten in hun toga's doorboorden telkens de muur van blauwe uniformen. Kranten, brieven, snoep en bloemen – een oneindige hoeveelheid bloemen! – verschenen in de beklaagdenbank.

Men droeg bloemen in knoopsgaten, bloemen werden in de hand gehouden of lagen op de schoot, uiteindelijk lagen er overal in de rechtszaal bloemen. De rechtbankvoorzitter durfde deze flagrante indringers niet te laten verwijderen. Aan het einde werden er zelfs door de gendarmes en de griffie, volledig "gedemoraliseerd" door de heersende stemming in de rechtszaal, bloemen aan de aangeklaagden overhandigd.

En toen werden de arbeiders als getuigen opgeroepen! Met tientallen tegelijk verzamelden ze zich in de getuigenkamer en toen de officier van dienst de deur naar de rechtszaal opende, golfden de klanken van een revolutionair lied de voorzitter van de rechtbank tegemoet. De getuigenissen van de arbeiders lieten een overweldigende indruk achter. Ze brachten de revolutionaire atmosfeer van de fabriekswijken met zich mee en hun gebrek aan ontzag voor al die mystieke waardigheid van juridische rituelen was van dusdanige verhevenheid, dat de voorzitter, met een gezicht als vergeeld perkament, alleen zijn handen hulpeloos uiteen spreidde, terwijl de getuigen uit de 'respectabele kringen' en de liberale journalisten hen aanstaarden met afgunst en respect, zoals de zwakken altijd naar de sterken kijken.

De eerste dag van de zitting werd gekenmerkt door een buitengewoon voorval. Van de 52 aangeklaagden, werden er maar 51 gedaagd. De naam van Ter-Mkrtsjiants stond er niet bij.

"Waarom is er geen aangeklaagde Ter-Mkrtsjiants"?, vroeg Sokolov, een van de advocaten van de aangeklaagden.

"Zijn naam is van de lijst van aangeklaagden verwijderd. Hij is ... uhm ... hij is geëxecuteerd".

Inderdaad, in de periode tussen 20 juni en 19 september werd Ter-Mkrtsjiants, die op borgtocht was vrijgelaten, op de borstweringen van Kronstadt geëxecuteerd als deelnemer aan de militaire opstand.

De aangeklaagden, de raadgevers van de verdediging, leden van het publiek – allen stonden op om met een minuut stilte de gevallene te eren en herdenken. Ook de politieagenten en gendarmes, in opperste verwarring, stonden op met de rest.

De opgeroepen getuigen moesten per groep van 20 of 30 de eed afleggen. Velen verschenen in hun werkkleren, hun handen nog vuil van het werk en met hun pet in de hand. Ze wierpen een korte blik op de rechters, vonden dan de aangeklaagden met hun ogen en, duidelijk gericht op de plekken waar wij zaten, zeiden dan luid: “Hallo kameraden”! Het was alsof ze een bijeenkomst van het Uitvoerend Bestuur binnenstapten met belangrijke informatie. De voorzitter van de rechtbank nam haastig de lijst door en riep de getuigen op de eed af te leggen. Een oude priester plaatste zich bij een draagbaar altaar en zette zijn gereedschap klaar. Maar de getuigen gaven geen krimp. De voorzitter herhaalde zijn uitnodiging.

“Nee, die eed gaan we niet afleggen”, zeiden er dan een paar tegelijk. “Daar geloven wij niet in”.

“Zijn jullie dan geen leden van de orthodoxe kerk”?

“Dat staat misschien in de politieverslagen, maar dat boeit ons niet”.

“Dan hebben we uw diensten vandaag niet meer nodig, eerwaarde. U mag weer gaan”.

Behalve politieagenten, waren de enige mensen die de eed via de orthodoxe priester aflegden, de lutherse en katholieke arbeiders. Alle “orthodoxen” weigerden de eed en zwoeren slechts de waarheid te vertellen.

Deze procedure speelde zich dagelijks keer op keer af. Soms ontstond een uitzondering door de heterogene samenstelling van de groep waardoor een nieuw en verrassend element ontstond.

“Zij die de eed gaan afleggen, stap voorwaarts naar de priester. Zij die dat niet doen, stap naar achteren”.

Een kleine al oudere gendarme ontwurmde zich aan de groep en liep parmantig naar het draagbare altaar. De arbeiders, elkaar aanstotend, deden luid stampend, een paar passen terug. Tussen hen en de oudere gendarme stond de getuige O., een bekende Petersburgse advocaat, huizenbezitter, liberaal en lid van de Doema, in niemandsland.

“Gaat u de eed afleggen, getuige O.”?, vroeg de voorzitter.

“Ik ... eh ... ja”.

“In dat geval, wees zo vriendelijk en ga naar de priester”.

Schoorvoetend en met verwrongen gezicht, ging hij naar het draagbare altaar. Hij wierp een blik over zijn schouder; er was niemand achter hem. Voor hem stond de kleine oude man in zijn uniform van gendarme.

“Hef uw hand”!

De oude gendarme stak zijn drie vingers hoog boven zijn hoofd. De getuige O. hief zijn hand een beetje op, keek om zich heen en stopte.

“Getuige O.”, vroeg de voorzitter met geïrriteerde stem, “gaat u de eed nu wel of niet afleggen”?

“Jazeker, natuurlijk”.

De liberale getuige legde zijn scrupules naast zich neer en stak zijn hand nog hoger dan de gendarme. Samen met de gendarme herhaalde hij de kinderlijke woorden van de eed die de priester uitsprak. Als een schilder hiervan een afbeelding zou maken, zou niemand hem geloven. De overduidelijke sociale symboliek van deze gebeurtenis in de kleine rechtszaal werd door iedereen gevoeld. De getuigen van de werkende klasse wisselden met pretogen ironische blikken met de beklaagden, die van “respectabele” afkomst bogen hun hoofden in schaamte. De jezuïtische rechtbankvoorzitter zat openlijk te stralen. Er viel een gespannen stilte in de rechtszaal.

Nog een scène: de ondervraging van graaf Tiesenhausen, een lid van de Doema van Petersburg. Hij was aanwezig op de vergadering van de Doema waar de delegatie van de Sovjet een aantal eisen had overhandigd.

“Mijnheer de getuige”, was de vraag uit de verdediging, “wat was uw persoonlijke mening op het verzoek om een bewapende militie op te zetten”?

“Ik vind die vraag irrelevant”, antwoordde de graaf.

“De vraag van de verdediging is legitiem binnen het kader waarin ik deze zaak behandel”, beval de rechter.

“In dat geval wil ik stellen dat ik toen sympathiek stond tegenover een bewapende militie, maar sindsdien volledig van mening ben veranderd”.

O ja, zo velen hebben hun mening hierover veranderd, als over zo vele andere zaken in het afgelopen jaar! De liberale pers, die zich “in volledige sympathie” verklaarde met de individuele aangeklaagden, kon geen superlatieven genoeg vinden om hun tactieken te veroordelen. Deze radicale kranten spraken met een meewarige glimlach over de “illusies” van de Sovjet. Alleen de arbeiders bleven onvoorwaardelijk loyaal.

Veel bedrijven presenteerden hun collectieve geschreven verslagen via individuele getuigen die door het Hof waren opgeroepen. De aangeklaagden eisten dat zulke verklaringen aan het dossier werden toegevoegd en voorgelezen tijdens de zitting.

Bij deze een willekeurig gekozen verklaring:

> “Wij de ondertekenaars, arbeiders van de Oboekov fabriek, ervan overtuigd dat de regering van plan is om van de rechtszaak tegen de Sovjet een aanfluiting van het recht te laten zijn en ernstig geschokt door de intentie van de regering om de Sovjet af te schilderen als een handjevol samenzweerders die doelen nastreefden die vreemd zijn aan de arbeidersklasse, verklaren hierbij dat de Sovjet niet bestaat uit een handvol samenzweerders, maar uit de echte vertegenwoordigers van het volledige Petersburgse proletariaat. Wij protesteren tegen de oneerlijke behandeling van de Sovjet door de regering en met name tegen de beschuldigingen gericht tegen onze kameraden, die alleen onze wensen in de Sovjet uitvoerden. Wij verklaren aan de regering: als onze kameraad P.A. Zlydnev, die wij allen respecteren, schuldig wordt verklaard, dat wij dan allen schuldig zijn, waarvan wij met onze handtekening getuigen.”

Deze verklaring ging vergezeld van een aantal vellen papier met in totaal meer dan 2000 handtekeningen. Het papier was verfrommeld en bevlekt; ze waren van hand tot hand gegaan door de hele fabriek. De verklaring van de Oboekov fabriek was bij lange na niet in de scherpste bewoordingen. Er waren er waarvan de voorzitter van de rechtbank weigerde dat ze werden voorgedragen vanwege de “buitengewoon belastende” toon ten aanzien van de regering en de rechtbank.

In totaal waren al deze verklaringen voorzien van tienduizenden handtekeningen. De verklaringen van getuigen, waarvan er velen, direct na het verlaten van de rechtszaal door de politie werden opgepakt, waren een uitstekende aanvulling op deze documenten. De samenzweerders waar de aanklager zo beslist naar op zoek was, werden volledig opgeslokt door de heldhaftige en naamloze massa. Uiteindelijk was de aanklager, zijn beschamende rol keurig spelend binnen het correcte protocol, gedwongen om twee dingen toe te geven in zijn uiteindelijke aanklacht: ten eerste dat een zekere mate van politieke ontwikkeling onder het proletariaat in de "richting van" het socialisme mogelijk is en, ten tweede, dat de stemming onder de werkende klasse gedurende het bestaan van de Sovjet revolutionair was.

Dat was een andere belangrijke stelling die de aanklagers gedwongen werden op te geven. "Voorbereiding van gewapende opstand" was uiteraard de kern van de zaak.

"Heeft de Sovjet tot een gewapende opstand opgeroepen"?

"Om feitelijk te zijn niet", verklaarden de getuigen. "Het enige wat de Sovjet deed was zeggen wat iedereen al dacht; dat een gewapende botsing onvermijdelijk was".

"De Sovjet riep op tot een Grondwettelijke Vergadering. Wie moest die gaan vormen"?

"Het volk zelf".

"Hoe dan"?

"Met geweld natuurlijk. Alleen bidden en smeken heeft niets opgeleverd".

"Dus de Sovjet heeft de arbeiders wel bewapend voor een opstand"?

"Nee, dat was voor zelfverdediging".

Ironisch haalde de voorzitter van de rechtbank zijn schouders op. Maar aan het einde van alle getuigenissen en het verhoor van de beklaagden werd het Hof gedwongen deze "tegenstelling" te accepteren. De arbeiders hadden puur ter zelfverdediging zichzelf bewapend. Deze activiteit was tegelijkertijd een voorbereiding tot een opstand – in die mate dat het staatsapparaat de belangrijkste aanstichter van de pogroms was geworden. Het was dan ook over dit vraagstuk dat de schrijver van dit boek zijn verklaring deed voor de rechtbank.[39]

De rechtszaak bereikte zijn hoogtepunt toen de verdediging de later zo gevierde 'brief van senator Lopuchin' opvoerde.

De beklaagden en hun verdediging stelden:

> "Geachte heren van de rechtbank! U lijkt geen geloof te hechten aan onze bewering dat de staatsorganen een leidende rol speelden in het voorbereiden en organiseren van pogroms. Wellicht dat de bewijzen die door de getuigen hier ter zitting zijn geleverd u niet hebben kunnen overtuigen. Misschien bent u de onthullingen van prins Oeroesov, de staatssecretaris van Binnenlandse Zaken in de Staatsdoema, alweer vergeten. Misschien werd u overtuigd door generaal Ivanov van de Gendarmerie die onder ede verklaarde dat geruchten over pogroms werden verspreid als excuus om de massa's te bewapenen. Wellicht geloofde u de getuige Statkovski, een beambte van de geheime politie, die onder ede verklaarde dat hij nooit een oproep tot een pogrom in Petersburg had gezien. Kijkt u dan hier maar eens naar! Dit is een gecertificeerde kopie van een brief van Lopuchin, de voormalige directeur van het politiedepartement, aan Stolypin, de minister van Binnenlandse Zaken.[40] Op basis van onderzoek dat hij verrichtte in opdracht van graaf Witte verklaart de heer Lopuchin dat pogromoproepen, waarvan de getuige Statkovski beweert ze nooit te hebben gezien, feitelijk werden gedrukt in de drukkerij van de geheime politie, waar de heer Statkovski werkzaam is; dat deze oproepen overal in Rusland door leden van de geheime politie en monarchistische partijen zijn verspreid; dat er nauwe banden bestaan tussen de geheime politie en de Zwarte Honderd-bendes; dat generaal Trepov, tijdens de bestaansperiode van de Sovjet, het hoofd van deze criminele organisatie was en, in zijn hoedanigheid als commandant van het Paleis, enorme macht bezat, persoonlijk aan de tsaar rapporteerde over de activiteiten van de politie en over een grote hoeveelheid staatsfondsen kon beschikken die buiten de ministeriële controle vielen, expliciet bedoeld om pogroms te organiseren."

39. De tekst van deze toespraak, overgenomen uit het stenografisch verslag dat in Rusland nog niet officieel gepubliceerd is, wordt weergegeven in hoofdstuk 26. [auteur]
40. Stolypin was minister van Binnenlandse Zaken in het kabinet van Goremykin.

"En nog een feit, heren van de rechtbank! Ontelbare pamfletten van de Zwarte Honderd, u vindt ze in de stukken van het voorbereidende onderzoek, beschuldigen de leden van de Sovjet van het verduisteren van geld van de arbeiders. Op basis van de informatie in die pamfletten zag generaal Ivanov aanleiding om zijn gendarmerie een speciaal onderzoek te laten doen in de Petersburgse fabrieken en bedrijven (die natuurlijk geen enkel resultaat opleverde). Als revolutionairen zijn we wel gewend aan zulke methodes van de autoriteiten. Maar zelfs wij, met alle scepsis die we al hadden, realiseerden ons niet hoe ver die diensten reikten. Hieruit blijkt dus dat de uitlatingen over arbeidersgeld dat door de Sovjet zou zijn verduisterd, werden opgemaakt en in het geheim gedrukt door diezelfde gendarmerie waartoe generaal Ivanov behoort. Ook dit punt wordt aan de orde gesteld in de brief van meneer Lopuchin. Heren van de rechtbank! Hier is een kopie van die brief, ondertekend door de getuige zelf. We eisen dat deze brief in zijn geheel wordt voorgelezen. Daarnaast eisen wij dat de in actieve staatsdienst zijnde senator Lopuchin wordt opgeroepen als getuige."

De verklaring sloeg in als een bom. De rechtszaak liep ten einde en net op het moment dat de voorzitter van de rechtbank dacht dat hij na een woelige tocht de veilige haven had bereikt, werd hij plotseling alsnog getroffen door een wervelwind.

De brief van Lopuchin wees op het bestaan van geheime rapporten die Trepov aan de tsaar had overhandigd. Wie kon zeggen hoe deze voormalige politiechef, die zich nu van zijn politieverleden had afgekeerd, zou reageren op het kruisverhoor over deze zaken door de verdediging? Het Hof, doodsbenauwd, schrok terug voor de mogelijkheid van verdere onthullingen. Na langdurig debat wraakte zij de brief van Lopuchin en weigerde hem op te roepen.

Hierop verklaarden de aangeklaagden dat hiermee de rechtszitting teniet werd gedaan en eisten weer in de gevangenis te worden opgesloten.

We werden uit de rechtszaal verwijderd en ook de verdediging en het publiek verlieten de zaal. In afwezigheid van de aangeklaagden, de verdediging en het publiek sprak de openbaar aanklager in droge en "correcte" bewoordingen de strafeis uit. In de bijna lege rechtszaal gaf de kamer haar vonnis. De Sovjet werd niet schuldig bevonden aan het bewapenen van de arbeiders om tot gewapende opstand te komen. Vijftien van de aangeklaagden, waaronder de schrijver van dit boek, werden veroordeeld tot het verlies van burgerrechten en verbanning naar Siberië. Twee kregen korte gevangenisstraffen, de rest werd vrijgesproken.

De rechtszaak tegen de Raad van Afgevaardigden liet een enorme indruk achter op het land. We kunnen met vertrouwen stellen dat de sociaaldemocratische partij veel van haar enorme succes in de verkiezingen van de tweede Doema had te danken aan het agitatorische effect van deze rechtszaak tegen het revolutionaire parlement van het Petersburgse proletariaat.

Door de rechtszaak ontstond nog een gegeven dat vermeldenswaardig is.

Op 2 november, dezelfde dag als de officiële uitspraak van de rechtbank publiekelijk bekend werd gemaakt, verscheen in *Novoye Vremya* een open brief van graaf Witte, die net was teruggekeerd uit het buitenland. In deze brief verdedigde de graaf zich tegen de aanvallen uit de rechtervleugel van de bureaucratie en stelde dat hij afzag van de eer de hoofdaanstichter van de Russische revolutie te zijn – wat dit betreft zat hij er niet ver naast – en waarin hij ontkende ooit persoonlijk zaken te hebben gedaan met de Sovjet. Vol vertrouwen wimpelde hij de bewijzen van getuigen en aangeklaagden van de hand als 'verzinsels van de verdediging', blijkbaar in de veronderstelling dat er vanachter de tralies geen protesten zouden volgen. Maar hij had het mis.

Op 5 november werd in de krant *Tovaritsj* de navolgende gezamenlijk opgestelde verklaring van de veroordeelden gepubliceerd.

> "Uiteraard zijn we ons zeer bewust van de verschillen tussen onze politieke overtuigingen en die van graaf Witte, om aan de voormalig eerste minister uit te kunnen leggen door welke motieven wij als vertegenwoordigers van het proletariaat worden gedwongen om de waarheid te spreken in alle stadia van onze politieke activiteit. Toch lijkt het ons hier op zijn plaats om de woorden van de openbaar aanklager aan te halen. Deze beroepsvervolger, een betaalde kracht in dienst van een regering die zich intrinsiek vijandig tegen ons opstelt, erkende dat onze verklaringen en toespraken hem van al het materiaal hadden voorzien dat hij nodig had ter vervolging – vervolging, niet de verdediging! Hij stelde dat onze verklaringen betrouwbaar en oprecht waren."

"Betrouwbaar en oprecht zijn kwalificaties die de tegenstanders, maar ook zijn politieke bewonderaars, nooit en te nimmer aan graaf Witte hebben toegeschreven."

In het collectieve antwoord volgde daarna een lijst van officiële documenten die de leugenachtigheid van de ontkenningen van graaf Witte aantoonden[41] en die eindigde met de volgende samenvatting:

"Wat ook het doel en de motieven achter de ontkenningen van graaf Witte zijn en hoe onvoorzichtig het ook lijkt, is deze publicatie weldegelijk precies getimed. Het is de laatste penseelstreek in het schilderij over de staatsmacht waarmee de Sovjet van doen had. We nemen hier de vrijheid om dat beeld kort te schetsen."

"Graaf Witte benadrukt het feit dat hij degene was die verantwoordelijk was voor onze overdracht aan justitie 'opdat het recht zijn loop zou hebben'. Zoals bekend gebeurde dit op 3 december 1905. Daarna werden we overhandigd aan de geheime politie, daarna de gendarmerie en uiteindelijk het gerecht. Twee leden van de geheime politie traden op als getuige in de rechtszaak. Op de vraag of er in Petersburg een pogrom werd voorbereid in de herfst van afgelopen jaar ontkenden ze beiden met een stellig: "Nee"! Maar senator Lopuchin, voormalig hoofd van het departement van politie, getuigt dat pogromoproepen weldegelijk in die periode werden gedrukt, namelijk in de drukkerij van de geheime politie. Tot zover de eerste fase van 'eerlijke rechtsgang' die graaf Witte ons liet doorlopen."

"En verder verschenen er voor het Hof ook officieren van de gendarmerie die de verhoren hadden gedaan in de zaak tegen de Sovjet. Volgens hun eigen verklaringen was hun onderzoek naar de vermeende verduistering van gelden door de Sovjet gebaseerd op beschuldigingen in anonieme pamfletten van de Zwarte Honderd, die door de openbaar aanklager werden omschreven als "leugenachtig en belasterend". Wat hebben we weten vast te stellen? Dat de nog actieve senator Lopuchin bevestigt dat deze leugenachtige en belasterende pamfletten werden geschreven en gedrukt op hetzelfde bureau van de gendarmerie dat het onderzoek deed in de zaak van de Sovjet. Tot zover het tweede punt over 'een eerlijke rechtsgang'."

41. Graaf Witte was later gedwongen toe te geven dat hij contact met de Sovjet had gehad, maar dat hij had verkozen ze gewoon als vertegenwoordigers van de arbeiders te zien.

"En dan, als we tien maanden later voor de rechtbank moeten verschijnen, werd ons toegestaan om alles te zeggen over dingen die iedereen van te voren al wist; maar zodra we probeerden aan te tonen en te bewijzen dat er in de periode van de activiteiten van de Sovjet geen sprake was van een 'normaal optredende overheid'; dat haar meest actieve organen waren omgezet in contrarevolutionaire organisaties die niet alleen alle geschreven wetten naast zich neer legden, maar ook alle grenzen van de menselijke moraal overtraden; dat regeringsfunctionarissen in de allerhoogste kringen een gecentraliseerde organisatie vormden om in heel Rusland pogroms te organiseren; dat de Sovjet van Afgevaardigden dus eigenlijk taken van nationale verdediging aan het uitvoeren was – toen we deze feiten probeerden aan te tonen en vroegen om opname in het dossier en de publicatie van de brief van Lopuchin, die dankzij onze zaak publiek bekend was geworden, met het verzoek dat senator Lopuchin ook als getuige voor de rechtbank zou worden opgeroepen, strekte het Hof haar machtige arm en, in tegenspraak met alle regels van een eerlijke rechtsgang, legde ze ons het zwijgen op. De derde fase in dit eerlijke proces."

"En dan tot slot, als de officiële uitspraak al is gedaan, verschijnt graaf Witte ten tonele met een poging om zijn politieke tegenstanders zwart te maken, waarvan hij denkt dat ze definitief zijn verdwenen. Net zo overtuigend als de medewerkers van de geheime dienst beweerden dat ze nog nooit een pogrompamflet hadden gezien, beweerde graaf Witte dat hij nooit zaken met de Sovjet van Arbeidersafgevaardigden had gedaan. Net zo overtuigend – en even geloofwaardig!"

"Wij kijken met kalmte terug op deze vier fases van de eerlijke rechtsgang die wij hebben moeten ondergaan. De vertegenwoordigers van de macht hebben ons "alle rechten" ontnomen en zenden ons in verbanning. Maar ze kunnen ons recht op vertrouwen in het proletariaat en onze eerbare medeburgers niet ontnemen. In onze zaak, net als in alle andere kwesties die ons nationale leven bestieren, zal het laatste woord door het volk zelf worden gesproken. In vol vertrouwen doen wij een beroep op het bewustzijn van de bevolking."

4 november 1906
Huis van Bewaring

HOOFDSTUK 25

DE SOVJET EN DE AANKLAGERS

De rechtszaak tegen de Sovjet van Arbeidersafgevaardigden was slechts één episode in de revolutionaire strijd tegen de samenzweerders in Peterhof. Bijna niemand, zelfs onder de vertegenwoordigers van de politie bij de openbaar aanklager, kon werkelijk geloven dat de rechtszaak tegen de leden van de Sovjet wettelijk gegrond was – oftewel dat zij was opgestart en werd uitgevoerd op onafhankelijk initiatief van de wettelijke autoriteiten in het belang van de "innerlijke logica" om de wet te volgen. Jan en alleman wist dat de arrestatie van de Sovjet geen legale, maar een militair-politieke actie was, een van de vele incidenten in de moordlustige campagne die werd gevoerd door een machtshebber die werd gehaat en veracht door het volk.

We zullen hier niet ingaan op de vraag waarom, van alle methoden en middelen die tot hun beschikking stonden, de autoriteiten ervoor kozen de arbeidersafgevaardigden te berechten via de normale maar relatief ingewikkelde manier van het gerechtshof, aangevuld met vertegenwoordigers van de standen. Ze hadden voor andere manieren kunnen kiezen, die minstens zo effectief, maar zeker eenvoudiger waren geweest. Naast het rijke arsenaal aan administratieve maatregelen was er natuurlijk ook nog de krijgsraad, die vorm van standrecht die nergens in enig wetboek staat beschreven, maar vaak met succes is toegepast. Die bestaat eruit dat de beschuldigden worden voorgeleid voor de jury en worden gevraagd een paar stappen achteruit te doen en zich om te draaien. Als de aangeklaagden dit hebben gedaan, volgt er een vuursalvo, als ware het een uitspraak waartegen geen beroep mogelijk is.

Feit blijft dat de regering, in plaats van de 52 personen die door haar geheime dienst waren geselecteerd via martelmethodes aan te pakken, een legale rechtsgang organiseerde, niet alleen een rechtszaak tegen 52 personen, maar ook tegen de Sovjet van Arbeidersafgevaardigden. Juist hierdoor moeten we kritisch zijn over de wettelijke positie en grondslagen waar de autoriteiten zich op baseerden.

De aanklacht luidt dat de 52 genoemde personen worden beschuldigd van het "aansluiten bij een organisatie ... die, voor zover hen bekend, tot doel had het regeringssysteem zoals vastgelegd in de fundamentele wetten van Rusland te veranderen en deze te vervangen door een democratische republiek". Dat is de essentie van de aanklacht, die dan zogenaamd zou vallen onder de artikelen 101 en 102 van de strafwet.

Dus stelt de aanklacht dat de Sovjet van Arbeidersafgevaardigden een revolutionaire 'vereniging' was, gevormd op basis van een eerder geformuleerd politiek doel – een organisatie bovendien waarvan ieder lid, door zich er bij aan te sluiten, een duidelijk van te voren omschreven politiek programma onderschreef. Maar deze definitie van de Sovjet is in openlijke tegenspraak met het beeld dat in de aanklacht zelf wordt geschetst en met de omstandigheden waarin zij ontstond. Op bladzijde 1 van de aanklacht staat te lezen dat de initiatiefnemers van de toekomstige Sovjet opriepen tot het verkiezen van afgevaardigden in een arbeiderscomité, zodat er organisatie, eenheid en kracht in de arbeidersbeweging zou komen en deze zou optreden als "de spreekbuis van de belangen van het proletariaat van Petersburg tegenover de rest van de samenleving. Er vonden daarna in een aantal bedrijven verkiezingen plaats", zo vervolgt de aanklacht. Maar wat was dan het politieke programma waarop de Sovjet werd gevormd? Die was er niet; en er kon er ook geen zijn, omdat de Sovjet, zoals we hebben kunnen zien, niet werd gevormd uit een groep personen die allemaal dezelfde politieke opvattingen hadden (zoals een politieke partij of ondergrondse organisatie), maar op basis van een gekozen vertegenwoordiging (zoals een Doema of zemstvo). Hieruit volgt dat we zonder twijfel kunnen vaststellen dat de genoemde personen in de aanklacht, zoals alle andere leden van de Sovjet, zich niet aansloten bij een samenzwerende organisatie die, in hun opvattingen, tot doel had met geweld het bestaande regime omver te werpen en te vervangen door een democratische republiek, maar bij een vertegenwoordigend lichaam wiens verdere activiteiten werden bepaald door opeenvolgende collectieve besluiten van haar leden.

Maar als de Sovjet een organisatie was, zoals omschreven in de artikelen 101 en 102, wat waren dan de beperkingen van die organisatie? Afgevaardigden zaten niet in de Sovjet omdat ze dat zelf graag wilden, maar omdat ze door hun kiezers waren gestuurd. Bovendien werd de organisatie die verkiezingen organiseerde nooit ontbonden en bleef de afgevaardigde op het bedrijf actief. De afgevaardigden legden er verantwoording af en via de afgevaardigden werden de activiteiten van de Sovjet zelf overduidelijk beïnvloed. Het initiatief ten aanzien van de belangrijkste onderwerpen – stakingen, het gevecht voor de achturendag, het bewapenen van de arbeiders – kwam nooit van de Sovjet, maar uit de meest vooruitstrevende bedrijven. De arbeiders, oftewel de kiezers, organiseerden vergaderingen en namen resoluties aan die door hun afgevaardigden werden ingediend bij de Sovjet. Daarom was de Sovjet zowel formeel als feitelijk de organisatie van de overgrote meerderheid van de arbeiders in Petersburg. Het was een overkoepelend orgaan van gekozen organisaties die in zeker opzicht in dezelfde verhouding stonden tot de Sovjet, als de Sovjet tot het Uitvoerend Comité (of Dagelijks Bestuur). Op één plek wordt dit zelfs in de aanklacht toegegeven: "Het verlangen van de arbeidersraad[42] om alle burgers te bewapenen", zo valt te lezen, "wordt uitgedrukt in de besluiten en resoluties van de individuele organisaties die onderdeel van de arbeidersraad uitmaakten", en dan vervolgt de aanklacht met het aanhalen van de bijbehorende resolutie die op een vergadering van de Bond van Drukkers werd aangenomen. De vakbond van de drukkers vormde, naar de mening van de aanklager, "een onderdeel" van de Sovjet (of beter gezegd, van de Sovjet organisatie) en dus zou het dan evident moeten zijn dat elk lid van die vakbond, omdat ze lid waren geworden, onderdeel werd van een organisatie die met geweld de bestaande orde omver wilde werpen. Dat geldt niet alleen voor de vakbond van drukkers en zetters, maar voor de arbeiders van elke fabriek en alle bedrijven die deelnamen aan de organisatie van het Petersburgse proletariaat in een verkozen lichaam, door afgevaardigden naar de Sovjet te sturen. Als de aanklager dus van plan was geweest om de artikelen 101 en 102 volledig en consistent toe te passen naar de letter en de geest van de wet, dan hadden er niet minder dan 200.000 Petersburgse arbeiders op het beklaagdenbankje moeten zitten; hetgeen ook precies was wat de arbeidersgetuigen betoogden, zoals bleek uit een aantal hard geformuleerde resoluties die in juni in de rechtszaal werden ingebracht. Deze eis was niet zomaar een politieke demonstratie; het was een herinnering aan de aanklager van zijn elementaire wettelijke verplichtingen. De wettelijke verplichtingen waren echter het minste wat de aanklager interesseerde. Deze wist dat de autoriteiten een handjevol zondebokken wilden om hun "overwinning" succesvol af te sluiten en dus werd het aantal beklaagden beperkt met een reeks van tegenstrijdigheden en botte simplificaties.

42. In de beginperiode werd de Sovjet vaak arbeidersraad genoemd.

1. De aanklager sluit zijn ogen volledig voor het feit dat de Sovjet een verkozen orgaan is en volhardt haar te beschouwen als een liga van eensgezinde revolutionairen.

2. Omdat het totale aantal personen dat betrokken was bij de Sovjet – zo'n 500 tot 600 personen – veel te veel is voor het doel van een tendentieus proces van veronderstelde samenzweerders die de meerderheid van de werkende klasse manipuleerden, richt de aanklager zich nogal gekunsteld op het Uitvoerend Comité. Hij negeert bewust het verkozen karakter van het Uitvoerend Comité en het feit dat het regelmatig van samenstelling veranderde en schrijft aan het Uitvoerend Comité besluiten toe, die zonder rekening te houden met de documenten ter bewijsvoering, feitelijk werden besloten op de plenaire zittingen van de Sovjet.

3. Op basis van het lidmaatschap van de Sovjet werden, behalve de leden van het Uitvoerend Comité, die afgevaardigden voor het gerecht gebracht die een actieve en persoonlijke rol speelden in de activiteiten van de Sovjet. Maar dat is een volkomen willekeurig onderscheid. Het strafrecht veroordeelt niet alleen "actieve en persoonlijke" deelname, maar elke vorm van deelname aan een misdadige organisatie. De aard van de deelname bepaalt de strafmaat.

Wat zijn hierin dan de criteria van de aanklager? In zijn ogen waren feiten als het controleren van toegangsbewijzen, deelnemen aan een stakingspiket of simpelweg lid zijn van de Sovjet al bewijs van een actieve en persoonlijke deelname aan een organisatie die tot doel had de bestaande orde met geweld omver te werpen. In het geval van bijvoorbeeld de beklaagden Krassin, Lukanin, Ivanov en Marlotov, wordt in de aanklacht alleen hun eigen bekentenis van deelname aan de Sovjet aangevoerd en uit die verklaringen wordt op een of andere wijze beredeneerd dat hun deelname "actief en persoonlijk" was.

4. Tellen we hier ook nog het handjevol "buitenstaanders" bij, die toevalligerwijs op 3 december werden gearresteerd omdat ze aanwezig waren als bezoekers van de Sovjet, maar geen woord hebben gesproken op welke bijeenkomst van de Sovjet dan ook; dan krijgen we een nog duidelijker beeld van de willekeur waarmee de beschuldigden zijn geselecteerd.

5. Maar zelfs daar blijft het niet bij. Na 3 december sloten nieuwe leden zich aan bij wat was overgebleven van de Sovjet. Het Uitvoerend Comité werd weer

ingesteld, de *Izvestia* werd uitgebracht (nummer 8 verscheen één dag na de arrestatie van de Sovjet, op 4 december) en de heropgerichte Sovjet riep op tot de decemberstaking. Na zekere tijd werd het Uitvoerend Comité van de nieuwe Sovjet gearresteerd. En wat gebeurde er? Ondanks het feit dat ze feitelijk het werk van de oude Sovjet voortzette en op geen enkele manier verschilde in strijdmethodes en werkwijze als de oude, werd de zaak tegen de nieuwe Sovjet puur administratief afgehandeld en niet, om een of andere reden, wettelijk vervolgd.

Had de Sovjet een wettelijke basis? Dat had ze niet, want zo'n wettelijke grondslag bestond niet.

Zelfs al had ze dat gewild, dan had de Sovjet zich nog niet kunnen vormen op basis van het Manifest van 17 Oktober om de eenvoudige reden dat ze voor die tijd al was opgericht. Ze was juist ontstaan uit de revolutionaire beweging die uiteindelijk ook leidde tot het Manifest.

De hele aanklacht is opgebouwd rond het schandalige uitgangspunt dat er volledige legaliteit was in Rusland in het afgelopen jaar. De aanklagers hanteren de bizarre aanname dat alle artikelen van het strafrecht te allen tijde van kracht waren en altijd zijn toegepast en nooit terzijde geschoven – niet alleen op papier, maar zelfs feitelijk.

Wat feitelijk gebeurde was dat er een groot aantal artikelen door de hand van de revolutie werden verscheurd, met stilzwijgende toestemming van de autoriteiten.

Hadden de zemstvo-congressen een wettelijke basis? Waren alle banketten en protestbijeenkomsten in overeenstemming met het strafrecht? Hielden de media zich aan de regels van de censuur? Ontstonden er niet regelmatig ongestraft organisaties van de intelligentsia zonder 'voorafgaande toestemming', zoals dat heet?

Maar laten we ons tot het lot van de Sovjet zelf beperken. Door te stellen dat de artikelen 101 en 102 van de strafwet zonder onderbreking van kracht bleven, beschouwt de aanklager de Sovjet als een bewuste misdadige organisatie vanaf de dag van haar oprichting en beschouwt dus ook het lid worden van de Sovjet als een misdaad. Hoe valt vanuit dit standpunt te verklaren dat de voornaamste vertegenwoordiger van de macht in overleg trad met een criminele organisatie die erop was gericht om met revolutionaire middelen een republiek te stichten? Vanuit het oogpunt van juridische continuïteit was de onderhandeling van graaf Witte met de Sovjet een criminele daad.

Het incident met graaf Witte toont aan tot welke absurditeiten de aanklagers bereid waren te gaan om vol te houden dat er geen wetteloosheid plaatsvond in 1905 in Rusland.

In de aanklacht wordt het debat aangehaald dat plaatsvond naar aanleiding van het sturen van een afvaardiging naar Witte om de vrijlating te eisen van drie leden van de Sovjet-Unie die gearresteerd waren tijdens een straatbijeenkomst voor de Kazanski-kathedraal. Dit beroep op Witte wordt omschreven als een "legitieme poging om de vrijlating van de gearresteerden te verkrijgen". (p. 6)

Dus de aanklager vindt het "legitiem" dat graaf Witte, de belangrijkste vertegenwoordiger van het staatsbestuur, in overleg treedt met een revolutionaire vereniging die tot doel had het systeem dat graaf Witte moest verdedigen, omver te werpen.

Wat was de uitkomst van deze "legitieme" poging?

In de aanklacht staat correct vastgesteld dat de voorzitter van de ministerraad, "na overleg met de stadsgouverneur, de vrijlating beval van de gearresteerde personen". (p. 6) Met andere woorden, de staatsmacht gaf toe aan de eis van een criminele organisatie wiens leden, volgens de artikelen 101 en 102, niet in de wachtkamer van de minister-president thuishoorden, maar in een strafkamp.

Waarin zat dan die zogenaamde "legitimiteit"? Was de publieke bijeenkomst die op het plein van de Kazanski-kathedraal werd gehouden op 8 oktober legaal? Blijkbaar niet, omdat leden van de Sovjet die daar aanwezig waren, werden gearresteerd. Was het sturen van een delegatie naar de regering door een antiregeringsorganisatie wettelijk toegestaan? De aanklagers antwoorden hierop bevestigend. Maar die "legitimiteit" zou dan hebben betekend dat niet de gearresteerde personen zouden moeten worden vrijgelaten, maar hun medestanders, die nog op vrije voeten waren, ook dienden te worden opgepakt. Of verleende graaf Witte amnestie aan deze misdadigers? En wat gaf hem het recht om die amnestie te verlenen?

De Raad van Arbeidersafgevaardigden had geen wettelijke grondslag. Maar die had de regering ook niet. Er bestond toen geen wettelijke grond.

In de maanden oktober en november kwamen massa's mensen in beweging, kwamen scherpe tegenstellingen tussen diverse lagen aan het licht, ontwikkelde zich een veelvoud aan nieuwe organisaties en nieuwe vormen van politiek leven. Het oude systeem stapte eerbiedwaardig terug met het Manifest van 17 Oktober. Maar een nieuw systeem was er niet. Oude wetten die overduidelijk strijdig waren met het Manifest werden niet afgeschaft; maar feitelijk bij elke stap verder ondermijnd. De autoriteiten stonden niet alleen duizenden gevallen van dit soort inbreuken toe, maar in sommige gevallen, moedigden zij deze ook aan. Het Manifest van 17 Oktober zorgde er niet alleen voor dat een aantal van de bestaande wetten logischerwijs van nul en enigerlei waarde werden – zij schafte ook het feitelijk wetgevende apparaat van het absolutisme af.

Er ontstonden nieuwe vormen van openbaar leven, volledig buiten de grenzen van de oude wetgeving. De Sovjet was een van die nieuwe vormen.

De karikaturale tegenstrijdigheid tussen de definitie in artikel 101 en de echte samenstelling van de Sovjet ligt in het feit dat de Sovjet een instelling was waarop de wetten van het oude Rusland in het geheel niet waren ingericht. Zij ontstond op het moment dat de oude dwangbuis van legitimiteit op elke naad aan het scheuren was en werd verscheurd en vertrapt door het revolutionaire land. De Sovjet ontstond niet omdat dit wettelijk was toegestaan, maar omdat de situatie erom vroeg.

Toen, na de eerste gevechten, de heersende reactionaire krachten terug wat op adem kwamen, begonnen ze weer wetten toe te passen die in feite waren afgeschaft, net zoals iemand die in een straatgevecht terechtkomt de eerste de beste steen oppakt om mee te gooien. Artikel 101 van de strafwet was de steen die ze oppakten. Door een straf uit te delen aan de personen die door een onverschillige gendarmerie en onderdanige vervolging werden aangeleverd, voelde het gerechtshof zich verplicht om de rol van werper op zich te nemen.

Het vraagstuk van de deelname van officiële partijvertegenwoordigers in de besluiten van de Sovjet maakt meer dan al het andere duidelijk dat de wettelijke grondslag waar de aanklager zich op beroept, feitelijk los zand is.

Eenieder die ook maar enigszins met de Sovjet in aanraking kwam, weet dat de vertegenwoordigers van partijen geen stemrecht hadden in de Sovjet of in het Uitvoerend Comité. Ze namen deel aan de debatten, maar hadden geen stemrecht. Dit kwam voort uit hoe de Sovjet was samengesteld; op basis van vertegenwoordigers van arbeiders uit de fabrieken en bedrijven, en niet op basis van partijgroeperingen. Vertegenwoordigers van partijen waren welkom om hun politieke ervaring en kennis te delen met de Sovjet en dat deden ze; maar ze konden niet stemmen, want dit zou strijdig zijn met het principe van vertegenwoordiging van werkende massa's. Zij waren, om het zo te zeggen, politieke experts binnen de Sovjet.

Dit simpele feit had gemakkelijk uit de stukken kunnen worden bewezen, maar het veroorzaakte de grootste problemen voor de onderzoekende en vervolgende autoriteiten.

Het eerste probleem was er een van een puur legale aard. Als de Sovjet een criminele organisatie is met bepaalde vooraf besproken doelen en als de aangeklaagden leden zijn van die criminele organisatie en als zodanig voor het gerecht moeten verschijnen, wat dient er dan te gebeuren met die beklaagden die alleen een adviserende rol in de Sovjet speelden, maar geen stemrecht hadden, oftewel in het direct en feitelijk bepalen van de misdadige collectieve doelen van de organisatie? Net zo goed als de mening van een expert in de rechtszaal van enorme invloed kan zijn op de uitspraak, betekent dat niet dat de expert verantwoordelijk is voor dat besluit. En dus kan de bijdrage van partijvertegenwoordigers wel een grote invloed hebben op besluitvorming van de Sovjet, maar zij kunnen wettelijk niet voor dat besluit verantwoordelijk worden gehouden. Zij zeiden tot de Sovjet: dit is onze mening, dit is de mening van onze partij, maar het besluit moeten jullie zelf nemen. Het spreekt uiteraard vanzelf dat de partijvertegenwoordigers geen enkele behoefte voelden om zich voor de vervolging te verbergen achter dit argument. Tenslotte was de vervolging er niet om "artikelen", "legaliteit" of "de wet" te verdedigen, maar de belangen van een bepaalde kaste. Aangezien die partijvertegenwoordigers met hun werk net zoveel slagen aan die kaste uitdeelden als de andere leden van de Sovjet, was het geheel in de lijn van de verwachtingen dat de wraakzucht van de regering, in de vorm van de uitspraak van het gerechtshof, hen op dezelfde wijze zou bestraffen als de vertegenwoordigers van de fabrieken en bedrijven.

Eén ding is evenwel zeker: terwijl met een schandalig verdraaien van de feiten en hun wettelijke gronden het misschien net mogelijk is om de vertegenwoordigers als misdadigers te bestempelen onder artikel 101, is het toepassen van artikel 101 op de vertegenwoordigers van de politieke partijen in de Sovjet de belichaming van een wettelijke absurditeit. Volgens de menselijke logica, uiteraard; en wettelijke logica kan niets anders zijn dan het toepassen van de universele menselijke logica op een bepaald gebied of fenomeen.

Het tweede probleem waar de vervolging mee te maken had ten aanzien van de partijvertegenwoordigers in de Sovjet was van politieke aard. De opdracht van generaal Ivanov aan de gendarmerie en later van assistent-aanklager Baltz of diegene achter hem die aan de touwtjes trok, was simpel: ze moesten aantonen dat de Sovjet een organisatie van samenzweerders was die, onder druk van een groepje energieke revolutionairen, de angstige massa's aan het lijntje hield. Alle bewijzen wezen op het tegendeel van deze jacobijnse parodie van de politie over de Sovjet: het lidmaatschap van de Sovjet, het open karakter van haar activiteiten, haar methode van debat en besluitvorming in alle vraagstukken, tot slot de afwezigheid van stemrecht voor partijvertegenwoordigers. Wat hebben de onderzoekers van de autoriteiten eigenlijk gedaan? Als de feiten hen tegenspreken, is dat jammer voor de feiten. Ze worden met "een administratieve maatregel" teniet gedaan. Uit de getuigenverslagen, uit de stemmentellingen, nota bene uit de verklaringen van hun eigen geheime agenten zelf, hadden de gerechtelijke onderzoekers eenvoudig kunnen vaststellen dat partijvertegenwoordigers alleen consulterende bevoegdheden hadden in de Sovjet. Natuurlijk wist de gendarmerie dit, maar omdat dit feit de reikwijdte van hun plannen en overwegingen zou hebben beperkt, deed ze er alles aan om de aanklager op dit punt te misleiden. Ondanks het belang van de kwestie van de status van partijvertegenwoordigers in de Sovjet, werd dit punt door de gendarmerie systematisch en opzettelijk vermeden tijdens de verhoren. De gendarmerie was zeer nieuwsgierig naar welke zitplaats welk lid van het Uitvoerend Comité aan tafel had en wanneer ze de vergaderingen in en uit gingen, maar toonde geen enkele interesse of de 70 sociaaldemocraten en 35 sociaal-revolutionairen, in totaal 105 mensen, stemrecht hadden over kwesties zoals een algemene staking, de achturendag, etcetera. De gendarmerie zag er volledig van af om zulke vragen aan de beklaagden en getuigen te stellen, juist met het doel bepaalde feiten niet vast te moeten stellen.[43] Dit was overduidelijk

43. Slechts in een passage in de aanklacht, namelijk in de verklaring van Rastorgujev (p. 39) staat vermeld: "De vertegenwoordigers van de politieke partijen hadden geen

en niemand durft het te betwijfelen.

We hebben gesteld dat de gerechtelijke onderzoekers dus de aanklager probeerden te misleiden. Was dat ook zo? De vervolging, in de persoon van haar vertegenwoordiger, is aanwezig bij de verhoren en ondertekent de verhoorverslagen. Er is dus altijd de mogelijkheid om waarheidsvinding te betrachten; als die behoefte bestaat. Uiteraard was daar geen spoor van te vinden. De vervolging stopte niet alleen de "blunders" van het vooronderzoek in de doofpot, maar maakte er uiteindelijk zelfs feitelijk gebruik van om conclusies te trekken waarvan ze zelf wist dat ze niet deugden.

Het meest duidelijk kwam dit aan de orde in dat deel van de aanklacht die ging over de activiteiten van de Sovjet in het bewapenen van de arbeiders.

We willen hier niet voorstellen om het vraagstuk van de gewapende opstand en de houding van de Sovjet in deze te bespreken. Dat onderwerp is al in andere artikels ter sprake gekomen. We kunnen hier volstaan met te stellen dat de gewapende opstand als revolutionair idee dat de massa's inspireert en richting geeft aan haar verkozen orgaan, verschilt van de "opvatting" over een gewapende opstand van de aanklagers en de politie, net zoals de Sovjet van Arbeidersafgevaardigden verschilt van een criminele organisatie zoals omschreven in artikel 101. Maar al het hopeloze falen van de autoriteiten, net als het onbegrip over het bestaan en de geest van de Sovjet, hun trieste verwarring over haar politieke ideeën, was omgekeerd evenredig aan hun verlangen om al hun beschuldigingen te baseren op één simpel materieel bewijsstuk: een Browning revolver.

Hoewel, zoals we zullen zien, het politie-onderzoek in deze maar heel weinig opleverde, doet de opsteller van de aanklacht een poging – gewaagd en daarom opmerkelijk – om als feit te bewijzen dat het Uitvoerend Comité arbeiders op grote schaal bewapende met als doel tot een gewapende opstand over te gaan. We zijn het aan onze stand verplicht de relevante tekst in de aanklacht weer te geven en op de afzonderlijke delen nader in te gaan.

De aanklagers: "Het ziet ernaar uit dat de uitvoering van *alle eerder genoemde voornemens* van het Uitvoerend Comité ten aanzien van het bewapenen van

---

stemrecht". Maar de aanklagers hebben geen moeite gedaan die kwestie voor zichzelf te verduidelijken, of beter gesteld, hebben dat bewust vermeden.

de arbeiders in Petersburg in dezelfde periode plaatsvond [de tweede helft van november] omdat, volgens de verklaring van Grigori Levkin, een afgevaardigde van de tabaksfabriek van Bogdanov, er was besloten [door wie?] op een van de bijeenkomsten midden november om gewapende groepen van 'tien en honderd' te vormen ter ondersteuning van de protestbijeenkomsten. Precies in die periode werd door de afgevaardigde Nikolai Nemtsov gesteld dat de werkers geen wapens hadden en werd er ter plekke [waar?] een inzameling gehouden om wapens te kopen".

Hieruit valt dus te leren dat het Uitvoerend Comité midden november "al" haar plannen ter bewapening van het proletariaat ten uitvoer bracht. Welk bewijs is hierover geleverd? Twee onveranderbare bewijsstukken. In de eerste plaats getuigt Grigori Levkin dat rond deze tijd werd besloten (blijkbaar door de Sovjet) om gewapende groepen van "tien en honderd" te vormen. En dus blijkt hieruit overduidelijk dat de Sovjet *uitvoering gaf* aan haar intenties om de arbeiders te bewapenen, door precies rond die tijd ... de intentie uit te spreken (of een besluit te nemen) de arbeiders te gaan bewapenen! Is het zo dat de Sovjet dat besluit ooit heeft genomen? Niets van dit alles. In dit geval verwijst de aanklacht niet naar een besluit van de Sovjet, dat niet bestaat, maar naar een toespraak van een van de leden van de Sovjet (ikzelf), die eerder op pagina 17 wordt aangehaald in dezelfde aanklacht.

Al met al produceert de vervolging als bewijs van uitvoering van haar "intenties" niets anders dan een resolutie die, indien aangenomen, alleen maar de uitdrukking van zo'n voornemen zou zijn geweest.

Het tweede bewijs dat wordt geleverd over de bewapening van het Petersburgse proletariaat is een verklaring door Nikolai Nemtsov, die "precies in die periode" (!) aandacht vroeg voor het feit dat de arbeiders geen wapens hadden. Het is moeilijk te begrijpen hoe een verklaring van Nemtsov over een *gebrek* aan wapens, juist de *aanwezigheid* van wapens kan bewijzen. Maar daarna wordt gesteld dat "er onder de aanwezige personen een collecte werd gehouden". Ongetwijfeld werd er onder de arbeiders voor wapens gecollecteerd. Laten we ervan uitgaan dat, in dit bijzondere geval, deze collecte was bedoeld voor die redenen waar de aanklager naar verwijst. Waarom zou hieruit dan volgen dat dit "feitelijk uitvoering gaf aan alle bovengenoemde intenties van het Uitvoerend Comité om de arbeiders van Petersburg te bewapenen in bovengenoemde periode"? Verder: aan wie stelde Nikolai Nemtsov dat er een gebrek aan wapens was? Blijkbaar zei hij dit op een zitting van het Uitvoerend Comité. Daarom moeten we aannemen dat de gelden voor die wapens werden opgehaald onder enkele tientallen of honderden afgevaardigden. Dit feit op zich, hoe onwaarschijnlijk het ook is, moet dan als bewijs dienen om aan te tonen dat de massa's in die periode al bewapend waren!

Hiermee is dan het bewapenen van de arbeiders bewezen, rest nog het doel ervan te onthullen. Dit is wat de aanklacht erover te zeggen heeft: de aanleiding van het bewapenen, volgens de getuigenverklaring van afgevaardigde Alexander Sjisjkin, was het mogelijk plaatsvinden van pogroms. Sjisjkin stelt echter dat dit alleen als aanleiding werd gebruikt en dat er in werkelijkheid een gewapende opstand werd voorbereid voor 9 januari. "*In werkelijkheid*", zo valt in de aanklacht te lezen, "was het verdelen van wapens, volgens Michael Khakharev, een afgevaardigde van de fabriek van Odner, al in oktober begonnen door Khrustalev Nosar en hij, Khakharev, kreeg van Khrustalev een Browning revolver ter bescherming tegen de Zwarte Honderd". Het verdedigende karakter van deze bewapening werd verworpen, ondanks hetgeen naar voren kwam uit bepaalde brieven uit de in beslag genomen documenten van Georgy Nosar. Bij deze documenten zit bijvoorbeeld een origineel ontwerp van een Sovjet resolutie, overigens zonder datering wanneer zij werd opgesteld, die een oproep tot bewapening bevat en het vormen van gewapende detachementen en een arbeidersleger "dat bereid is om de Zwarte Honderd regering die het land verwoest, terug te drijven".

Laten we hier even bij stil staan. Het verdedigen tegen de Zwarte Honderd was maar een voorwendsel; het werkelijke doel van de brede bewapening van de bevolking door de Sovjet, begonnen in midden november, was een gewapende opstand op 9 januari. Dit werkelijke doel was onbekend, niet alleen voor diegenen die werden bewapend, maar ook voor diegenen die de wapens verstrekten, opdat, aldus de verklaring van Alexey Sjisjkin, men nergens zou kunnen ontdekken dat de organisatie van de arbeidende massa's een definitieve datum voor de opstand had afgesproken. Het andere bewijs is dat het precies midden november was dat het Uitvoerend Comité de brede bevolking bewapende voor een opstand in januari, blijkend uit het feit dat in oktober Khakharev een Browning kreeg van Khrustalev 'om zich tegen de Zwarte Honderd te verdedigen'.

Naar de mening van de aanklager werd het defensieve karakter van de bewapening verder tegengesproken door bepaalde documenten in het bezit van Nosar, zoals de originele kopie (?) van een resolutie die de arbeiders oproept zich te bewapenen om "de Zwarte Honderd regering die Rusland verwoest, terug te drijven".

Dat de Sovjet aan de massa's uitlegde dat het noodzakelijk werd zich te bewapenen en dat een opstand onvermijdelijk was, wordt duidelijk uit veel van de beslissingen van de Sovjet. Niemand kan dat bestrijden en de vervolging hoefde daar geen bewijzen over te vinden. Maar wat ze wel moest bewijzen, is dat het Uitvoerend Comité midden november uitvoering gaf 'aan al haar intenties' om de massa's te bewapenen en dat deze bewapening ook werkelijk plaatsvond en dat deze bewapening maar één specifiek doel had, namelijk een gewapende opstand. Om dat te bewijzen komt de vervolging met nog maar eens een resolutie die alleen verschilt van de anderen omdat ze geen datum bevat en waarvan op geen enkele manier valt vast te stellen of deze door de Sovjet al dan niet is aangenomen. Precies deze twijfelachtige resolutie dient om het defensieve karakter van de bewapening te weerleggen, terwijl ze overduidelijk spreekt van het *terugdrijven* van de Zwarte Honderd regering die het land verwoest.

Maar het lange ongelukkige avontuur van de aanklagers in de kwestie van de Browning was hiermee nog niet ten einde. Om het verdedigende karakter van deze operatie te weerleggen, stelt de vervolging in de aanklacht: "Bovendien werd er in de documenten van Nosar een brief van een onbekende persoon gevonden waarin stond dat Khrustalev had beloofd diverse Brownings en Smith & Wesson revolvers te verstrekken tegen de 'organisatieprijs' en de schrijver, met een adres in Kolpino, vraagt om de beloofde wapens aan hem te overhandigen".

Om te begrijpen dat de schrijver van deze brief 'met een adres in Kolpino' deze wapens niet heeft betrokken tegen de 'organisatieprijs' *met zelfverdediging* als doel, maar voor een toekomstige gewapende opstand blijft een kunststukje van de vervolging zelf. Een andere notitie met een verzoek tot wapenlevering verandert daar niets aan.

Uiteindelijk bleken de gegevens die de aanklagers wisten te verzamelen over het bewapenen van de arbeiders van Petersburg nagenoeg niets op te leveren. In de aanklacht staat dan ook duidelijk vermeld: "Er waren slechts bijzonder weinig gegevens te vinden over wapenaankopen in de documenten van Nosar, omdat [!] bij deze documenten een schriftje zat met een apart blad met aantekeningen over de verspreiding van diverse merken revolvers en bijbehorende munitie aan de arbeiders. Volgens deze aantekeningen ging het om in totaal 64 revolvers die werden verspreid".

Zelfs voor de aanklagers waren deze 64 revolvers als onomstotelijk bewijs dat "alle intenties" van het Uitvoerend Comité ten aanzien van een gewapende opstand in januari ten uitvoer werden gebracht beschamend mager. Dapper deden zij er daarom nog een schepje bovenop. Als we niet kunnen bewijzen dat er geweren zijn gekocht, moeten we bewijzen dat er geweren hadden kunnen worden gekocht. Met het oog op dat doel, wordt de bewijsvoering over de 64 revolvers voorafgegaan door een uitgebreide bespiegeling met een financieel karakter. Nadat er wordt uitgelegd dat op een van de bedrijven van de *Compagnie de Wagon-Lits* een collecte voor wapens is gehouden, stelt de aanklacht: "Bijdragen van deze aard schiepen de mogelijkheid om grote hoeveelheden wapens te kopen door de Sovjet van Arbeidersafgevaardigden, omdat ze als ze dat nodig had, over een aanzienlijk fonds kon beschikken ... In totaal ontving het Uitvoerend Comité 30.063 roebel en 52 kopeke".

Hier hebben we de toon en de wijze van het eerste het beste roddelblad met een flinterdunne bewijsvoering. Eerst haal je bepaalde briefjes en "originele kopieën" van resoluties aan en daarna doe je die verklaringen af met een simpele en eenvoudige aanname: het Uitvoerend Comité had genoeg geld ter beschikking, dus had ze ook veel wapens.

Als we op basis van de methodes van de aanklager onze conclusies zouden trekken, kunnen we net zo goed stellen: de afdelingen van de geheime politie hebben genoeg geld, daarom hebben de pogromvandalen voldoende wapens. Maar de overeenkomst van deze aanname met die van de vervolging is slechts oppervlakkig; want elke kopeke die de Sovjet ontving, kon worden verantwoord. Daarmee kunnen de aannames van de aanklager eenvoudig worden weerlegd, terwijl het geld voor de geheime politie zich nog in het volledige duister bevindt en juist al te lang uitgebleven gerechtelijk onderzoek verdient. Om voor eens en voor altijd een eind te maken aan de wijze van argumenteren en de gevolgtrekkingen in de aanklacht ten aanzien van het bewapenen van de bevolking, zetten we het hier in haar strikt logische vorm op een rijtje.

THESE

Rond midden november bewapende het Uitvoerend Comité het proletariaat in Petersburg ten behoeve van een gewapende opstand.

BEWIJS

a) Een van de leden van de Sovjet stelde op een bijeenkomst van 6 november voor om gewapende groepen arbeiders van 10 en 100 te vormen.
b) Midden november klaagde Nikolai Nemtsov over het gebrek aan wapens.
c) Alexander Sjisjkin wist dat de opstand was vastgesteld op 9 januari.
d) Al in oktober had Khakharev een revolver gekregen om zich tegen de Zwarte Honderd te verdedigen.
e) Een ongedateerde resolutie verwijst naar de noodzaak van wapens.
f) Een onbekend persoon "met een adres in Kolpino" vraagt om revolvers tegen de 'organisatieprijs'.
g) Hoewel is vastgesteld dat slechts 64 revolvers zijn verspreid, had de Sovjet beschikking over gelden en omdat geld een universeel equivalent is, had ze die in wapens kunnen omzetten.

Dit soort rammelende bewijsvoering schiet zelfs tekort om als voorbeeld te dienen in de lesboeken van de lagere school over elementaire logica. Het is zo bot, dat de botheid ervan een belediging is van het normale gezonde verstand.

Op basis van dit materiaal en deze constructie velde justitie haar oordeel.

HOOFDSTUK 26

MIJN TOESPRAAK VOOR HET GERECHTSHOF

ZITTING 4 (17) OKTOBER 1906[44]

Geachte heren van het Hof, heren vertegenwoordigers van de standen.

Het vraagstuk van de gewapende opstand – een vraagstuk dat, hoe vreemd dat ook moge klinken in de oren van deze speciale zitting, geen enkele rol heeft gespeeld op de agenda en in bijeenkomsten van de Sovjet van Arbeidersafgevaardigden in de 50 dagen van haar bestaan – is het principiële vraagstuk van dit gerechtelijk verhoor, net als van het gerechtelijk vooronderzoek. Het vraagstuk van de gewapende opstand is als zodanig nooit opgebracht of bediscussieerd op welke bijeenkomst van de Sovjet dan ook. Sterker nog, net zo min als het vraagstuk van een grondwettelijke vergadering of van een democratische republiek, werd zelfs de algemene staking op zich of haar fundamentele belang als een methode van revolutionaire strijd niet bediscussieerd op haar bijeenkomsten. Deze centrale vraagstukken, die voor een aantal jaren alleen in de revolutionaire media werden besproken en later in diverse bijeenkomsten en vergaderingen, werden nooit door de Sovjet besproken. Ik zal later uitleggen waarom dit niet is gebeurd en wat de houding van de Sovjet ten opzichte van de gewapende opstand was.

Maar voor ik daarop kan ingaan, op het centrale punt van de aanklacht voor het Hof, wil ik de aandacht van de kamer vragen voor een ander, wel breder maar niet minder acuut en niet minder belangrijk vraagstuk, namelijk het gebruik van geweld door de Sovjet in het algemeen. Beschouwde de Sovjet zichzelf als bevoegd om in bepaalde gevallen, via een van haar organen of agentschappen, geweld of repressieve maatregelen toe te passen? Het antwoord op deze zo in het algemeen gestelde vraag is: ja! Uiteraard weet ik, net als de vertegenwoordiger van de openbare aanklager, dat in elke "normaal" functionerende staat, in welke vorm dan ook, het monopolie op geweld en onderdrukkingsmaatregelen bij de

44. In de Engels/Amerikaanse publicaties van het boek 1905 staat abusievelijk het jaartal 1907 in plaats van 1906. Trotski had zich in oktober 1907 net met zijn vrouw en 2 kinderen in Wenen gevestigd; zie ook: L Trotski; Mijn Leven; Querido 1930, p. 180; nt. v.d. vert.

staat ligt. Dat is haar “onvervreemdbare” recht en op dit recht wordt op jaloerse wijze nauwgezet toegezien, voor het geval een of andere onverlaat inbreuk pleegt op dit geweldsmonopolie. Dat is de manier waarop het staatsapparaat vecht voor lijfsbehoud. Het is voldoende om naar de huidige moderne samenleving te kijken, dat complexe systeem vol met tegenstrijdige verwevenheden – bijvoorbeeld in een land zo groot als Rusland – om direct te kunnen begrijpen dat, gegeven de bestaande sociale structuur met al haar tegenstellingen, repressie onvermijdelijk is.

Wij zijn geen anarchisten, wij zijn socialisten. De anarchisten bestempelen ons als “staatsaanbidders”, omdat we de historische noodzaak van de staat erkennen en van daaruit dus ook de noodzaak van staatsrepressie. Maar onder de omstandigheden van een algemene politieke staking, die van nature is bedoeld de staatsmechanismes lam te leggen – onder zulke omstandigheden was de oude macht, die zichzelf al lang had overleefd en tegen wie de politieke staking juist was gericht, volkomen machteloos om welke actie dan ook te ondernemen, laat staan het regelen en handhaven van de openbare orde, zelfs met de barbaarse middelen die ze wel ter beschikking had. Tegelijkertijd stonden er door de algemene stakingen honderdduizenden arbeiders buiten op straat, fabrieken waren gesloten. Zij hadden nu tijd voor openbare en politieke activiteiten. Wie kon hen richting geven, wie kon discipline in hun rijen afdwingen? Welk oud staatsorgaan? De politie? De gendarmerie? De geheime politie? Ik vraag u, wie? Ik vind hier geen antwoord. Niemand kon dat, behalve de Sovjet van Arbeidersafgevaardigden. Verder niemand!

De Sovjet, die leiding gaf aan deze kolossale elementaire kracht, beschouwde het als haar directe om taak de interne frictie tot een minimum te beperken, excessen te voorkomen en ervoor te zorgen dat er zo weinig als mogelijk onvermijdelijke slachtoffers in de gevechten zouden zijn. Daarom werd de Sovjet, als gevolg van de politieke staking die ze had geschapen, niet meer of minder dan het zelfbesturende orgaan van de revolutionaire massa's; een *machtsorgaan.*

Zij regeerde over delen van het geheel door de wil van het geheel. Het was een democratische macht en er werd op basis van vrijwilligheid naar haar geluisterd. Maar aangezien en in zoverre de Sovjet de georganiseerde macht van de overweldigende meerderheid was, werd zij onvermijdelijk ook gedwongen repressieve maatregelen te nemen tegen die elementen onder de massa die anarchie in haar rijen veroorzaakten.

De Sovjet, als een nieuwe historische macht, als de enige macht in een periode van volledig moreel, politiek en technisch bankroet van het oude staatsapparaat, als enige garantie op persoonlijke immuniteit en rust en orde in de beste zin van dat woord, voelde zichzelf gerechtigd op te treden tegen zulk verval. De vertegenwoordigers van de oude macht, die zich volledig baseerden op moorddadige onderdrukking, hebben geeneens het recht om met morele verontwaardiging over de gewelddadige methodes van de Sovjet te spreken. De historische macht die de aanklager in dit Hof vertegenwoordigt, is het georganiseerde geweld van een minderheid tegen de meerderheid. De nieuwe macht, waarvan de Sovjet slechts een voorloper was, is de georganiseerde wil van de meerderheid die de minderheid tot de orde zal roepen. In dat onderscheidt ligt het revolutionaire bestaansrecht van de Sovjet, dat allerlei morele of wettelijke bezwaren overstijgt.

De Sovjet erkende haar recht om repressieve maatregelen te nemen. Maar in welke gevallen en in welke mate? We hebben honderden getuigen hierover kunnen beluisteren. Voordat de Sovjet tot repressieve maatregelen overging, probeerde zij met woorden te overtuigen. Dat was haar werkelijke methode, en daar werd onophoudelijk gebruik van gemaakt door de Sovjet. Door revolutionaire agitatie, het gesproken woord als wapen, wist de Sovjet steeds nieuwe lagen op de been te brengen en aan haar te onderwerpen. Als we tegenstand ondervonden onder een deel van het proletariaat of onder corrupte of onderontwikkelde lagen, zei de Sovjet tot zichzelf dat de er nog tijd genoeg was vooraleer deze tegenstand de Sovjet met geweld onschadelijk zou maken. Zoals u hebt kunnen zien in de getuigenverklaringen zocht de Sovjet andere wegen. Zij deed een beroep op de solidariteit en goede wil van de fabrieksadministratie om het werk te staken, ze gebruikte haar invloed onder geschoolde arbeiders om nieuwe lagen warm te krijgen voor een algemene staking. Ze stuurde afgevaardigden naar de bedrijven om de mensen “buiten te halen” en slechts in zeer uitzonderlijke gevallen werden stakingsbrekers onder druk gezet. Heeft ze ook werkelijk geweld gebruikt? Heren van het Hof, u heeft hier geen enkel voorbeeld van kunnen vinden in al het materiaal uit het vooronderzoek en het bleek onmogelijk, ondanks alle pogingen, om er tijdens de verhoren in de rechtszaal voorbeelden van aan te tonen. Zelfs als we de voorbeelden van “geweld” aanhalen die wel voorbij kwamen in de rechtszaak, zijn die eerder komisch dan tragisch. Zoals bijvoorbeeld: die en die gingen iemands appartement binnen zonder hun petten af te nemen, die en die arresteerden persoon zus en zo in gezamenlijke overeenstemming ... We hoeven alleen maar het feit dat iemand zijn pet vergat af te zetten te vergelijken met de oude orde, die honderden hoofden per ongeluk "afzette", om de juiste proporties van het gebruik van geweld door de Sovjet te kunnen inschatten. Dat is precies wat we willen doen. De gebeurtenissen van die periode in haar werkelijke vorm reconstrueren, dat is onze taak. Om die reden hebben wij, de gedaagden, in een actieve rol deelgenomen aan de rechtszaak.

Over naar een ander vraagstuk dat van belang is voor dit Hof. Hadden de daden en verklaringen van de Sovjet van Arbeidersafgevaardigden wel of geen wettelijke grondslag, op basis van het Manifest van 17 Oktober? Wat was de relatie tussen de verklaringen van de Sovjet over de Grondwettelijke Vergadering en het creëren van een democratische republiek ten aanzien van het Manifest van oktober? Deze kwestie, laat ik het maar bot stellen, speelde toen in onze overwegingen geen enkele rol, maar lijkt nu ongetwijfeld uitermate belangrijk voor dit Hof. We hebben hier, geachte heren van het Hof, de verklaring van getuige Luchinin aangehoord, die voor mij persoonlijk een aantal interessante en krasse, maar ijzersterke opvattingen en conclusies bevatte. Naast een aantal andere zaken, zei getuige Luchinin dat de Sovjet van Arbeidersafgevaardigden - vanuit haar opvattingen, slogans en politieke idealen een republikeins orgaan - feitelijk en onmiddellijk de vrijheden in de praktijk bracht, die als principe in het Manifest van de tsaar van 17 oktober werden voorgesteld en waartegen juist diegenen die het Manifest hadden afgekondigd zich met hand en tand verzetten! Inderdaad, geachte heren van het Hof en van de standen. Inderdaad, de revolutionaire, de proletarische Sovjet bracht het beloofde werkelijk in de praktijk; de vrijheid van meningsuiting, de vrijheid van vergadering en persoonlijke immuniteit – al die dingen die aan het Russische volk werden beloofd onder druk van de oktoberstaking. Terwijl het apparaat van het oude regime niets beter wist te doen dan die papieren beloften van legaliteit weer te verscheuren. Heren van het Hof, dit is inmiddels al een onbetwistbaar en objectief vastgesteld feit in onze geschiedenis.

Als men mij, of een van mijn kameraden, vraagt of we ons in onze acties en resoluties *subjectief* baseerden op het Manifest van 17 Oktober, dan kunnen we daar met een categorisch nee op antwoorden. En waarom niet? Omdat we er sterk van waren overtuigd, en daar hebben we ons niet in vergist, dat het Manifest van 17 Oktober op geen enkele manier een nieuwe wettelijke basis voor iets schiep, dat het geen basis voor een nieuw rechtssysteem of rechtsvorm creëerde, omdat – en daar zijn we heilig van overtuigd, heren van het Hof – een nieuw rechtssysteem niet uit manifesten kan voortkomen, maar alleen uit een volledige reorganisatie van het volledige staatsapparaat. Omdat we dit materialistische standpunt hadden ingenomen, het enig juiste, hadden we totaal geen vertrouwen in het koersverleggende karakter van het Manifest van de 17e. Dat hebben we ook openlijk uitgedragen. Maar ik geloof niet dat onze subjectieve houding als partijmensen, als revolutionairen, voor het Hof bepalend is in het beoordelen van onze objectieve houding als gewone burger tegenover het Manifest. Want deze zitting, als dit een echte rechtszaak is, moet noodgedwongen het manifest als nieuwe wettelijke basis beschouwen, want zoniet dient zij zichzelf te ontbinden. We weten dat er in Italië een burgerlijke parlementaire republikeinse partij bestaat, die opereert op basis van de constitutionele monarchie in dat land. In alle ontwikkelde landen strijden en bestaan er legale socialistische, naar hun aard revolutionaire, partijen.

De vraag is: laat het Manifest van 17 Oktober enige ruimte voor ons, Russische republikeinse socialisten? Die vraag moet door het Hof worden beantwoord. Dit Hof moet bepalen of we, als sociaaldemocraten, gelijk hadden toen we beargumenteerden dat het grondwettelijk manifest slechts een papieren wensenlijstje was dat nooit op vrijwillige basis kon worden vervuld; of we gelijk hadden in onze revolutionaire kritiek op die papieren beloftes; of we gelijk hadden de mensen op te roepen openlijk de strijd aan te gaan voor echte en werkelijke vrijheid. Hadden we daarin wel of geen gelijk? Laat het Hof ons allen vertellen dat het Manifest van 17 Oktober een echte wettelijke basis vormt waarop wij als republikeinen op legale basis kunnen bestaan, als personen die binnen de wet opereren, ondanks onze meningen en intenties. Laat het Manifest van 17 Oktober ons via het oordeel van dit Hof dan vertellen: "Jullie hebben mijn bestaan dan wel ontkend, maar ik besta echt, zowel voor jullie als ook voor de rest van het land".

Ik heb al eerder uitgelegd dat de Sovjet van Arbeidersafgevaardigden nooit de kwestie van de grondwettelijke vergadering of het creëren van een democratische republiek in een van haar bijeenkomsten heeft geagendeerd of besproken. Maar zoals u heeft kunnen opmaken uit de verklaringen van de getuigenissen van de arbeiders, was haar houding ten opzichte van die leuzes overduidelijk positief.

Hoe kon het ook anders zijn? Tenslotte ontstond de Sovjet niet op maagdelijke grond. Ze ontstond nadat het Petersburgse proletariaat al de gebeurtenissen van 9 januari had doorgemaakt, net als de commissie van senator Zjidlovski en de veel te lange leerschool van het Russische absolutisme. Ver voordat de Sovjet ontstond, waren de eisen voor een Grondwettelijke Vergadering, algemeen kiesrecht, een democratische republiek, samen met een 8 urige werkdag al de centrale slogans van het revolutionaire proletariaat. Daarom heeft de Sovjet deze zaken nooit als principiële punten besproken. Ze werden eenvoudigweg in de verklaringen en resoluties als algemene uitgangspunten verwerkt. In feite gold dit ook voor het idee van opstand.

Wat is een opstand, heren van het Hof? En dan geen paleisrevolutie of een militaire samenzwering, maar een opstand van de werkende massa's! De voorzitter van de rechtbank stelde de volgende vraag aan een van de getuigen: beschouwde hij de politieke staking als een opstand? Ik ben vergeten wat de getuige antwoordde, maar ik ben ervan overtuigd en wil bevestigen dat ik, ondanks de twijfels van de voorzitter van de rechtbank in deze, een politieke staking in essentie als een opstand beschouw. Dat is niet paradoxaal, hoewel dat zo mag lijken als we kijken naar de woorden in de aanklacht, maar in mijn optiek en ik herhaal, vanuit mijn opvattingen over de opstand en ik zal dat zo dadelijk bewijzen, heeft deze opvatting over opstand niets te maken met de uitleg die de politie en de aanklagers eraan proberen te geven. Ik stel: een politieke staking is een opstand. Want wat is een politieke staking precies? Het heeft maar één overeenkomst met een economische staking; in beide gevallen wordt het werk stilgelegd. Maar op geen enkele andere manier lijken de twee op elkaar. Een economische staking heeft een afgebakend en duidelijk omschreven doel; druk uitoefenen op een baas door hem tegenover de competitie lam te leggen. De economische staking onderbreekt de werkzaamheden op een bepaalde plek voor een bepaalde periode om bepaalde veranderingen binnen die plek te bewerkstelligen.

De politieke staking heeft een volledig ander karakter. Het oefent geen druk uit op specifieke bazen, ze heeft over het algemeen geen specifiek economische eisen. Die eisen zijn, over de hoofden van de bedrijven en ondernemers heen, tegen de staatsmacht zelf gericht. Hoe oefent een politieke staking dan druk uit op de staatsmacht? Zij legt haar vitale functies lam. Een moderne staat, zelfs zo een onderontwikkeld land als Rusland, is in essentie een gecentraliseerd economisch organisme dat de onderlinge delen met elkaar verbindt met haar centrale zenuwstelsel van telegraaf en telefoon en de levensader van spoor- en verkeerswegen. En hoewel de telegraaf en het spoor en alle andere verworvenheden van de moderne techniek het Russische absolutisme dan wellicht niet cultureel en economisch hebben verrijkt, waren en zijn ze onontbeerlijk in haar handhaving van repressie. De telegraaf en het spoor zijn onmisbare wapens voor troepentransporten van de ene kant van het land naar de andere. Ze verenigen de activiteiten van de autoriteiten en leiden deze in het onderdrukken van opstand. Wat doet een politieke staking? Die legt dat economische apparaat van de staat lam, het verstoort de communicatie tussen de verschillende onderdelen van de staatsmachine, brengt de regering in een isolement en maakt haar machteloos. Aan de andere kant verenigt het grote groepen arbeiders van verschillende fabrieken en bedrijven en plaatst dit arbeidersleger tegenover de staatsmacht.

En daarin, geachte heren van het Hof, ligt ook de essentie van een opstand. In het verenigen van de proletarische massa's binnen een eenduidige revolutionaire protestactie, om ze als vijanden tegenover de georganiseerde staatsmacht te plaatsen. Zo, mijne heren van de rechtbank, heeft de Sovjet de opstand begrepen en zo begrijp ik hem ook. We hebben zo'n revolutionaire botsing tussen deze twee vijandige kampen waargenomen tijdens de oktoberstaking, die spontaan uitbrak, zonder de Sovjet. Sterker nog, die staking gaf juist aanleiding tot de totstandkoming van de Sovjet. De oktoberstaking bracht "anarchie" over het land en als gevolg van die anarchie kwam het Manifest van 17 Oktober. Ik hoop dat de aanklagers dit niet zullen ontkennen, net zo min als de meest conservatieve politici en journalisten dat doen, inclusief die van het semiofficiële *Novoye Vremya*. Een paar dagen geleden schreef de *Novoye Vremya* dat het Manifest van 17 Oktober het resultaat was van een regering in paniek, als gevolg van de politieke staking. Maar als dit Manifest dan de basis is waarop het hele nieuwe systeem is vormgegeven, dan moeten we vaststellen, geachte heren van het Hof, dat onze huidige staatsinrichting is gebaseerd op paniek; en dat die paniek op zijn beurt, voortkwam uit de politieke staking van het proletariaat. Daaruit blijkt dus dat een algemene staking veel meer is dan alleen het werk stilleggen. Ik heb gezegd dat een politieke staking, zodra het geen protestactie meer is, in essentie het karakter heeft van een opstand. Feitelijk zou het beter zijn om te stellen dat het een van de belangrijkste voorwaarden is voor een proletarische opstand, de belangrijkste, maar niet de enige. De methode van een politieke staking heeft zijn natuurlijke beperkingen. Die kwamen duidelijk aan het licht toen de arbeiders, na de oproep van de Sovjet, weer aan het werk gingen op 22 oktober.

Het Manifest van 17 Oktober is met een duidelijke stem van wantrouwen ontvangen. De bevolking vreesde, met goede reden, dat de regering er niet in zou slagen de beloofde vrijheden door te voeren. Het proletariaat voelde de onvermijdelijkheid van een beslissende slag en richtte zich instinctief op de Sovjet als het centrum van zijn revolutionaire kracht. Aan de andere kant begon het absolutisme, enigszins bekomen van de schrik, haar half vernietigde apparaat weer te herstellen en haar regimenten op orde te brengen. Zo ontstonden er na de botsing in oktober twee machten: een nieuwe publieke macht die op de massa's was gebaseerd – en waarvan de Sovjet een verschijningsvorm was – en de oude officiële macht gebaseerd op het leger. Die twee krachten konden niet naast elkaar blijven bestaan. In beide gevallen betekende een groei van de ene, de vernietiging van de andere.

De autocratie, ooit gevestigd op de bajonet, deed er logischerwijs alles aan om het proces van het organiseren van het publieke protest, waar de Sovjet het centrum van was, te verstoren, in chaos te veranderen of om verwarring te zaaien. Aan de andere kant was de Sovjet, opgericht op basis van vertrouwen, discipline en de gezamenlijke actieve inzet van de werkende bevolking, zich er terdege van bewust dat de publieke vrijheden, burgerrechten en immuniteit zwaar werden bedreigd, omdat het leger en alle materiële machtsmiddelen nog steeds in dezelfde bebloede handen zaten als voor 17 oktober. Zo begon er een reusachtige strijd om invloed over het leger tussen deze beide machtsorganen – de tweede fase in de groeiende volksopstand.

Na de massastaking waarin het proletariaat tegenover de autocratie kwam te staan, ontstond er een sterke beweging om het leger naar de kant van de arbeiders over te halen, om zich met de soldaten te verbroederen, ze voor ons te winnen. Uit de beweging kwam uiteraard een revolutionaire oproep aan de soldaten voort, deze steunpilaar van het absolutisme. De tweede staking in november was een krachtig en fantastisch voorbeeld van de solidariteit tussen de fabrieken en de kazernes. Wanneer het leger overgaat naar de kant van het volk, is er uiteraard geen noodzaak tot een opstand. Maar is een vreedzame overgang van het leger naar de rijen van de revolutie wel mogelijk? We weten zeker van niet. Het absolutisme zal niet met toegevouwen armen aan de zijlijn blijven toekijken hoe het leger, bevrijd van alle corrumperende invloed, een vriend van het volk zal worden. Voordat alles verloren gaat, zal het absolutisme het initiatief nemen en een aanval lanceren. Waren de arbeiders van Petersburg zich daarvan bewust? Jazeker. Dacht het proletariaat, dacht de Sovjet, dat een open conflict tussen deze twee kampen onvermijdelijk was? Jazeker, het twijfelde daar geen seconde aan; het wist zeker dat het fatale uur vroeg of laat zou aanbreken.

Als het organiseren van de brede bevolking zich langs de lijnen zoals het gebeurde onder leiding van de Sovjet van Arbeidersafgevaardigden, ongehinderd door aanvallen van de gewapende contrarevolutie, had kunnen doorontwikkelen, dan was het oude systeem opgeruimd zonder gebruik van welk geweld dan ook. Want wat zagen we? We zagen hoe de arbeiders zich verzamelden rond de Sovjet, dat de Boerenbond, die een steeds grotere massa boeren vertegenwoordigde, afgevaardigden naar de Sovjet stuurde; dat de vakbonden van de spoorwegen en post- en telegrafie zich aansloten bij de Sovjet; hoe de organisatie van de liberale professoren, het Verbond van Vakverenigingen, in de richting van de Sovjet werd getrokken, we hebben gezien hoe tolerant en soms zelfs eerbiedig de houding van de bedrijfsleiders en eigenaars was tegenover de Sovjet. Het was alsof het hele land een heldhaftige poging aan het ondernemen was om vanuit haar diepste kern een nieuw machtsorgaan te scheppen dat werkelijk in staat zou zijn om een sterke basis te leggen voor een nieuw maatschappelijk systeem, na een bijeenroeping van een grondwettelijke vergadering. Als de oude staatmacht niet had ingegrepen in deze organische poging, als ze geen anarchie in de landelijke gang van zaken had gebracht, als dit proces van krachtsopbouw zich in alle vrijheid had kunnen ontwikkelen, dan had dat tot een nieuw en herboren Rusland geleid, zonder het gebruik van geweld en bloedvergieten.

Het punt was echter juist dat we er geen moment aan twijfelden dat dit proces van bevrijding niet gladjes zou verlopen. We wisten maar al te goed uit welk hout de oude machtshebbers waren gesneden. Als sociaaldemocraten zijn we ervan overtuigd dat, ondanks het manifest dat een breuk met het verleden leek, het oude staatsapparaat zich niet vrijwillig zou terugtrekken, de macht aan het volk zou geven of ook maar een van haar voorrechten over zou dragen. Wij voorzagen en waarschuwden openlijk aan het hele land dat het absolutisme nog een aantal krampachtige pogingen zou ondernemen om de macht die ze nog had in handen te houden, en zelfs terug te pakken wat ze zo plechtig had beloofd op te geven. Daarom was in onze ogen, geachte heren van het Hof, een opstand, een gewapende opstand dus, onvermijdelijk. Dat is en blijft een historische noodzakelijkheid in het proces van het gevecht van de bevolking tegen het leger en de politiestaat. In heel oktober en november speelde dit idee tijdens alle bijeenkomsten en vergaderingen, het overheerste de revolutionaire pers, vulde de hele politieke atmosfeer en, op al die manieren, kristalliseerden die gedachten zich ook in het bewustzijn van ieder lid van de Sovjet. Daarom, en dat is ook logisch, vormde het onderdeel van alle verklaringen van de Sovjet en daarom ook was er nooit reden of aanleiding om erover te discussiëren.

De gespannen politieke situatie die we hadden geërfd van de oktoberstaking – een situatie waarin een revolutionaire organisatie van de overgrote meerderheid vocht voor haar bestaan, niet op basis van legaliteit want wettelijkheid bestond niet meer, maar op basis van kracht, die wel echt was, tegenover een bewapende contrarevolutie die haar moment van wraak afwachtte – was, als ik het zo mag zeggen, een wiskundige formule, een vergelijking met meerdere onbekenden, van een opstand. Het idee van een gewapende opstand, ondanks de oppervlakkige conclusies hieromtrent door de openbaar aanklager, zijn duidelijk te vinden in de verklaring die is aangenomen door de Sovjet op 27 november, dat wil zeggen een week voor onze arrestatie, waarin duidelijk en zonder veel omhaal geen gewapende opstand, maar in verschillende vormen in essentie wel hetzelfde een een rode draad vormt. Dat is zo in alle activiteit vanaf het ontstaan van de Sovjet en in al haar besluiten. In haar verklaring waarin ze opriep de staking in november te beëindigen en in veel van haar andere resoluties wordt gesproken over een gewapend conflict met de regering en het aanstaande grote gevecht als een onvermijdelijke fase in de strijd.

Hoe zag de Sovjet haar eigen rol ten aanzien van die besluiten? Geloofde zij dat de gewapende opstand een onderneming was die je ondergronds kan voorbereiden en dan, kant en klaar, op straat kan brengen? Dachten zij dat een opstand uitgevoerd kan worden op basis van een voorbedacht plan? Had het Uitvoerend Comité een techniek voor straatgevechten uitgedacht?

Nee, natuurlijk niet. Ongetwijfeld heeft deze kwestie de schrijver van de aanklacht zich achter zijn oren doen krabben, toen die zich geconfronteerd zag met een handjevol revolvers als het enige fysieke bewijs voor een algemene opstand. Maar zijn blik is beperkt tot die van het strafrecht, die alles weet van samenzweringen en misdadige organisaties, maar geen enkel begrip heeft van een massaorganisatie. Het strafrecht heeft weet van aanslagen en muiterijen, maar heeft geen kaas gegeten van revolutie. Hoe kan dat ook anders?

De wettelijke grondslagen waarop deze zitting is gebaseerd, lopen tientallen jaren achter op de ontwikkeling van de revolutionaire beweging. De moderne arbeidersbeweging vertoont geen enkele overeenstemming met de omschrijving van samenzwering zoals in het strafrecht omschreven – een omschrijving die niet substantieel is veranderd sinds Speranski actief was in de tijd van Carbonari rond 1600. Daarom is de poging om de activiteiten van de Sovjet in de nauwe omschrijving van de artikelen 101 en 102 te persen vanuit de wettelijke logica bekeken een hopeloze opgave.

Maar onze activiteiten waren wel degelijk revolutionair. En ja, we waren ons werkelijk op een gewapende opstand aan het voorbereiden.

Een opstand van het volk, geachte heren van het Hof, wordt niet gemaakt; zij ontstaat van zichzelf. Het is een product van sociale verhoudingen, niet van een voorbedacht plan. Een opstand kan je niet maken, maar wel voorzien. Om redenen die net zo min van ons afhankelijk waren als van het tsarisme, werd een openlijke botsing onvermijdelijk. Die kwam iedere dag dichterbij. Voor ons betekende het voorbereiden er alles aan doen om het aantal slachtoffers van dit onvermijdelijke conflict zoveel mogelijk te beperken. Dachten we dat we voor dit doel in de eerste plaats zoveel mogelijk wapens moesten verzamelen, militaire operaties moesten uitwerken, de deelnemers op de juiste plaatsen positioneren, de stad in sectoren opdelen – met andere woorden, om al die dingen te doen die de militaire autoriteiten ondernemen om zich voor te bereiden op 'ongeregeldheden', zoals ze Petersburg in sectoren hebben opgedeeld en per sector kolonels hebben aangesteld met een aantal toegewezen mitrailleurs en munitie? Nee, zo zijn wij er niet mee omgegaan. Om ons op de onvermijdelijke opstand voor te bereiden, en, heren van het Hof, we hebben nooit een opstand voorbereid zoals de aanklager zegt en denkt, wij hebben ons op de opstand voorbereid door in de eerste plaats de mensen bewust te maken, uit te leggen dat een openlijk conflict onvermijdelijk was geworden, dat alles weer van hen afgepakt zou gaan worden, dat alleen door kracht het recht verdedigd kan worden en dat een krachtige organisatie van de werkende klassen noodzakelijk is, dat er een rechtstreeks gevecht moest worden aangegaan met de vijand en dat de strijd tot het einde moest worden gevoerd. Dat was voor ons wat het betekende om ons voor te bereiden op een opstand.

Onder welke omstandigheden dachten wij dat een overwinning van de opstand mogelijk was? Door de sympathie van het leger. De eerste vereiste was om het leger aan onze kant te krijgen. Om de soldaten te laten inzien welke schandelijke rol ze moesten spelen, ze over te halen met en voor de mensen te werken – dat was de eerst taak die we onszelf oplegden. Zoals ik al heb verteld, had de novemberstaking, een onderschatte impuls van directe solidariteit en broederschap met de matrozen die bedreigd werden met de doodstraf, een enorm politiek belang doordat het leger met andere ogen, sympathieker, naar het proletariaat ging kijken. Daar had de aanklager naar voorbereidingen tot een opstand moeten zoeken. Maar uiteraard zijn uitingen van sympathie en protestbijeenkomsten alleen niet doorslaggevend. Onder welke omstandigheden dachten wij en denken we nog steeds, dat het leger over kan gaan naar de kant van de revolutie? Aan welke voorwaarden moet worden voldaan? Machinegeweren en karabijnen? Als de werkende klasse deze massaal in bezit zou hebben zou ze daar veel macht mee uit kunnen oefenen. Die macht zou zelfs de onvermijdelijkheid van een werkelijke botsing aanzienlijk verminderen. Een twijfelend leger zou zijn wapens neerleggen voor de voeten van de bewapende bevolking. Maar het volk had, kon en zal nooit massaal over wapens beschikken. Betekent dit dat het volk gedoemd is te mislukken? Zeker niet. Hoe belangrijk wapens ook zijn, het zijn niet de wapens waar de meeste kracht in schuilt. Nee, niet in wapens, maar juist in hun bereidheid om te sterven. Dat, waarde heren van het Hof, is volgens ons wat het succes van een volksopstand uiteindelijk bepaalt.

Wanneer de soldaten de straat worden opgestuurd om de bevolking te onderdrukken, kijken ze de mensen recht in het gezicht en merken ze dat deze menigte, het volk, de straat niet af wil gaan totdat het krijgt wat het wil. Deze mensen zijn bereid om over lijken te gaan. Als de soldaten merken dat de bevolking echt bereid is om te vechten tot het eind – dat is het moment waarop het soldatenhart begint te twijfelen, zoals dat in elke revolutie gebeurt, want dan komt de twijfel over de stabiliteit van het oude regime dat ze hebben gediend en ontstaat er geloof in de overwinning van het volk.

Het is zeer gebruikelijk om aan het idee van opstand de barricade te verbinden. Hoewel voor ons de barricade als zodanig niet met een opstand vereenzelvigd kan worden, moeten we niet vergeten dat een barricade, toch duidelijk een materieel object in een opstand, een belangrijke rol voor de *moraal* speelt. In elke revolutie speelt de barricade een hele andere rol dan die van een fortificatie in een slagveld. Een barricade is niet alleen een fysiek obstakel. De barricade helpt de zaak van de opstand, want door het hinderen van troepenverplaatsingen, brengt ze de soldaten in nauw contact met het volk. Hier, bij zo'n barricade, hoort die soldaat misschien voor de eerste keer in zijn leven, de meningen van gewone, oprechte mensen; hun oproepen tot broederschap, de stemmen van het geweten van het volk. Als gevolg van het contact tussen de bevolking en de soldaten, wordt de militaire discipline ondermijnd en verdwijnt deze. Juist dat verzekert de volksopstand. En daarom kan, in onze ogen, de overwinning van een volksopstand alleen succesvol worden 'voorbereid', niet als de bevolking is bewapend met geweren en pistolen, want daarmee alleen lukt het nooit, maar als ze is bewapend met de bereidheid om in het gevecht op straat te sterven.

Uiteraard zal de oude macht die onder vuur ligt, kijken naar de groei van het enthousiasme onder het volk om in verzet te komen en te sterven voor de toekomst van het land en het geluk van de toekomstige generaties, een besmetting met een enthousiasme dat ze zelf nooit heeft en kon ervaren. Ze zal niet met lede ogen aanzien hoe het volk zichzelf moreel herontwerpt. Niets doen zou het einde van de tsaristische regering zelf hebben betekend. Zoveel was duidelijk. Wat restte haar nog? Ze kon alleen nog de politieke zelfbeschikking van het volk bestrijden met de laatste middelen die ze ter beschikking had. Het ongeletterde leger, de Zwarte Honderd, de geheime politie, de corrupte pers, alles werd aan het werk gezet. Om mensen tegen elkaar te keren, om bloed door de straten te laten lopen, om te plunderen, te verkrachten, paniek te zaaien, te liegen en te bedriegen; dat was waar de oude misdadige macht naar teruggreep. Ze deed die dingen en dat doet ze nog steeds. Als een openlijke botsing al onvermijdelijk was, dan lag dat niet aan ons, maar aan onze aartsvijanden die de confrontatie iedere dag dichterbij brachten.

U heeft vaak kunnen horen dat de arbeiders zich in oktober en november bewapenden tegen de Zwarte Honderd. Voor diegenen hier in de rechtszaal die geen weet hebben van wat er buiten gebeurt, lijkt het haast onmogelijk voor te stellen dat in een revolutionair land, waar de overgrote meerderheid van de bevolking de idealen van bevrijding steunt, waar het volk bij meerderheid de bereidheid toont om te vechten tot het eind; dat in zo'n land honderdduizenden arbeiders zich bewapenen tegen de Zwarte Honderd, die nochtans maar een klein en verwaarloosbaar deel van de bevolking vertegenwoordigen. Is dit tuig, de uitwerpselen van de samenleving, dan zo gevaarlijk, ondanks hun plek in de samenleving? Nee, natuurlijk niet. Het zou een verwaarloosbaar probleem zijn als alleen de trieste bendes van de Zwarte Honderd de bevolking zouden proberen de weg te versperren. Maar zoals we hebben gehoord, niet alleen uit de verklaring van de advocaat Bramson, die als getuige werd opgeroepen, maar ook van honderden arbeiders die hier hebben getuigd, werden de Zwarte Honderd gesteund door een groot deel van de staatsautoriteiten, zo niet alle. Achter deze bendes van mensen die niets hebben te verliezen en die nergens voor terugdeinzen; niet voor een oude grijsaard, noch voor een hulpeloze vrouw of kind – stonden agenten van de regering, die ongetwijfeld de Zwarte Honderd hebben georganiseerd en bewapend op kosten van de staat.

En, tot slot, wisten we dit dan niet voordat dit proces begon? Hebben we dan geen kranten gelezen? Hebben we de verklaringen van de getuigen dan niet gehoord, hebben we dan geen brieven ontvangen, hadden we onze ogen gesloten? Hebben we dan geen kennis genomen van de verpletterende onthullingen van prins Urusov? De aanklagers geloven daar allemaal niks van. En ze kunnen dat niet geloven, want als ze dat wel deden, dan zou ze de aanklachten moeten richten op diegenen die ze vandaag verdedigen. Dan zouden ze moeten toegeven dat een Russische burger die zich bewapent met een pistool tegen de politie dit doet in het belang van noodzakelijke zelfverdediging. Maar of de aanklager nu wel of niet gelooft dat achter de pogromactiviteiten de zittende machtshebber aan de touwtjes trokken, is uiteindelijk onbelangrijk. Voor dit proces is het toereikend dat wij het geloven, dat de honderdduizenden arbeiders die zich bewapenden op basis van onze oproep het geloofden. Wij zijn er volledig van overtuigd dat de machtige hand van de heersende kliek achter de pittoreske activiteiten van de Zwarte Honderd zit. En geachte heren van het Hof, die hand is zelfs op dit moment waarneembaar.

De aanklager nodigt ons uit toe te geven dat de Sovjet de arbeiders bewapende voor een gevecht tegen de bestaande “regeringsvorm”. Als men mij die vraag zo categorisch stelt, dan zal ik daarop antwoorden: ja! Ja, onder één voorwaarde ben ik bereid die beschuldiging te accepteren en enkel op die ene voorwaarde. Maar ik weet niet of de aanklagers bereid zijn die voorwaarde te accepteren.

Mag ik vragen: wat bedoelt de aanklager met “regeringsvorm”? Hebben we echt een vorm van regering? Al een lange tijd wordt de regering niet door het volk gesteund, maar alleen door haar militaire politie en de Zwarte Honderd. Wij hebben geen nationale regering maar een geautomatiseerd systeem van massaonderdrukking. Ik kan geen andere naam verzinnen voor een regeringsapparaat dat het land verscheurt. Als u me wil vertellen dat de pogroms, de moorden, brandstichting en verkrachtingen ... als u me wil vertellen dat alles wat er gebeurde in Tver, Rostov, Koersk, Siedlee ... als u stelt dat Kisjinev, Odessa, Bialjstok de regeringsvorm van het Russische Rijk vormen, dan ben ik het met de aanklager eens dat wij onszelf in oktober en november van het afgelopen jaar bewapenden met het directe en onmiddellijke doel de bestaande regeringsvorm van het Russische Rijk te bestrijden.

HOOFDSTUK 27

ERHEEN ...

UITTREKSELS UIT BRIEVEN

3 januari 1907. We zitten nu twee tot drie uur in de gevangenis voor overplaatsingen. Ik moet eerlijk toegeven dat ik in gespannen afwachting afscheid nam van mijn cel in het "Huis van Bewaring in voorarrest". Ik was zo gewend geraakt aan dat kleine scheepskajuitje waar ik heerlijk ongestoord kon werken! We wisten dat we voor de overplaatsing in een gezamenlijke cel zouden worden geplaatst; wat een ellende. En dan komt het vuil, het stof, de smerigheid en al het gezeik van een reis naar het verbanningsoord, die ik maar al te goed ken. Wie weet hoe lang het zal duren voor we op onze bestemming aankomen? En wie kan zeggen of we ook ooit nog terugkeren? Zou het niet gewoon beter zijn om in cel nummer 462 te blijven, te lezen, te schrijven, te wachten? Zoals je weet is voor mij een simpele verhuizing al een hele morele opgave. Van de ene naar de andere gevangenis verhuizen, is nog honderd keer erger. Een nieuwe gevangenisleiding, nieuwe problemen, nieuwe pogingen om enigszins verdraagbare omstandigheden te creëren. Voor ons ligt een periode van steeds wisselende bevelvoerders, beginnend met de gouverneur van de transitiegevangenis hier in Petersburg en eindigend met de lokale politieagent in een Siberisch dorpje dat de eindbestemming van onze verbanning is. Ik heb deze tocht al eens eerder afgelegd en ik verheug me er niet op.

We zijn hier vandaag opeens naartoe verplaatst, zonder waarschuwing vooraf. In de ontvangsthal moesten we van gevangenistenue wisselen. Dat gebeurde met de nieuwsgierigheid van een schoolklas. Het was vreemd om iedereen opeens in een grijze broek, grijze jas en grijze pet te zien. Alleen de klassieke "ruitenaas" op de rug van de jasjes ontbreekt. Men heeft ons toegestaan ons ondergoed en onze schoenen te houden. En toen werden we als een schoolklas in nieuwe outfit naar onze nieuwe cel geleid.

Ondanks de negatieve geruchten over de doorgangsgevangenis, lijkt de houding van de plaatselijke leiding heel schappelijk, in sommige gevallen zelfs toegeeflijk. Het lijkt erop dat ze van speciale opdrachten zijn voorzien; ze moeten scherp op ons letten, maar openlijke botsingen dienen te worden vermeden.

Onze werkelijke vertrekdatum is nog steeds in diepe mysteries gehuld; blijkbaar zijn ze bang voor protestdemonstraties of pogingen ons te bevrijden langs de route. Ze zijn bang en dus treffen ze tegenmaatregelen. Ook al zou onder de huidige omstandigheden zo'n poging zinloos zijn.

10 januari. Ik schrijf dit in de trein ... sorry voor het slechte schrift. Het is nu 9 uur 's ochtends.

De hoofdopzichter maakte ons midden in de nacht wakker om half drie (de meesten van ons waren pas net gaan slapen, omdat we fanatiek hadden zitten schaken) en zei dat we om 6 uur precies zouden vertrekken. Zo lang hadden we op ons vertrek zitten wachten en nu waren we er alsnog door verrast.

Uiteindelijk verliep alles zoals was te verwachten. We grepen onze spullen snel en nogal ongeorganiseerd bij elkaar. Toen naar de ontvangsthal, waar we werden vergezeld door onze vrouwen en kinderen. Daarna overgedragen aan onze escorte, die onze bagage snel doorzocht. Een nog slaperige bewaker droeg ons geld aan een officier over. We werden in de gevangeniskoetsen geplaatst en onder begeleiding van een versterkt konvooi naar het Nikolayevski station gebracht. We wisten nog niet waar we naartoe gingen. Het was interessant om vast te stellen dat onze escorte speciaal voor dit doel vandaag uit Moskou was overgebracht, blijkbaar was er niet genoeg vertrouwen in de troepen uit Petersburg. De officier was zeer voorkomend tijdens de hele procedure, maar verklaarde zich volledig onwetend op al onze vragen en stelde dat we onder de verantwoordelijkheid vielen van een kolonel van de gendarmerie, die alle instructies gaf. Hij was slechts een officier die de opdracht had ons naar het station te begeleiden; dat was alles. Het is natuurlijk mogelijk dat de voorzichtigheid van de regering zover strekte, maar het kan net zo goed een simpel diplomatiek antwoord van die officier zijn.

We zijn nu al een uur onderweg maar weten nog steeds niet of de trein richting Moskou of richting Vologda gaat. De soldaten weten het ook niet en wat hen betreft klopt dat ook.

Wij reizen in een aparte wagon in derde klas. Deze is redelijk comfortabel en we hebben allemaal ons eigen bed. Onze bagage bevindt zich in een andere wagon en de soldaten van de escorte hebben ons verteld dat zich daar ook de 10 gendarmes en de kolonel bevinden die de escorte begeleiden.

We hebben ons op de reis ingesteld en malen niet meer om de route die we volgen: op een of andere manier krijgen ze ons toch wel waar ze ons hebben willen ... naar het schijnt gaat het toch via Vologda. Eentje zei dat hij het kon afleiden aan de stationsnamen. Dat betekent dat we over vier dagen in Tjoemen zullen aankomen.

Iedereen is opgewonden. Reizen is een bron van afleiding en opwinding na dertien maanden in de cel. Het is waar, ook hier zitten tralies voor de ramen, maar direct daarachter liggen vrijheid, leven, beweging ... Hoe lang zal het duren voordat we over dit spoor weer terug kunnen reizen? Vaarwel oude vriend.

11 januari. De begeleidend officier is meelevend en hoffelijk, maar de soldaten zijn dat nog des te meer. Bijna allemaal hebben ze de verslagen over onze rechtszitting gelezen en staan bijzonder sympathiek tegenover ons. Interessant detail; tot op het laatste moment is de soldaten niet verteld wie ze moesten escorteren en waar naartoe. Vanwege al deze voorbereidende maatregelen en het plotselinge transport van Moskou naar Petersburg, dachten ze dat ze ons ter executie aan Schlisselburg moesten afleveren. In de ontvangsthal van de doorgangsgevangenis was me al opgevallen hoe gespannen en buitengewoon gedwee ze zich gedroegen, enigszins schaamtevol. Pas in de trein zijn we de werkelijke reden te weten gekomen ... Ze waren blij en opgelucht dat we de 'arbeidersafgevaardigden' waren, die ze slechts naar verbanning hoefden te escorteren!

De gendarmes van onze superescorte lieten zich nooit zien in onze wagon. Ze zijn verantwoordelijk voor de externe bewaking. Het bewaken van de wagons op stations, bewaking van de deuren van de wagons, maar voor alles het toezicht houden op de soldaten. Tenminste, volgens de soldaten zelf.

De instructies over voedsel en water voor het wassen en drinken worden per telegraaf van te voren verstuurd. Wat dat betreft is de reis uitstekend verzorgd. Men heeft blijkbaar zo'n hoge dunk van ons dat op een van de stations de buffethouder bij onze escorte informeerde of hij ons van 30 oesters kon voorzien! We konden er smakelijk om lachen, maar hebben het aanbod afgeslagen.

12 januari. We raken steeds verder van elkaar verwijderd.

Vanaf de eerste dag zijn we in een soort van familie-eenheden opgedeeld. Omdat de wagon nogal vol is, leeft elke groep min of meer apart van de andere. Alleen onze dokter (Feit, een sociaalrevolutionair) behoort tot geen enkele groep. Met zijn opgerolde mouwen, actief en onvermoeibaar, lijkt het alsof hij de leiding heeft.

Zoals je weet reizen er vier kinderen mee in onze wagon. Maar ze gedragen zich voorbeeldig, zodanig dat je soms vergeet dat ze er zijn. Tussen hen en de soldaten is een liefdevolle vriendschap opgebloeid en de kinderen worden door de geblokte soldaten met uiterste tederheid behandeld ...

O jee, hoe ze ons bewaken! Op elk station worden de wagons omringd door de gendarmes en op grotere stations ook nog door de politie. Naast hun geweren, dragen de gendarmes ook revolvers, waarmee ze direct beginnen te dreigen als er ook maar iemand in de buurt van de wagons komt. Tegenwoordig vind je zulke beveiliging enkel voor twee categorieën personen: buitengewoon bekende ministers en buitengewoon gevaarlijke "criminelen".

Ze hebben hun tactiek voor de omgang met ons zorgvuldig gepland. Dat beseften we al in de doorgangsgevangenis. Aan de ene kant uiterst nauwgezette bewaking, aan de andere kant een fluwelen handschoen in persoonlijke omgang binnen de grenzen van de wet. Het weerspiegelt de grondwettelijke geniale inzichten van Stolypin. En toch zal dit listige systeem ineenstorten. De vraag is alleen wat er eerst zal breken: de vigilantie of de fluwelen handschoen?

We zijn in Vyatka aangekomen. De trein is gestopt. Wat een ontvangst hebben we gekregen van de plaatselijke bureaucratie! Ik wou dat je het had kunnen zien. Een halve compagnie soldaten stond strak in het gelid langs beide kanten van de wagon, daarachter een tweede rij van politieagenten met geschouderde geweren. Er waren officieren, inspecteurs, hoofdagenten, enzovoorts. En direct naast de wagon uiteraard de gendarme. Kortom een kleine militaire parade. Het lijkt erop dat prins Gorkastjov, de lokale heerser, een persoonlijke noot heeft toegevoegd aan de instructies uit Petersburg. Een aantal toeschouwers klaagde over het feit dat het beledigend was dat de artillerie ontbrak. Het is moeilijk om iets belachelijker of laffer dan dit voor te stellen. Een echte karikatuur van "de sterke arm". Maar we hebben alle reden om trots te zijn; zelfs over een "dode"

Sovjet staan ze doodsangsten uit.

Domheid en lafheid; hoe vaak gaan die niet gepaard met nauwgezet toezicht en voorkomendheid! Om te voorkomen dat men te weten komt waar we naartoe reizen – wat natuurlijk sowieso onmogelijk is – maar we zijn ervan overtuigd dat dit de reden is, we kunnen geen andere bedenken – mogen we geen brieven versturen langs de route. Dat is het bevel van de onzichtbare kolonel met zijn 'instructies' uit Petersburg. Maar we hebben vanaf de eerste dag brieven geschreven met de hoop ze ergens onderweg te kunnen posten. Daarin hebben we ons niet vergist. De "instructies" voorzien niet in het gebrek aan betrouwbare krachten bij de autoriteiten zelf, terwijl wij van alle kanten door vrienden worden omringd.

16 januari. De omstandigheden waar ik nu in schrijf: we zitten in een dorpje twintig werst[45] van Tjoemen. Het is nacht. We verblijven in een boerenhut. Laag plafond, smerige kamer. Over de hele vloer, geen vrij plekje meer, liggen de leden van de Sovjet van Arbeidersafgevaardigden.

Niemand kan slapen, er wordt gepraat en gelachen. Drie van ons wonnen de loterij en kunnen op de grote divan slapen. Ik heb altijd geluk in het leven. We zijn drie dagen gestopt in Tjoemen. We werden, zoals gebruikelijk, onthaald door een groot aantal soldaten, te voet en te paard. Degenen te paard hielden de plaatselijke nieuwsgierigen intimiderend op afstand. We moesten van het station naar de gevangenis lopen.

Ze behandelen ons nog steeds uiterst voorkomend, bijna klef, maar tegelijkertijd worden alle voorbereidende beveiligingsmaatregelen steeds strikter, tot in het absurde.

Een voorbeeld: per telefoon wordt ons de mogelijkheid geboden om spullen uit de lokale winkels te bestellen, maar tegelijkertijd mogen we niet luchten tijdens onze hechtenis. Het eerste is een buitengewoon privilege, het tweede is een inbreuk op de wet. Na Tjoemen hebben we onze weg vervolgd in door paarden getrokken sleeën. Wij, de 14 gevangenen, worden geëscorteerd door 52 (!) soldaten, hun commandant en bevelhebber, een politie-inspecteur en een sergeant nog niet meegerekend. Dit is echt buitengewoon en iedereen is er verbaasd over, inclusief de soldaten, de officieren en de politieagenten. Maar

45. 1 werst = 1,06678 km

zo luiden de “instructies”. We zijn nu onderweg naar Tobolsk en gaan maar heel langzaam vooruit. Vandaag bijvoorbeeld, hebben we in totaal maar 20 werst gereisd en kwamen hier om 1 uur ’s middags aan. Waarom reizen we niet door? Onmogelijk! Waarom dan? Instructies! Om ontsnappingen te voorkomen wordt er niet ‘s nachts gereisd. Dat is enigszins te begrijpen. Maar blijkbaar hebben die lui in Petersburg zo weinig vertrouwen in de initiatieven van de lokale autoriteiten, dat ze zelfs de af te leggen afstand van te voren hebben voorgeschreven. Wat een efficiënte vanuit het Departement van Politie! En dus reizen we maar drie of vier uur per dag en zitten we 20 uur per dag te nietsen. Op deze manier zijn we over ongeveer 10 dagen in Tobolsk, het is 250 werst. Dat zou dan 25 of 26 januari worden. Hoe lang we daar dan weer stilstaan en waar we dan naartoe gaan, is nog een groot vraagteken. Voor ons tenminste. Ons wordt niets verteld.

Het konvooi bestaat uit ongeveer 40 arrensleeën. De voorste worden gebruikt om de bagage te vervoeren. Dan volgen wij, afgevaardigden, twee aan twee. Elke slee wordt door één paard getrokken. Achter ons een rij met alleen maar sleeën met soldaten. De bevelhebbend officier en de politie-inspecteur rijden voorop in een overdekte slee. We reizen in een stapvoets tempo. Enkele kilometers na Tjoemen kregen we een extra bereden escorte van 32 “chasseurs”. Kijkend naar alle ongehoord vergaande en nooit vertoonde beveiligingsmaatregelen in opdracht van Petersburg, kunnen we alleen concluderen dat ze ons tegen elke prijs willen afleveren op de meest afgelegen plek ooit. Want laten we eerlijk zijn, zo’n uitgebreide escorte is niet het resultaat van de ingeving van een of andere ambtenaar ... Het betekent dat er nog serieuze moeilijkheden voor ons liggen.

Iedereen slaapt nu. In de keuken hiernaast, de deur staat een kiertje open, staan soldaten op wacht. Bewakers lopen wachtrondes langs de ramen. De nacht is prachtig, maanverlicht, een verse sneeuwlaag en een donkerblauwe sterrenhemel. Wat een vreemd zicht; al die lichamen in diepe slaap over de grond verspreid, de soldaten langs het raam en in de keuken. Maar aangezien ik dit al voor de tweede keer meemaak, zijn mijn indrukken niet helemaal vers meer. En net zoals de gevangenis van het Kresty als een replica op die in Odessa leek, op dezelfde manier gebouwd, zo lijkt deze reis niet meer dan een vervolg, tijdelijk onderbroken, van die eerste reis onder escorte naar de provincie Irkoetsk.

In de gevangenis in Tjoemen zaten veel politieke gevangenen, vooral "administratieve" bannelingen. Als ze een luchtje mochten scheppen, kwamen ze samen voor ons getraliede raam, zongen liederen en maakten zelfs een rood spandoek met de tekst "Lang leve de revolutie"! Het koor was best wel goed; ze hadden duidelijk alle tijd gehad om veel samen te repeteren ... Het was best een indrukwekkend schouwspel; op zijn eigen manier rimpelt alles nog door, om het zo maar te zeggen. We hebben een paar dankwoorden langs een klein ventilatieschachtje kunnen doorgeven. In dezelfde gevangenis overhandigden de criminele gevangenen ons een uitgebreide petitie in de vorm van in coupletten opgedeelde proza, waarin ze ons, "de geachte revolutionairen uit Petersburg", smeekten om hen op een of andere manier te helpen. We dachten dat we misschien wat geld konden geven aan de meest behoeftigen onder de politieke gevangenen, waarvan sommigen geen ondergoed en winterkledij hadden, maar de gevangenisautoriteiten weigerden dat resoluut. De "instructies" bevolen uitdrukkelijk een verbod op elk contact tussen de 'afgevaardigden' en de gevangenen. Zelfs contact via officieel keizerlijk waardepapier? Inderdaad. Wat een vooruitziende blik! We mochten ook geen telegrammen uit Tjoemen verzenden, want dan zou men weten waar we zijn en dat mocht niet. De domheid! Alsof al die militaire parades langs de route het aan omstanders niet duidelijk maakten waarheen we werden afgevoerd!

18 januari. Pokrovskoye. Ik schrijf tijdens onze derde stop. We halen nog geen zes werst per uur en dat maar vier of vijf uur per dag. Gelukkig is de vorst niet al te streng, rond tien tot vijftien graden onder nul. Drie weken terug was het nog min dertig! Stel je voor wat dat betekent voor diegenen die met jonge kinderen moeten reizen!

Er is nog een week te gaan voordat we in Tobolsk komen. Geen kranten, geen brieven, geen enkel nieuws. We schrijven zonder dat we zeker weten dat de brieven hun bestemming bereiken; het is ons nog steeds verboden om langs de route brieven te posten en dus zijn we afhankelijk van toevallige mogelijkheden, die niet altijd betrouwbaar zijn. Maar dat doet er feitelijk niet toe. We zijn allemaal warm aangekleed en we genieten ervan de heerlijke vrieslucht in te ademen, na de bedompte stank van eenzame opsluiting. Zeg wat je wilt, maar het menselijk organisme is niet bedoeld om eenzaam te worden opgesloten.

Heine schreef in zijn *Brieven uit Parijs* in 1843:

"In dit saamhorige land zou eenzame opsluiting – de Pennsylvania-methode – als enorme wreedheid worden ervaren en het Franse volk is te grootmoedig om hun openbare veiligheid tegen zo'n prijs te kopen. Met als gevolg dat ik ervan overtuigd ben dat, mocht de kamer ertoe besluiten toch hun ja-woord te geven aan dit verschrikkelijke, onmenselijke, zelfs onnatuurlijke systeem van eenzame opsluiting, deze maatregelen niet zullen worden uitgevoerd, waarmee gelukkig dan ook vele miljoenen kunnen worden uitgespaard die anders voor het bouwen van zulke inrichtingen moeten worden uitgegeven. Godzijdank. En het volk zal anders die kastelen van die nieuwe burgerlijke ridders neerhalen met eenzelfde verontwaardiging waarmee eens de adellijke Bastille werd veroverd. Want hoe duister en angstaanjagend die laatste ook was, het was een fijn verlichte wachtruimte, een gezellig paviljoen, vergeleken met deze kleine stille Amerikaanse grotten, die alleen maar kunnen zijn verzonnen door een kortzichtige moraalprediker en goedgekeurd door een harteloze winkeleigenaar die beeft over zijn bezittingen."

Allemaal goed en wel en waar. En toch, mijn voorkeur is de eenzame opsluiting.

Alles in Siberië is net zoals het vijf of zes jaar geleden was en tegelijkertijd is alles veranderd: niet alleen de Siberische soldaten (en hoe!), maar ook de Siberische boeren of tsjeldoni. Iedereen heeft het over politiek, iedereen wil weten wanneer "dit" ten einde zal komen. Een jonge koetsier van de slee, ongeveer dertien (hij zweert dat hij 15 is) zong luidkeels: "Sta op, sta op, werkenden. Hongerigen, sluit je aan bij de strijd". De soldaten, die hem op zich welgezind zijn, plagen hem, door te dreigen hem bij de officier aan te geven. Maar de jongen weet dondersgoed dat ze aan zijn kant staan en dus kan hij ongestraft het werkvolk oproepen 'op te staan'.

De eerste stop waar ik kon schrijven was in die krakkemikkige boerenhut. De andere twee keren was in regeringsgebouwen, niet minder smerig, maar wel comfortabeler. Er zijn gescheiden voorzieningen voor mannen en vrouwen en er zijn keukens. We slapen op uit planken gemaakte bedden. Uiteraard is de mate van reinheid die we kunnen handhaven zeer beperkt en relatief. Dat is feitelijk nog het meest vervelende aspect van de reis.

Er komen steeds boeren en boerinnen naar deze door de regering ingerichte transitiegevangenissen om ons melk, wrongel, speenvarken, reuzelcakejes en andere etenswaren te brengen. Ze worden toegelaten, wat eigenlijk tegen de wet is. De "instructies" verbieden alle contact met de buitenwereld. Maar het zou voor de escorte te moeilijk zijn om onze voedselvoorziening op een andere manier te organiseren.

Onze discipline wordt bewaakt door onze soevereine leider F., die door iedereen, wij de gevangenen, de soldaten, de politie en de voedselverkopende vrouwen simpelweg "dokter" wordt genoemd. Hij lijkt een onuitputtelijke reserve energie te hebben; inpakkend, kopend, uitdelend, lesgevend, zingend, enz., enz. Om de beurt helpen we hem en we lijken allemaal op elkaar, doordat we in feite weinig doen. Op dit moment wordt het eten klaargemaakt, wat altijd tot veel opwinding en kabaal leidt. "De dokter heeft een mes nodig ...". "De dokter heeft boter nodig"! "O, kameraad, zou jij dit afval willen weggooien"? ... Weer de stem van de dokter: "O, je eet geen vis. Zal ik dan een omelet klaarmaken, kleine moeite hoor ...". Na het eten drinken we thee op de opgebonden veldbedden. De dames zijn verantwoordelijk voor de thee, zo heeft dokter Feit het bevolen.

23 januari. Ik schrijf dit op onze voorlaatste halte voor Tobolsk. Ons overgangsverblijf is voortreffelijk, pas gebouwd, ruim opgezet en schoon. Na alle smerigheid van de vorige halte voelt dit als een zegen voor lichaam en geest. We hebben nog zo'n 60 werst te gaan voor Tobolsk. Als je eens wist hoezeer we de laatste paar dagen verlangen naar een "echte" gevangenis waar we in ieder geval eens fatsoenlijk kunnen wassen en slapen! Er is hier maar één politieke banneling, een voormalige slijterijhouder uit Odessa die is veroordeeld voor propaganda onder soldaten. Hij bracht ons eten en vertelde ons over de levensomstandigheden in de provincie Tobolsk. De meeste bannelingen wonen in dorpen op ongeveer 100 tot 150 werst afstand van Tobolsk zelf, maar er schijnen dus ook wat bannelingen in het district Berjozovo te zitten. Daar is het leven nog harder en is er nog meer armoede. Er vinden regelmatig ontsnappingen plaats. De meeste ontsnapten worden weer gepakt op het station in Tjoemen (het dichtstbijzijnde station) en in het algemeen langs de spoorweg. Maar het aantal gepakten is klein.

Gisteren kregen we toevallig een oude krant uit Tjoemen te pakken waarin werd geschreven over twee telegrammen die naar ons waren verzonden toen we daar in de transitiegevangenis zaten, voor mij en voor S., maar die nooit waren overhandigd. Die telegrammen moeten zijn aangeleverd toen wij er waren, maar de gevangenisautoriteiten hebben ze geweigerd aan te nemen, om diezelfde vreemde samenzwerende redenen die wij, noch zijzelf kunnen begrijpen. We worden nog steeds elk moment streng bewaakt. De kapitein heeft zijn mensen aardig afgemat met lange uren wachtlopen, niet alleen rond het gebouw waarin wij zijn opgesloten, maar overal in het dorp. Toch kunnen we merken dat hoe verder we naar het noorden trekken, het “regime” graadje voor graadje begint te dooien. We mogen soms onder escorte naar een dorpswinkel, in kleine groepjes in het dorp wandelen en plaatselijke bannelingen bezoeken. De soldaten helpen ons naar beste kunnen, ze voelen zich met ons verbonden in hun weerstand tegen de kapitein. Deze bevelvoerend officier, de commanderende schakel tussen de kolonel en de soldaten, bevindt zich in de meest nare positie.

Hij zei eens tegen ons, in het bijzijn van de soldaten: “Weet u, heren, met de bevelvoerend officier van tegenwoordig is het niet meer wat het geweest is”.

Een soldaat antwoordde: “Er zijn er die graag weer willen dat alles bij het oude was. Dan laten wij ze hun staart zien en dan denken ze er weer anders over”.

Iedereen moest lachen. De kapitein lachte mee als een boer met kiespijn.

26 januari. In de gevangenis van Tobolsk. Twee haltes voor Tobolsk kreeg ons konvooi versterking van een adjudant-inspecteur van de politie, om enerzijds het toezicht te verscherpen en anderzijds het belang te benadrukken waarmee we werden behandeld. Ook de bewaking werd versterkt. We mochten niet meer uit winkelen. De onder ons reizende families werden in overdekte rijtuigen geplaatst. Zoveel bezorgde aandacht! Ongeveer 10 werst voor de stad, kwamen we twee bannelingen tegen. Zodra ze werden gespot door de officier werden er onmiddellijk “veiligheidsmaatregelen” getroffen. Hij reed langs het hele konvooi terug en beval de soldaten uit te stappen (zij zaten ook in sleeën). En zo legden we de laatste 10 werst af; de soldaten de officier vervloekend omdat ze in colonne naast ons, met het geweer op de schouder, aan beide kanten van de weg, moesten lopen.

Maar hier moet ik mijn beschrijving onderbreken; de dokter die net naar het kantoor was geroepen, vertelt ons dat we worden verbannen naar het dorpje Obdorskoye en dat we onder militaire escorte naar daar zullen reizen, ongeveer

40 of 50 werst per dag. Over de sneeuwweg alleen is het al meer dan 1200 werst naar Obdorskoye. Dat betekent dat we, onder de beste omstandigheden, als er overal verse paarden klaar staan en niemand ziek wordt, toch meer dan een maand onderweg zullen zijn. Als we daar eenmaal zijn aangekomen, krijgen we voor het levensonderhoud een toelage van 1 roebel en 80 kopeke per maand.

Een hele maand reizen, zeker met kleine kinderen, is juist nu extra moeilijk. Ze zeggen dat we voor het stuk tussen Berjozovo en Obdorsk rendieren nodig zullen hebben. Dat was juist voor diegenen die met kinderen reizen alarmerend nieuws. De plaatselijke autoriteiten hebben ons verteld dat het belachelijke schema van 40 werst per dag in plaats van 100, is voorgeschreven door Petersburg, net als alle andere details van onze reis. De wijze mannen in hun kantoren hebben aan alles gedacht om onze ontsnapping te voorkomen. Ere wie ere toekomt: negentienden van al die maatregelen zijn volkomen overbodig. De vrouwen die hun mannen vrijwillig in ballingschap hebben gevolgd, hebben verzocht de gevangenis te mogen verlaten tijdens de drie dagen dat we in Tobolsk zullen zijn. De gouverneur weigerde dit botweg. Dit is niet alleen zinloos, maar ook nog eens tegen de wet. Plaatselijk ontstond hier wat publieke onrust over en er is protest aangetekend. Maar wat is het nut van protest als het antwoord elke keer hetzelfde is: voorschrift uit Petersburg.

De meest sinistere geruchten in de kranten zijn bewaarheid geworden. We worden naar het meest noordelijke plekje van de provincie verbannen. Het enige dat men weet is dat het een dorpje binnen de noordpoolcirkel is. De vraag doemt op: zullen ze dan ook soldaten in Obdorsk stationeren, speciaal om ons te bewaken? Logischerwijs wel. En zal er wel een mogelijkheid zijn om een ontsnapping te organiseren, of zullen we verplicht zijn om daar tussen de Noordpool en de poolcirkel te zitten wachten op het verdere verloop van de revolutie en veranderingen in de politieke situatie? Er is grond om te denken dat onze vrijheid van een technisch vraagstuk in een politieke kwestie verandert. Het zij zo, we zullen ons vestigen in Obdorsk en wachten. En werken. Blijf vooral boeken en kranten sturen. Wie weet wat de toekomst brengt? Wie weet hoe lang het zal duren voordat onze berekeningen bewaarheid worden? Misschien is het jaar dat we in Obdorsk moeten doorbrengen wel de laatste revolutionaire adempauze die de geschiedenis ons gunt om onze gaten in kennis te vullen en onze wapens te scherpen? Denk je dat ik te fatalistisch ben? Beste vriend, als je zoals ik onderweg bent naar Obdorsk onder escorte, kan een beetje fatalisme geen kwaad.

29 januari. We zijn twee dagen geleden uit Tobolsk vertrokken. Onze escorte bestaat uit dertig soldaten en een bevelhebbend officier. We zijn in grote trojka's vertrokken op maandagmorgen, maar na de tweede tussenstop werd het aantal paarden dat de sleeën trok van drie naar twee verminderd. Het was een prachtige ochtend, kraakhelder vriesweer. Overal bos om ons heen in een sneeuwlandschap met een strakblauwe lucht. Sprookjesachtig. De paarden waren in een wilde galop. Het normale Siberische ritme, naar het schijnt. Toen we de stad verlieten (de gevangenis ligt aan de rand van de stad) was er een kleine menigte bannelingen, ongeveer 40 tot 50 mensen, die ons kwam uitzwaaien. Er werd gezwaaid, gezongen en een poging ondernomen wat woorden te wisselen ... maar we werden in een rap tempo afgevoerd. Onder de mensen zijn er al heel wat mythes over ons ontstaan; sommigen zeggen dat vijf generaals en wat provinciale gouverneurs worden verbannen, anderen dat het een graaf met zijn familie is, weer anderen die denken dat we leden van de Staatsdoema waren. De vrouw van het huis waar we gisteren bleven overnachten, vroeg aan de dokter: "Zijn jullie dan ook politiekers"? "Ja, we zijn politiekers". "Dan zijn jullie ongetwijfeld de bazen van alle politiekers"!

Deze nacht verblijven we in een grote schone kamer waarvan de muren zijn behangen, een geweven katoenen kleed op de tafel, een geverfde vloer, grote ramen en twee lampen. Zeer aangenaam na al die andere smerige plekken. Maar we moeten op de grond slapen omdat we met zijn negenen zijn. In Tobolsk hebben ze onze escorte vervangen en de nieuwe is zo bot en gemeen als die van Tjoemen voorkomend en ons vriendelijk gezind was. Dat heeft te maken met de afwezigheid van een onderofficier. De soldaten voelen zich verantwoordelijk voor van alles wat mis kan gaan. Maar ik moet zeggen dat ze na twee dagen al redelijk ontdooid zijn. Met de meesten hebben we een uitstekende band kunnen opbouwen en dat is met zo'n lange reis voor de boeg geen onbelangrijk detail.

In bijna alle dorpen die we zijn tegengekomen sinds ons vertrek uit Tobolsk zitten politieke bannelingen. De meesten zijn 'agrariërs' (boeren die aan rellen hebben deelgenomen), soldaten, arbeiders en bij hoge uitzondering, een intellectueel. Sommigen zitten hier "bestuurlijk", anderen hebben zich verplicht moeten vestigen als strafmaatregel. In twee dorpen die we passeerden hebben de 'politiekers' coöperatieve werkplaatsen opgezet waarmee wat geld wordt verdiend. Al met al hebben we nog geen bannelingen getroffen in extreme armoede. Dat komt omdat het leven in deze contreien erg goedkoop is; politieke bannelingen betalen de boeren 6 roebel per maand voor eten en verblijf, het minimum dat is afgesproken door de plaatselijke vereniging van bannelingen. Van 10 roebel per maand kun je hier "goed leven". Maar hoe verder naar het noorden, hoe duurder het leven is en hoe moeilijker het is om werk te vinden.

We zijn wat kameraden tegengekomen die in Obdorsk hebben gewoond. Ze waren er allemaal goed over te spreken. Het is een groot dorp, met meer dan 1000 inwoners en twaalf winkels. De huizen zijn op een stadse manier gebouwd en het is makkelijk een pension te vinden. Het platteland is bergachtig en mooi, het heeft een gezond klimaat. De arbeiders onder ons zullen wel werk vinden. Het is mogelijk om met lesgeven wat geld te verdienen. Het leven is er wel duurder, dat is waar, maar de lonen liggen ook wat hoger. Maar deze prachtige plek heeft een groot nadeel; ze is bijna volledig afgesloten van de rest van de wereld. 1500 werst van de dichtstbijzijnde spoorweg, 800 werst verwijderd van het dichtstbijzijnde telegraafstation. De post komt normaal gesproken twee keer per week, maar als de wegen slecht zijn, vooral in de lente en herfst, blijft de post soms wel zes weken tot twee maanden uit. Als er nu een voorlopige regering in Petersburg zou komen zou de lokale politieagent nog lange tijd koning van Obdorsk zijn. Juist het feit dat Obdorsk zo ver verwijderd ligt van de spoorweg van Tobolsk verklaart haar relatieve levendigheid; het is een onafhankelijk centrum voor een heel groot gebied.

Bannelingen blijven niet lang op één plek. Ze zijn voortdurend onderweg van de ene naar de andere plek in de provincie. De reguliere veerdiensten op de Ob rivier nemen de bannelingen gratis mee. De betalende reizigers zitten samengeperst in de hoeken van de boot, terwijl de politiekers zich het hele schip toe-eigenen. Het zal je misschien verbazen, maar deze traditie is hier inmiddels stevig gevestigd. Iedereen is er al zo aan gewend dat een van onze koetsiers, die hoorde dat we naar Obdorsk moesten, zei: "Maakt niet uit, zo lang zal het niet duren. De volgende lente ben je per boot zo weer terug". Maar wie weet onder welke omstandigheden wij in Obdorsk zullen worden geplaatst? Voorlopig schijnen de "instructies" te hebben bepaald dat we de beste sleeën hebben en de beste stopplaatsen langs de route.

Obdorsk! Een minuscuul plekje op de aarde ... misschien moeten we ons jarenlang aanpassen aan de omstandigheden van Obdorsk. Zelfs mijn fatalistische stemming kan mijn gemoedsrust niet herstellen. Ik bijt op mijn tanden en verlang naar elektrische straatverlichting, het geluid van treinen en, het mooiste van alles; de geur van een versgedrukte krant.

1 februari. Joerosvkoye. Gisteren was net als vandaag. We hebben meer dan 50 werst gereisd. Mijn reisgezel in de slee was een soldaat die de tijd heeft gevuld met verhalen over de oorlog in Mantsjoerije. We worden geëscorteerd door mannen van het Sibirski-regiment, dat na de oorlog helemaal opnieuw is ingericht. Dit regiment telde in de oorlog de grootste verliezen. Een deel van het regiment is gelegerd in Tjoemen, het andere deel in Tobolsk. De soldaten uit Tjoemen, zoals ik je al had verteld, waren ons goedgezind, maar deze in Tobolsk zijn wat ruwer, en er zit een groepje “bewuste” Zwarte Honderd-aanhangers onder. Het regiment is samengesteld uit Polen, Oekraïeners en mensen uit Siberië. De geboren en getogen Siberiërs zijn het meest onderontwikkeld. Maar ook onder hen zijn er een paar fantastische kerels. Na een dag of twee begon onze escorte zich al vriendelijker te gedragen. Gelukkig maar, want het zijn deze strijders die over ons leven waken.

Mijn metgezel was opgetogen over de Chinese vrouwen. “Echt schattig zijn ze. Hun mannen zijn erg klein, niet te vergelijken met echte mannen, maar de vrouwen zijn prachtig, zacht en blank ...”.

“Maar hadden jullie dan omgang met Chinese vrouwen”?, vroeg de koetsier, zelf een oud-soldaat”. Nee, dat was verboden. Eerst werden de vrouwen weggehaald en dan mochten de troepen pas naar binnen. Maar een aantal van onze jongens kregen een vrouw te pakken in het graanveld en zijn erover heen gegaan. Eentje had zijn pet verloren. Dus kwamen later de Chinese mannen hun beklag doen en toonden die pet aan onze officier. We moesten ons allemaal in het gelid opstellen en de officier vroeg: ‘Van wie is die pet’? Niemand zegt wat, beter je pet verliezen dan zulk gezeik aan je broek. Ja toch? En dus liep het uiteindelijk met een sisser af. Maar die Chinese vrouwen zijn prachtig ...”.

We zijn als trojka’s vertrokken ut Tobolsk, maar omdat de weg smaller is geworden zijn na onze tweede stop nog maar twee paarden per slee voorgespannen.

In de dorpen waar er van paard wordt gewisseld, staan de paarden al in het gareel en de sleeën klaar. Het wisselen gebeurt altijd buiten het dorp, ergens langs de velden. Normaal gesproken komt de hele dorpsbevolking kijken. Dat levert soms leuke taferelen op. Terwijl de vrouwen de paarden bij hun hoofdstel vasthouden, geeft de dokter instructies aan de mannen waar de bagage naartoe moet en de kinderen rennen vrolijk en huppelend in het rond. Gisteren probeerden wat "politiekers" samen met ons op de foto te staan tijdens het wisselen van de paarden. Ze stonden ons op te wachten bij het plaatselijke regeringsgebouw, maar we werden er in galop langs geleid en ze kregen hun kans niet. In het dorp waar we vandaag aankwamen om de nacht door te brengen, hadden de plaatselijke bannelingen een rood spandoek uitgehangen. Er zitten er hier veertien, waarvan tien uit Georgië. De soldaten schrokken van het spandoek, trokken hun bajonetten en dreigden te schieten. Uiteindelijk namen ze het spandoek in beslag en wisten ze de "demonstranten" uiteen te jagen.

In ons escorte is er een kleine groep soldaten gecentreerd rond een korporaal die een oudgelovige is. Deze man is buitengewoon laaghartig en wreed. Niets lijkt hem meer plezier te doen dan een koetsier af te blaffen, een Tartaarse vrouw de huid vol te schelden of een paard met de geweerkolf aan te sporen. Een rood aangelopen gezicht, altijd met zijn mond half open, bloedeloos tandvlees en strak starende ogen doen hem eruit zien als een idioot. Deze korporaal heeft constant heftige botsingen met de sergeant, belast met de escorte. Hij vindt dat de sergeant ons veel te vriendelijk behandelt. Als het om het in beslag nemen van een spandoek of het wegjagen van politiekers gaat, is de korporaal er met zijn kleine bende altijd als de kippen bij. We moeten ons inhouden om scherpe conflicten te voorkomen, want mocht het misgaan kunnen we amper op die sergeant rekenen, die als de dood is voor die korporaal.

2 februari. Avond. Demyanskoye. Ondanks het feit dat het rode spandoek dat ons gisteren in Joerosvkoye begroette door de troepen in beslag werd genomen, hing er deze morgen, toen we het dorp weer verlieten, een nieuwe aan een lange stok, wapperend in de sneeuwwind. Deze keer werd hij door niemand aangeraakt. De soldaten hadden zich net in hun sleeën genesteld en voelden er niets voor om er weer uit te stappen. Zo paradeerden we er langs. Iets verder, een honderd meter van het dorp, waar de weg naar de rivier beneden draait, stond in grote letters op de tegenovergelegen heuvel in de sneeuw te lezen: 'Lang leve de revolutie'! Mijn koetsier, een jongen van een jaar of achttien, barstte in lachen uit toen hij de tekst las. "Weet je wat dat betekent, lang leve de revolutie"?, vroeg ik hem. Na even nadenken zei hij: "Nee, eigenlijk niet, maar alle mensen blijven het roepen, lang leve de revolutie". Je kon aan zijn gezicht zien dat hij meer wist dan hij durfde vertellen. Al met al staan de plaatselijke boeren en zeker de jongeren, uiterst welwillend tegenover de "politiekers".

We zijn om 1 uur in Demyanskoye aangekomen, een groot dorp, waar we zullen overnachten. Een grote groep bannelingen kwam ons verwelkomen. Ze waren met ongeveer zestig. Dat veroorzaakte grote verwarring onder onze escorte. De korporaal verzamelde direct zijn vertrouwelingen om hem heen, voor het geval dat, maar gelukkig bleef alles rustig. Het was duidelijk dat ze al lang op ons hadden staan wachten en dat de nerveuze spanning al behoorlijk was opgelopen. Ze hadden een speciale commissie aangesteld om onze aankomst voor te bereiden. Ze hadden een fantastische maaltijd voor ons klaargemaakt en comfortabele slaapplaatsen in de lokale "commune". Maar het werd ons verboden er naartoe te gaan en we werden ondergebracht op een boerderij. De voor ons bereide maaltijd werd daar bezorgd. Met de politiekers in gesprek komen, is bijna onmogelijk. We waren maar een paar keer in de gelegenheid om even een paar woorden met bannelingen te wisselen tijdens het diner. En daarnaast door schaars winkelbezoek, als we onder escorte van de soldaten, toch enkele woorden konden wisselen met kameraden die de hele dag op straat stonden te wachten op ons eventueel passeren.

Een van de vrouwelijke bannelingen, verkleed als boerin kwam ons melk verkopen. Ze speelde haar rol heel goed, maar de huiseigenaar moet haar verraden hebben aan de soldaten en ze werd onmiddellijk gedwongen het huis te verlaten. De korporaal had op dat moment dienst, dat was nog eens extra pech. Ik weet nog hoe onze kleine kolonie in Oestjkoet aan de Lena zich voorbereidde op elk nieuw konvooi bannelingen; we kookten eten, deels ingeweckt voor onderweg; kortom, alles wat de bannelingen in Demyanskoye vandaag voor ons deden. Het langskomen van een grote groep bannelingen is een buitengewoon spannende gebeurtenis voor elke kleine kolonie langs de route, waarvan alle inwoners ongeduldig zijn naar nieuws van thuis.

4 februari. 20.00 uur, Tsingalinsk Joerts. Onze begeleidende politie-inspecteur, heeft op ons verzoek in Tobolsk aan de autoriteiten verzocht om ons reistempo te verhogen, indien mogelijk. Blijkbaar heeft Tobolsk toestemming aan Petersburg gevraagd, met als gevolg dat de inspecteur een telegram kreeg, die hem vrijheid van handelen gaf in dat opzicht. Ervan uitgaand dat we nu per dag zo'n 70 werst zullen afleggen, is de kans groot dat we op 8 (20) februari in

Obdorsk aankomen. Maar het blijft een schatting natuurlijk. We zijn nu gestopt in het kleine dorpje Tsingalinsk Joerts. In werkelijkheid bestaan de huizen niet uit joerts (nomaden tenten), maar uit boerenhutjes. De bevolking bestaat wel voor de overgrote meerderheid uit Oostjakken, een zeer kenmerkend Aziatisch type bevolking. Hun manier van spreken en doen is die van de boerenbevolking; het enige verschil is dat ze nog meer drinken dan de boeren in Siberië. Ze drinken de hele dag door; ze beginnen er in de ochtend mee en rond het middaguur zijn ze al dronken.

De plaatselijke banneling N., een leraar, vertelde ons wat leuke details. Het bleek dat de Oostjakken, die hoorden dat er een aantal gewichtige personen met veel bombarie door het dorp zouden komen, bang waren geworden, waren gestopt met drinken en hun drankvoorraden veilig hadden verstopt. Dat was waarom vandaag de meesten van hen nuchter waren. In de namiddag kwam, als ik mij niet vergis, onze Oostjakse gastheer toch dronken thuis.

We zijn nu de visgebieden ingetrokken en vlees is moeilijk te krijgen. Dezelfde leraar heeft een visploeg georganiseerd uit bannelingen en lokale boeren. Hij heeft netten gekocht, ziet zelf toe op de activiteiten en verkoopt de vangst in Tobolsk. Afgelopen zomer heeft elk lid van de ploeg meer dan 100 roebel verdiend. Iedereen probeert zich zo goed mogelijk aan de omstandigheden aan te passen. Maar N. heeft goed gescoord met zijn initiatief voor een visploeg.

6 februari. Samarovo. Gisteren hebben we 65 werst gereisd, vandaag 73 werst en morgen zullen we ook ongeveer zo'n afstand afleggen. De landbouwgebieden liggen nu echt achter ons, hier wordt door iedereen, Russen, boeren en Oostjakken, alleen nog maar gevist.

De mate waarin de provincie Tobolsk wordt overspoeld met bannelingen is werkelijk uitzonderlijk, in elk gat of nederzetting is wel een banneling te vinden. De eigenaar van het huis waar we overnachten, vertelde ons dat het niet lang geleden was dat er nog geen enkele banneling was; maar na het Manifest van 17 Oktober verschenen ze in grote aantallen. "Sinds die 17e is het een grote vloedgolf". Wat een prachtig resultaat van de gevolgen van het grondwettelijk tijdperk voor deze contreien! Op veel plekken doen de bannelingen hetzelfde werk als de lokale bevolking; ze verzamelen en ontschorsen ceders, vangen vis, verzamelen seizoensfruit, jagen. De meer ondernemenden hebben coöperatieve werkplaatsen of bedrijfjes opgezet; visploegen, winkeltjes met consumptiegoederen. De houding van de boeren naar de bannelingen is uiterst vriendelijk. Hier in Samarovo bijvoorbeeld, een handelsknooppunt en groot dorp, hebben de boeren een heel huis gratis ter beschikking gesteld aan de bannelingen en aan de eersten die arriveerden gaven ze een kalf en twee zakken meel. Het is inmiddels al gebruikelijk dat een banneling in een winkel minder hoeft te betalen dan een gewone klant. Sommige bannelingen gebruiken hun huis als commune en de rode vlag wappert de hele dag in top. Probeer tegenwoordig in Parijs, Berlijn of Geneve maar eens met een rode vlag te zwaaien!

In het voorbijgaan wil ik twee of drie zaken delen die me zijn opgevallen rond de huidige omstandigheden van het ballingschap.

Het feit dat de sociale samenstelling van de politieke bevolking van de gevangenissen in Siberië steeds democratischer wordt is al tientallen, zoniet honderden, keren beschreven sinds de negentiger jaren. Er zitten steeds meer arbeiders onder de "politiekers", en die vormen nu de meerderheid over de revolutionaire intellectuelen die ooit gewend waren om de Petrus-en-Paulusvesting en het Kolymsk als hun privaat en overerfbaar monopolie te beschouwen, als een apart aan de ketting gelegde stand. Rond de eeuwwisseling heb ik zelf nog partijleden van de Volkswil en Recht voor het Volk gezien, die bijna geïrriteerd hun schouders ophaalden als er schoorsteenvegers uit Vilnius of schillenboeren uit Minsk onder de nieuw gearriveerde gevangen zaten. In die tijd was een verbannen arbeider, in de overgrote meerderheid van de gevallen, lid van een revolutionaire organisatie en zijn politieke niveau en moraal waren hoog. Bijna alle bannelingen, behalve misschien arbeiders uit de Joodse gemeenschap, waren door de zeef van de politie ondervragingen gegaan. Hoewel die zeef gebrekkig was, bleven de meest ontwikkelde arbeiders er toch in hangen. Daardoor is er een bepaald niveau van bewustzijn in stand gebleven onder de verbannen bevolking.

Verbanning tijdens de "grondwettelijke" periode van onze geschiedenis heeft een heel ander karakter. Het gaat niet meer over organisaties, maar over een elementaire massabeweging. Er zijn geen aparte ondervragingen door de gendarmerie meer, maar massa-arrestaties op straat. Zelfs het meest onschuldige slachtoffer kan worden verbannen, of voor het vuurpeloton terechtkomen. Na de onderdrukking van een reeks van volksopstanden, begon er een periode van 'guerrilla' activiteiten, met onteigeningen voor revolutionaire doeleinden, of simpelweg alleen met dat excuus, maximalistische avonturen of ronduit diefstal. Iedereen die niet opgehangen kon worden, werd naar Siberië gestuurd. Het is gemakkelijk te begrijpen dat een botsing met zo een grote omvang veel mensen erbij heeft betrokken die door de revolutie maar met één vinger zijn aangeraakt, of onschuldig toeschouwer waren, om de vele avonturiers uit de schemerwereld van onze steden nog maar buiten beschouwing te laten. Je kan je voorstellen wat voor effect dat heeft op het algemene niveau van de bannelingen.

Een andere factor heeft geleid tot hetzelfde: de ontsnappingen. Het is wel duidelijk welke groep ontsnapt: de meest bewuste, meest actieve mensen, die weten dat de partij en het werk op hen wachten. Hoe zich dat verhoudt, kunnen we afleiden uit het gegeven dat van de 450 bannelingen in een zeker gebied in Tobolsk, er nu nog maar 100 zitten. Alleen de luie blijven. Met als gevolg dat de meeste gesettelde bannelingen een grijs, politiek moeilijk te bepalen karakter hebben. Ze zijn daar door het toeval terecht gekomen en leggen er zich er bij neer. De weinigen die actief zijn, en er om een of andere reden nog niet in geslaagd zijn te vluchten, zitten op sommige plekken in een moeilijke positie, omdat alle politiekers gebonden zijn elkaar onderling te steunen.

8 februari. Karinikrinsk Joerts. Gisteren hebben we 75 werst gereisd, vandaag 90. Als we op onze halteplaatsen aankomen, zijn we moe en gaan we direct slapen.

Deze avond overnachten we in een Oostjaks dorpje in een kleine vieze hut. De soldaten van de escorte, tot op het bot verkleumd, zitten samen met een paar dronken Oostjakken opeengepakt in de smerige keuken. Aan de andere kant klinkt door de buitenmuur het geblaat van een schaap.

Er is een bruiloft in het dorp; dit is het trouwseizoen en alle Oostjakken houden een drinkgelag. Eenmaal dronken, proberen ze in onze hut te komen.

Een kleine oude man uit Saratov, een 'bestuurlijke' banneling, ook dronken, kwam ook bij ons langs. Hij was samen met iemand anders uit Berjozovo hier naartoe gekomen om vlees te kopen en dat later door te verkopen. Ze zijn beiden politiekers.

Het voorbereidende werk dat is verricht om ons een ongehinderd transport te verzekeren is werkelijk buitengewoon. Zoals ik al vertelde bestaat ons konvooi uit 22 overdekte sleeën, getrokken door zo'n 50 paarden. Er zijn maar weinig dorpen die zoveel paarden hebben, dus worden ze van overal uit de omgeving samengebracht, soms wel 100 werst verwijderd, zoals op onze laatste overstapplaats. Om de 10 tot 15 werst worden de paarden echter verwisseld. Dus een Oostjaks paard moet 110 werst reizen om leden van de Sovjet van Arbeidersafgevaardigden over een afstand van 10 tot 15 werst te transporteren. Daarbij komt nog dat vanwege het feit dat niemand precies weet wanneer we aankomen, sommige ruiters wel twee weken moeten wachten voordat hun paarden worden gebruikt. Uit het verleden kennen ze maar één vergelijkbare situatie – toen de provinciale gouverneur 'zelf' in het gebied een rondreis maakte ...

Al eerder beschreef ik hoe vriendelijk de boeren hier in het algemeen tegenover de politiekers staan en tegenover ons in het bijzonder. In Belogorije, een klein dorpje in het district Berjozovo, gebeurde er iets bijzonders met ons. Enkele plaatselijke boeren hadden een speciale ontvangst voor ons georganiseerd met thee en koude hapjes. Ze hadden 6 roebel opgehaald, wat ze aan ons wilden doneren. Uiteraard hebben we het geld geweigerd, maar de uitnodiging voor thee en eten aanvaard. Onze escorte protesteerde echter en het feestje werd afgeblazen. Dat wil zeggen, de sergeant gaf toestemming, maar de kolonel wond zich er enorm over op, luid schreeuwend dat het hele dorp het kon horen, gaf hij de sergeant ervan langs. En dus vertrokken we weer zonder thee. Bijna het hele dorp volgde ons, een geslaagde protestdemonstratie.

9 februari. Kandiskoye. Weer 100 werst gereisd. Nog twee dagen en dan komen we in Berjozovo aan (op de 11e). Ik ben erg vermoeid geraakt vandaag, tijdens de ononderbroken reis van ongeveer 9 of 10 uur hadden we niets te eten. We volgen de hele tijd de rivier de Ob. De rechteroever is heuvelachtig en bebost, de linkeroever laag. De rivier is breed, het weer is rustig en relatief warm. Kleine sparrenbomen staan in de sneeuw gestoken om de weg af te bakenen. De meeste koetsiers zijn Oostjakken. De slee wordt getrokken door twee of drie paarden, voor elkaar bespannen, omdat hoe verder we komen, de wegen steeds smaller worden. De koetsiers hebben een lange zweep aan een grote stok. Het konvooi is enorm langgerekt. Soms geeft een koetsier een aansporing op een hoge toon waardoor de paarden gaan galopperen en de sneeuw hoog opstuift. De snelheid snijdt dan je adem af. Soms botst er één slee op een andere, heb je plotseling het hoofd van een hijgend paard in je nek. Of een slee slaat om. Of een tuig gaat kapot. Dan komt het gehele konvooi tot stilstand. Na urenlang reizen voel je je soms gehypnotiseerd. De lucht is stil. De koetsiers wisselen onderling hun kenmerkende keelklankige kreten uit. Dan komen de paarden weer in beweging en gaan al snel weer over in galop. De vele haltes vertragen ons enorm en zorgen ervoor dat de koetsiers nooit hun maximale snelheid halen. We halen ongeveer 15 werst per uur, terwijl ze normaal gesproken wel 18 tot 20 werst per uur halen, soms 25 werst.

Snel reizen in Siberië is de standaard en op een bepaalde manier, vanwege de enorme afstanden, zelfs noodzakelijk. Maar zoals wij rijden, zelfs nu langs de Lena, heb ik nog nooit meegemaakt.

We komen aan op de halteplaats. Buiten het dorp staan de verse paarden en rijtuigen, opgetuigd en wel, klaar. Twee van onze sleeën, die voor de families met kinderen zijn, zijn 'doorgaande sleeën' naar Berjozovo. We stappen snel over en gaan weer op pad. De koetsiers hebben een vreemde manier van mennen. Een smalle plank zit vastgespijkerd dwars over de voorkant van de slee, die "het prieel" wordt genoemd en de koetsier zit op die kale plank, met zijn voeten hangend over de rand van de slee. Wanneer de paarden galopperen en de slee nu eens naar de ene kant, dan weer naar de andere kant overhelt, houdt de bestuurder de slee in evenwicht met zijn lichaam, waarbij hij zijwaarts overhelt als een zeiler en zich soms met zijn voeten van de grond afduwt.

22 februari. Berjozovo. De gevangenis. Vijf tot zes dagen geleden - ik heb daar niet over geschreven opdat je daarover geen zorgen zou maken - reisden we door een gebied waar veel tyfus heerste. Dat gebied hebben we nu ver achter ons gelaten. In Tsingalinsk Joerts hadden ze in 30 van de 60 huizen tyfus. Hetzelfde in veel andere dorpen. Veel doden. Er is geen koetsier die er al niet een familielid aan heeft verloren. Het opvoeren van de snelheid en de verandering in het originele reisschema heeft direct te maken met de tyfus: de politie-inspecteur rechtvaardigde zijn telegrafische verzoek aan de autoriteiten door te wijzen op de noodzaak zo snel mogelijk dat gevaarlijke gebied te kunnen verlaten.

De laatste dagen reisden we in noordelijke richting met 90 tot 100 werst per dag, oftewel een hele breedtegraad. En dat valt ook te merken, als je er al zo over kan spreken, aan de daling van het culturele niveau. Elke dag dalen we een stapje af in het koninkrijk van kou en wildernis. Een bergbeklimmer moet haast wel een vergelijkbare ervaring hebben naarmate hij hoger op de berg komt, stijgend van de ene hoogtegraad naar de andere. Eerst de welvarende Russische boeren. Daarna de gerussificeerde Oostjakken die, als gevolg van gemengde huwelijken, al een groot deel van hun Mongoolse trekken hebben verloren. Daarna verlieten we de landbouwgebieden en kwamen in de visgronden en jachtgebieden van de Oostjakken, kleine, rondhoofdige figuren die met moeite Russisch spreken. Paarden werden schaarser en schonkiger; het paardentransport is hier minder belangrijk; een jachthond wordt hoger gewaardeerd dan een paard. De weg werd ook slechter, smal en volledig onverhard. Desalniettemin stelt de politiesergeant dat de "snelweg-Oostjakken" voorbeelden van culturele beschaving zijn, vergeleken met die langs de zijtakken van de Ob.

Hun houding tegenover ons is schuchter en verward. Ik durf wel te stellen dat ze denken dat wij hoge pieten zijn die tijdelijk in ongenade zijn gevallen. Vandaag bleef een Oostjak aan ons vragen: "Waar is jullie generaal? Ik zou hem graag ontmoeten. Heb nog nooit een generaal gezien".

Toen vandaag een Oostjak een afgebroken pin aan de slee repareerde, zei een ander tegen hem: "Geef ze een betere, wat denk je wel, het zijn toch geen politieagenten"? Er was, dat moet gezegd, maar één tegenovergesteld geval, toen een Oostjak zei: "Niet echt belangrijke lui, toch"?

Vannacht zijn we in Berjozovo aangekomen. Een stad als dertien in een dozijn. Net als Verkholensk, Kirensk of een veelvoud van steden met zo'n 1000 inwoners, is er een politiebureau en een belastingkantoor. Maar ze hebben hier wel een graf van Osterman (zonder bewijs van authenticiteit) en de plek waar Mensjikov ligt begraven. Er zijn lokale grappen over in welk huis van een oude vrouw Mensjikov zijn maaltijden genoot.

We werden direct naar de gevangenis gebracht. Het volledige plaatselijke garnizoen, ongeveer 50 man, stond bij de ingang opgesteld. Het schijnt dat vlak voor onze aankomst de gevangenis twee weken lang helemaal is schoongepoetst; alle gevangen werden tijdelijk elders ondergebracht. In een van de cellen stond een tafel met een kleed, wat stoelen, een kaarttafel, twee kandelaars met kaarsen en een grote hanglamp. We werden haast geroerd door zoveel meeleven.

We zullen hier een paar dagen blijven en dan weer verder reizen. Verder inderdaad, maar ik heb nog niet besloten in welke richting.

HOOFDSTUK 28

EN WEER TERUG

Tijdens het eerste deel van onze reis in de paardensleeën keek ik bij elke tussenstop terneergeslagen achterom, in de wetenschap dat we ons steeds verder verwijderden van de spoorlijn. Obdorsk zou niet onze laatste bestemming zijn, niet voor mij en ook niet voor de anderen. De gedachte van een ontsnapping verliet ons geen moment. Ik had een paspoort en wat geld voor de terugreis handig verborgen in de zool van mijn laars. Maar de omvang van de escorte en het nauwgezette toezicht maakten het extreem lastig om een ontsnapping op touw te zetten tijdens de reis. Al moet ik zeggen dat een individu die poging had kunnen wagen, maar niet de hele groep. Er waren best wel wat doordachte plannen gesmeed, maar de gevolgen voor de achterblijvers in het geval van een ontsnapping weerhielden ons hiervan. De soldaten van de escorte, maar bovenal de sergeant die hen leidt, zijn verantwoordelijk gesteld om ons veilig op de plek van onze verbanning te brengen. Vorig jaar was een sergeant uit Tobolsk in een strafbataljon gezet, omdat er een gevangene ontsnapte. Na deze gebeurtenis waren de troepen uit Tobolsk wat meer op hun hoede en hun gedrag onderweg werd een stuk minder vriendelijk. Het was of er een stilzwijgend verbond was tussen de soldaten en de bannelingen; geen ontsnappingen onderweg. Niemand van ons beschouwde dit als bindend, maar het doorkruiste zeker onze doortastendheid. De ene stop na de andere ging voorbij zonder dat er wat gebeurde. Tegen het einde, toen we al vele honderden werst hadden afgelegd, kwam er een zekere gelatenheid over ons en ging ik vooruit in plaats van achteruit kijken; ik werd ongeduldig om op de plaats van bestemming te komen, maakte me zorgen over de levering van boeken en kranten. Kort samengevat, ik had me ingesteld op een lang verblijf. In Berjozovo zelf sloeg die stemming onmiddellijk om.

“Enige kans om hier weg te komen”?

“In de lente is het een makkie”.

“En nu”?

"Niet zo makkelijk, maar het zou moeten kunnen. Alleen heeft niemand het al geprobeerd".

Alles en iedereen vertelden ons dat een ontsnapping in de lente makkelijk en eenvoudig zou zijn, omdat het voor de politie fysiek onmogelijk was om met zo weinig mensen alle bannelingen te controleren. Het in de gaten houden van 15 bannelingen die op één plek waren gevestigd en speciale aandacht hadden, is natuurlijk wel te doen. Ik deed er beter aan zo snel mogelijk te ontsnappen.

Eerste voorwaarde hiertoe was alleen in Berjozovo achterblijven. Door te reizen naar Obdorsk zou ik nog eens 480 werst toevoegen aan de terugreis. Ik wende vermoeidheid en ziekte voor en stelde dat ik mij zou verzetten tegen het onmiddellijk vervolgen van de reis. De politiechef ging te rade bij de dokter en besloot me voor een paar dagen in Berjozovo te laten en ik werd in het ziekenhuis opgenomen. Op dat moment had ik nog geen concreet plan hoe het verder moest.

In het ziekenhuis had ik relatief veel vrijheid. De dokter gaf me het advies veel te wandelen in de buitenlucht en daar maakte ik gretig gebruik van.

Op het eerste gezicht leek het meest eenvoudige terug te keren langs de weg zoals we waren gekomen: "de grote Tobolsk-snelweg". Maar dat vond ik te onveilig. Natuurlijk waren er genoeg betrouwbare boeren langs de weg die mij heimelijk van dorp naar dorp konden brengen. Maar de kans op ongelukkige ontmoetingen was veel te groot. Alle autoriteiten leefden of reisden langs deze route. Binnen twee dagen, of misschien nog sneller, zou iemand van Berjozovo naar het dichtstbijzijnde telegraafkantoor gaan en alle politieposten langs de hele weg naar Tobolsk alarmeren. Daarom zocht ik een andere oplossing.

Een andere optie was om per rendier over de Oeral te reizen en dan via Izsma naar Archangelsk, daar te wachten tot de lente en de dooi, om dan per schip het land te verlaten. De weg naar Archangelsk was veilig, langs zeer afgelegen gebieden. Maar hoe veilig zou het zijn als ik in Archangelsk moest verblijven? Ik had er geen enkele informatie over en had ook geen idee hoe ik eraan zou moeten komen.

Een derde optie leek mij het meest aantrekkelijk. Dat hield in per rendier naar de goudmijnen in de Oeral te reizen, bij de Bogoslovosk-mijn de smalspoorlijn naar Koesjva te nemen en daar op de Perm-lijn over te stappen. Van Perm, Vjatka, Vologda, Petersburg naar Helsingfors. Je kan per rendier rechtstreeks van Berjozovo naar de mijnen reizen, langs de Sosjwa of Vogulka rivieren. Zodra je Berjozovo verlaat is de toendra volkomen wild. In geen duizend werst politie te bekennen, geen enkel Russisch dorp, alleen hier en daar van verspreide joerts van de Oostjaken. En uiteraard, geen telegraaf, geen enkel paard, de weg is alleen geschikt voor rendieren. Alles wat ik nodig had was een kleine voorsprong en de politie van Berjozovo zou me nooit meer kunnen inhalen, als ze al de goede kant op zou zoeken.

Ik werd gewaarschuwd dat deze reis zwaar en vol gevaren zat. Langs sommige plaatsen was het onbewoond voor wel 100 werst. De Oostjaken, de enige inwoners van deze regio, leden aan hardnekkige endemische ziektes; er is veel syfilis en tyfus komt vaak voor. Ik zou niet op hulp onderweg kunnen rekenen. Een jonge handelaar uit Berjozovo, Dobrovolski, was in die winter overleden na twee weken met zware koorts in een Ouvri joert te hebben gelegen, langs de Sosjwa rivier. Wat als er een rendier doodging en niet kon worden vervangen? Wat als we in een sneeuwstorm terechtkwamen? Die kan wel een paar dagen duren en eenieder die er in vast komt te zitten is ten dode gedoemd. En februari is de maand van de sneeuwstormen. En, is de weg op dit moment wel open? Er reisden maar weinig mensen over en als niemand erover reisde, hoopte de sneeuw op en was het eenvoudig de weg kwijt te raken en te verdwalen. Bij deze een kleine verzameling waarschuwingen die mijn deel waren.

Natuurlijk is het gevaarlijk. En uiteraard was de Tobolsk-snelweg in het voordeel qua lichamelijke veiligheid en 'comfort'. Maar juist om die redenen is de kans om gepakt te worden navenant groot. Dus besloot ik langs de Sosjwa rivier te reizen en ik heb geen reden gehad dit te betreuren.

Bleef over iemand te vinden die bereid was om me naar de mijnen van de Oeral te brengen, het gevaarlijkste deel van de hele onderneming.[46]

46. De beschrijving van de ontsnapping is aanzienlijk veranderd en ook alle namen zijn aangepast, uiteraard voor de veiligheid van de personen die mij hebben geholpen. (L.T.) "In mijn boek 1905 is dit deel van de vlucht opzettelijk anders verteld. In die tijd alles naar waarheid weergeven zou betekenen de tsaristische politie op het spoor te brengen van mijn helpers. Nu hoop ik dat Stalin ze niet zal vervolgen, te meer daar hun misdaden verjaard zijn. Bovendien heeft mij, zoals men later zal zien, op de laatste etappe van mijn vlucht ook Lenin geholpen; zie L. Trotski, Mijn Leven, Querido 1930; pp. 170/171.

“Wacht eens even, misschien kan ik je wel helpen”, zei de jonge ‘liberale’ handelaar Nikita Seraponietz, nadat hij langdurig had zitten peinzen toen ik mijn overwegingen met hem besprak. “Ik ken een oude Komi, hij woont ongeveer 40 werst hier vandaan en heet Nikifor. Een oude slimme vos, die gozer ... een ouwe schurk, maar als iemand het kan is hij het”.

“Maar is het geen drinker”?, vroeg ik bescheiden.

“Hoezo, geen drinker? Een verschrikkelijke zuiper. Maar hij kent de streek op zijn duimpje, is een goede jager en spreekt alle dialecten. Maar dat doet er niet toe. Als hij het doet, zal hij er wel van afblijven. Ik zal het voor je aan hem vragen. Een betere voerman is er niet; een schurk”.

Ik besprak met Nikita Seraponietz de voorwaarden van het contract dat ik Nikifor zou aanbieden. Ik zou drie van de beste rendieren kopen, die hij zelf mocht uitzoeken en een slee. Als hij me veilig op mijn bestemming afleverde, zou hij de rendieren en de slee mogen houden en als extra een beloning van 50 roebel.

Dezelfde avond kwam er al een antwoord. Nikifor had ja gezegd. Hij was zelf al op weg naar een kleine nederzetting, ongeveer 50 werst van zijn huis en zou morgen rond de middag terugkomen met eersteklasrendieren. Dan zouden we de volgende nacht vertrekken. Tegen die tijd had ik me kunnen voorzien van de geschikte kledij van rendierenleer; *kisy* en *tsjizi*[47] en een *malitsa* en *gus*[48] en proviand voor 10 dagen. Nikita Seraponietz zou voor de spullen zorgen.

“Ik zeg je, als iemand het kan is hij het”, sprak hij mij moed in. “Nikifor zal je goed over brengen. Heus”.

“Tja, totdat hij het op een zuipen zet”, voegde ik daar wat huiverachtig aan toe.

“Geen zorgen, laten we hopen dat hij daar slim genoeg voor is. Een dingetje, hij wil liever niet de bergweg nemen, omdat hij zich daar niet vertrouwd voelt.

---

47 . Tsjizi: Kousen van rendierleer met de vacht aan de binnenkant; bij kisy is het andersom, daar zit de vacht aan de buitenkant.

48. Een malitsa is een overjas van rendierleer met de vacht aan de binnenkant. Bij extreem koud weer wordt daarover een gus gedragen, daar zit de vacht aan de buitenkant.

Het is 8 jaar geleden dat hij erover heeft gereisd. Jullie kunnen beter de rivier tot de joerts in Sjominsk volgen, maar die is wel veel langer".

Er leiden twee wegen van Berjozovo naar Sjominsk. De eerste, de 'bergweg' is nagenoeg rechtstreeks en steekt meermalen de Vogulka rivier over en komt langs de joerts van de nederzetting Vyzhnepoertim. De tweede weg volgt de rivier Sosjwa en loopt langs Shaytansk, de Malejevsk joerts en andere dorpjes. De bergweg is de helft korter, maar wordt slechts zelden gebruikt en raakt vaak ingesneeuwd.

Helaas konden we de nacht daarop niet vertrekken. Nikifor was niet opgedaagd met de rendieren en niemand wist waar hij uithing. Nikita Seraponietz was uitermate teleurgesteld.

"Je hebt hem toch niet al het geld gegeven om rendieren te kopen"?, vroeg ik bezorgd.

"Hallo, ik ben geen klein kind. Ik heb hem 5 roebel gegeven en ervoor gezorgd dat zijn vrouw het ook zag. Wacht maar, ik spoor hem vandaag nog op".

Mijn vertrek was met minimaal 24 uur vertraagd. En de politiechef kon elk moment eisen dat ik mijn reis naar Obdorsk zou vervolgen. Een slechte start!

Ik vertrok de derde dag, op 18 februari. Die ochtend kwam Nikita Seraponietz me opzoeken in het ziekenhuis en, na op het geschikte moment te hebben gewacht dat iedereen de zaal had verlaten, zei hij resoluut: "Vanavond om 11.00 uur moet je ongemerkt naar mijn huis komen. Om middernacht vertrek je. Mijn hele familie gaat naar de toneeluitvoering vanavond, dus ik ben alleen thuis. Je kleedt je om en eet bij mij en dan breng ik je naar het bos waar Nikifor staat te wachten. Hij heeft besloten toch de bergweg te nemen want hij hoorde dat twee Oostjaken per slee gisteren die weg hebben genomen".

"Definitief? Zeker weten"?, vroeg ik nogal twijfelend. "Echt, zeker weten", was het antwoord.

Tot het begin van de avond beende ik rusteloos rond in mijn kamer. Om 8 uur in de avond ging ik naar de legerkazerne waar de toneelvoorstelling werd gegeven. De aula zat tjokvol. Er hingen drie grote lampen aan het plafond, langs de muur stonden rijen bajonetten met brandende kaarsen er op gestoken. Er zaten drie muzikanten voor het toneel. Op de voorste rij de lokale hoogwaardigheidsbekleders, daarachter de handelaren en de politiekers en daarachter het 'gewone' volk; winkelbediendes, kleine sjacheraars, jongeren. Langs de muren stonden soldaten. De opvoering van 'De Beer' van Tsjechov was al begonnen. De assistent van de dokter, Anton Ivanovitsj, een grote, gezette en goedgehumeurde vent, speelde 'de beer'. De vrouw van de dokter speelde de aantrekkelijke buurvrouw en de dokter zelf was de souffleur, sissend als een gans uit zijn kleine hokje in het midden van het toneel. Toen het kleurig geverfde doek viel, ging er luid applaus op.

Tijdens de pauze hokten de politiekers bij elkaar en wisselden het laatste nieuws uit. "Ze zeggen dat het de chef van politie zeer speet dat hij de twee families moest verdersturen en dat ze niet in Berjozovo mochten blijven". "Hij heeft al eens eerder gezegd dat niemand hiervandaan kan ontsnappen". "Dat kan niet helemaal waar zijn", wierp een ander tegen. "Als er mensen aankomen, kunnen er ook mensen vertrekken".

De muzikanten stopten en het gordijn ging weer open. Het volgende stuk was '*Slachtoffer tegen wil en dank*', een drama over een echtgenoot op vakantie. De ziekenhuisinspecteur, een voormalige assistent van een legerarts, speelde de rol van de echtegenoot, gekleed in een luchtig zijden jasje met een strohoed op. En dat midden februari binnen de poolcirkel! Toen ook hier het doek viel, klaagde ik over zenuwpijnen en vertrok.

Nikita Seraponietz stond al te wachten. "Er is net tijd genoeg om te eten en om te kleden. Ik heb met Nikifor afgesproken op weg te gaan zodra de kerkklok middernacht slaat".

Vlak voor middernacht slopen we naar buiten. Na de goed verlichte kamer, leek het duister ondoordringbaar, maar al snel zag ik de omtrekken van onze slee, getrokken door één paard. Ik ging op de bodem van de slee liggen, snel de *gus* van rendiervacht onder me leggend. Nikita Seraponietz bedekte mij daarna met een grote bundel stro en deed daar een lang touw omheen, alsof hij pakketbezorger was. Het stro was bevroren en zat vol sneeuw. Mijn warme adem liet gelukkig wat sneeuw smelten en natte vlokken vielen op mijn gezicht. Mijn handen waren ijskoud onder het stro. Ik was vergeten om mijn wanten aan te trekken, maar kon maar heel moeilijk bewegen. De klok sloeg twaalf uur. De slee vertrok, we gleden door de poort van het huis van de handelaar en in vlotte draf liep het paard met de slee door de straten.

"Eindelijk", dacht ik, "we zijn vertrokken"! Zelfs mijn koude handen en gezicht geven me bewijs van de werkelijkheid van het gebeuren. Na twintig minuten in draf te hebben gereisd, stopten we. Ik hoorde een luide fluittoon, het teken van Nikita. Daarna volgde een ander fluitsignaal, van een stukje verder weg, gevolgd door het geluid van gedempte stemmen. "Wie praat daar"?, vroeg ik me verschrikt af. Ook Nikita deelde mijn verontrusting blijkbaar, want hij haalde de knoop niet los en mompelde wat binnensmonds.

"Wie is dat"?, vroeg ik zachtjes vanonder het stro.

"God mag weten wie hij heeft opgeduikeld", antwoordde Nikita.

"Is hij dronken"?

"Hij is in ieder geval niet nuchter".

Langzaam kwam er een slee met wat mensen dichterbij.

"Alles prima, geen zorgen, Nikita Seraponietz, en vertel je lading ook maar dat alles in orde is", hoorde ik iemand zeggen. "Dit is een maat van me en dit is mijn oude vader ... ze laten me nooit alleen ...".

Al mopperend maakte Nikita het touw om het stro los. Voor me stond een lange moezjiek in een *malitsa*, maar blootshoofds. Hij had fel rood haar en hoewel dronken, had hij een slimme uitdrukking in zijn gezicht en leek erg op Oekraïeners. Een jonge kerel stond er op een paar meter afstand zwijgend bij, een oudere man hield zich met wat moeite staande al wiebelend tegen de slee, duidelijk het meest dronken van al.

"Alles prima, alles prima", zei de roodharige man, waarvan ik aannam dat het Nikifor was, "die gasten horen bij mij, ik sta voor ze in. Nikifor heeft een slokje op, maar heeft ze nog steeds op een rijtje ... Maak je geen zorgen. Kijk eens naar deze prachtige stieren (hij wees naar de rendieren) ... daar kan je overal mee naar toe ... Mijn oom, Michael Jegorietz, vertelde me de bergweg te nemen ... Gisteren hebben er twee Oostjakse sleeën die route genomen. Ik ga liever over de bergweg, iedereen kent me langs de rivier ... dus heb ik Michael uitgenodigd om samen wat *pelmeni* te drinken, het is een toffe gozer die moezjiek".

"Kom op Nikifor Ivanovitsj, laten we de bagage overzetten", probeerde Nikita hem aan te sporen.

Nikifor ging aan de slag en vijf minuten later was de nieuwe slee bepakt en zat ik er in.

"Toch jammer Nikifor Ivanovitsj", zei Nikita op verzoenende toon, "je had die gasten beter niet mee kunnen nemen, zoals ik had gezegd. Geen woord hierover, ja"?, zei hij zich tot de twee richtend. "Geen woord", antwoordde de jonge moezjiek. De oude man zwaaide wat bibberend met opgestoken vingers ter bevestiging. Ik nam warm afscheid van Nikita Seraponietz. "En nou wegwezen"!

Nikifor klakte naar de rendieren en we gleden weg.

De rendieren reden uitstekend, hun tongen uit hun bek hangend en snel ritmisch ademend; tsjoetsjoetsjoetsjoe ... De weg was smal, de dieren liepen samengedrukt en ik was verbaasd over het feit dat ze zo hard konden rennen zonder elkaar in de weg te lopen.

"Zeker weten", zei Nikifor opeens tegen me, "betere rendieren als deze zijn er niet te vinden. Het zijn geselecteerde stieren uit een kudde van 700 en het zijn de beste. Die ouwe, Alechi, zei eerst: die doe ik niet weg, nooit van mijn leven. Maar nadat ik een fles had opengetrokken ging hij toch akkoord en zei hij: oké, neem ze maar. Toen ik ze meenam, moest hij huilen. Deze hier, de leider (Nikifor wees naar het voorste rendier) is onbetaalbaar; als je hier ooit terugkomt, koop ik hem graag terug voor dezelfde prijs. Het is een prachtexemplaar. Ik heb er veel voor moeten betalen, maar ze zijn het waard. Die leider alleen al is op zichzelf 25 roebel waard. Maar het grappige was, mijn oom, Michael Osipovitz, was bereid om de zijne voor niks uit te lenen. Hij zei het me recht in het gezicht: 'Je bent niet goed snik Nikifor, niet goed snik. Waarom heb je niet verteld dat je met dit figuur op pad zou gaan?'"

"Welk figuur"?, onderbrak ik zijn verhaal.

"Jijzelf natuurlijk"!

Figuur bleek een favoriete uitdrukking van mijn koetsier voor allerlei personen te zijn, zoals ik onderweg regelmatig kon vaststellen.

We hadden amper 10 werst gereisd toen Nikifor de slee plotseling liet stoppen.

"We moeten hier even afslaan, 5 werst of zo ... Daar is een tentendorp die een *gus* voor me heeft. Ik kan niet op pad met alleen een malitsa, ik zou doodvriezen. Ik kreeg van Nikita Seraponietz een briefje over de *gus*".

Ik was met stomheid geslagen over het belachelijke idee om naar een tentendorp 10 werst van Berjozovo te reizen. Uit de ontwijkende antwoorden van Nikifor begreep ik dat hij die *gus* eigenlijk eergisteren al had moeten ophalen, maar de afgelopen 48 uur vooral een drinkgelag had gehouden.

"Doe wat je wilt", stelde ik, "maar ik ga echt niet mee om die stomme gus op te halen. Dat had je maar eerder moeten bedenken. Als je het koud krijgt kun je mijn overjas over je malitsa doen, ik gebruik 'm alleen maar om op te liggen. En als we op onze bestemming aankomen zal ik deze jas voor je laten vermaken als cadeau, beter dan welke gus dan ook".

"Ook goed", zei Nikifor meteen. "Waarom zouden we een gus nodig hebben? We gaan echt niet bevriezen, o nee. Hup hup", riep hij naar de rendieren. "Deze hebben geen zweep nodig, zo goed zijn ze. Hup hup"!

De opgewekte stemming van Nikifor duurde niet lang. De effecten van zijn drankgebruik kregen volledig de overhand. Hij werd lam, kon niet meer rechtop zitten en viel keer op keer in een steeds diepere slaap. Ik maakte hem regelmatig wakker; dan schudde hij wat, pookte de rendieren met een lange stok en mompelde: "geen probleem, het zijn eersteklas stieren ...". en viel weer in slaap. De rendieren waren naar een wandelpas overgegaan en alleen mijn mondelinge aansporingen deed ze af en toe wat sneller bewegen. Op die manier gingen er een paar uur voorbij. Toen dommelde ook ik in slaap en schrok wakker toen ik me realiseerde dat de slee stil stond. Ik werd door paniek bevangen ... "Nikifor"! Ik probeerde hem bij zijn schouders wakker te schudden. Maar hij mompelde enkel een paar losse woorden: "Wat wil je dat ik doe ... ik kan niks doen, ik wil slapen ... wil slapen".

Wat een zooitje. We waren nog geen dertig of veertig werst van Berjozovo en nu al een stop houden vormde absoluut geen deel van het plan. Dit was geen grap en ik besloot “in te grijpen”.

Ik trok de capuchon van zijn dronken hoofd zodat hij de vrieskou recht in het gezicht kreeg en schreeuwde: “Nikifor, en nou rechtop zitten en die rendieren besturen of ik gooi je er af en ga alleen verder”!

Of het door mijn woorden kwam, of door de vrieskou, weet ik niet, maar hij werd langzaam wakker en er kwam beweging in. Hij had zijn lange koetsierstok onderweg laten vallen, maar maakte van een sparretak, met een bijl die hij met moeite vanonder de slee viste, een nieuwe stok om de rendieren mee te drijven. Toen de stok klaar was, gingen we weer op weg.

Ik besloot Nikifor stevig aan te pakken.

“Snap je wel waar je mee bezig bent”?, vroeg ik op strenge toon. “Denk je dat dit een grap is? Als ze ons pakken valt er niks te lachen”.

“Ik begrijp het meneer, ik begrijp het, heus”, zei Nikifor die steeds meer bij zijn zinnen kwam. “Echt, het enige probleem is, het derde dier is niet veel soeps. Het eerste is prima, het tweede ook, maar het derde doet geen moer”.

Het werd bijna ochtend en de temperatuur daalde merkbaar. Ik trok mijn gus over mijn jas van schaapsvacht en voelde me redelijk behaaglijk. Maar de arme Nikifor kreeg het merkbaar steeds minder naar zijn zin. De effecten van de alcohol raakten uitgewerkt en de kou was onder zijn malitsa gekropen en de arme man stond te rillen.

“Waarom trek je mijn bontjas niet aan”?, stelde ik voor.

“Dat is al te laat, ik moet eerst zelf opwarmen en de malitsa opdrogen”.

Een uurtje later zagen we joerts en drie of vier gammele blokhutten langs de weg.

“Ik ga even 5 minuten naar binnen, om op te warmen en te informeren over de weg”.

Vijf minuten gingen voorbij, tien minuten, vijftien, twintig. Er kwam een in bont gehulde vage schim dichterbij. De schim bleef even bij de slee staan en ging weer weg. De maan kwam op en gaf de gammele hutjes een sinistere gloed.

Ik vroeg mijzelf af hoe dit allemaal af zou lopen. Hoever zou ik het met die dronkaard redden? In een dronken bui is hij in staat om alles te vertellen aan de eerste de beste die we onderweg tegenkomen. Dan wordt Berjozovo ingelicht en ben ik de sigaar. En zelfs als ze ons nu niet te pakken krijgen, dan telegraferen ze alle stations langs de smalspoorlijn. Heeft het nog wel zin om door te gaan, vroeg ik mijzelf af.

Er was ongeveer een half uur voorbij. Nikifor kwam niet opdagen. Ik moest hem vinden, maar wist geeneens welke hut hij was binnengestapt. Ik liep naar de dichtstbijzijnde en keek door het raam naar binnen. In de haard in een hoek brandde een groot vuur. Op de vloer stond een stomende stoofpan. Een kleine groep mannen met Nikifor in het midden, zat op een bedbank van een dikke plank; Nikifor met een fles in zijn hand. Ik begon op het raam te bonken en de muur ernaast. Binnen de minuut minuut stond Nikifor buiten. Hij had mijn bontjas aan, die vijf centimeter onder zijn malitsa uitstak.

“Kom op, terug in de slee”!, commandeerde ik zoveel als ik durfde.

“Ik kom al, ik kom al”, sputterde hij onderdanig. “Maak je geen zorgen, ik moest me even opwarmen, maar nu gaan we verder. Tegen middernacht zijn we zo ver weg, dan haalt niemand ons nog in. Alleen jammer van die derde stier, waardeloos beest, hadden we net zo goed niet kunnen hebben”.

En zo gingen we weer op pad. Het was ongeveer 5 uur in de ochtend. De maan was al veel eerder opgekomen en stond nu hoog en scheen helder. De vrieskou had alles bevroren en de geur van de ochtend zat in de lucht. Ik had mijn overjas van rendiervacht aan over mijn jas van schapenvacht en voelde me warm en comfortabel. Nikifor, op de koetsiersplek, leek vol zelfvertrouwen en klaarwakker. De rendieren liepen in een flinke galop en ik dommelde zachtjes weg. Om de zoveel tijd schrok ik een beetje wakker en zag hetzelfde onveranderlijke plaatje. We trokken door de bijna boomloze toendra; met heel af een toe een miezerig boompje, spar of berk, dat door de sneeuw omhoog stak. De weg was een smal, bijna onzichtbaar lint. De rendieren liepen met de onvermoeibaarheid en regelmaat van machines en hun ademhaling was als het geluid van een kleine motor. Nikifor had zijn witte capuchon naar achter geslagen en zat blootshoofd op zijn plek. Pluizen van de rendiervacht van de capuchon zaten in zijn haar verstrikt en het leek alsof zijn hoofd was bevroren. “We zijn op weg, eindelijk op weg”, ging er met opluchting door me heen. “Misschien missen ze me pas morgen, of de dag daarna, maar we zijn onderweg”. Ik dommelde weer in.

Ongeveer om 9 uur stopte Nikifor de rendieren. Een tsjoem, een tent van een nomade, net als een wigwam, maar van rendierhuid, stond vlak langs de weg. Naast de tent stond een slee van een Oostjak, met rendieren al helemaal ingespannen; een stapel net gehakte houtblokken, vers gevilde rendierhuid drogend aan een lijn. Op de grond lag een kaal gevild rendierhoofd met het gewei er nog aan. Twee kinderen, gekleed in malitsa en kisas, speelden met honden.

“Wat doet die tent hier”?, vroeg Nikifor zich hard op af. “Ik had niet verwacht er een te zien tot de Vyzhnepoertim Joerts”. Hij ging navraag doen. Het bleken Oostjaken te zijn uit Kharoempatovsk, 200 werst verderop, die hier op eekhoornjacht waren. Ik pakte ons kookgerei en wat proviand en ging door de tentflap de tsjoem binnen; we konden ontbijten.

“Paisi”, zei Nikifor als begroeting aan de aanwezigen.

“Paisi, paisi, paisi”, klonk het terug van allerlei kanten.

Er lagen stapels bont over de vloer en daarop zaten of lagen mensen. Ze hadden allemaal een drinkgelag gehad de vorige nacht en iedereen had min of meer een kater. In het midden brandde een open vuur en de rook kringelde vrij door het gat erboven naar buiten. We plaatsen onze ketel boven het vuur en legden er wat hout bij. Nikifor kletste vrijuit in het Oostjaks. Een vrouw die net haar kind de borst had gegeven, stond op zonder haar ontblote borst te bedekken en ging dichter bij het vuur zitten. Ik gaf haar een snoepje. Twee anderen stonden opeens op en bewogen in onze richting. “Ze willen vodka”, vertaalde Nikifor. Ik gaf ze wat van onze drank, uitermate sterk spul. Ze dronken ervan, met hun gezichten trekkend en op de grond spugend. Ook de vrouw met de blote borst dronk haar deel. “De ouwe wil nog meer”, legde Nikifor uit en bood een tweede glas aan een kale oude Oostjak met dikke rode wangen. Later voegde hij er aan toe dat hij de oude man voor 4 roebel had ingehuurd om ons tot de Sjominsk Joerts te begeleiden. “Hij zal met zijn trojka voor ons rijden en de weg vrij maken, zodat wij vlugger vooruit kunnen komen”.

We dronken onze thee en hadden ontbijt. Ik gaf onze gastheer wat sigaretten als afscheidscadeau. Daarna stapelden we al onze spullen in de slee van de oude man, stapten in de onze en gingen samen op weg. De zon scheen hoog aan de hemel, de weg ging nu door het bos, de lucht was fris en opgewekt. De oude man dreef zijn drie witte *vazjenki*, rendierhindes, alle drie zwanger, voor ons uit. Hij had een hele lange stok bij zich met aan het eind een smalle hoornen kop, aan het andere eind een scherpe metalen punt; ook Nikifor had zich van een nieuwe stok voorzien. De vazjenki trokken de slee van de oude man met grote snelheid en onze stieren konden ze goed bijhouden.

“Waarom bedekt die ouwe zijn hoofd niet”?, vroeg ik aan Nikifor omdat ik mij verbaasde over het feit dat de oude Oostjak blootshoofds door de vrieskou reed. “Snelste manier om weer nuchter te worden”, legde Nikifor uit. Maar een half uurtje later stopte de oude man zijn slee en kwam alweer om drank vragen. “We kunnen hem maar beter wat geven”, zei Nikifor, ondertussen zelf snel een slok uit de fles nemend. “Zijn vazjenki stonden al ingespannen, had je het gezien”? “Ja, dus”? “Hij was van plan om naar Berjozovo te gaan om drank te kopen. Wat als hij zijn mond niet houdt? Dus heb ik hem ingehuurd, veiliger voor ons. Het duurt zeker een week voordat hij weer in de stad komt. Ik maak me over mezelf geen zorgen, snap je. Waarom zou ik? Ok, stel dat ze me vragen: heb jij die figuur vervoerd? Dan zeg ik; weet ik veel wie dat was, ik ben een koetsier. Zij zijn politie, ik ben een koetsier. Zij verdienen hun geld, ik verdien mijn geld. Zij moeten op mensen letten, ik vervoer. Waar of niet”? “Je hebt gelijk”.

Vandaag is het 19 februari. Morgen de opening van de nieuwe Staatsdoema. Amnestie! “Amnestie zal het eerste onderwerp op de agenda van de Staatsdoema zijn”! Eerst zien, dan geloven. Het is beter om een paar graden verder naar het westen op amnestie te wachten. Dat is veiliger, zoals Nikifor terecht stelde.

* * *

Nadat we de Vyzhnepoertim joerts waren gepasseerd, lag er op de weg opeens een grote zak met brood. Hij woog meer dan een *poed* [ruim 16 kilo]. Ondanks mijn protesten, nam Nikifor de zak toch mee op de slee. Ik maakte gebruik van zijn wegdommelen in dronkenschap om de zak weer te dumpen; het gewicht ervan kon onze slee alleen maar vertragen.

Toen hij weer wakker schrok, kon Nikifor de zak met brood en zijn koetsiersstok, die hij uit de tent van de oude man had meegenomen, nergens meer vinden.

Rendieren zijn bijzondere dieren. Het lijkt alsof ze nooit honger krijgen en nooit moe worden. Ze hebben de laatste 24 uur niet gegeten en we zullen nog zeker een dag reizen voordat ze weer te eten krijgen. Nikifor zei: “Ze komen nu pas op gang”. Ze rennen moeiteloos acht tot tien werst per uur in een regelmatig tempo. Na elke 10 tot 15 werst stoppen we even om ze te laten drinken en dan gaan we weer verder. Dit staat bekend als de ‘rendierloop’ en omdat niemand ooit het land in werst heeft opgemeten, worden de afstanden hier berekend in aantal ‘lopen’. Vijf ‘lopen’ is ongeveer 60 tot 70 werst.

Tot de Sjominsk joerts, waar we afscheid zullen nemen van de oude man en zijn vazjenki is het nog zeker 10 lopen. Dat is een hele afstand.

Ongeveer tegen 9 uur in de avond, het begon goed donker te worden, kwamen we opeens voor het eerst sleeën uit de andere richting tegen. Nikifor probeerde er langs te komen zonder te stoppen, maar dat lukte niet. De weg was te smal en de rendieren kwamen tot hun buik in de verse sneeuw te staan. De slee moest stoppen. Een van de tegemoetkomende bestuurders kwam onze kant op, keek aandachtig naar Nikifor en sprak hem toen bij naam aan. “Ha Nikifor. Hoe gaattie ? Wie vervoer je? Moet je nog ver”?

“Nee, niet ver”, antwoordde Nikifor: “Hij is een handelaar uit Obdorsk”.

De ontmoeting had hem behoorlijk opgewonden. “Alsof de duivel er de hand in had, verdomme. Ik had die figuur in geen vijf jaar gezien en toch herkende hij me meteen. Het zijn Komi uit Lipinsk, zo’n 100 werst hiervandaan en ze zijn onderweg naar Berjozovo om drank en andere spullen te kopen. Ze zijn er over twee dagen”.

“Maakt niet uit”, zei ik. “Ze halen ons nooit meer in. Ik hoop alleen dat jij geen problemen zal hebben als je terugkomt”.

“Hoezo, problemen? Ik zeg ze gewoon, ik ben koetsier, dat is mijn vak. Mensen kennen is jullie vak. Hoe moet ik nou weten of een figuur een politieker of een politieagent is? Het staat niet op hun voorhoofd geschreven. Jij bent agent, ik koetsier. Ja toch"?

"Zo is dat".

De nacht was donker en koud. De maan kwam pas heel vroeg in de ochtend op. Ondanks het duister bleven de rendieren keurig op het pad. We kwamen niemand meer tegen. Om 1 uur reden we opeens een heldere verlichte kring tegemoet. Een groot kampvuur brandde vlak naast de weg. Twee mensen, een grote en de ander een stuk kleiner, zaten bij het vuur. In een kan boven het vuur werd water gekookt en de jongen sneed met een mes wat schilfers van een theeblok en deed ze in het kokende water.

We liepen de lichtkring binnen en onze slee ging meteen in het duister verloren. Ik verstond geen woord van wat er werd gezegd. Nikifor nam een mok aan van de jongen, deed er een handjevol sneeuw in en haalde die daarna kort door de kan met kokend water; deed er daarna nog een handvol sneeuw in en doopte de mok daarna opnieuw in het kokende water. Het was alsof hij een of andere geheimzinnige toverdrank aan het bereiden was aan een vuur van een onbekende beschaving in de wildernis. Gretig slokte Nikifor daarna de inhoud naar binnen.

Het lijkt erop dat rendieren vermoeid raken. Elke keer als we stoppen gaan ze naast elkaar liggen en sneeuw eten.

* * *

Tegen 2 uur in de middag kwamen we aan bij de joerts van Sjominsk. We besloten hier te rusten en de rendieren eten te geven. De joerts hier zijn geen nomadenverblijven, maar permanente blokhutten. Maar er zijn enorme verschillen tussen de blokhutten hier en degene die we tegenkwamen langs de snelweg van Tobolsk. Dat waren feitelijk kleine boerderijen, met twee kamers, een typisch Russische kacheloven, een samowar, en stoelen die net een stukje sjofeler en armoediger zijn dan die van de gemiddelde Siberische moezjiek. Deze hebben maar één 'kamer' met een primitieve haard in plaats van een kachel, zonder meubels, een lage toegangsdeur en als raam een gat in de muur met daarin een groot stuk ijs. Maar toch voelde ik me geweldig toen ik eenmaal binnen mijn gus, schapenvacht en tsjizi had uitgedaan, die een oude Oostjakse vrouw gelijk bij het vuur te drogen hing. Ik had de afgelopen 24 uur niets gegeten.

Het was een heerlijk gevoel om op die verhoogde plank, bekleed met rendiervellen te kunnen zitten en het koude geroosterde hertenvlees van Nikifor te eten terwijl ik wachtte op mijn thee. Ik dronk een glas brandewijn, die me licht in mijn hoofd maakte en ik voelde me alsof de reis al ten einde was. Een jonge Oostjak, met lange gevlochten staarten met rood lint in zijn haar, stond van het bed op en ging de rendieren eten geven.

“Wat gaat hij ze geven”?

“Mos. Hij gaat ze loslaten op een plek waar mos groeit en dan vinden ze dat onder de sneeuw. Maak je geen zorgen. Ze graven een gat, gaan er in liggen en eten tot ze genoeg hebben. En dat is al snel bij rendieren”.

“Eten ze geen brood, of zo”?

“Ze eten niks anders dan mos, tenzij je ze aan brood laten wennen als ze heel jong zijn, maar dat gebeurt niet veel”.

De oude vrouw legde nog wat houtblokken op het vuur en maakte een jonge Oostjakse vrouw wakker, die, haar gezicht bedekkend met een sluier zodat ik die niet kon zien, naar buiten ging om haar man te helpen; een jonge vent die Nikifor voor 2 roebel had ingehuurd om ons tot Ourvi te begeleiden. Oostjaken zijn verschrikkelijk lui en al het werk wordt door de vrouwen gedaan. Dat geldt niet alleen voor het huishoudelijke werk; veel Oostjakse vrouwen dragen geweren en trekken erop uit om op eekhoorns en ander bont te jagen. Een bestuurder in de bosbouw in Tobolsk gaf een paar buitengewone voorbeelden van de luiheid van Oostjaken en hun houding tegenover hun vrouwen. Hij moest naar de meest verafgelegen gebieden in het district Tobolsk, de taiga. Als gids huurde hij jonge Oostjaken in voor 3 roebel per dag. En elke keer had zo’n gids die hem door de taiga vergezelde, zijn vrouw bij zich. Of, als hij alleenstaand was, zijn moeder of zus. De vrouw droeg alle benodigdheden; bijl, kookgerei, bagage. Het enige wat een man draagt is een mes in zijn gordel. Als ze stoppen om te pauzeren, maakt de vrouw een plek vrij, legt een vuur aan, maakt het de man gemakkelijk en zet thee. En de man rookt zijn pijp en doet niks.

Onze thee was klaar en ik zette de kop thee gretig aan mijn lippen. Maar het water stonk verschrikkelijk naar vis. Ik deed twee theelepels bessensiroop in mijn thee, toen pas was ik in staat het te drinken.

“Stoort het jou niet”?, vroeg ik aan Nikifor.

“Nah, we houden van vis. We eten het rauw, vers uit het net, als hij nog spartelt in de hand! Niks lekkerder dan verse vis”.

De jonge Oostjakse vrouw kwam weer binnen, nog steeds met gezichtsbedekking en, bij de haard, haar kleding aanpassend met onzelfzuchtige toewijding. Daarna kwam haar man binnen en bood me, via Nikifor, 50 eekhoornhuiden te koop aan.

“Ik heb hem verteld dat je een handelaar uit Obdorsk bent, dus wil hij graag verkopen”, legde Nikifor uit.

“Zeg hem dan maar dat ik op de terugweg langs zal komen, dus zinloos om ze nu te kopen”.

We dronken onze thee en rookten wat. Nikifor was op het stapelbed gaan liggen om te slapen terwijl de rendieren te eten kregen. Ook ik was moe en wilde gaan slapen, maar was bang dat we ons dan zouden verslapen tot in de ochtend. Dus in plaats daarvan pakte ik mijn schrift en pen, nestelde mij bij de haard en begon de indrukken van de eerste 24 uur van onze reis neer te pennen. Hoe eenvoudig, hoe goed was alles niet verlopen! Misschien wel te makkelijk ... Om 4 uur maakte ik beide koetsiers wakker en vertrokken we weer.

“Bij de Oostjaken hebben de mannen en vrouwen vlechten in hun haar met kralen en linten. Ik schat dat ze die maar één keer per jaar vlechten”.

“Die vlechten? O nee hoor”, zei Nikifor. “Dat doen ze vaak. En als ze dronken zijn, trekken ze aan elkaars vlechten. Ze zuipen en zuipen en dan, pats, dan grijpen ze iemand bij hun staart. Dan zegt degene die het zwakste is: “Laat me gaan” en dan laat de ander weer los. En dan drinken ze samen weer verder. Ze worden nooit echt boos op elkaar, daar hebben ze het lef niet voor”.

Na de Sjominsk joerts volgden we de Sosjwa rivier. Dan weer loopt de weg langs de rivier, dan weer door het bos. Er waait een snerpende koude wind en ik heb moeite om deze woorden op te schrijven. We rijden door het open land, aan de ene kant een strook berken, aan de andere kant de rivierbedding. De weg is levensgevaarlijk. Als ik achterom kijk, zie ik hoe de wind onmiddellijk het spoor dat we in de sneeuw trekken weer bedekt. Ons derde rendier blijft maar struikelen en van de weg af raken, met zijn buik door de sneeuw en dan met een paar wanhopige sprongen weer op de weg komend, daarmee het middelste rendier uit balans brengend waardoor de voorste van de weg afglijdt. Als we over het rivierijs of door bevroren moerassen moeten, gaan we stapvoets. En het ergste van alles, onze “leider”, die stier die geen gelijke had, is kreupel geraakt. Hij sleept zijn linkerbeen achter zich aan, terwijl hij dapper voortrent over de weg. Af en toe laat hij zijn kop zakken en grijpt hij met zijn lange tong een beetje sneeuw tijdens het rennen; het toont hoe zwaar hij het heeft.

Plotseling liep de weg steil naar beneden en waren we omringd door sneeuwmuren van wel bijna 3 meter hoog. De rendieren kropen dicht op elkaar en het leek wel of de twee buitenste de middelste droegen. Ik zag dat het voorste been van de leider onder wat bloed zat.

“Ik ben een beetje een dierendokter, weet je”, zei Nikifor. “Ik dacht dat hij wel een kleine aderlating kon gebruiken terwijl jij sliep.

Hij stopte de slee, pakte een lang mes uit zijn gordel, nam dat tussen zijn tanden en begon het been van de leider af te tasten. “Ik weet het niet, kan er niet achter komen”, mopperde hij en begon met zijn mes een beetje boven de hoef te peuren. Het beest lag op zijn zij met zijn benen omhoog en maakte geen geluid tijdens de behandeling. Toen het voorbij was likte hij triestig aan de bloedende wond. Heldere rode plekken bloed in de witte sneeuw markeerden onze stopplaats. Ik stond erop dat de Oostjakse rendieren onze slee zouden trekken en onze twee dieren de lichtere slee. De arme kreupele leider volgde aangelijnd achterop.

We hebben zo’n vijf uur gereisd sinds de Sjominsk joerts en het is nog ongeveer vijf uur reizen tot Ourvi; pas daar kunnen we onze rendieren vervangen bij een rijke rendierhouder die Semyon Pantiuy heet. Maar zal hij ermee instemmen zijn dieren voor zo’n lange reis uit te lenen? Zullen we gedwongen zijn twee of drie rendieren van hem te kopen? “En wat dan nog”?, zegt Nikifor strijdvaardig als we de kwestie bespreken, “dan kopen we toch nieuwe”! Mijn manier van reizen schijnt net zoveel indruk op hem te maken als destijds de reis om de wereld in 80 dagen van Phileas Fogg mij heeft geïmponeerd. Voor wie het zich herinnert, Phileas Fogg kocht olifanten en een stoomschip en, toen hij brandstof te kort kwam, verstookte hij alle houten onderdelen van zijn eigen trein. Bij de gedachte aan nieuwe moeilijkheden en uitgaven weet Nikifor, zeker als hij dronken is (en dat is meestal altijd), geen maat te houden. Hij identificeert zich dan volledig met mij, knipoogt een paar keer en zegt: "Ja, dat gaat wel een paar duiten kosten ... maar dat interesseert ons geen bal, toch? Stieren? Als ze dood gaan, dan kopen we gewoon nieuwe. Waarom zou ik wat geven om een stier? Ikke, nooit ... laat ze rennen zolang ze kunnen, zeg ik. Als we er maar komen. Ja toch"?

"Zo is dat".

"Als Nikifor het niet kan, kan niemand het. Mijn oom Maikel Osipovitz, een goede moezjiek, nou en of, hij zegt tegen me; ga je die figuur vervoeren? Goed zo, doe dat. Neem zes van mijn rendieren als je dat wil. Gratis. En Soeslikov, een korporaal in het leger, zei: 'Ga je hem vervoeren? Hier, dan krijg je 5 roebel, voor jou.'"

"Waarom gaf hij je 5 roebel"?

"Omdat ik je zou wegbrengen".

"Weet je dat zeker dat het daarvoor was bedoeld? Waarom zou hij daar iets om geven"?

"Ik zweer je dat het daarvoor was bedoeld. Hij houdt van de kameraden, die Soeslikov. Doet alles voor ze. Want, laten we eerlijk zijn; aan welke kant sta jij. De gemeenschap, de arme mensen, daar sta jij voor. 'Hier 5 roebel, voor jou', zei hij, 'breng hem weg; mijn zegen heb je, ik steek er mijn hand voor in het vuur.'"

De weg leidt weer het bos in en wordt aanzienlijk beter; de bomen beschermen de weg tegen de stuifsneeuw. De zon staat hoog aan de hemel, het is stil in het bos en ik krijg het zo warm dat ik mijn gus afdoe en alleen mijn schapenvacht draag. De Oostjak uit Sjominsk raakt steeds achterop en we moeten vaak op hem wachten. Aan alle kanten worden we omringd door dennenbomen. Enorme stammen steken recht omhoog als reuzenkaarsen, met alleen in de top wat takken, gekleurd met goudgele naalden. Je krijgt de indruk alsof je door een prachtig oud park reist. Het is volkomen stil; alleen bij hoge uitzondering vliegt er eens een paartje sneeuwpatrijzen, onzichtbaar in de sneeuw, opgeschrokken weg. Opeens houdt het dennenbos op en de weg loopt steil naar beneden in de richting van de rivier, waardoor we omslaan. We zetten ons weer recht, steken de Sosjwa over naar de andere kant en trekken verder over de open vlakte. Hier en daar steken wat kleine berken boven de sneeuw. Blijkbaar rijden we over moerasland.

"Hoeveel werst hebben we afgelegd"?, vraag ik Nikifor.

"Ongeveer 300, schat ik. Wie zal het weten? Wie meet er nou in werst in deze streken? De aartsengel Michael, verder niemand ... Ze vertellen dat er eens een oude vrouw het met haar stok wilde opmeten, maar ze heeft het nooit gehaald ... Maakt niet uit; nog een dag of drie meneer en dan zijn we bij de mijnen. Als het weer goed blijft. Het kan hier spoken, God behoede. Ik ben wel eens in een sneeuwstorm in de buurt van Ljapin terechtgekomen en heb toen in drie dagen maar drie werst kunnen reizen".

We zijn in Mayle Ourvi aangekomen. Drie of vier krakkemikkige joerts, een daarvan bewoond. Twintig jaar geleden zaten ze misschien nog vol met mensen. Maar de Oostjaken sterven bij bosjes ... Nog 10 werst of zo en dan komen we bij Bolsji Ourvi. Zal Semyon Pantiuy er zijn? Zullen we onze rendieren kunnen verwisselen? Die van ons zijn volkomen nutteloos geworden.

* * *

Grote problemen! In heel Ourvi is geen moezjiek te vinden; ze zijn er allemaal met hun tenten op uit getrokken, twee rendierlopen hiervandaan. We zullen een paar werst terug moeten rijden en dan een afslag van de weg nemen. Als we in Malye Ourvi hadden gestopt om navraag te doen, hadden we ons deze omweg van enkele uren kunnen besparen. In een bijna wanhopige stemming wachtte ik af, terwijl een paar vrouwen op zoek gingen naar een rendier om onze lamme leider te vervangen. Zoals altijd en overal waren de vrouwen aan het bijkomen van een drinkgelag en toen ik onze bagage begon uit te pakken vroegen ze om vodka. Ik sprak via Nikifor met hen, omdat hij vloeiend Russisch, Zurjeens en het 'lage' en 'hoge' Oostjakse dialect spreekt, die bijna totaal van elkaar verschillen. De plaatselijke Oostjaken kennen geen woord Russisch, behalve Russische scheldwoorden die inmiddels een vast onderdeel van het Oostjaks zijn geworden. De scheldwoorden samen met de staatsvodka zijn de belangrijkste gift van Russische cultuur aan de oorspronkelijke bewoners. Midden tussen een reeks onverstaanbare klanken, in een land waar men niet eens hallo in het Russisch weet te zeggen, klinken opeens perfect gearticuleerde en accentloze Russische obsceniteiten als meteoren door de ruimte.

Nu en dan bied ik wel eens een sigaret aan de Oostjakse mannen of vrouwen aan. Met respectvolle tegenzin roken ze die op. Hun smaakpalet, verdoofd door het vuur van bijna pure alcohol, is nogal ongevoelig voor mijn armzalige presentjes. Zelfs Nikifor, die positief is over alle producten van de moderne beschaving, bekende me al eens dat hij mijn sigaretten helemaal niks vindt: "Dit paard heeft steviger stro nodig", voegde hij er verduidelijkend aan toe.

We rijden naar tenten toe. Wat een wild landschap! Onze rendieren werken zich door stuifsneeuwvlagen vooruit, al struikelend over boomstronken in dit oerbos en ik ben uitermate verbaasd hoe mijn koetsier de weg weet te vinden. Hij heeft er een speciaal gevoel voor, net als de rendieren, die handig hun geweien langs de hindernissen van dennen en sparren takken weten te manoeuvreren. De nieuwe leider die ze ons in Ourvi hebben gegeven heeft enorm grote geweien, van bijna anderhalve meter. De weg die door het bos loopt, is om de haverklap versperd met takken en je hebt elke keer het gevoel dat de geweien erin verstrikt zullen raken. Maar op het laatste moment maakt de stier dan een beweging met zijn hoofd en slaagt erin de takken zo te ontwijken dat er nog geen naald beweegt. Ik heb dit al vaak gadegeslagen en ik vind het oneindig mysterieus, zoals alle puur instinctieve uitingen die zich aan het rationeel ingestelde brein voordoen.

* * *

Nog meer problemen! De oude man is met een van zijn medewerkers naar een zomerverblijfplaats vertrokken, waar hij wat van zijn rendieren had achtergelaten. Hij kan ieder moment terugkomen, maar niemand weet precies wanneer. Zijn jongere zoon, met een hazenlip, durft in zijn afwezigheid niet met ons te onderhandelen. Er zit niets anders op dan te wachten. Nikifor heeft de rendieren uitgespannen om ze te laten grazen, of beter gezegd, mos te laten eten en hij heeft met zijn mes onze initialen in hun vacht uitgesneden zodat ze niet met de plaatselijke kudde kunnen worden verward. Daarna heeft hij onze slee gerepareerd, die behoorlijk was gekraakt tijdens onze lange reis. Ik loop met een bezwaard hart te ijsberen in de vrijgemaakte kring, stap dan een tent binnen. Een volledig naakt jongetje van een jaar of 3 of 4 zit op schoot bij een Oostjakse vrouw; zijn moeder is hem aan het aankleden. Hoe is dat, zo te leven met kinderen in deze hutten terwijl het buiten ver onder nul is? “Het is niet zo erg in de nacht”, legde Nikifor uit: “ze gaan allemaal in dikke stapels dekens liggen en gaan slapen. Ik heb vaak in tenten overwinterd, weet je. Een Oostjak kleedt zich helemaal uit en kruipt dan in het bont. Het slapen gaat prima, het wakker worden is een ander verhaal. Je adem maakt een ijslaag zo hard als steen op je kleren ... opstaan is klote”. De jonge vrouw wikkelde de peuter in de rok van haar malitsa en gaf hem de borst. Ze geven hun kinderen borstvoeding tot ze een jaar of 5 of 6 zijn.

Op de haard kook ik wat water. Voordat ik ook maar iets kon zeggen, had Nikifor al wat theebladen uit mijn voorraad in zijn handpalm geschud (en allejezus wat voor handpalm!) en deed ze in de ketel. Ik durfde niet te protesteren, dus nu moest ik thee drinken die in contact was geweest met een hand die al veel dingen had gezien, maar daar hoorde zeep al lange tijd niet meer bij.

De Oostjakse vrouw was klaar met zogen, waste het kind, droogde hem af met fijne houtkrullen, kleedde hem aan en liet hem de tent uitgaan. Ik was geroerd door de liefdevolle omgang van de vrouw met haar kind. Nu is ze aan het werk om een malitsa van rendierhuid te maken, de pezen en aderen als garen gebruikend. Haar werk is niet alleen robuust, maar ontegenzeggelijk ook eloquent. De randen van de jas zijn mooi gedecoreerd met figuurpatronen van donker en licht rendier bont. In elke naad wordt rood lint verwerkt. Elk lid van het huishouden draagt een door de vrouw des huizes gemaakte pimi, malitsa en gus. En wat een enorme hoeveelheid werk dat erin zit!

De oudste zoon is al twee jaar ziek en ligt in een hoek van de tent. Wanneer hij kan, probeert hij aan medicijnen te komen, die hij in grote hoeveelheden gebruikt. Hij verblijft in de winter hier, in de tent met het puntdak. De zieke man heeft een uitzonderlijk intelligent gezicht; de ziekte heeft sporen in zijn gezicht achtergelaten die lijken op gedachtenrimpels. Ik herinner me opeens dat het hier, tussen de Oostjaken van Ourvi was, dat de jonge handelaar uit Berjozovo, Dobrovolski, een maand geleden kwam te overlijden. IJlend van de koorts, vele dagen lang, zonder enige hulp.

De oude Pantiuy, op wie we zitten te wachten, heeft ongeveer 500 rendieren.

Zijn rijkdom is wijd en zijd bekend. Hier is een rendier alles; eten, kleding en transport. Een paar jaar geleden koste een rendier 6 tot 8 roebel, tegenwoordig is dat tien tot vijftien roebel. Nikifor legt uit dat dit door aanhoudende epidemieën komt waardoor er honderden dieren sterven.

Het duister treedt snel in. Het wordt me duidelijk dat er niemand nog rendieren gaat vangen vanavond, maar ik wil de hoop niet opgeven en raak nog ongeduldiger in mijn wachten op de oude man. Meer dan iemand ooit in zijn leven wellicht. Het was al volledig donker toen hij eindelijk met zijn mannen arriveerde. Hij stapte op zijn gemak de tent binnen, begroette ons en ging bij de haard zitten. Zijn gezicht, intelligent en streng, maakte indruk op mij. Blijkbaar voelde hij zich dankzij zijn 500 rendieren op en top koning.

"Ga met hem praten", spoorde ik Nikifor aan, "waarom zouden we tijd verspillen"?

"Te vroeg, ze moeten eerst gegeten hebben".

Zijn knecht, een grote breedgeschouderde moezjiek, stapte binnen en begroette ons met een nasaal geluid, deed zijn natte voetwindsels af en schoof aan bij het vuur. Wat een afschrikwekkend gezicht! De neus ontbrak volledig, de bovenlip omhoog gekruld, de mond altijd half open, met daarin sterke witte tanden en kiezen. In afschuw wende ik mij af van deze onfortuinlijke man.

"Misschien moeten we ze wat drank aanbieden"?, vroeg ik Nikifor, wiens autoriteit in dit soort zaken ik sterk was gaan waarderen.

"Absoluut het juiste moment", beaamde hij.

Ik pakte de fles. De schoondochter, die haar gezicht weer had bedekt toen de man binnenkwam, nam een berkenpaander en stak die in de haard aan. Ze gebruikte het als een toorts en wist in een hoek een metalen beker uit een kist te vissen. Nikifor veegt door de beker met de pand van zijn hemd en schenkt hem tot de rand vol. Hij werd eerst aan de oude man aangeboden. Nikifor vertelde hem dat het 95% was, de oude man knikte heftig en sloeg daarna de inhoud zonder een spier te vertrekken in een keer naar binnen. Daarna was de jongere zoon aan de beurt, degene met de hazenlip. Hij deed een poging een bodempje weg te krijgen, zijn gezicht krampachtig vertrokken en daarna nog lange tijd rochelend in het vuur spugend. Daarna was de knecht aan de beurt, die begon met zijn hoofd te rollen toen hij had gedronken. Daarna kreeg ook de zieke de beker aangeboden, maar hij kreeg hem niet leeg en gaf de beker terug. Nikifor gooide het restant drank in het vuur en het lichtte fel op; het beste bewijs dat de kwaliteit goed was.

"*Taak*",[49] zei de oude man.

"Taak", zei de jongste zoon bevestigend, een lange fluim in het vuur spugend.

"*Saka taak*"[50], voegde de knecht eraan toe.

Nikifor nam ook een slok en stelde vast dat het te sterk was. Dus werd de drank met thee verdund. Nikifor goot wat in de fles, zette zijn duim erop en schudde flink. Daarna namen ze allemaal een slok. De drank werd nogmaals verdund en ze dronken allemaal nog een keer. Toen begon Nikifor onze kwestie uit te leggen.

"Saka kosja", zei de oude man.

"Kosja, saka, kosja", vielen de anderen bij. "Wat zeggen ze"?, vroeg ik ongeduldig.

"Dat het erg ver weg is ... hij vraagt dertig roebel om ons naar de mijnen te brengen".

"Hoeveel meer als hij ons tot Niejaksimvol brengt"?

Nikifor sputterde iets onverstaanbaars, overduidelijk geïrriteerd (ik kwam er pas later achter waarom). Maar hij vertaalde mijn vraag aan de oude man en die antwoordde: "13 roebel naar Niejaksimvol, 30 roebel tot de mijnen".

"En wanneer gaat hij de rendieren bijeenhalen"?

"Zodra het licht wordt".

"Waarom niet nu"?

---

49. Sterk
50. Heel sterk

Met een ironische blik in zijn ogen vertaalde hij mijn vraag naar het gezelschap. Iedereen moest lachen en schudde ontkennend het hoofd. Ik begreep dat er deze nacht niets meer ging gebeuren en om af te koelen stapte ik naar buiten de frisse lucht in. Het was stil en warm. Ik liep de open kring in, bleef daar een half uur en ging daarna in onze slee slapen.

In mijn schapenvacht en gus op en onder rendierbont was het alsof ik in het nest van een wild dier lag. Een klein stukje van de lucht werd verlicht door het schijnsel van het uitstervende vuur in de tent.

Om me heen totale stilte. De sterren staan hoog en helder in de nachtelijke hemel. De bomen zijn bewegingsloos. De geur van rendierbont die vrijkomt door mijn vochtige adem werkte even wat verstikkend, maar de warmte is behaaglijk, de stilte van de nacht heeft een hypnotiserend effect en ik val in slaap met het ferme voornemen om de moezjieks bij het krieken van de dag wakker te maken, zodat we zo snel mogelijk kunnen vertrekken. Zoveel tijd verloren. Wat een ramp!

* * *

Ik schrok een aantal keren wakker, maar het was nog steeds donker. Vlak na 4 uur, toen de lucht net wat begon op te lichten, ging ik de tent binnen, tastend op zoek naar Nikifor en schudde hem wakker. Op zijn beurt wekte hij de anderen. Het was overduidelijk dat het zware leven in de bossen gedurende lange winters hun sporen bij deze mensen hebben achtergelaten. Nadat ze wakker werden, hoesten ze luid. Ze rochelen en spugen op de vloer. Het is van dusdanige aard en duur dat ik enigszins onpasselijk de tent weer verliet op zoek naar frisse lucht. In de opening van de tent stond een jongen van een jaar of 10 die water uit zijn mond op zijn vieze handen spuugde en daarna zijn gezicht ermee waste. Het ritueel werd beëindigd met een zorgvuldig afdrogen met een handvol houtwol.

Kort daarna vertrokken de oude knecht en zijn zoon met de hazenlip op ski's, vergezeld door honden, om de rendieren bijeen te drijven. Er ging een dik half uur voorbij toen de eerste dieren de tent weer tegemoet kwamen.

"Dat is mooi", zei Nikifor, "dan zal de hele kudde zo wel komen".

Maar dat bleek dus niet het geval. Er gingen twee uur voorbij voordat er voldoende rendieren in de kring waren verzameld. Ze scharrelden rustig rond de tent, op zoek en knabbelend op wat mos, met hun neuzen door de sneeuw ploegend, dan weer samenscholend om zich neer te leggen. De zon was al boven de bomen van het bos uitgestegen en scheen op de vrijgemaakte besneeuwde kring. De silhouetten van de rendieren, groot en klein met hun geweien in hun diverse tinten, staken scherp af tegen de witte sneeuw. Het is een fantastisch gezicht, bijna onwerkelijk. Dat zal ik nooit vergeten. De rendieren worden door de honden bijeen gehouden. Deze kleine armzalige beesten werpen zich op een groep van 50 rendieren of meer. Wanneer ze van de tent afdwalen en bij deze beesten komen, raken die in paniek en rennen ze onmiddellijk terug.

Maar zelfs deze gebeurtenissen konden mijn gedachten niet van de verloren tijd afhouden. Deze dag, de opening van de Staatsdoema, bleek een onfortuinlijke dag voor me te worden. Hoogst ongeduldig wachtte ik het bijeendrijven van de rendieren af. Het was al na negen uur, maar nog was de hele kudde niet gearriveerd. We zouden duidelijk niet voor 11 of 12 uur kunnen vertrekken en dan was er nog de terugreis naar Ourvi, twintig of dertig werst over een bijna niet bestaande weg. Als alles tegen zou zitten, hadden ze me de komende nacht al te pakken. Als de politie me de eerste dag al zou missen en een van Nikifors ontelbare drinkebroeders had weten uit te horen over onze route, dan hadden ze een klopjacht kunnen organiseren vanaf de nacht van de 19e. We hebben in totaal niet meer dan 300 werst gereisd. Die afstand is in één of anderhalve dag te overbruggen. Met andere woorden, we hebben de vijand inmiddels genoeg tijd gegeven om ons in te halen. En de huidige vertraging kan fataal blijken.

Ik begon tegen Nikifor te zeuren. Had ik hem gisteren niet gezegd de oude man op te zoeken in plaats van op hem te wachten? We hadden wat meer roebels moeten uitgeven om een nacht vertraging uit te sparen. Kon ik zelf maar Oostjaks spreken, dan was het wel anders gelopen ... maar dat was juist zijn taak, enz. enz.

Nikifor keek me een beetje schaapachtig aan.

“Met die figuren valt niks te beginnen als ze geen zin hebben. En hun rendieren net zo, verwend en overvoed, je kan het wel vergeten om die ’s nachts bij elkaar te drijven. Maar maak je geen zorgen”, zei hij plotseling, mij aankijken, “we komen er wel”!

“Weet je ’t zeker”?

"We komen er wel"!

Ook ik raakte overtuigd dat we het toch zouden redden. Nog meer omdat de kring inmiddels volliep met rendieren, tussen de bomen gevolgd door de twee Oostjaken op hun ski's.

* * *

"Let op, ze gaan nu de rendieren inspannen", zei Nikifor opgewonden. Ik zag de Oostjaken allemaal een lasso oppakken. De oude man legde rustig de lussen over zijn linkerarm. Alle drie riepen ze naar elkaar met luide stem. Blijkbaar waren ze hun eerste slachtoffer aan het uitzoeken. Ook Nikifor werd in het plan betrokken. Hij moest een groepje rendieren tussen de oude man en de jongen door drijven. De knecht stond een stukje verder. De angstige beesten raasden voorbij. De mannen leken zich op een bepaalde plek in die stroom te concentreren. Nu! De oude man wierp zijn lasso, miste en schudde teleurgesteld zijn hoofd. Nu! Ook de jonge Oostjak miste. Ik kreeg het gevoel dat de man zonder neus, zoals hij daar vol vertrouwen als een eenling stond te wachten op de aanstormende kudde, zo elementair krachtig, zoals hij het touw op zijn gemak in zijn hand bewoog, wel zou slagen. De rendieren deinsden allemaal weg van het touw, maar een grote witte stier kwam, na twee of drie sprongen, tot stilstand en begon op die plek te worstelen en te draaien; de lus had zich om zijn nek en gewei gestrikt.

Nikifor legde me uit dat ze het slimste dier van de kudde hadden gevangen, die de meeste problemen veroorzaakte door elke keer de kudde weg te leiden van de plek waar ze werden verwacht. Nu ze de witte rebel hadden gevangen zou het allemaal een stuk makkelijker verlopen. De Oostjaken namen hun lasso's weer ter hand, de lussen over de linkerarm leggend en wederom kreten uitwisselend voor een volgende vangst en ook ik raakte begeesterd door hun onverschillige passie in hun jacht. Nikifor zei dat ze nu de grote witte *vazjenka* gingen vangen, die met de korte horens. Ik besloot deel te nemen aan de militaire operaties. We begonnen een groepje rendieren in de richting van de drie mannen met de lasso's te drijven. Maar de vazjenka scheen in de gaten te hebben wat haar te wachten stond. Ze schoot naar de zijkant en zou het bos in zijn gerend, als de honden niet de achtervolging hadden ingezet. We moesten een omsingelende beweging maken. Ook deze keer was het de oude knecht die erin slaagde het juiste moment te kiezen en de vazjenka bij haar nek te strikken.

"Deze is zwanger, ze draagt een kalf", legde Nikifor uit, "daarom is ze extra geschikt om te werken".

De jacht was spannend, maar duurde lang. Na de vazjenka werd er een grote stier met twee lasso's tegelijk gevangen. Daarna was er een pauze omdat enkele rendieren waaruit we wilden selecteren toch het bos in waren gerend. De knecht en zijn zoon gingen weer op hun ski's op pad en we moesten meer dan een half uur wachten. Maar daarna ging het beter en, dankzij onze gezamenlijke inspanningen, slaagden we erin om 13 rendieren te vangen. Zeven voor Nikifor en mij, 6 voor onze gastheren. Eindelijk, rond een uur of elf, vertrokken de vier sleeën elk door drie rendieren getrokken in de richting van Ourvi. De Oostjakse knecht zal ons tot de mijnen begeleiden. Het zevende rendier is als reserve aangelijnd achter de slee.

* * *

De kreupele stier die we in Ourvi hadden achtergelaten toen we naar het tentenkamp gingen, is er niet bovenop gekomen. Hij lag kreupel op de grond en liet zich zonder lasso meevoeren. Nikifor gaf hem nogmaals een aderlating, zonder enig te verwachten resultaat. De Oostjaken zeiden dat een poot wellicht uit de kom is. Nikifor stond een tijdje over het dier gebogen, niet wetend wat hij er mee aan moest. Hij verkocht hem daarna voor 8 roebel aan een van de lokale bewoners voor de slacht. De koper sleepte de grote stier meedogenloos mee aan een touw. En dat was het tragische einde van de stier "die zijn gelijke niet kende in de wereld". Vreemd genoeg verkocht Nikifor het dier zonder mij te raadplegen, ondanks onze afspraak dat het dier pas zijn eigendom zou worden wanneer hij mij veilig op de plek van bestemming had afgeleverd. Met tegenzin nam ik afscheid van het dier dat me zo goed had gediend, maar ik had niet het lef om hierover bij mijn gehaaide gids te protesteren. Na de zaak te hebben afgehandeld, richtte Nikifor zich tot mij, stopte het geld in zijn beurs en zei: "Dat zijn 12 roebel naar de klote, zonde". Wat een grapjas! Hij is even vergeten dat ik de rendieren heb betaald en hij mij verzekerde dat deze de hele weg zouden afleggen. En daar sta ik dan, gedwongen om nieuwe te huren en we hebben maar 300 werst afgelegd.

Het is vandaag zo warm dat de dooi begint in te zetten. De sneeuw is zacht geworden en de hoeven van de rendieren werpen grote klonten sneeuw alle kanten op. Het maakt het voor de dieren ook veel moeilijker om vooruit te komen. Onze 'leider' is een stier met maar één hoorn met een nogal middelmatig gestalte. Hij loopt linksvoor. De drachtige vazjenka, hard werkend, loopt aan de rechterkant. Daartussen zit een wat dikke, niet zo grote, jonge stier die voor het eerst ingetoomd is. Zowel aan de linker- als rechterflank begeleid, voert hij zijn taak naar behoren uit. De Oostjak rijdt voorop, de slee besturend waar al mijn bagage in zit. Over zijn malitsa draagt hij een felrode kiel, die een absurde, maar centrale kleurvlek vormt tegen de achtergrond van witte sneeuw, grijs bos, grijze rendieren en grijze lucht.

De weg is zo zwaar dat de sporen van de voorste slee al twee keer werden onderbroken: de glijders plakken vast aan de weg elke keer als er gestopt wordt en is het is moeilijk de sleeën weer in beweging te krijgen. Al na twee 'lopen' zijn de rendieren zichtbaar vermoeid.

"Zullen we maar in de Nildinsk joerts stoppen voor een kop thee"?, vraagt Nikifor. "Hierna duurt het nog heel lang voor we joerts tegenkomen".

Ik kon zien dat beide bestuurders duidelijk zin hadden in een kop thee en een stop, maar ik wilde geen tijd meer verliezen, nadat we 24 uur hadden verloren door onze stop in Ourvi, dus ik zei dat we niet zouden stoppen.

"Jij bent de baas", zei Nikifor grommend en porde met een boos gezicht de drachtige vazjenka met zijn stok aan.

* * *

In stilte reisden we nog ongeveer 40 werst verder. Als Nikifor nuchter is, wordt hij knorrig en zwijgzaam. Het weer werd kouder, de weg bevroor en werd keihard. We besloten in Sangiturpaul te stoppen. Ze hebben daar een fantastische joert, met banken en een tafel bedekt met wasdoek. Tijdens het eten vertaalde Nikifor mij een deel van het gesprek tussen de neusloze man en de vrouwen die ons bedienden en dat was buitengewoon verhelderend. Ongeveer drie maanden geleden had de vrouw van een Oostjak zich verhangen. En wat had ze daarvoor gebruikt? Een stuk henneptouw dat ze aan een boomtak had gebonden. Haar man was samen met andere Oostjaken op dat moment op eekhoornjacht in het bos. De plaatselijke politieagent, ook een Oostjak, had hem opgezocht en verteld dat hij naar huis moest komen omdat zijn vrouw ernstig ziek was (de gedachte flitste gelijk door me heen: ook hier vertellen ze je niet direct de waarheid). De Oostjak had gezegd: "Daar is haar moeder toch voor? Laat die het vuur in de haard opstoken, daarom heb ik ze toch in huis gehaald"? Maar de politieagent stond er op dat hij toch meekwam. Toen de man bij zijn tent aankwam, was de vrouw natuurlijk al 'overleden'. En dat was de tweede vrouw die hij verloor", sloot Nikifor af.

"Je gaat me toch niet vertellen dat de eerste ook zelfmoord heeft gepleegd"?

"Nee, die is aan een ziekte overleden".

Het bleek dat de twee knappe kinderen die de Oostjak tot mijn afschuw op de mond kuste toen we uit Ourvi vertrokken, kinderen van zijn eerste vrouw waren. Hij woonde pas twee jaar met zijn tweede vrouw samen.

"Misschien dat ze gedwongen was met hem te trouwen? Als je z'n gezicht ziet ...".

Nikifor deed navraag.

"Nee, hij zegt dat ze vrijwillig naar hem toegekomen was. Later heeft hij haar ouders 30 roebel betaald en zijn ze allemaal bij hem ingetrokken. Niemand weet waarom ze zichzelf heeft opgehangen".

"Dat gebeurt niet zo vaak, toch, mag ik hopen"?

"Hoe bedoel je, Oostjaken die geen natuurlijke dood sterven? Man, dat gebeurt zo vaak. Afgelopen zomer nog, vlak bij mijn huis, schoot een Oostjak met een geweer op zichzelf".

"Wat, expres"?

"Nee, per ongeluk. En een andere keer heeft een politieklerk in onze districtstad zichzelf doodgeschoten. Je raadt nooit waar – het hoogste punt van de uitkijkpost! Hij was helemaal naar de top geklommen en riep pak aan, klootzakken en schoot zichzelf dood.

"En hij was een Oostjak"?

"Nee, een Russisch figuur, Nikita Mitrofanovitsj Molodtsovatoj".

* * *

Het was alweer nacht toen we uit Sangiturpaul vertrokken. Het was allang gestopt met dooien maar toch was het warm weer. De weg was prima, zacht maar droog – een goede functionele weg, volgens Nikifor. De rendieren bewegen zich geruisloos voort en het lijkt alsof het trekken hen geen enkele moeite kost. Uiteindelijk moesten we het derde rendier uitspannen en achteraan binden; als rendieren niet genoeg werk hoeven te verzetten, zijn ze geneigd om links en rechts af te dwalen, met het risico dat ze de slee omvertrekken en kapot maken. De slee glijdt glad en geruisloos, als een boot over een rimpelloos meer. In het opkomende duister ziet het bos er nog reusachtiger uit dan het al leek. Ik kan de weg niet zien en voel de bewegingen van de slee nauwelijks. Het leek wel of de bomen betoverd waren en op ons kwamen afrennen, bosjes en met sneeuw bedekte boomstompen die aan ons voorbij gleden, alles leek met mysterie gevuld. Het enige geluid was het regelmatige tsjoe tsjoe tsjoe van de ademhaling van de rendieren. Duizenden lang vergeten geluiden vulden mijn hoofd te midden van die stilte. Opeens hoorde ik een schril gefluit vanuit het donkere bos. Geheimzinnig en op onpeilbare afstand. Het was alleen maar de Oostjak die zijn rendier wat aanspoorde. Dan weer de stilte, soms een fluitje in de verte, en dan nog meer bomen die geluidloos voorbijschuiven vanuit het duister.

Een gedachte schiet me tijdens mijn overpeinzingen ineens te binnen. De Oostjaken zullen wel denken dat ik een rijke handelaar ben. We zitten midden in het bos, pikkedonker en in geen 50 werst iets of iemand te bekennen. Wie houdt ze tegen ...

Gelukkig heb ik een pistool. Maar die zit in mijn koffer gepakt, die op de slee van de oude man zit – dezelfde Oostjak zonder neus die me, op dit moment, behoorlijk verdacht overkomt. Ik neem me voor om bij de volgende stop mijn revolver uit de koffer te pakken en die dicht bij me te houden.

Onze bestuurder met zijn rode kiel is een apart figuur. De afwezigheid van een neus schijnt zijn reukvermogen in het geheel niet te hebben beperkt; het lijkt wel of hij de weg kan 'ruiken'. Hij kent elke boom, elke struik en voelt zich in het bos net zo thuis als in de tent van zijn baas. Hij roept wat naar Nikifor.

Blijkbaar zit hier mos onder de sneeuw en is het dus een ideale plek voor een stop om de rendieren te voederen. We stoppen en spannen de dieren uit. Het is 3 uur in de middag.

Nikifor zegt dat de rendieren van de Komi, in tegenstelling tot die van de Oostjaken, slimme beesten zijn en hij nooit zijn rendieren na het voederen vrij zou laten lopen. Ze los laten lopen is niet zozeer het probleem, maar wat als je ze weer nodig hebt en moet gaan vangen? Maar de Oostjaken zitten daar niet mee in en hebben er geen moeite mee de dieren los te laten. Ik ben onder de indruk van hun nobele houding, maar kijk wat bezorgder in de richting van de neusgaten van de rendieren. Stel dat ze het mos dat bij de tenten in Ourvi groeit aantrekkelijker vinden? Dat zou zeer spijtig zijn inderdaad. Voordat de dieren eventueel zouden overwegen om te vertrekken, hakten onze koetsiers twee sparrenbomen om en sneden die in zeven lengtes van ongeveer 40 centimeter. Deze werden als een soort boei of anker om de nek van de rendieren vastgebonden, om een vertrek te verhinderen. Laten we hopen dat die blokken voldoende zijn ...

Nadat de rendieren los waren gelaten, stampte Nikifor een cirkel in de sneeuw en maakte in een uitgegraven gat in het midden een vuur. Een paar neergelegde dennentakken dienen als zitplaats. Met een wig en twee staken werden er twee potten boven het vuur gehangen, die we vulden met sneeuw. Ik durf wel te stellen dat deze theepauze bij het kampvuur in februari een stuk minder aangenaam zou zijn geweest bij twintig of dertig graden onder nul. Maar we hadden echt geluk; het was warm en windstil.

Ik was bang dat we ons zouden verslapen. Ik besloot dus om niet te gaan liggen, maar zat ongeveer twee uur lang bij het vuur, er af en toe wat hout op gooiend en bij het flakkerende licht schreef ik de belevenissen van de reis op.

* * *

Bij het eerste ochtendgloren maakte ik iedereen wakker. Zonder enige problemen wisten ze de rendieren te vangen. Toen de dieren werden ingespannen, brak het licht volledig door en kreeg alles een sprookjesachtig aanzien. De dennenbomen leken kleiner, de berken bewogen niet. De Oostjaken zagen er slaperig uit en alle nachtelijke bange vermoedens verwaaiden als ochtendmist. Tegelijkertijd herinnerde ik me dat er maar twee patronen in het oude pistool zaten dat ik voor mijn vertrek had verworven en de persoon die me het pistool had geleverd me had aangeraden het vooral niet te gebruiken, "omdat er dan ongelukken kunnen gebeuren". Dus liet ik het maar in de koffer zitten.

We reden door dichte dennenbossen, sparrenbossen, machtige lariksen, cederbossen en bij de rivier zelfs wilgenbomen. De weg is prima. De rendieren lopen goed, maar niet echt aandachtig. De Oostjak in de voorste slee heeft zijn hoofd laten zakken en is een melancholisch lied aan het zingen dat in maar vier noten varieert. Misschien denkt hij aan dat oude stuk touw waarmee zijn tweede vrouw zich heeft verhangen.

Bossen, niets dan bossen zo ver het oog reikt ... van een monotone eenvormigheid als groot gebied, maar oneindig verschillend van vorm in haar innerlijke variaties. Hier is een den verrot en het bovenste deel is recht over de weg gevallen, een soort ereboog vormend. Die is enorm, een dikke laag sneeuw heeft zich erop verzameld en hangt boven ons hoofd. Even verder lijkt het alsof er afgelopen herfst een bosbrand is geweest. Droge, rechte stammen steken omhoog, zonder bast of bladeren, als telegraafpalen in de grond geplant zonder regelmaat of reden of als masten van een gezonken schip in een haven. Het gebied van de bosbrand omvat diverse werst. Daarna weer door sparrenbossen, dicht en donker en veel vertakt. De oude, hoge, bomen wedijveren met elkaar, hun toppen raken elkaar en houden het zonlicht tegen. De takken zijn allemaal met groen weefsel bedekt, als vervaarlijk spinnenweb. Mens en dier lijken opeens oneindig veel kleiner tussen deze reusachtige eeuwenoude sparren. Dan, opeens, worden de bomen kleiner, alsof er een heel peloton jonge sparren op uit was getrokken en netjes in het gelid opgesteld stond in een besneeuwde vlakte. Na een bocht in de weg botsen we bijna op een kleine slee die door 3 honden werd getrokken en bestuurd door een kleine Oostjakse vrouw. Naast haar liep een jongetje van een jaar of vijf. Het waren mooie kinderen.

Bos, bos en nog eens bos. Hier is ook een bosbrand geweest, maar duidelijk langer geleden; tussen de verbrande stompen groeien al weer nieuwe boompjes. "Hoe begint zo'n brand"?, vraag ik. "Omdat mensen vuur maken"? "Nee nooit", zegt Nikifor. "In de zomer komt hier niemand, dan reizen ze via de rivier. Nee, de brand ontstaat door een wolk. Er komt een wolk en die gaat over het bos en zet het in de brand. Of soms schuren bomen tegen elkaar en als het te droog is kan er een brand ontstaan door vonken. Die door de wind worden verspreid. En wie gaat die branden blussen? Wie kan er wat aan doen? De wind steekt ze aan en de wind blaast ze weer uit. Het hars en de schors verbranden en de stam blijft staan. En na een paar jaar zijn de wortels uitgedroogd en valt de stam om”.

Er zijn hier veel stammen die op het punt staan om te vallen. Sommigen worden alleen overeind gehouden door de takken van omringende bomen. Hier is er eentje die bijna op de weg is gevallen, maar om de een of andere reden nog een paar meter boven de weg is blijven hangen. Om er onderdoor te kunnen, moeten we ons bukken. Dan weer een stuk met grote sparren, dan komen we bij een afslag door een uitsparing die naar de rivier beneden leidt.

“Deze uitsparingen zijn een zegen voor de eendenjacht in de lente. Dan trekken ze richting het zuiden, weet je. Net voor zonsondergang span je dan een net tussen de uitsparing, tot aan de toppen van de boom. Een groot net, zoals een visnet, zeg maar. En dan ga je onder de boom liggen. Dan komen de eenden aanvliegen als de schemering inzet en kunnen door het duister het net niet zien en dan vliegen ze er zo in. Dan trek je aan het touw, valt het net naar beneden en bedekt ze. Zo kan je er wel vijftig tegelijk vangen. Hen enige wat je hoeft te doen is ze de kop af te trekken”.

“De kop aftrekken”?

“Tuurlijk, voordat ze de kans krijgen om weer weg te vliegen, toch? Dus je zet je tanden in hun nek en trekt de kop eraf, dat is de snelste manier, al loopt het bloed over je lippen en zo. Je kan ze natuurlijk ook de kop inslaan met een stok, maar de kop eraf is veiliger”.

In het begin leken me alle rendieren, net als alle Oostjaken, identiek. Maar ik kreeg al snel de onderlinge verschillen van onze zeven rendieren in de gaten en kan ze goed uit elkaar houden. Ik krijg opwellingen van genegenheid voor deze fantastische dieren die me al 500 werst dichter bij de spoorlijn hebben gebracht.

Onze alcoholvoorraad is op. Nikifor is somber en knorrig. De Oostjak blijft zijn lied over het touw zingen. Er zijn momenten dat ik het onzegbaar moeilijk vind te accepteren dat ik en ik alleen degene ben die zich verloren voelt in deze onherbergzame gebieden. Twee sleeën, zeven rendieren en twee mannen maken deze reis, enkel en alleen voor mij. Twee mannen, volwassen familievaders, hebben huis en haard verlaten en ondergaan alle beproevingen van de reis omdat een voor hen volslagen onbekende, derde persoon, dat verlangt.

Zulke verhoudingen bestaan natuurlijk overal ter wereld. Maar ik vraag me af of ergens anders ter wereld dan hier, in deze prehistorische taiga, de overduidelijke krasheid ervan zo een onuitwisbare indruk kan achterlaten op iemands verbeelding.

* * *

Na het nachtelijke bivak passeerden we de joerts van Saradeisk en Menkipaul, maar we stopten pas in Khanglaz, verder langs de route. De mensen zijn hier, vergeleken met de andere plekken waar we zijn geweest, nog armoediger. Alles lijkt nieuw te zijn voor hen. Mijn bestek, mijn scharen, mijn sokken, de dekens die ik op mijn slee bewaar, ze veroorzaken allemaal verbazing en bewondering. Er wordt overal instemmend gegromd als ik ze weer iets nieuws laat zien. Op een bepaald moment pakte ik de landkaart van de regio Tobolsk en begon de namen van de rivieren met de aangelegen joerts te lezen. Iedereen stond met open mond te luisteren en toen ik klaar was, werd eenstemmig verklaard dat het helemaal klopte. Omdat ik geen kleingeld meer had gaf ik elke man en vrouw als dank drie sigaretten en een snoepje als dank voor hun gastvrijheid. Iedereen was er buitengewoon mee ingetogen. Een wat oudere Oostjakse vrouw probeerde me het hof te maken, of beter gezegd, was verliefd geworden op mijn spullen. Aan haar lach kon je zien dat er een soort bewondering uitging naar deze fenomenen van een andere wereld. Ze hielp me mijn deken om mijn benen te wikkelen en we schudden elkaar warm de hand ter afscheid, ieder een paar vriendelijke woorden mompelend in onze eigen taal.

We stopten aan het huis van een arme Komi. Onze gastheer was een kantoorklerk, maar had onenigheid gehad met zijn baas en was nu werkloos. Hij verraste mij onmiddellijk met zijn literaire en niet-boerse woordenschat. We raakten in gesprek. Met veel inzicht sprak hij over de mogelijkheden van ontbinding van de nieuwe Doema, de kansen van de regering om nieuwe leningen af te sluiten, enzovoort. Naast andere dingen vroeg hij me bijvoorbeeld ook of de werken van Herzen al waren uitgegeven. En tegelijkertijd is deze geleerde persoon ook een volslagen barbaar. Hij beweegt geen pink om zijn vrouw ergens te helpen, terwijl die voor de hele familie zorgt. Ze bakt het brood voor de Oostjaken, twee volle ovens per dag. Ze haalt het water en het hout en zorgt daarnaast ook nog voor de kinderen. Die nacht verbleven we in haar huis en is ze niet naar bed geweest. Een kleine lamp brandde achter de afscheiding en we konden de geluiden van haar arbeid horen, het mengen en kneden van het deeg voor het brood. In de ochtend was ze nog steeds bezig; kookte water in de samowar, kleedde de kinderen aan en gaf haar net wakker geworden man zijn rendierlaarzen, die ze de avond ervoor te drogen had gehangen.

"Waarom helpt je man je niet"?, vroeg ik op een onbewaakt moment met haar alleen.

"Er is voor hem niks te doen, snap je? Nu kan je niet vissen en hij is niet gewend te jagen. Het land hier is nog nooit geploegd. Vorig jaar hebben ze het voor het eerst geprobeerd. Dus wat kan hij doen? Onze mannen doen geen huishoudelijk werk, nooit. Ze zijn lui, weet je, net zo als die van de Oostjaken. Daarom trouwen Russische vrouwen nooit met de Komi, waarom zou je je eigen hoofd in een strop duwen, ja toch? Alleen Oostjakse en Komi vrouwen doen dat. Het is maar wat je gewend bent ".

"Maar trouwen Komi vrouwen dan wel met Russen"?

"O ja, nou en of. Volop. Russische moezjieks trouwen graag met onze vrouwen omdat we het hardste werken. Maar nooit andersom. Ik kan me geen geval herinneren dat er ooit een Russische vrouw met een Komi is getrouwd".

"En, komt de Doema snel bij elkaar"?, vroeg Nikifor me onverwacht.

"Ze zijn eergisteren voor het eerst bij elkaar geweest".

"Ik ben benieuwd wat ze gaan doen ... Als ze hún maar wat redelijkheid bij kunnen brengen. Ze hebben ons behoorlijk te grazen, zeker weten. Kijk nou meel, dat was eerst 1 roebel vijftig en nu, volgens een Oostjak is het 1 roebel tachtig geworden. Zo wordt het leven toch onbetaalbaar? Ze hebben ons echt te grazen genomen. Als je een lading stro hebt, moet je belasting betalen. Als je brandhout hakt, moet je belasting betalen. De Russen en de Oostjaken zeggen allebei dat het land van hun is, daarom. Daar zou de Doema wat aan moeten doen. Onze sergeant van de politie is geen slecht figuur, maar die inspecteur deugt voor geen meter".

"De Doema zal niet veel te vertellen hebben. Wacht maar, die wordt snel weer ontbonden".

“Da’s waar, ze zullen hem ontbinden”, beaamde Nikifor, er een paar krachtwoorden aan toevoegend waar Stolypin jaloers op kon zijn geweest.

We kwamen pas laat in de avond in Nyaksimvoli joerts aan. Hier zouden we van rendieren kunnen verwisselen en ik besloot dat ook te doen, ondanks de bezwaren van Nikifor. Hij bleef maar zeuren dat we door moesten reizen met de rendieren uit Ourvi, de meest absurde argumenten aandragend en zich met de onderhandelingen bemoeiend. Ik was verbaasd over zijn gedrag totdat ik begreep dat hij aan zijn terugreis dacht. Als hij met de rendieren uit Ourvi terug zou gaan naar de plek waar hij ze had omgeruild voor zijn eigen dieren, zou hij geen kosten hoeven te maken. Maar ik gaf daar niet aan toe en voor 18 roebel huurden we verse dieren die ons tot Nikito-Ivdelskoye, een groot gouddelverdorp bij het Oeralgebergte, moeten brengen. Dat is het eindpunt van de rendierweg, daarvandaan zouden we nog ongeveer 150 werst via door paarden getrokken sleeën moeten reizen tot we bij de spoorlijn komen. Van Nyaksimvoli naar Ivdelskoye is het ongeveer 250 werst; 24 uur reizen in een hoog tempo.

Hier hadden we een herhaling van dezelfde ellende als in Ourvi; we konden de rendieren in de nacht niet bijeendrijven en moesten tot de ochtend wachten.

“Je zei dat iemand in dit dorp vorig jaar had geprobeerd het land te bewerken. Hoe is dat gegaan”?

“Hartstikke goed, eigenlijk. Iemand had anderhalve *poed*[51] aan rogge gezaaid en had een oogst van 30 *poed.* Een ander had een *poed* zaaigoed en een opbrengst van 20. Ongeveer 40 werst hiervandaan was dat”.

Nyaksimvoli was de eerste plek langs de weg waar er sprake was van een poging tot agricultuur.

* * *

We vertrokken uiteindelijk pas laat in de middag. De nieuwe koetsier beloofde zoals alle anderen om met zijn rendieren te verschijnen “bij het krieken van de ochtend”, maar kwam pas tegen de middag opdagen. Hij reist zelf niet mee maar stuurde een jonge man als plaatsvervanger.

51. Ongeveer 16,38 kg

Het zonlicht is verblindend; ik kan nauwelijks mijn ogen openen en zelfs tussen mijn gesloten oogleden door schitteren de sneeuw en de zon als gesmolten metaal. Tegelijkertijd zorgt een gure koude wind ervoor dat de sneeuw niet smelt. Pas toen we in het bos terechtkwamen, kregen mijn ogen een beetje rust. De bossen zien er hier hetzelfde uit en er zijn net zoveel verschillende sporen van allerlei dieren, die ik dankzij Nikifor heb leren te onderscheiden. De vreemde hazensprongen die zonder ritme of rede aan elkaar lijken gewoven. Er zijn heel veel hazen omdat niemand erop jaagt. Daar was een hele cirkel ontstaan, platgestampt door hazenpoten en met sporen die alle richtingen oplopen. Je zou haast denken dat die hazen een nachtelijke bijeenkomst hadden en, door de politie verrast, in paniek uiteen waren gestoven. Patrijzen zijn er ook in overvloed en de sporen van hun puntige poten zijn goed te zien in de sneeuw. Het spoor van een vos vormt een voorzichtige, regelmatige lijn, alsof het met een liniaal is getrokken, zo'n dertig passen naast het pad. De bijna nauwelijks waarneembare sporen van bosmuizen zijn overal. En op veel plekken zijn er ook sporen van de hermelijn, licht uitlopende knopen in regelmatige tussenpozen zodat ze met elkaar verbonden lijken. Nu is de weg opeens met diepe indrukken bezaaid die door een zwaarvoetige eland zijn gemaakt.

Die nacht stopten we weer, lieten de rendieren los, maakten een kampvuur en dronken thee. En wederom die ochtend stond ik zeer ongeduldig te wachten op de rendieren. Voordat hij ze ging halen, waarschuwde Nikifor me dat van een van de rendieren het blok hout om zijn nek was losgegaan.

“Is hij er nu vandoor”?

“Nee, de stier is de hele nacht hier gebleven”, zei Nikifor en begon daarna gelijk op de eigenaar van de dieren te schelden dat hij ons geen lasso's of voldoende lange touwen genoeg had gegeven voor ‘ongelukjes en route’. Ik maakte hieruit op dat niet alles even soepel verliep.

De eerste die gevangen moest worden, was de stier. Om het vertrouwen van het dier te winnen, imiteerde Nikifor het raspende geluid dat rendieren in hun keel maken. Het dier kwam regelmatig dichtbij, maar elke keer als Nikifor ook maar één beweging maakte, rende het terug het bos in. Dit schouwspel herhaalde zich een keer of drie. Uiteindelijk bond Nikifor een lus aan een stuk touw dat hij op de bodem van de slee wist te vinden, spreidde dit over de grond uit en bedekte het met sneeuw. Daarna begon hij zijn klanken weer uit te stoten om het dier te lokken. Toen de stier langzaam weer dichtbij kwam, trok Nikifor plotseling aan het touw en de lus haakte zich om het stuk hout om zijn nek. Daarna werd de gevangen stier als lokkertje het bos in getrokken om de anderen te verzamelen. Er was al een uur voorbij gegaan en het begon lichter te worden in het bos. Af en toe hoorde ik in de verte een menselijke stem, dan werd het weer stil. Wat gaan ze doen met die stier die zijn blok hout kwijt is, vroeg ik me af? Ik had gehoord dat het wel eens drie dagen kon duren om een ontsnapt rendier te vangen.

Gelukkig, daar komen ze.

Eerst hadden ze alle andere rendieren moeten vangen behalve de 'bevrijde', die wel steeds in de buurt was maar steeds op afstand bleef en zich niet liet paaien. Maar opeens voegde hij zich bij de andere dieren en begon met hen sneeuw en mos te eten. Nikifor was naar hem toe gekropen en had het "vrije" dier bij zijn poot gepakt. Hij wilde wegspringen, viel omver, tegelijkertijd Nikifor omver stotend, maar uiteindelijk wist de mens te winnen.

* * *

Rond 10 uur in de ochtend kwamen we in Soevada aan. Er waren drie opgezette joerts, maar er was er maar één bewoond. Een reusachtig karkas van een vrouwtjeseland lag op een stapel houtblokken, iets verder op de grond een karkas van een wild rendier. Er waren hompen blauw vlees te zien, die op het zwart beroete dak lagen, net als twee dode elandkalfjes, die uit de buik van de vrouwtjeseland kwamen. Alle inwoners van de joert waren dronken en in vaste slaap. Niemand beantwoordde onze groet. Het huis was best wel groot, maar enorm smerig en zonder meubilair. Een plak gebroken ijs was met stokken als raam in een gat in de muur vastgeklemd. Aan de muur hingen de twaalf apostelen, portretten van verschillende monarchen en een kleurige advertentie van een rubberfabriek.

Nikifor legde in de haard een vuur aan. Er stond opeens een Oostjakse vrouw op, wankelend en schommelend op haar benen. Naast haar lagen drie kinderen te slapen, waaronder een baby. In de afgelopen dagen had de familie met veel succes gejaagd; behalve de vrouwtjeseland hadden ze zeven wilde rendieren gedood; zes ervan lagen nog in het bos.

“Waarom staan er hier zoveel joerts leeg”?, vroeg ik aan Nikifor toen we weer op pad gingen.

“Om heel veel redenen. Een Oostjak wil niet wonen in een huis waar iemand is overleden. Dan verkoopt hij het, of verhuurt het, of verplaatst het naar een andere plek. En ook wanneer een vrouw onrein is en het huis binnenstapt; dan is het over. Dan moet het huis weg. De vrouwen moeten tijdens hun periode apart wonen, begrijp je, in aparte hutten van takken. En ook sterven de Oostjaken bij bosjes. Daarom staan er zoveel leeg”.

“Luister Nikifor Ivanovitsj, je moet de mensen niet meer vertellen dat ik een handelaar ben. Zodra we de mijnen bereiken moet je zeggen dat ik een ingenieur van de Göte expeditie ben. Heb je daar zelf al van gehoord”?

“Nee, nooit”.

“Ze hebben het plan opgevat om een spoorlijn aan te leggen van Obdorsk tot aan de Poolzee, dan kunnen ze goederen uit Siberië naar het buitenland exporteren zonder dat ze helemaal door Centraal Rusland hoeven te reizen, snap je? Dus niet vergeten dat ik voor die zaak naar Obdorsk ben geweest”.

De dag liep ten einde. Het was minder dan 50 werst naar Ivdel. We kwamen bij de Vogul nederzetting van Oikapaul. Ik vroeg aan Nikifor om in een van zijn huizen onze verbindingsman op te zoeken. Tien minuten later kwam hij terug. Het huis zat vol mensen, vertelde hij en ze waren allemaal dronken. De plaatselijke Vogulezen hadden een drinkgelag gehouden met een paar Oostjakse transporteurs die met goederen naar Nyaksimvoli onderweg zijn. Ik weigerde naar het huis te gaan uit angst dat Nikifor juist in deze laatste fase van de reis stomdronken zou worden. “Ik ga niet drinken”, bezwoer hij me geruststellend. “Ik ga alleen een fles voor onderweg kopen”.

Een nogal lange moezjiek kwam naar onze slee en stelde vragen aan Nikifor in het Oostjaks. Ik kon er niets van volgen totdat ze allebei luid in het zuiverste Russisch tegen elkaar begonnen te vloeken. De man was niet helemaal nuchter en ook Nikifor was niet helemaal zichzelf meer nadat hij enige tijd daarbinnen had doorgebracht. Ik bemoeide me met het gesprek. “Wat wil die man van ons”?, vroeg ik aan Nikifor, aannemend dat zijn gesprekspartner Oostjak was. Maar de man antwoordde zelf, in het Russisch. Hij had alleen de gebruikelijke vragen aan Nikifor gesteld; wie hij vervoerde, waarvandaan en waar naartoe en hoe de weg was, maar Nikifor had hem gezegd dat hij naar de hel kon lopen, wat de aanleiding was geweest voor de verdere gedachtewisseling.

"Bent u dan Russisch of een Oostjak"?, vroeg ik op mijn beurt.

"Russisch natuurlijk, nou en of. Ik heet Sjiropanov, kom uit Nyaksimvoli. En u, u bent toch niet van de ploeg van Göte, toevallig"?

Ik was met stomheid geslagen.

"Jazeker, maar hoe weet u dat"?

"Ik kreeg een brief uit Tobolsk of ik mee wilde doen, toen ze voor de eerste keer gingen verkennen. Er was ook een Engelsman bij toen, ik ben even zijn naam vergeten ... Charles William of zoiets".

"Putman"?, willekeurig vroeg ik naar een naam.

"Nee, dat was iemand anders ... was er niet wat met de vrouw van Putman. Nee, hij heette Cruse, ik herinner het me weer.

"En wat doe je tegenwoordig"?

"Ik ben klerk bij Sjulgin in Nyaksimvoli, het zijn zijn spullen die we vervoeren. Probleem is dat ik me de laatste drie dagen echt slecht heb gevoeld, pijn over mijn hele lichaam".

Ik bood hem wat medicijnen aan en was wel verplicht de uitnodiging om naar zijn huis te gaan aan te nemen.

* * *

Het vuur in de haard was langzaam aan het doven en niemand deed moeite het weer op te stoken; de kamer was daarom bijna geheel in duister gehuld. Hij zat vol mensen, sommigen zaten op de planken bedden, anderen op de vloer, weer anderen stonden recht. Zoals altijd bedekten de vrouwen hun gezicht met een doek, zodra er een vreemde in de buurt was. Ik stak een kaars aan en gaf Sjiropanov wat zuiveringszout, waarna ik onmiddellijk werd omringd door dronken en halfdronken Vogulezen en Oostjaken die over allerlei aandoeningen begonnen te klagen. Sjiropanov vertaalde en ik behandelde iedereen in gelijke mate met kinine en zuiveringszout.

"Is het waar dat u woont waar de tsaar ook woont"?, vroeg een oude gerimpelde Vogulees.

"Inderdaad, in Petersburg", antwoordde ik.

"Ik ben daar ook geweest, bij een tentoonstelling. Ik heb ze allemaal gezien, de tsaar, de groothertog, het hoofd van de politie, allemaal".

"O, zat u in de delegatie in de nationale kledij van Vogul"?

"Ja, ja", iedereen begon instemmend te knikken.

"Ik was toen een stuk jonger en sterker. Nu ben ik oud en altijd ziek".

Ook hem gaf ik wat medicijn. De Oostjaken waren zeer met me ingenomen, schudden allemaal mijn hand en nodigden me uit om in hun tent vodka te drinken, maar waren uiterst verontwaardigd door mijn weigering. Nikifor zat bij de haard, afwisselend een kop thee en een mok alcohol wegdrinkend. Ik keek hem een paar keer veelbetekenend aan, maar hij bleef met zijn lippen aan zijn mok gekleefd en deed alsof hij me niet zag. Er zat niks anders op dan te wachten tot Nikifor klaar was met zijn 'thee'.

"We hebben er drie dagen over gedaan om de 45 werst vanaf Ivdel af te leggen, de Oostjaken waren constant dronken", opende Sjiropanov het gesprek. In Ivdel zijn we bij Militri Mitrich Lyalin geweest, een goeie gozer. Echt. Hij had wat boeken meegenomen van zijn tocht naar de goudmijn – de Volkskalender en wat recente kranten. In de Volkskalender staat wat iedereen verdient; sommigen krijgen 200 duizend, sommigen 150 duizend. Waarom krijgen ze zoveel geld, vraag je je af? Ik heb daar helemaal niks mee. Ik heb u nog nooit gezien, meneer, maar toch, ik heb daar helemaal niks mee, geef er niets om. Ze zeggen dat de Doema op de twintigste bij elkaar is gekomen; ik durf te wedden dat deze net zo slecht is als de vorige. Of slechter. Nou ja, we zullen zien waar de socialisten toe in staat zijn. Er zullen zo'n 50 socialisten in de Doema zitten, en zo'n 150 narodnikii, plus nog een honderd Kadetten en gelukkig bijna geen Zwarten".

"Mag ik vragen welke partij u aanhangt"?

“Ikke? Ik ben sociaaldemocraat uit overtuiging ... omdat de sociaaldemocratische partij alles op een wetenschappelijke basis plaatst”.

Ik kon mijn oren haast niet geloven. Midden in de taiga, in een vieze inheemse hut, in gezelschap van dronken Vogulezen, kom je opeens een verdwaalde kantoorklerk tegen die op de sociaaldemocratie vertrouwt vanwege haar “wetenschappelijke basis”. Van trots voelde ik mijn partijhart opwellen.

“Wat zonde dat je hier zo afgesloten zit, in deze duistere en dronken streken”, zei ik met oprechte teleurstelling in mijn stem.

“Wat kan ik doen? Vroeger werkte ik in Barnaul, maar werd ontslagen. Ik ben een familieman. Dus had ik geen andere keuze dan naar hier te komen. En, weet je, als je in Rome bent, doe als de Romeinen, zeggen ze toch? Of beter, zoals wij zeggen, met de wolven in het bos meehuilen. Ik heb het aanbod om met de expeditie van Göte naar het noorden te gaan afgeslagen en daar heb ik nu wel spijt van. Dus als ze me nog nodig hebben, laat het me weten”.

Ik voelde me beschaamd en wilde hem vertellen dat ik geen ingenieur was en deelnemer aan een expeditie, maar een ontsnapte “socialist’ ... maar ik dacht er nog wat langer over na en besloot toch mijn mond te houden.

Het was tijd om terug naar de slee te gaan. Op de binnenplaats werden we omringd door de Vogulezen, de aangestoken kaars ophoudend die ik als afscheidsgeschenk had gegeven. Het was zo windstil dat de kaars bleef branden. Keer op keer zeiden we elkaar gedag en vaarwel; een jonge Oostjak probeerde zelfs mijn hand te kussen. Als cadeau van Sjirapanov kreeg ik een rendierhuid, die hij in mijn slee had gelegd. Hij weigerde absoluut er een vergoeding voor te accepteren, dus gaf ik hem uiteindelijk maar de fles rum die ik “voor de zekerheid had achtergehouden”. Eindelijk gingen we op weg.

* * *

Nikifor had zijn gebruikelijke babbelzucht hervonden. Voor de duizendste keer begon hij weer te vertellen hoe hij bij zijn broer thuis had gezeten, Nikita Serapionovitsj binnen was gekomen ‘een lepe moezjiek, die gozer’ en hoe hij, Nikifor, eerst had geweigerd maar toen had Soeslikov, de korporaal, hem 5 roebel gegeven om de klus toch te accepteren. En dat zijn oom, Maikel Jegoritsj, had gezegd: “Domkop, waarom heb je me dat niet meteen verteld, dat je die figuur ging vervoeren”. En zodra hij dat hele verhaal had verteld, begon hij weer overnieuw: “Ik zal je precies vertellen hoe het is gegaan. Daar zat ik, thuis bij mijn broer Pantely Ivanovitsj en geeneens dronken, weet je. Hoogstens een beetje aangeschoten, tuurlijk, we hadden wat gedronken en opeens kwam Nikita Serapionovitsj binnen en zegt tegen me: “Let op Nikifor Ivanovitsj, we zullen er snel zijn. Ik wil je graag bedanken en ik zal nooit vergeten wat je voor me hebt gedaan. Als het zou kunnen, zou ik in de krant zetten: Ik wil mijn oprechte dankbaarheid uitspreken aan Nikifor Ivanovitsj Grenov, zonder wiens hulp ik nooit had kunnen ontsnappen”.

“Waarom zet je het niet in de krant”?

“Maar de politie dan”?

“O ja, even vergeten. Maar toch zou het leuk zijn en bovendien, ik heb eerder al in de krant gestaan”.

“Hoezo dan”?

“Gewoon. Er was een handelaar uit Obdorsk en die had geld van zijn zus afhandig gemaakt. In alle eerlijkheid heb ik hem daarbij wat geholpen. Nou ja, niet echt geholpen, maar ik heb garant voor hem gestaan, als het ware. ‘Met het geld in de hand, staat God aan je kant, of zoiets’. Ja toch”?

“Hm. Niet echt”.

“Ach, maakt niet uit. Hoe dan ook, ik stond voor hem in. Niemand die het wist behalve één figuur, Pjotr Petrovitsj Vakhlakov, echt een gladjakker. En die laat alles dus in de krant zetten: “Een dief, de handelaar Adrianov stal het geld en een andere dief, Nikifor Grenov, hielp hem de zaak in de doofpot te stoppen. Zo stond het er: zwart op wit en helemaal de waarheid”!

“Je had hem voor zwartmakerij moeten aanklagen”, zei ik. “Er was eens een minister, Gurko heette hij. Ik weet niet zeker of hij zelf iets had gestolen of iemand had geholpen iets te stelen. Hoe dan ook, toen hij ervan hoorde klaagde hij de schrijver aan voor smaad. Jij had hetzelfde kunnen doen”.

“Heb ik aan gedacht. Maar dat kon ik niet maken weet je. Want die Vakhlakov is mijn beste vriend. Hij deed het niet om te kwetsen, maar alleen om wat te plagen, snap je? Ja, het is een slimme moezjiek, die figuur. Een manusje van alles. Geen mens maar een prijslijst".

* * *

Om 4 uur 's middags kwamen we in Ivdel aan en gingen naar het huis van Dimitri Dimitriev Lyalin, die me door Sjiropanov was aangeraden als een "narodniki". Het bleek een buitengewoon hartelijke en vriendelijke persoon te zijn en ik ben blij dat ik nu in de gelegenheid ben om mijn oprechte dankbaarheid ten aanzien van hem te kunnen uitspreken.

"We leiden een rustig leven", sprak hij boven de samowar. "Zelfs de revolutie heeft ons nauwelijks geraakt. Natuurlijk zijn we nieuwsgierig naar de gebeurtenissen, we lezen de kranten, we sympathiseren met progressieve bewegingen, onze vertegenwoordigers in de Doema staan ter linkerzijde, maar ik kan niet zeggen dat de revolutie hier de zaak echt heeft opgeschud. Bij de mijnen daar is wel wat ophef geweest en is het tot stakingen gekomen, maar hier niet. Hier is alles rustig gebleven, we hebben niet eens politie. Er is maar één agent voor de mijnen. Pas bij de Bogoslovski mijn, 150 werst hiervandaan, is een telegraafstation en daar begint ook de spoorlijn. Bannelingen? Er zijn er hier een paar, drie uit Lijfland; een schoolmeester, een circusartiest. Ze werken allemaal als baggeraar en kunnen daar redelijk van leven. Ze leven net als wij een rustig leven. En we zoeken naar goud en komen in de avond bij elkaar thuis. Hiervandaan kan je wel probleemloos tot Roedniki komen; niemand zal je tegenhouden. Je kan de postkoets nemen of er zelf een huren; ik zal een koetsier voor je zoeken".

Toen ik Nikifor vaarwel zei, kon hij amper nog opstaan.

"Het ga je goed, Nikifor Ivanovitsj", zei ik. "Zorg dat de drank je niet in de problemen brengt op de weg terug".

"Ach, niks aan de hand ... als mijn buik vol zit, is mijn ruggengraat stevig", antwoordde hij gevat.

* * *

Het ‘heldhaftige’ deel van mijn verhaal, de reis per rendier over bijna 800 werst door de taiga en toendra, komt hier ten einde. Zelfs op de meest gevaarlijke momenten bleek mijn ontsnapping toch vele malen makkelijker en prozaïsch vol goed geluk dan ik me tijdens de planningsfase ooit had voorgesteld, of door anderen als je sommige krantenberichten moet geloven. De rest van de reis leek helemaal niet op een ontsnapping. Mijn reisgenoot op het grootste stuk naar Roedniki was een toezichthouder die op reis was langs de staatsslijterijen in dat gebied.

In Roedniki raadpleegde ik een aantal mensen om te vragen of het veilig was per spoor te reizen. De plaatselijke samenzweerders deden er alles aan om me bang te maken met spionageverhalen en adviseerden me om, na een week me in Roedniki schuil te houden, naar Solikamsk te reizen, waar alles, zo bezworen ze me, ‘een stuk makkelijker zou zijn’. Ik heb hun advies niet opgevolgd; en heb geen enkele reden dat te betreuren. In de nacht van 25 februari nam ik de smalspoorlijn uit Roedniki zonder enig probleem en na 24 uur met een slakkengang te hebben gereisd, ben ik op station Koesjva overgestapt op de Permlijn. Via Perm, Vjatka en Vologda kwam ik in Petersburg aan op 2 maart. En zo reed ik dus na een reis van 12 dagen al weer in een taxi op het Nevski Prospect. Dat was helemaal niet zo lang; de reis naar Berjozovo had een maand geduurd.

Terwijl ik over de smalspoorlijn in de Oeral reisde, was ik toch nog niet helemaal buiten gevaar. Op zo’n lokale lijn valt iedere ‘buitenstaander’ op en wordt gerapporteerd aan de autoriteiten. Als de gepaste instructies uit Tobolsk per telegraaf waren verzonden en ontvangen, hadden ze me op elk station in de kraag kunnen vatten. Maar toen ik was overgestapt en in een comfortabele coupé van de Permlijn mijn reis vervolgde, wist ik dat ik had gewonnen. De trein kwam langs dezelfde stations die we pas geleden nog in tegenovergestelde richting hadden aangedaan, met zo vele soldaten, agenten en gendarmes. Nu reisde ik de andere kant op met een heel ander gevoel. In het begin leek de ruime bijna lege coupé nog bekrompen en bedompt. Ik verliet de coupé en ging naar het tussenbalkon van twee rijtuigen. Het was donker, er blies een stevige wind en een luide kreet van geluk en vrijheid ontsnapte er aan mijn keel! Ondertussen bracht de trein van de lijn Perm – Kotlass me voorwaarts, voorwaarts, steeds maar voorwaarts.

BIJLAGEN

HOOFDSTUK 29

HET PROLETARIAAT EN DE RUSSISCHE REVOLUTIE

DE PARTIJ VAN HET PROLETARIAAT EN DE BURGERLIJKE PARTIJEN TIJDENS DE REVOLUTIE

(Toespraak tijdens het derde Congres in Londen van 12 tot 25 mei 1907 van de Russische Sociaaldemocratische Arbeiders Partij; bolsjewieken.)[52]

Jullie weten, kameraden, dat ik radicaal van mening verschil met het officiële standpunt over de stellingname van de partij in onze revolutie die nu ten einde is gekomen en de rol die hierin werd gespeeld door de burgerlijke partijen.

De mensjewistische kameraden zien hun eigen opvattingen als buitengewoon complex. Ze hebben me vaak laten horen dat ik een overgesimplificeerde kijk heb op de Russische revolutie. En toch, ondanks de buitengewone vormeloosheid die wordt verward met complexiteit – of misschien juist vanwege die vormeloosheid – zijn de standpunten van de mensjewieken simpelweg te herleiden tot een eenvoudige formule die zelfs de heer Miljoekov kon begrijpen. In een naschrift van een recent gepubliceerd boek, *De verkiezingen van de 2e Staatsdoema*, schrijft de ideologische voorman van de Kadettenpartij:

> "Voor wat betreft de groepen op de linkervleugel in de meest beperkte zin, oftewel de socialistische en revolutionaire; zal het steeds moeilijker worden met hen tot overeenstemming te komen. Maar ook hier, hoewel er dan niet veel overeenkomstige positieve factoren spelen, bestaan er wel degelijk enorme negatieve, die in zekere mate tot een eventuele toenadering in de toekomst kunnen leiden. Hun doel is ons te bekritiseren en in diskrediet te brengen en, al was het alleen maar hierom, moeten we blijven bestaan en actief blijven. We weten dat voor alle socialisten, niet alleen in Rusland, maar

52. Na zijn vlucht uit Siberië reisde Trotski met vrouw en kind naar Finland, naar Lenin en Martov. Via Helsingfors en Stockholm ging hij naar het 3e congres van de RSDAP in Londen in mei 1907. Dit was het laatste gezamenlijke congres van de meerderheid en de minderheid. Zie ook: Leon Trotski, Mijn Leven, pp. 177-178, Querido, 1930.

> in geheel de wereld, de revolutie die nu plaatsvindt een burgerlijke revolutie is, geen socialistische revolutie. En die zal dus moeten worden uitgevoerd door een democratische bourgeoisie. Er is geen socialist ter wereld, geen enkele, die zich voor zo'n democratie de benen uit het lijf zou lopen en als mensen hen in grote getale in de Doema zouden plaatsen, zou dat zeker niet zijn om vandaag het socialisme te vestigen of enige voorbereidende "burgerlijke" hervormingen door te voeren ... Daarom zal het voor hun veel voordeliger zijn om de rol van parlementariër aan ons te laten, in plaats van dat ze zichzelf in die rol compromitteren."

Zoals we zien schiet Miljoekov recht in de roos. In de passage die ik zojuist heb aangehaald zitten alle elementen over hoe de mensjewieken de revolutie beschouwen en wat de verhouding is tussen de burgerlijke politiek en die van de sociaaldemocratie. "De revolutie die nu plaatsvindt is een burgerlijke revolutie, geen socialistische revolutie". Dat is het eerste punt. De democratische revolutie moet worden uitgevoerd door een "democratische bourgeoisie". Dat is het tweede punt. De sociaaldemocratie kan niet eigenhandig burgerlijke hervormingen doorvoeren; haar rol is die van oppositie en bestaat uit "bekritiseren en in diskrediet brengen"; dat is drie. Laatste en vierde punt, om de socialisten in staat te stellen in oppositie te blijven, moeten wij [de democratische burgerij dus] blijven bestaan en actief blijven".

Maar wat als er geen "wij" bestaat? Wat als er geen burgerlijke democraten zijn om aan het hoofd van de burgerlijke revolutie te marcheren? Dan moet die blijkbaar uitgevonden worden. Dat is precies wat de mensjewieken doen. Die zijn een burgerlijke democratie aan het scheppen, met kwaliteiten en een geschiedenis, die is ontsproten aan hun eigen rijke fantasie.

Als materialisten zullen we ons eerst moeten afvragen wat de sociale grondvesten van een burgerlijke democratie zijn. Onder welke klassen en lagen van de bevolking vindt zij haar steun? We zijn het er allemaal over eens dat de kapitalistische burgerij niet als een revolutionaire kracht kan worden beschouwd. Sommige industriëlen uit Lyon speelden al een contrarevolutionaire rol tijdens de grote Franse revolutie, welke een nationale revolutie was in de meest brede zin van het woord. Maar we krijgen altijd te horen dat de middenklasse en met name de kleinburgerij, de leidende krachten van de burgerlijke revolutie zijn. Maar wat vertegenwoordigt die kleinburgerij precies?

De jacobijnen werden gesteund door een stedelijke burgerij die uit kleine werkplaatsen was voortgekomen. Kleine ambachtslieden, hun leerlingen en de hele daarmee nauw verbonden gewone stedelijke bevolking vormden het leger van de revolutionaire sansculottes, het grootste blok binnen de leidende partij van de montagnards. Deze compacte massa van de stedelijke bevolking, die een lange historische weg had afgelegd in de school van kleinschalige handel, droeg de revolutie voorwaarts. Het objectieve resultaat van de revolutie was het scheppen van “normale omstandigheden” van kapitalistische uitbuiting. Maar het sociale mechanisme van dit historische proces bepaalde dat deze omstandigheden tot burgerlijke heerschappij door de grote menigte moest worden geschapen, door de democratie van de straat, de sansculottes. Het was hun alleenheerschappij van de ‘terreur’ die de burgerlijke samenleving heeft ontdaan van alle waardeloze troep waardoor ze werd belemmerd, waarna de bourgeoisie de macht in handen kreeg door de dictatuur van de kleinburgerlijke democratie omver te werpen.

Dus nogmaals, en ik vraag het helaas niet voor de eerste keer, waar in Rusland is die sociale klasse die een revolutionaire bourgeoisie op haar schouders kan dragen, aan de macht kan brengen en de mogelijkheid geven om zo’n enorme taak te volvoeren in oppositie tot het proletariaat? Dat is het centrale vraagstuk en bij deze leg ik het weer aan de mensjewieken voor.

Het is waar dat we over een enorme hoeveelheid revolutionaire boeren beschikken. Maar de kameraden van de minderheid weten net zo goed als wij dat hoe revolutionair de boeren ook mogen zijn, ze niet in staat zijn een onafhankelijke rol te spelen, laat staan een leidende politieke rol. Ongetwijfeld zullen de boeren een enorme kracht in dienst van de revolutie vormen, maar het is een marxist onwaardig om te denken dat een partij van moezjieks zich aan het hoofd van een burgerlijke revolutie zal plaatsen en, op eigen initiatief, de productiekrachten van het land kan bevrijden van haar eeuwenoude ketenen. De stad speelt de leidende rol in een moderne samenleving en alleen die kan een burgerlijke revolutie leiden. Maar waar is dan onze stedelijke bourgeoisie die eventueel in staat zou zijn het land te leiden?

Kameraad Martynov is er al een hele lange tijd naar op zoek, met een vergrootglas in zijn hand. Maar de economische geschiedenis van onze steden heeft nooit een bloeiperiode van gilden en manufactuur gekend. In Rusland is er een kapitalistische industrie ontstaan onder directe druk en invloed van het Europese kapitaal. En ze nam feitelijk maagdelijke grond in bezit zonder enige weerstand van handwerklieden of verbonden. Buitenlands kapitaal stroomde Rusland binnen via een kanaal van staatsleningen en pijpleidingen van private ondernemingen. Het verzamelde een industrieel arbeidersleger om zich heen, zonder dat kleinschalige handel zich kon of zelfs mocht ontwikkelen. Als gevolg van dit proces bestonden onze steden voornamelijk uit een industrieel proletariaat van een zeer hoog ontwikkeld karakter toen de burgerlijke revolutie zich begon te ontwikkelen. Dit feit valt niet te ontkennen. Het is van fundamenteel belang en dient het kernpunt te zijn in al onze afwegingen ten aanzien van de tactiek in de revolutie.

Zelfs als de kameraden van de minderheid geloven in de overwinning van de revolutie, of zelfs als ze bereid zijn een kans op overwinning toe te geven, dan zullen ze niet kunnen ontkennen dat, behalve het proletariaat, niemand anders een claim kan leggen op de revolutionaire macht. Net zoals de kleinburgerlijke stedelijke democratie van de Franse revolutie zich aan het hoofd van de revolutionaire natie stelde, zo zal het proletariaat, die enige revolutionaire democratie in onze steden, steun moeten zoeken onder de boerenmassa's en de macht overnemen om de revolutie te laten slagen. Een regering die direct door het proletariaat wordt gesteund en via haar, door de revolutionaire boerenbevolking, is nog geen socialistische alleenheerschappij. Ik zal hier nu niet verder ingaan op de mogelijke vooruitzichten van een proletarische regering. Misschien is het proletariaat gedoemd om te vallen, zoals de democratie van de jacobijnen ten val kwam, ruimte makend voor de heerschappij van de bourgeoisie. Ik wil hier maar één ding vaststellen: als het zo is, zoals Plechanov voorspeldde, dat de revolutionaire beweging in Rusland zal overwinnen als een arbeidersbeweging, dan is een overwinning van het proletariaat in Rusland alleen mogelijk als een revolutionaire overwinning van het proletariaat – en anders helemaal niet.

Het is juist deze conclusie die ik ten stelligste zal blijven verdedigen. Als we worden gedwongen te erkennen dat de sociale tegenstellingen tussen het proletariaat en de boerenbevolking dusdanig zijn dat het proletariaat niet de leiding over de boerenbevolking kan nemen en het proletariaat op zichzelf niet sterk genoeg is om te overwinnen, dan moeten we tot de conclusie komen dat onze revolutie voorbestemd is om te falen. Als dat zo is, dan is de laatste logische slag er een tussen de liberale bourgeoisie en de oude macht. We moeten de mogelijkheid van een dergelijke uitkomst zeker onder ogen zien. Maar op die weg ligt de nederlaag van de revolutie, als gevolg van haar interne zwakte.

In essentie leidt de analyse van de mensjewieken – en, in de eerste plaats, de wijze waarop ze het proletariaat beschouwen en haar mogelijke verhouding tot de boerenbevolking, onvermijdelijk tot revolutionair pessimisme. Maar deze logica blijven ze ontkennen en in plaats daarvan plaatsen ze hun revolutionaire optimisme bij ... de burgerlijke democratie. Daar komt ook hun houding tegenover de Kadetten vandaan. Voor hen zijn de Kadetten het symbool van burgerlijke democratie en de burgerlijke democratie is de logische rechthebbende op de revolutionaire macht.

Vanuit dit perspectief heeft kameraad Martynov een hele filosofie geconstrueerd over de geschiedenis van de constitutionele democratische partij. De Kadetten, zo legt hij uit, zwenken naar rechts in periodes van revolutionaire neergang en naar links tijdens opgaande revolutionaire periodes; en daarom zullen ze de revolutionaire toekomst erven. Ik wil er hier op wijzen dat de geschiedenis van de Kadettenpartij uiterst tendentieus aan deze redenering is aangepast. Martynov herinnert ons eraan dat de Kadetten hun sympathie uitspraken voor de stakingen van oktober 1905. Dat is onweerlegbaar bewijs. Maar wat zat er achter die platonische steunbetuiging? De meest banale burgerlijke angst voor straatterreur. Zodra de revolutionaire beweging aan kracht begon toe te nemen, verdwenen de Kadetten volledig van het politieke toneel. Miljoekov legt de redenen voor die verdwijning uiterst openhartig uit in de brochure waar ik al eerder uit heb geciteerd:

> "Toen er na 17 oktober voor het eerst vrije politieke partijen ontstonden in Rusland was de stemming overduidelijk voor links ... in de laatste maanden van 1905 was het absoluut onmogelijk om tegen deze trend in te gaan, zelfs voor de Kadettenpartij, die zich toen in haar eerste maanden van haar bestaan bevond en zich voorbereidde op een parlementair gevecht. Diegenen die het de Kadetten nu kwalijk nemen dat ze toen daartegen niet hebben geprotesteerd, door bijeenkomsten te organiseren tegen de "revolutionaire illusies" van het trotskisme en blanquïsme, hebben simpelweg niet begrepen – of zijn vergeten – wat de stemming was van het democratische publiek op bijeenkomsten in die periode." (*De verkiezingen voor de 2e Staatsdoema*, pp. 91, 92.)

Zoals u kan zien geeft Miljoekov mij teveel eer door mijn naam te verbinden aan de periode waarin de revolutie tot haar hoogtepunt kwam. Maar dat is niet waarom deze aanhaling van belang is. Het belangrijke punt voor ons is de vaststelling dat de Kadetten in oktober en november zich enkel maar konden verzetten tegen revolutionaire "illusies"; waarmee ze feitelijk dus bedoelen: oppositie voeren tegen de revolutionaire beweging van de massa's. De enige reden dat ze dit werk niet deden, was angst voor de reacties van het democratische publiek dat dit soort bijeenkomsten zou bezoeken in die tijd. En dat tijdens de wittebroodsweken van hun bestaan! Dat op het hoogtepunt van onze revolutie!

Kameraad Martynov herinnert zich de platonische steunbetuiging van de Kadetten aan de stakers. Maar volledig in lijn met de tendentieuze geschiedschrijver die hij is, vergeet hij het novembercongres van de zemsty te vermelden, aan wiens hoofd de Kadetten stonden. Besprak het congres het vraagstuk van deelname aan de volksbeweging? Nee, ze besprak de voorwaarden waaronder ze met het ministerie van Witte een overeenkomst kon sluiten. Toen het nieuws van de opstand in Sebastopol binnenkwam, zwenkte het congres onmiddellijk naar rechts, niet naar links. Alleen dankzij de toespraak van Miljoekov, waarin hij kon mededelen dat, godzijdank, de opstand alweer was onderdrukt, alleen die toespraak zorgde ervoor dat het zemstycongres weer vervolgde op het grondwettelijke spoor. Waaruit maar blijkt dat bij de algemene stelling van Martynov serieuze kanttekeningen zijn te plaatsen.

Dan komen we op de rol van de Kadetten in de eerste Doema. Ongetwijfeld de meest 'glansrijke' periode in de geschiedenis van de liberale partij. Maar waaruit is dit tijdelijke succes te verklaren? We kunnen verschillen van mening over het succes van de boycottactiek. Maar we moeten allemaal toegeven dat deze tactiek, die kunstmatig en dus ook maar tijdelijk is, brede lagen democraten in de schoot wierp van de Kadetten, veel radicalen ertoe aanzette om hun belangen via de Kadettenpartij te laten vertegenwoordigen en zo de Kadettenpartij als het ware veranderde in de partij van "nationale" oppositie. Het was deze buitengewone omstandigheid die de Kadetten ertoe dreef de Vyborg-verklaring af te geven, waar kameraad Martynov ook naar verwees. Tegen de tijd van de tweede Doema waren de Kadetten al weer teruggekeerd naar hun meer natuurlijke positie van het bestrijden van "revolutionaire illusies". Alexey Smirnov, de geschiedschrijver van de Kadettenpartij wist dit te vertellen over de verkiezingscampagne in de steden waar de invloed van de Kadetten het grootst was: “Onder de stedelijke kiezers was er geen steun te vinden voor de regering ... tijdens de verkiezingsdebatten veranderde de focus dan ook ... naar het debat tussen de Partij van Volksvrijheid en de linkse socialistische partijen”. (*De verkiezingen van de 2e Staatsdoema*, p. 90)

De oppositionele chaos rond de eerste verkiezingen werd tijdens de tweede campagne vervangen door een gevecht over de kwestie van revolutionaire democratie. De Kadetten mobiliseerden hun krachten tegen de slogans van democratie, revolutie en het proletariaat. Dat is het kardinale punt. De sociale basis van de Kadettenpartij werd versmald en werd minder democratisch. En dat was geen tijdelijke, toevallige omstandigheid van voorbijgaande aard. Het toont de serieuze kloof aan tussen het liberalisme en de revolutionaire democratie. Miljoekov had geen illusies over de uitkomst van de tweede verkiezingen. Na te hebben uitgelegd dat de Kadetten in de eerste Doema de meerderheid hadden – “omdat er wellicht geen tegenstanders waren” – en ze in de tweede de verkiezingen hun meerderheid verloren, zegt de leider van de Kadettenpartij: “Daar staat tegenover dat we de steun hebben van een aanzienlijk deel van de natie die ons steunt in onze tactiek tegen die van de revolutie”. (Idem, p. 286)

We kunnen alleen maar hopen dat onze kameraden die de minderheid vormen net zo helder en beslist zijn in hun beoordeling van de gebeurtenissen. Geloven jullie werkelijk dat het in de toekomst anders zal gaan? Dat de Kadetten nogmaals de democratie op hun vaandel zullen schrijven en meer revolutionair zullen worden? Of denken jullie dat de verdere ontwikkeling van de revolutie zal leiden tot een definitieve breuk tussen de democraten en de liberalen en zal maken dat de liberalen onderdeel van het kamp van de reactie worden? Wijzen de tactieken van de Kadetten in de tweede Doema juist niet die kant op? Leidt jullie eigen tactiek niet juist die kant op? Jullie toespraken in de Doema? Jullie beschuldigingen in de kranten en op openbare bijeenkomsten? Waarop baseren jullie dan het geloof dat de Kadetten uiteindelijk het licht zullen zien en van houding zullen veranderen? Op de feitelijke politieke ontwikkelingen? Integendeel, op basis van jullie eigen schema. Om de revolutie “tot voltooiing te brengen” heb je een stedelijke burgerij nodig. Jullie hebben overal gezocht, maar niets anders weten te vinden dan de Kadetten. En dus poetsen jullie ze op, hijsen ze in een mooi pak en dwingen hen een historische rol op zich te nemen, die ze niet willen, niet kunnen en ook nooit zullen spelen.

En dus is er nog steeds geen antwoord op mijn centrale vraag, hoewel ik hem al honderd keer heb gesteld. Jullie hebben geen vooruitzicht voor de revolutie. En jullie beleid ontbreekt het aan perspectief.

En daarom is jullie houding tegenover de burgerlijke partijen geformuleerd op een manier die dit congres best goed onthoudt: “per geval bekeken”. Volgens jullie voert het proletariaat geen systematisch gevecht om invloed over de brede bevolking te krijgen; zij beoordeelt haar tactische stappen dus niet op basis van een enkelvoudig leidend principe: namelijk het organiseren van de onderdrukte werkende bevolking, haar woordvoeder en leider te worden. Neen, ze voert haar beleid op basis van “per geval bekeken”. Zo verliest het proletariaat de mogelijkheid om tijdelijke verbeteringen op te geven voor meer belangwekkende overwinningen; alles wordt empirisch gewogen en beoordeeld, alle politieke activiteiten worden “per geval bekeken”. ‘Waarom moet ik blondines verkiezen boven brunettes?’, vroeg kameraad Plechanov. Ik moet toegeven dat wanneer we het over blondines en brunettes hebben, dit, zoals de Duitsers dat noemen, een *privatsache* is, een kwestie van persoonlijke voorkeur. Maar ik geloof niet dat zelfs Alexinsky, die toch echt bekend staat als iemand van hoog moreel statuur, erop zal staan dat dit Congres het ‘eens moet worden’ over de kleur van het haar, als voorwaarde voor gezamenlijke actie. (Applaus).[53]

53. De volledige teksten van het congres in Londen van de Russische Sociaaldemocratische Revolutionaire Partij werden onder verantwoording van het Centraal Comité in 1909 gepubliceerd.

HOOFDSTUK 30

DE MENSJEWISTISCHE OPVATTING OVER DE REVOLUTIE [54]

Elke weldenkende Europeaan en, niet in het minst, elke Europese socialist, ziet Rusland als het land van het onverwachte, vanwege de simpele reden dat een uitkomst altijd onverwacht lijkt als je de achterliggende oorzaken niet kent. Franse reizigers uit de 18e eeuw beschreven dat de Russen hun straten met open vuren moesten verwarmen. Europese socialisten in de twintigste eeuw betwijfelden dit uiteraard, maar waren er desalniettemin van overtuigd dat het Russische klimaat ongeschikt was voor de ontwikkeling van de sociaaldemocratie. Maar het tegenovergestelde is ook waar. Een Franse schrijver, ik weet niet meer zeker of het Eugène Sue of Dumas senior was, laat zijn held theedrinken in Rusland, in de schaduw van een kliukwa, een veenbessenstruik. Iedere geschoolde Europeaan kan bedenken dat het voor een man en zijn samowar bijna net zo moeilijk is schaduw te vinden onder een veenbessenstruik als het voor een kameel is om door het oog van de naald te gaan. Maar de kolossale gebeurtenissen in de Russische revolutie hebben ertoe geleid dat veel westerse socialisten nu lijken te geloven dat het Russische klimaat, waar eerst straatverwarming nog zo noodzakelijk was, opeens in staat is om fragiele kleine plantjes uit de poolstreek in gigantische boababs te veranderen. Dat is ook de reden waarom er velen, nadat de revolutie werd neergeslagen door de tsaristische legereenheden, de schaduw van de kliukwa verruilden voor die van desillusie.

Gelukkig heeft de Russische revolutie in het socialistische westen genoeg teweeggebracht waardoor men de Russische samenleving beter wil leren begrijpen. Maar ik vind het moeilijk om te zeggen wat nu belangrijker is – de intellectuele interesse of de derde Staatsdoema die, uiteindelijk beiden een resultaat van de revolutie zijn. Al is dat in het geval van die laatste meer een aangespoeld lijk op het strand, een 'geschenk' van het tij.

We moeten zeker de uitgeverij Dietz uit Stuttgart bedanken, die drie boeken

54. A. Tsjerevanin, Das Proletariat und die Russische Revolution, Dietz Verlag, Stuttgart, 1908.

heeft uitgebracht om tegemoet te komen aan de interesse die de revolutie heeft gewekt.[55] Maar we moeten van te voren al aangeven dat niet alle drie even waardevol zijn. Het werk van Maslov is een uitgebreide studie naar de agrarische betrekkingen van Rusland. De wetenschappelijke waarde van zijn werk is dusdanig groot, dat we de schrijver zijn zwakte over de grondrentetheorie van Marx en zijn formele schrijfstijl bij voorbaat vergeven. Het boek van Pasjitnov, in geen enkel opzicht een onafhankelijke studie, levert wat interessant en bruikbaar materiaal over de toestand van de Russische arbeiders – in fabriek of mijn, thuis, in het ziekenhuis en soms zelfs in de vakbond, maar niet binnen de context van de sociale verbanden in het land. Maar dat was ook niet het doel van de schrijver. Met als gevolg dat zijn werk van weinig nut is om de revolutionaire rol van het Russische proletariaat te kunnen begrijpen.

Dat is het belangrijke vraagstuk dat de recent in het Duits vertaalde en gepubliceerde brochure van Tsjerevanin wel probeert te belichten. Die brochure zullen we dan ook kritisch bespreken.

1

Tsjerevanin begint met het analyseren van de algemene oorzaken van de revolutie. Hij ziet het als het product van een botsing tussen de onweerstaanbare vereisten voor de kapitalistische ontwikkeling van het land tegenover de feodale vormen van de Russische staat en zijn wetgeving. “De onverbiddelijke logica van economische ontwikkeling”, zo schrijft hij, “creëerde een situatie waarbij alle lagen van de bevolking, met uitzondering van de feodale adel, een vijandige positie tegenover de regering innamen”. (p. 10)

Binnen de rijen van deze oppositionele en revolutionaire krachten “speelde het proletariaat ongetwijfeld een centrale rol”. (Idem) Maar het proletariaat was alleen van belang als deel van de oppositie als geheel. Zij kon alleen effectief zijn binnen het historische raamwerk van het scheppen van een nieuwe burgerlijke samenleving, in de mate dat ze door de burgerlijke oppositie zelf werd gesteund, of eerder nog, in de mate dat het proletariaat zelf middels haar revolutionaire acties de burgerlijke oppositie steunde. En omgekeerd: elke keer dat het proletariaat door te inhalige acties (of, zo u wilt, historisch premature

55. Peter Maslov, Die Agrarfrage in Rusland, Pasjitnov, Lage der arbeitende klasse in Rusland; Tsjerevanin, Das Proletariaat und die Russische Revolution.

eisen), zichzelf van de bourgeoisie isoleerde, onderging ze nederlagen en vertraagde het de ontwikkeling van de revolutie. Dat is kort samengevat de kern van Tsjerevanins analyse.[56]

Door de hele brochure loopt als een rode draad zijn onvermoeibare tegenstand op het overschatten van de kracht van het Russische proletariaat en haar politieke rol.

Hij analyseert het drama van 9 januari en komt tot de volgende conclusie: "Trotski zit ernaast als hij stelt dat het volk met een eisenpakket naar het Winterpaleis van de tsaar ging, het was met smeekbedes". (p. 27) En hij beschuldigt de partijorganisatie ervan dat die de volwassenheid van het proletariaat overschatte in de kwestie van de commissie van senator Zjidlovski in februari 1905, toen de verkozen vertegenwoordigers van de bevolking wettelijke en publiekelijke garanties op onschendbaarheid eisten en verlieten de bijeenkomst toen deze werden geweigerd. Toen hun vertegenwoordigers werden gearresteerd, gingen de arbeiders in staking om ze weer vrijgelaten te krijgen. Hij geeft een kort historisch overzicht van de grote oktoberstaking en formuleert zijn conclusies als volgt: "We hebben de elementen gezien waaruit de oktoberstaking is ontstaan en de rol die erin is gespeeld door de bourgeoisie en de intelligentsia. We hebben duidelijk vastgesteld dat het proletariaat deze serieuze en mogelijke dodelijke slag voor het absolutisme alleen, of op eigen kracht, uitdeelde". (p. 56) Na de publicatie van het Manifest van 17 Oktober wilde de burgerlijke samenleving een terugkeer naar rust en orde. Daarom was het "waanzin" van het proletariaat om de weg van revolutionaire opstand in te slaan. De energie van het proletariaat had beter kunnen worden gericht op de verkiezingen voor de Doema.

Tsjerevanin valt diegenen aan die op dat moment aangaven dat een Doema alleen nog maar een belofte was en niemand wist wanneer er verkiezingen zouden plaatsvinden en of er wel verkiezingen zouden komen. Hij haalt een artikel van mij aan, geschreven op de dag van publicatie van het manifest, waarin hij stelt: "De overwinning die was behaald werd ten onrechte door de *Izvestia*, krant van de Sovjet van Arbeidersafgevaardigden, gebagatelliseerd, toen deze stelde: 'ze hebben een grondwet gegeven, maar de autocratie zit er nog. Er is van alles gegeven en er is niks gegeven'". Kort daarna ging het volgens Tsjerevanin

56. F. Dan heeft ongeveer eenzelfde gedachtelijn in zijn recente artikel in Neue Zeit, nr 2, maar in zijn relatie tot het verleden is hij niet zo kras als Tsjerevanin.

nog van kwaad tot erger. In plaats van het congres van de zemsty te steunen, die algemeen stemrecht voor de Doema eiste, forceerde het proletariaat een ruwe scheuring met het liberalisme en de burgerlijke democratie door zich op twee nieuwe en "twijfelachtige" bondgenoten te richten; de boerenbevolking en het leger. Het met revolutionaire middelen invoeren van de achturendag, de novemberstaking uit solidariteit tegen de staat van beleg in Polen – de ene fout volgde op de andere – en die route leidde naar het debacle van december, dat op zijn beurt, samen met verdere fouten op conto van de sociaaldemocraten, aan de basis stond van de ineenstorting van de eerste Doema en de overwinning van de contrarevolutie.

Dat is de kijk van Tsjerevanin op de loop van de gebeurtenissen. De Duitse vertaler heeft er nog van alles aan gedaan om de toonzetting van de aantijgingen en beschuldigingen van de schrijver te matigen, maar zelfs in deze verzachtende vorm lijkt het werk van Tsjerevanin eerder een aanklacht tegen de revolutionaire misdaden van het proletariaat dan een juiste beschrijving van de revolutionaire rol van het proletariaat.

Tsjerevanin vervangt een materialistische analyse van de sociale verhoudingen door een puur formalistische formule: onze revolutie is een burgerlijke revolutie; een geslaagde burgerlijke revolutie moet de bourgeoisie aan de macht brengen; het proletariaat moet deelnemen aan de burgerlijke revolutie; daaruit volgt dat ze ook moet helpen de macht aan de bourgeoisie over te dragen; daarom is machtsovername door het proletariaat onverenigbaar met de juiste tactiek in het tijdperk van burgerlijke revolutie; de feitelijke tactiek van het proletariaat leidde naar een strijd om de staatsmacht, en was dus slecht.

Wat een prachtige en logische constructie, die in academische kringen wel een *sorites* wordt genoemd, draaikonterij. De olifant in de kamer wordt niet benoemd; namelijk het vraagstuk van de feitelijke sociale krachten die in de klassenstrijd van een burgerlijke revolutie spelen. We kennen het klassieke voorbeeld van de Franse revolutie. Daar werden de voorwaarden voor de hegemonie van de kapitalistische bourgeoisie gelegd door de terroristische dictatuur van de overwinnende sansculottes. In een tijd dat het merendeel van de stedelijke bevolking bestond uit een kleinburgerij van ambachtslieden en winkeliers. Deze massa werd aangevoerd door de jacobijnen. In Rusland bestaat tegenwoordig het grootste deel van de stedelijke bevolking uit industriële arbeiders. Is deze analogie toereikend om een historische omstandigheid te kunnen voorstellen waarbij een "burgerlijke" revolutie alleen mogelijk is als het proletariaat de revolutionaire macht weet te veroveren? Of stopt de revolutie dan omdat het een burgerlijke revolutie is? Ja en nee. Het antwoord wordt niet bepaald door formele definities maar door de verdere werkelijke loop van de gebeurtenissen. Als het proletariaat omver wordt geworpen door een coalitie van burgerlijke klassen, inclusief de boeren die door het proletariaat zelf zijn bevrijd, dan zal de revolutie haar beperkte burgerlijke karakter behouden. Maar als het proletariaat erin slaagt alle middelen aan te wenden om eigen politieke hegemonie te verwerven en daarmee door de beperkingen van een Russische revolutie heen weet te breken, dan kan die revolutie een voorbode zijn van een wereldwijde socialistische revolutie.

De vraag tot welk stadium de Russische revolutie kan komen, kan natuurlijk alleen voorwaardelijk worden beantwoord. Maar een ding staat wel onomstotelijk vast: het definiëren van de Russische revolutie als burgerlijke revolutie zegt niets over interne ontwikkeling en betekent al helemaal niet dat het proletariaat haar tactiek zou moeten aanpassen aan de burgerlijke democratie, enkel en alleen omdat die de rechtmatige leiding van de staatsmacht zou moeten zijn.

2

Om te beginnen: wat voor politiek lichaam zijn die eigenlijk, deze "burgerlijke democraten"? Als we het over de liberalen hebben, dan identificeren de meeste mensen hen meestal met het gewone volk, dat wil zeggen; bovenal de boerenstand. Maar in werkelijkheid en daar ligt de oorzaak van het probleem, gaat die vergelijking niet op.

De Kadetten, de partij die in liberale kringen de toon heeft gezet in de afgelopen twee jaar, werd in 1905 opgericht uit een samensmelting van de zemstvo 'constitutionalisten' en de 'Liga voor Vrijheid'. Het liberale masker van de zemsty was een uitdrukking van aan de ene kant de ontevredenheid en afgunst van de grootgrondbezitters over het monsterlijke industriële protectionisme door de staat en aan de andere kant de oppositie van meer progressieve landeigenaren, die zagen dat de barbaarse onderontwikkelde verhoudingen in de Russische landbouw een rem waren voor een op kapitalistische leest geschoeide economie. De Liga van Vrijheid wist onder haar banier die delen van de intelligentsia te verzamelen, die door hun "beschaafde" sociale positie en bijhorende welvaart, ervan werden weerhouden de revolutionaire weg te kiezen. Veel van deze heren waren eerder door de leerschool van het "legale" marxisme gegaan. De oppositie in de zemtsy heeft zich altijd onderscheiden in lafheid en onze meest geprezen domoor [de tsaar; vert.] sprak feitelijk een keiharde waarheid toen hij in 1894 hun ambities "zinloze dromerijen" noemde. Maar aan de andere kant behoorden beiden niet tot de geprivilegeerde intelligentsia, die zelf geen enkel sociaal gewicht inbrengen en direct afhankelijk zijn van het staatsapparaat, staatskapitaal of van liberale grootgrondbezitters, die wel in bepaalde mate een politieke oppositie wisten te vormen van enige invloed.

De Kadettenpartij was dus een combinatie van de oppositionele impotentie van de zemsty, samen met de algemene machteloosheid van de diplomadragende intelligentsia. Het werkelijke gezicht van de zemsty kwam duidelijk naar boven aan het eind van 1905 toen de grondbezitters, vanwege de agrarische rellen, zich met een scherpe draai achter het oude regime schaarden. De liberale intelligentsia werden met tranen in de ogen gedwongen om het landhuis gedag te zeggen, waar ze altijd stiefkinderen waren geweest, om onderdak te zoeken op hun historische bestemming: de stad. Als we de drie verkiezingscampagnes samenvatten, zien we dat Petersburg en Moskou door hun speciale bevolkingssamenstelling, bolwerken van de Kadetten zijn. Maar toch is het Russische liberalisme, zoals we kunnen vaststellen uit haar pathetische gedrag, er nooit in geslaagd haar totale onbelangrijkheid te overwinnen. Waarom niet? Die verklaring valt niet te vinden in de revolutionaire uitwassen van het proletariaat maar heeft historisch dieperliggende oorzaken.

De sociale basis van de burgerlijke democratie en de drijvende kracht achter de Europese revolutie was de derde stand, wiens kern bestond uit de kleinburgerij van de steden – ambachtslieden, kooplui en intellectuelen. De tweede helft van de 19e eeuw was er een van volledig verval. De kapitalistische ontwikkeling vernietigde niet alleen de ambachtelijke democratieën in het westen, maar voorkwam ook de vorming ervan in het oosten.

Toen het Europese kapitaal op Russische bodem arriveerde, gaf het aan de huisnijverende keuterboeren geen tijd zich te ontwikkelen naar ambachtsman. Het dwong hen gelijk in de dwangbuis van de fabriek. Tegelijkertijd veranderde het de oude archaïsche steden van Rusland – inclusief Moskou, het "grote dorp" – in moderne industriële centra. Het proletariaat, zonder ambachtelijk verleden, zonder gildetradities of haar vooroordelen, werd vanaf het begin in grote groepen verzameld. In alle belangrijke takken van de industrie wist het grootkapitaal moeiteloos het grondgebied van het midden en kleine kapitaal te veroveren. Petersburg of Moskou kunnen niet worden vergeleken met het Berlijn of Wenen van 1848, laat staan met het Parijs van 1789, waar men nog niet eens had gedroomd van spoorwegen of de telegraaf en men een werkplaats met 300 mensen als de maximale grootte van een onderneming beschouwde. Het is dan ook uitermate opvallend dat de Russische industrie, qua concentratie van arbeiders, niet te vergelijken is met andere Europese staten, vanwege het feit dat ze deze ver achter zich laat. Een kleine tabel om dit te illustreren:

	Duits keizerrijk. Census van 1895		**Oostenrijks keizerrijk. Census van 1902**		**Rusland. Census van 1902**	
	Aantal onderne-mingen	Aantal arbeiders	Aantal onderne-mingen	Aantal arbeiders	Aantal onderne-mingen	Aantal arbeiders
Aantal arbeiders: 51-1000	18.698	2.595.536	6334	993.000	6334	1.202.800
Meer dan 1000:	255	448.731	115	179.876	458	1.155.000

Ondernemingen met minder dan 50 mensen hebben we niet meegeteld omdat de Russische data hierover te mager zijn. Maar zelfs deze twee rijen van cijfers tonen het kolossale overwicht van Rusland ten opzichte van Oostenrijk op het vlak van de concentratie van de productie. Waar het aantal midden en kleine bedrijven toevallig gelijk is, 6334, springt het vier keer zo hoge aantal grote bedrijven (meer dan 1000 arbeiders) in Rusland ten opzichte van Oostenrijk in het oog. Een vergelijkbaar resultaat volgt uit een vergelijking met de ontwikkelde kapitalistische landen Duitsland of België, in plaats van het onderontwikkelde Oostenrijk. Duitsland heeft 255 zeer grote bedrijven met in totaal net geen half miljoen arbeiders. Rusland heeft er 458 met in totaal meer dan 1 miljoen arbeiders. [Gemiddeld respectievelijk 1760 en 2522 arbeiders per grote onderneming; vert.] Hetzelfde punt blijkt ook duidelijk als we de winsten vergelijken die de diverse commerciële en industriële sectoren maken in Rusland.

Hoeveelheid winst	Aantal ondernemingen	Winst & percentage in 1 miljoen roebel
Tussen 1000 en 2000	37.000 of 44,5%	56 of 8,6%
Boven 50.000 roebel	1400 of 1,7%	291 of 45,0%

Met andere woorden, ongeveer de helft van alle ondernemingen krijgt slechts één tiende van alle winst, terwijl één zesde van alle ondernemingen goed is voor bijna de helft van alle meerwaarde.

Deze kleine hoeveelheid data geeft overduidelijk aan dat de late komst van het kapitalisme in Rusland de tegenstellingen tussen de kapitalisten en de arbeiders – de beide polen van de burgerlijke samenleving – enorm heeft aangewakkerd. De arbeiders in Rusland nemen de plek in die in het verleden in West-Europa werd ingenomen door de toenmalige ambachtelijke en handelsdemocratie die voortkwam uit de werkplaatsen en gilden – niet alleen in het publieke leven, niet alleen in de samenstelling van de stedelijke bevolking, maar ook in de gang van zaken rond revolutionaire strijd.

In Rusland is er geen spoor te bekennen van die standvastige kleinburgerij die, hand in hand met het jonge proletariaat, dat nog geen tijd had gehad zich als klasse te vormen, de Bastilles van het feodalisme bestormden.

Het is natuurlijk waar dat de kleinburgerij altijd en overal een politiek tamelijk vormeloos lichaam is gebleven, maar in de beste dagen van haar verleden slaagde ze er wel in om reusachtige politieke activiteit te ontwikkelen. Maar als je, zoals in Rusland, wordt geconfronteerd met hopeloos onderontwikkelde burgerlijk democratische intelligentsia, die bungelen boven een ravijn van klassentegenstellingen, gevangen in een web van feodale gebruiken en academische vooroordelen, te wereld gekomen onder vervloekingen van socialisten, er niet aan durven denkend om arbeiders te beïnvloeden en niet in staat om zichzelf, in plaats van het proletariaat, aan het hoofd te plaatsen van de boerenbevolking door de grootgrondbezitters te steunen – dan krijg je ruggengraatloze democraten zoals de Kadettenpartij.

Inderdaad, zonder het teveel als nationale trots te willen zien, kunnen we stellen dat de korte geschiedenis van het Russische liberalisme ongeëvenaard was in de geschiedenis van de burgerlijke landen in het opzicht van lamlendigheid en samengeraapte domheid. Uiteraard kunnen we niet ontkennen dat geen enkele andere revolutie zoveel algemene energie heeft opgeslokt, met zo weinig meetbaar resultaat als gevolg. Van welke hoek we de gebeurtenissen ook bekijken, het onderlinge verband tussen de uiterst geringe invloed van de burgerlijke democraten en het gebrek aan resultaten van de revolutie springen duidelijk in het oog. Het verband is ontegenzeggelijk, maar dat betekent nog niet dat wij in onze conclusies daarom negatief moeten zijn. Het gebrek aan resultaat van de Russische revolutie is slechts de keerzijde van haar enorme en aanhoudende kwaliteit.

Onze revolutie is een burgerlijke revolutie in de zin van de acute problemen waar ze mee werd geconfronteerd, maar vanwege de enorme klassendifferentiatie van onze handels- en industriële bevolking, bestaat er geen burgerlijke klasse, groot en sterk genoeg om zich aan het hoofd van de werkende bevolking te plaatsen om haar sociale gewicht en politieke ervaringen te verbinden met de revolutionaire energie. De onderdrukte werkende en boerenmassa's zullen met schade en schande leren, via de harde school van meedogenloze botsingen en nederlagen, om zelf de noodzakelijke organisatorische en politieke omstandigheden te scheppen om te overwinnen. Er zit voor hen niets anders op.

3

Toen zij de industriële functies overnam van de ambachtelijke democratie, nam het Russische proletariaat wel haar taken over, maar niet haar methodes of middelen.

De burgerlijke democratie heeft een heel apparaat dat haar ten dienst staat – de officiële publieke instanties, scholen en universiteiten, ambtenaren, de pers en de media, het theater. Dat is een enorm voordeel, wat werd bewezen toen onze gammele liberalen zich, toen het moment zich voordeed, de kans kregen zich te manifesteren met alle middelen waarin zij konden schitteren: resoluties, petities en verkiezingscampagnes.

Het proletariaat heeft geen culturele of politieke erfenis van de bourgeoisie gekregen, anders dan de onderlinge verbondenheid van de werkvloer zelf; hun werkomstandigheden. Door die omstandigheid moest zij haar politieke organisatie scheppen in het slagveld van de revolutionaire strijd. Maar ze wist die problemen met vlag en wimpel te overwinnen. De periode van het hoogtepunt van revolutionaire energie eind 1905, was tegelijkertijd het tijdperk van het ontstaan van een opmerkelijke organisatie van de klasse, de Raad van Arbeidersafgevaardigden, de Sovjet. Dat was slechts de kleinste helft van het probleem. De arbeiders moesten niet alleen hun eigen desorganisatie overwinnen, maar ook de georganiseerde kracht van de vijand verslaan.

Voor het proletariaat in de revolutionaire strijd bleek het meest geschikte wapen hiertoe de algemene staking te zijn. Ondanks haar relatief lage aantal, heeft het Russische proletariaat de controle over het machtscentrum van het staatsapparaat en de overgrote meerderheid van de zeer geconcentreerde productiekrachten van het land. Die kracht van het stakende proletariaat was zo groot dat in oktober 1905 het absolutisme gedwongen was een kniebuiging aan haar te doen. Maar al snel daarna bleek dat een algemene staking het probleem van revolutie en machtsovername aan de orde stelt, maar deze niet oplost.

Revolutie is in de eerste plaats een strijd om de staatsmacht. Maar een staking, zoals uit de naam al blijkt en gebeurtenissen hebben aangetoond, is een revolutionaire manier om druk op de bestaande orde uit te oefenen. En precies om die reden spraken de liberale Kadetten, wier eisen nooit verder gingen dan een grondwet, hun steun uit voor de algemene staking als strijdmiddel; maar alleen tijdelijk en achteraf, op het moment dat het proletariaat de beperkingen van de staking al had begrepen en zich had gerealiseerd dat haar grenzen uiteindelijk overschreden moesten worden.

De hegemonie van de stad over het platteland, de industrie over de landbouw en tegelijkertijd het moderne karakter van de Russische industrie, de afwezigheid van een sterke kleinburgerij die als hulptroepen voor de arbeiders hadden kunnen dienen, al deze factoren bij elkaar maakten dat het Russische proletariaat de drijvende kracht van de revolutie was geworden en werd geconfronteerd met het probleem van het overnemen van de staatsmacht. De schriftgeleerden die zichzelf alleen marxist noemen omdat ze de wereld bekijken vanaf het papier waar ook de werken van Marx op zijn gedrukt, kunnen zoveel teksten aanhalen als ze willen om te bewijzen dat de hegemonie van het proletariaat “ontijdig” was: de Russische werkende klasse, de klasse die onder de leiding van een klassenorganisatie een duel aanging met het absolutisme aan het eind van 1905, terwijl het grootkapitaal en de intelligentsia als secondanten van de laatste optraden. Dat Russische proletariaat werd als gevolg van haar hele revolutionaire ontwikkeling oog in oog gebracht met het probleem van het veroveren van de staatsmacht. Een botsing tussen het proletariaat en het leger werd onvermijdelijk. De uitkomst van die botsing was afhankelijk van het gedrag van het leger en, het gedrag van het leger was op zijn beurt afhankelijk van haar sociale samenstelling.

De politieke rol van de arbeiders in Rusland is enorm veel groter dan haar aantal. Dit toonden de gebeurtenissen al aan en het werd weerspiegeld in de uitslag van de verkiezingen voor de tweede Doema. De arbeiders namen hun klasse voordelen – technische expertise, intelligentie en de capaciteit tot gecoördineerde en gerichte actie, mee de kazernes in.

Bij alle revolutionaire bewegingen binnen het leger wordt de voornaamste rol gespeeld door de geschoolde militairen – artillerie en de genie – wiens thuisbasis de stad is, de fabriekswijken. Bij de opstanden in de marine stond het technische personeel altijd vooraan. Deze proletariërs vormen dan wel een minderheid binnen de volledige scheepsbemanning, maar ze controleren de motor, het hart van het slagschip. Het enorme numerieke overwicht van de boerenbevolking in het staande leger vanwege de algemene dienstplicht speelt de doorslaggevende rol. Het leger weet op mechanische wijze richting te geven aan het gebrek aan productieve coördinatie van de moezjiek en verandert zo zijn voornaamste politieke kwaad, zijn passiviteit, in een enorm voordeel voor zichzelf. Tijdens haar acties in 1905 veranderde het proletariaat nog al eens in haar houding tegenover het platteland en wisselde tussen het negeren ervan en rekenen op haar algemene ontevredenheid. Toen de strijd om de staatsmacht het hoofdpunt van de agenda werd, kwam de oplossing van het probleem in handen van de gewapende moezjiek te liggen, de kern van de Russische infanterie. Het Russische proletariaat struikelde immers niet over haar eigen benen, maar door een reële kracht: de bajonetten van het boerenleger.

4

Deze korte analyse volstaat om niet Tsjerevanins beschuldigingen punt voor punt te behandelen. Achter een hele opsomming van verschillende acties, verklaringen en “fouten”, slaagt Tsjerevanin er niet in om het proletariaat op zichzelf als klasse te beschouwen, in haar sociale verhoudingen en revolutionaire ontwikkeling. Als hij weerlegt dat de arbeiders kwamen eisen in plaats van smeken op 9 januari, komt dat omdat hij achter de uiterlijke vorm van de gebeurtenissen de onderliggende krachten niet ziet. Waar hij zo nadrukkelijk de rol van de intelligentsia naar voren haalt in de oktoberstaking, kan hij niet voorbij aan het feit dat het proletariaat, door haar revolutionaire activiteit, de linkse democraten had omgevormd van een aanhangsel van de zemtsy tot een moderne aanvullende eenheid van de revolutie, door ze een puur proletarische strijdmethode op te leggen – de algemene staking – en ze afhankelijk te maken van een pure proletarische organisatie, de Sovjet van Afgevaardigden.

Volgens Tsjerevanin had het proletariaat zich na het Manifest van 17 Oktober volledig moeten concentreren op de verkiezingen voor de Doema. Laten we echter niet vergeten: op dat moment waren er helemaal geen verkiezingen; niemand wist of, wanneer en hoe die er zouden komen. Er was geen enkele garantie dat ze ooit zouden worden gehouden.

Wat wel tegelijkertijd met het Manifest van Oktober bestond, was de grote Al-Russische pogrom. Hoe kon iemand erop vertrouwen dat er in plaats van verkiezingen voor een Doema niet weer gewoon een pogrom zou zijn? Wat kon het proletariaat onder zulke omstandigheden nog meer doen, na de oude barrières van de politiestaat te hebben verbroken? Niets anders dan wat het deed. Geheel natuurlijk nam het de nieuwe posities in en versterkte deze: het schafte de censuur af, schiep revolutionaire media, stelde vrijheid van organisatie in, beschermde de bevolking tegen vandalen en onruststokers (in uniformen of vodden), bouwde strijdbare vakbonden op, die zich verzamelden rond haar vertegenwoordigende lichaam, bouwde banden op met de revolutionaire boerenbevolking en het leger. Terwijl het liberale publiek kletspraatjes verkocht over het leger “dat buiten de politiek moest blijven”, voerden de sociaaldemocraten onophoudelijke agitatie in de kazernes en barakken. Hadden ze daarin gelijk of niet?

Uiteraard duwde het programma over de herverdeling en inbeslagname van de grond dat door de werkenden naar voren werd gebracht de grondbezitters naar rechts. Maar het duwde de gewone boeren naar links. Uiteraard duwde de meedogenloze industriële strijd de kapitalisten terug in het kamp van de oude orde. Maar het verhoogde ook het bewustzijn van de meest onderontwikkelde en geïntimideerde arbeiders. Natuurlijk bracht de agitatie binnen het leger het onvermijdelijke conflict dichterbij. Maar was er een andere optie? Hadden we Trepov het onbetwiste commando over de soldaten moeten laten – diezelfde soldaten, die zelfs tijdens de wittebroodsweken van de nieuwe vrijheden, pogromisten hadden beschermd en op arbeiders hadden geschoten? Tsjerevanin moet zelf toegeven dat er niets anders op zat dan hetgeen gedaan is.

"Vanaf het begin deugde de tactiek niet", stelt hij in zijn samenvatting en voegt daar onmiddellijk aan toe: "maar laten we ervan uitgaan dat er geen andere tactiek mogelijk was op dat moment. Dat is nogal nutteloos en het verandert niets aan de uiteindelijke conclusie dat de tactiek van de sociaaldemocraten vanaf het begin niet deugde".

Tsjerevanin construeert zijn tactiek op dezelfde manier als Spinoza dat met zijn ethiek deed, oftewel in een cirkelredenering. Hij geeft toe dat de omstandigheden het niet toelieten om zijn tactiek toe te passen – en dat is ook precies de reden waarom mensen die er zijn gedachtegoed op nahouden geen enkele rol in de revolutie hebben gespeeld. Wat valt er dan nog te zeggen over een "realistische" tactiek, wiens enige tekortkoming is dat hij niet toegepast kan worden? Laten we daarop antwoorden zoals Luther dat deed: "Theologie gaat over het leven en mag niet bestaan uit het alleen maar mediteren en nadenken over Gods handelen binnen de wetten van de logica ... Iedere kunst, voor huishoudelijk of wereldlijk gebruik, is van nul en generlei waarde, als zij slechts speculatie blijft en niet in de praktijk kan worden toegepast".

HOOFDSTUK 31

ONZE VERSCHILLEN [57]

HET JAAR 1905, REACTIE EN REVOLUTIONAIRE VOORUITZICHTEN

In een periode van extreme wereldwijde reactie in 1854 schreef Lassalle aan Marx: "Je hebt helemaal gelijk waar je stelt dat de huidige apathie niet met theoretische middelen alleen kan worden doorbroken. Ik wil deze gedachte zelfs extrapoleren en durf te stellen dat in het algemeen apathie nooit kan worden overwonnen met alleen theoretische middelen; het met theorie pogen te overwinnen van apathie heeft wel geleid tot het ontstaan van discipelen, sektes en andere niet succesvolle praktische bewegingen, maar nooit tot een serieuze wereldwijde beweging of universele massabeweging van eensgezindheid. De grote massa wordt in de stroom van een beweging meegesleept, zowel praktisch als geestelijk, op basis van de dynamiek van de werkelijke gebeurtenissen zoals ze zich uitrollen".

Het opportunisme kan dat niet begrijpen. Het lijkt misschien een paradox om te stellen dat het voornaamste psychologische kenmerk van opportunisme haar *ongeduld* is. Maar toch is dat zo. In periodes wanneer de vriendelijke en vijandige krachten, als gevolg van hun tegenstellingen en interactie, in een patstelling geraken; wanneer het moleculaire proces van economische groei,

57. Dit artikel werd gepubliceerd in de Poolse krant Przeglad social-demokratyczny in een periode van de meest donkere reactie in Rusland, een welhaast bevroren arbeidersbeweging en waarin veel mensjewieken de revolutie en haar methodes afwezen. Daarnaast wordt hierin de toenmalige positie van de bolsjewieken ten aanzien van de rol van het proletariaat en het karakter van de revolutie bekritiseerd.
De kritiek op de mensjewieken is tot op de dag van vandaag nog volledig van toepassing; het Russische mensjewisme plukt nu de vruchten van haar fatale fouten in 1903-1905, de vormingsjaren. Het wereldwijde mensjewisme; het reformisme, herhaalt alleen maar de fouten van het Russische mensjewisme.
De kritiek op de bolsjewieken in die periode (democratische dictatuur van de arbeiders en de boeren) is nu alleen nog maar van historisch belang. Die oude meningsverschillen zijn al lang bijgelegd.
Deze tekst is samengesteld uit de volledige (incomplete) tekst van het Russische manuscript en de Poolse uitgave, omdat in een eerdere editie een aantal stukken niet compleet waren.

door de tegenstellingen te verscherpen niet de politieke balans verstoort maar die balans juist versterkt en als het ware permanent maakt – tijdens zulke periodes gaat het opportunisme, gedreven door ongeduld, naarstig op zoek naar "nieuwe wegen" om door te voeren waar de geschiedenis in de praktijk nog niet klaar voor is. Vermoeid van haar eigen ontoereikendheid en onbetrouwbaarheid, gaat ze op zoek naar "bondgenoten". Enthousiast werpt ze zich op de liberale mesthoop. Ze neemt haar gebruiken over, roept haar aan en verzint zelfs eigen formules over hoe zich te gedragen. Als antwoord vergiftigt het liberalisme haar met haar eigen politieke verrotting. Daarna poogt het opportunisme de geïsoleerde parels van democratie uit die mestvaalt te strikken. Want ze heeft steun nodig. Ze rent van links naar rechts, pogend zich vast te klampen aan de staart van een mogelijke bondgenoot. Ze beperkt haar eigen aanhangers, ze dwingend vooral meegaand te zijn tegenover alle mogelijke bondgenoten. "Tact, tact, en nog een tact"! Ze is met een speciaal virus besmet, de ziekte om teveel respect aan liberalen te tonen; een aandoening met teveel tact, met als gevolg ervan, het aantasten en verzwakken van de eigen partij.

Het opportunisme bouwt op verhoudingen die nog niet volledig zijn gerijpt. Ze wil onmiddellijk 'succes'. Wanneer oppositionele bondgenoten niet meer van nut zijn, rent ze naar de regering, smekend, prekend, dreigend. Uiteindelijk weet ze een plekje in de regering te vinden (baantjesjagerij!) en bereikt niets; nog maar eens aantonend dat de geschiedenis niet kan worden overwonnen met alleen bestuurlijke middelen, net zo min als met alleen theoretische.

Het opportunisme weet niet hoe te wachten. En precies daarom wordt het altijd verrast door grootse gebeurtenissen. De benen worden onder haar weggemaaid en, rondwervelend als een blaadje in een storm, wordt het voortgejaagd, dan weer tegen de ene kant, dan weer de andere het hoofd stotend. Het probeert weerstand te bieden, maar tevergeefs. Dan geeft het toe aan het lot, doet alsof het blij is, zwaait met de armen om te laten zien dat het kan zwemmen en het schreeuwt luider dan iedereen om zich heen. Als de orkaan weer voorbij is, kruipt het weer aan wal, schudt zich af, klaagt over hoofdpijn en pijnlijke ledematen. Na de onvermijdelijke kater en na alle euforie, heeft het geen goed woord over voor al die revolutionaire "dromers".

1

In het recent gepubliceerde boek '*De huidige situatie en mogelijke toekomst*' van de bekende mensjewiek uit Moskou, Tsjerevanin, staat: "In november en december (1905) was het niet de bolsjewistische tactiek die won, maar die van Parvus en Trotski". (p. 200) Martynov, de semiofficiële filosoof van de mensjewistische tactiek schreef in de laatste editie van 'Golos Sozial-Demokrata' over de "fantastische theorie van Parvus en Trotski ... die tijdelijk succes had tijdens de Oktoberdagen, in de periode van de Sovjet van Arbeidersafgevaardigden". (nr. 4-5, p. 17) De uitermate gebrekkige verwijzingen over deze periode zijn simpelweg het gevolg van het feit dat Martynov niet helemaal zeker is over de chronologie van de gebeurtenissen en met "de Oktoberdagen" eigenlijk de maanden oktober, november en december bedoelt. Maar filosofen die zich buigen over grote historische gebeurtenissen staan er bekend om wel eens slordig met data te zijn. Maar wat was die "fantastische theorie" dan?

Tsjerevanin heeft het over de "duidelijk onbeargumenteerbare stelling van Parvus en Trotski dat Rusland van een halfbarbaars land rechtstreeks over kan gaan naar het socialisme". (p. 177) Tsjerevanin heeft geen enkele moeite de onbeargumenteerbaarheid van deze stelling in een paar bladzijden te onderschrijven. Wat is het Russische proletariaat? In de meest gunstige berekeningen vertegenwoordigt zij 27,6% van de bevolking. Maar de landarbeiders mogen niet worden meegeteld op de revolutionaire balans omdat ze te onderontwikkeld en ongeschoold zijn, bediendes en dagloners niet omdat ze te verspreid en ongeorganiseerd zijn en dus blijven er nog maar zo'n 3,2 miljoen zielen over als handels- en industrieel proletariaat. "En op die 5 tot 11% van de gehele bevolking willen Trotski en Parvus hun socialistische systeem bouwen! En dat alles terwijl ze er in hun naïviteit van uitgingen dat ze het marxisme op de werkelijkheid aan het toepassen waren". (pp. 1-9) De overwinning is zonder gevecht in deze voor Tsjerevanin, daar bestaat geen enkele twijfel over. Maar het probleem is dat hij een beeld schetst over deze mannen, zijn tegenstanders, wat hij heeft geleend van broodschrijvers, vaak renegaten van het marxisme, die er een sport van hebben gemaakt de duivel van de permanente revolutie zo onbeschoft en shockerend mogelijk af te schilderen.

Voor ons is nooit aan de orde geweest of Rusland "rechtstreeks kon overgaan naar het socialisme". Alleen al de kwestie op die manier te stellen vereist een speciaal type brein.

Voor ons was het belangrijkste vraagstuk de 'klassendynamiek' van de Russische revolutie – niet de "permanente revolutie", noch de "socialistische revolutie", maar de revolutie van dit moment die in Rusland plaatsvindt.

Deze aanhalingen tonen op zichzelf al aan hoe opportunisten geschiedenis schrijven als ze last hebben van een revolutionaire kater. Maar wellicht is het nog interessanter om te laten zien hoe ze geschiedenis maken. In dit opzicht kunnen we helaas niets over Tsjerevanin zeggen, want we hebben geen idee welke rol hij tijdens de gebeurtenissen in de revolutie heeft gespeeld. Gelukkig zijn er wel documenten van de inzichten (en soms activiteiten) van zijn geestesverwanten. "Jullie vragen", schreef een van hen, "wat onze eisen in de grondwettelijke vergadering zullen zijn? Ons heldere en categorische antwoord zal zijn: wij eisen geen 'socialisatie', maar socialisme, geen eerlijke verdeling van het land, maar publiek eigendom van *alle* (schuin gedrukt in de originele tekst) productiemiddelen". Natuurlijk kunnen "vulgaire marxisten" stellen dat "een socialistische revolutie in de nabije toekomst in Rusland technisch onmogelijk is". Maar, zo eindigt de schrijver triomfantelijk, alle weerleggingen verwerpend: "Alleen de sociaaldemocraten ... zijn dapper genoeg geweest om het programma van de permanente revolutie op de agenda te plaatsen, zij alleen zullen de massa's naar de laatste en beslissende overwinning leiden". Wie schreef dit? Een uitermate welbekende mensjewiek: Martynov.

Het is waar dat Martynov ons vertelt over het "tijdelijke succes" van de inzichten van Parvus en Trotski in de "Oktoberdagen". Maar diezelfde Martynov heeft het ook over de "waarschuwingen van de mensjewieken, die hun hoofd niet zo snel op hol lieten slaan [?] en standvastig [standvastig!] doorzetten, soms tegen het politieke tij van de gebeurtenissen in, om de erfenis van de Russische sociaaldemocratie te bewaren". (Golos Sozial-Demokrata, nr. 4-5, p. 16) Hulde voor zoveel deugdzaamheid, wie kan zich daartegen verzetten. En toch, het artikel dat we net hebben aangehaald en dat het idee van de permanente revolutie poogt te vulgariseren, werd door een mensjewiek geschreven (Nachalo, nr. 7 en 11, p. 1) Misschien dat deze mensjewiek, die zo werd getroffen door een aanval van revolutionaire koorts, geen 'betrouwbare' of 'echte' mensjewiek was? Maar nee, het was weldegelijk de voortrekker van het mensjewisme, haar voornaamste steunpilaar; kameraad Martynov.

Ziehier een klip en klaar voorbeeld uit het lesboek van de politieke fysiologie van het opportunisme. Is het dan vreemd dat we ons soms verbazen over mensen die, op het meest belangrijke en verantwoordelijke moment in onze geschiedenis, alle begrip over hun oorspronkelijke uitgangspunten verliezen om vandaag de dag te razen en tieren tegen de "onredelijkheid" van de standvastigen en de dwaasheid van de revolutie zelf?

2

De sociaaldemocratie is uit revolutie geboren en stevent op revolutie af. Al haar tactieken, in tijden van zogenaamde vreedzame ontwikkeling, kunnen worden samengevat in een beleid van het verzamelen van krachten, die pas volledig kunnen worden gemobiliseerd ten tijde van openlijk revolutionaire botsing. "Normale", "vreedzame" periodes zijn die waarin de heersende klasse erin slaagt haar legaliteit aan het proletariaat op te leggen met haar vormen van politieke weerstand (rechtbanken, politietoezicht op bijeenkomsten, parlementarisme). Revolutionaire periodes zijn die wanneer het proletariaat haar politieke afkeer in vormen weet te gieten die het best haar revolutionaire aard weerspiegelen (vrijheid van vereniging, vrije pers, algemene staking, opstand). "Maar tijdens de revolutionaire koorts [!], op een moment dat het behalen van de revolutionaire doelen zo dichtbij leek, was het moeilijk voor de verstandige mensjewistische tactiek om de juiste weg te vinden". (Tsjerevanin, p. 209) Dus de tactiek van de mensjewieken was niet toepasbaar vanwege de "revolutionaire koorts"? De revolutionaire koorts, de naam alleen al! Dus uiteindelijk komt het erop neer dat de "verstandige mensjewistische tactiek" bestond uit een "tijdelijke gezamenlijke inspanning met de Kadettenpartij" – en dit beleid, dat natuurlijk de revolutie had kunnen redden, kwam er niet van, omwille van de dwaasheid van de revolutie.

Als je de correspondentie herleest van de grote grondleggers van het marxisme, terwijl ze dapper de wacht hielden vanuit hun uitkijktorens – eentje, de jongste, in Berlijn, de andere twee, de sterkere, in Londen, het centrum van het wereldkapitalisme – en nauwgezet de politieke horizon afspeuren naar mogelijke gebeurtenissen die een indicator van een komende revolutie kunnen zijn; als je die brieven herleest en als het ware de revolutionaire lava er doorheen omhoog ziet opborrelen; als je die sfeer inademt van een ongeduldig en tegelijkertijd onvermoeibaar rekenen op de komst van de revolutie, dan krijg je soms een hekel aan de wrede dialectiek van de geschiedenis, waarin, om tijdelijke redenen, deze beperkte geesten, die zowel theoretisch als psychologisch tekort schieten, met het marxisme worden geassocieerd, terwijl ze hun 'tactische wijsheid' tegen de 'revolutionaire koorts' keren!

Lassalle schreef aan Marx in 1859:

> "Het instinct van de massa's in een revolutie overtreft in het algemeen het gezonde verstand van de intellectueel ... Het is precies het gebrek aan opleiding onder de massa dat ze beschermt tegen de verborgen valkuilen van 'verstandig' handelen. Uiteindelijk kan een revolutie zich alleen volledig ontwikkelen met behulp van het overgrote merendeel van de bevolking en hun bereidheid zichzelf op te offeren. Maar de massa, juist omdat ze 'grijs' is, omdat ze niet voldoende is geschoold, is niet in staat het possibilisme te begrijpen en – omdat een onderontwikkelde geest alleen extremen herkent, is het of ja, of nee en niets daartussen – daarom zijn ze ook alleen geïnteresseerd in extremen, en dan liefst nu en meteen. Dat leidt er weer toe dat de (verstandige en intelligente) boekhouders van de revolutie, in plaats van de om de tuin geleide tegenstanders tegenover zich te hebben en medestanders achter zich hebben, integendeel alleen maar vijanden tegenover zich vinden en niemand die achter hen staat. Zo wordt wat zogenaamd gezond verstand lijkt in de praktijk het toppunt van dwaasheid."

Lassalle heeft helemaal gelijk als hij het revolutionaire instinct van de ongeschoolde bevolking tegenover de "redelijke en doordachte" tactiek van de "boekhouders van de revolutie" plaatst. Maar uiteraard is het ruwe instinct voor Lassalle niet het ultieme criterium. Er is een hogere: "een uitstekende kennis van de bewegingswetten van de geschiedenis en wat de mensen beweegt". "Alleen realistische wijsheid", concludeert hij, "is van nature in staat het gezonde verstand te overwinnen en te overstijgen". Die realistische wijsheid, bij Lassalle nog bedekt met een laagje idealisme, komt bij Marx naar boven als het dialectisch materialisme. Haar volledige kracht bestaat uit het feit dat ze haar "redelijke tactiek" niet tegenover de werkelijke beweging van de massa's plaatst, maar die beweging juist uitdrukt, aanscherpt, zuivert en veralgemeniseert. Precies omdat een revolutie de sluiers rond het mysterie van het ware gezicht van de sociale structuur wegtrekt, juist omdat ze de klassen in de samenleving in de brede politieke arena met elkaar in botsing brengt, voelt een marxistisch politicus zich tijdens een revolutie in zijn natuurlijke element. Wat zijn dan die "redelijke" mensjewistische tactieken die niet ingevoerd konden worden, of nog erger, die hun falen toeschrijven aan de 'revolutionaire koorts' en bewust wachten tot die koorts weer is verdwenen; met andere woorden, tot de revolutionaire energie van de massa's is uitgeput of met militaire middelen is verpletterd?

3

Plechanov was de eerste die de melancholieke moed had om de gebeurtenissen van de revolutie als een opeenvolgende reeks fouten te zien. Hij geeft ons een buitengewoon levendig voorbeeld van hoe iemand, die 25 jaar lang onophoudelijk het dialectisch materialisme heeft verdedigd tegen allerlei vormen van dogmatisch redeneren en rationalistisch utopisme, erin slaagt om zelf de grootste dogmatische utopist te worden als het om echte revolutionaire politiek gaat. In al zijn geschriften over de revolutionaire periode zul je tevergeefs zoeken naar wat van het meeste belang was: de revolutionaire ontwikkeling van de massa's.

In plaats daarvan wijdt Plechanov eindeloos uit op variaties van het thema met als uitgangspunt: *onze revolutie is een burgerlijke revolutie* en de bijbehorende conclusie: *we moeten zeer tactvol omgaan met de Kadetten.* We krijgen van hem geen theoretische analyse of een revolutionair programma, alleen langdradige verhandelingen in de kantlijn van het grote boek van gebeurtenissen. Het hoogtepunt in zijn kritiek is van een opvoedkundige aard: als de Russische sociaaldemocraten meer marxisten dan metafysici waren geweest, dan had onze tactiek eind 1905 er heel anders uit gezien.

Verbazingwekkend genoeg vraagt Plechanov zich helemaal niet af hoe het kon gebeuren dat hij, na het preken van het zuiverste marxisme in de afgelopen 25 jaar, er enkel in is geslaagd een partij van revolutionaire "metafysici" te scheppen. Of nog belangrijker: hoe het kon gebeuren dat deze "metafysici" erin slaagden de massa in hun fouten mee te nemen, terwijl de "ware" marxisten als roependen in de woestijn aan de zijlijn stonden. Het is het een of het ander: ofwel is Plechanov niet in staat het marxisme als een leidraad tot revolutionaire actie toe te passen, of de "metafysici" hebben een of ander mysterieus voordeel over de 'ware' marxisten tijdens echte revolutionaire omstandigheden. Maar in het laatste geval zou het al helemaal niet helpen als de Russische sociaaldemocratie de tactiek van Plechanov zou overnemen, omdat ze dan sowieso buitenspel zouden worden gezet door de "metafysici" van niet-marxistische origine. Plechanov vermijdt zorgvuldig dit fatale dilemma. Maar Tsjerevanin, de oprechte Sancho Panza van onze theoriserende Don Plechanov, pakt de koe bij de horens – of, om Cervantes meer recht te doen, kijkt de koe recht in de kont en roept dapper: de revolutionaire koorts liet geen ruimte voor ware marxistische tactiek!

Tsjerevanin was gedwongen om deze conclusie te trekken omdat hij inging op het probleem dat zijn leermeester zo zorgvuldig had vermeden: de kwestie van de voortgang van de revolutie en de rol van het proletariaat hierin. Terwijl Plechanov zich beperkt tot kritische uitlatingen over allerlei acties en verklaringen en volledig de innerlijke dynamiek van de revolutie buiten beschouwing laat, vraagt Tsjerevanin zich af hoe de geschiedenis eruit had gezien als die zich had ontwikkeld langs de lijn van de "ware mensjewistische tactiek". Hij heeft die vraag beantwoord in de brochure '*Het proletariaat in de revolutie*' (Moskou, 1907), een zeldzaam voorbeeld van de moed die een beperkte geest kan opbrengen. Na alle fouten te hebben gecorrigeerd en de gebeurtenissen te hebben herschikt op basis van het mensjewistische schema, zodat ze logischerwijs het proletariaat naar de overwinning zouden leiden, vraagt hij zichzelf af: waarom nam de geschiedenis een andere, verkeerde, weg? Die kwestie beantwoordt hij in zijn geschrift '*De huidige situatie en de mogelijke toekomst*', waarin hij wederom weet te bewijzen dat het onvermoeibare doorzettingsvermogen van een beperkte geest er soms ook in kan slagen om een deel van de waarheid te onthullen.

"De nederlaag van de revolutie is zo diep", schrijft Tsjerevanin, "dat het onmogelijk is om de oorzaken hiervan alleen op conto van het proletariaat te schrijven". Blijkbaar gaat het dus niet alleen om fouten, maar zijn er "diepere oorzaken", zoals hij betoogt op p. 174. Het fatale keerpunt in de revolutie was toen de grootburgerij zich weer in het kamp van het tsarisme en de adel schaarde. In het proces van het verenigen van deze krachten in een enkele contrarevolutionaire kracht, speelde het proletariaat de belangrijkste, doorslaggevende rol. En nu, terugkijkend, moeten we stellen dat dit onvermijdelijk was". (p. 175) In zijn eerdere brochure volgde hij de lijn van Plechanov en schreef al onze problemen toe aan het blanquisme[58] van de sociaaldemocraten. Nu komt deze oprechte,

58. Naar de ideeën van August Blanqui, die voorstander was van een revolutie uitgevoerd door een kleine groep, die een tijdelijke dictatoriale regering instelt.

maar beperkte geest, hiertegen in het geweer en stelt: "Laten we ons voorstellen dat het proletariaat onder leiding van de ware mensjewieken had gestaan en wel volgens de mensjewistische tactiek had gehandeld.[59] Dan was de tactiek van het proletariaat veel beter geweest, maar haar fundamentele wensen zouden hierdoor niet zijn veranderd en deze zouden onvermijdelijk tot een nederlaag hebben geleid". (p. 176) Met andere woorden, het proletariaat als klasse was niet in staat zich de mensjewistische zichzelf ontkennende terughoudendheid op te leggen. Door haar klassenstrijd te blijven voeren, duwde ze de bourgeoisie onvermijdelijk in het kamp van de reactie. Tactische fouten versterkten alleen "de melancholieke [!] rol van het proletariaat in de revolutie, maar speelden geen doorslaggevende rol". En dus werd die "melancholieke rol van het proletariaat" uiteindelijk bepaald door de aard van haar klassenbelangen.

Een schaamtevolle conclusie, die neerkomt op een volledige overgave aan alle beschuldigingen die door de liberale domkoppen worden rondgestrooid over de klassenpartij van het proletariaat! Toch zit er in deze schaamtevolle conclusie een greintje historische waarheid: de samenwerking tussen de bourgeoisie en het proletariaat bleek onmogelijk, niet omdat de gedachtegang van de sociaaldemocraten niet deugde, maar vanwege haar complete afscheiding van de burgerlijke "natie". Vanwege haar specifieke sociale type en niveau van politiek bewustzijn kon het Russische proletariaat haar revolutionaire energie alleen de vrije loop laten onder het banier van haar eigen belangen. Maar het radicale van die belangen, zelfs de meest noodzakelijke, duwde de bourgeoisie onvermijdelijk naar rechts.

Tsjerevanin heeft dat begrepen. Maar, zo stelt hij, dat was precies de reden van onze nederlaag. Prima, en welke conclusie volgt daar dan uit? Wat restte de sociaaldemocraten nog om te doen? Proberen de bourgeoisie voor de gek te houden met de formules à la Plechanov? Met de armen over elkaar toekijken hoe het proletariaat haar onvermijdelijke lot tegemoet ging? Of juist, integendeel, erkennen dat elke hoop op een langdurige verbintenis met de bourgeoisie tevergeefs zou zijn en daarom de tactiek baseren op het volledig ontplooien van de klassenkrachten van het proletariaat, zo de diepste sociale verlangens onder

59. Let hier op de methode van redeneren. De mensjewieken hebben het niet over de klassenstrijd van het proletariaat, maar hoe het proletariaat handelt in overeenkomst met de richtlijnen van de mensjewieken. Het zou misschien nog beter zijn om te zeggen: "Laten we aannemen dat de loop van de geschiedenis de uitgangspunten van dhr. Tsjerevanin volgt"., enz.

de boerenmassa's wakker schudden, een beroep doen op het proletarische en het boerenleger – en de overwinning langs die weg zoeken? In de eerste plaats: niemand kon vooraf voorspellen of de overwinning wel of niet mogelijk was, het was de enige weg die nog open lag voor de revolutionaire partij tenzij ze een snelle zelfmoord nastreefde in plaats van de kans van een nederlaag.

De innerlijke logica van het revolutionaire proces begint nu pas, achteraf, duidelijk te worden aan Tsjerevanin, maar was al lang duidelijk voor diegenen die hij nu als "onredelijk" probeert weg te zetten, en dit terwijl de beslissende revolutionaire gebeurtenissen nog plaats moesten vinden.

In juli 1905 heb ik geschreven:[60]

"Vandaag kunnen we nog minder doortastendheid en initiatief verwachten van de bourgeoisie dan in 1848. Aan de ene kant zijn de obstakels alleen maar groter geworden en aan de andere kant is de sociale en politieke kloof in het land enorm gegroeid. Er is een stille nationale en wereldwijde samenzwering van de bourgeoisie om enorme barrières op te werpen in het proces naar bevrijding, proberend om alles te beperken tot een overeenkomst tussen de bezittende klasse en de vertegenwoordigers van de oude orde – een overeenkomst met als doel de gewone bevolking onder de duim te blijven houden. Onder zulke omstandigheden kan de strijd om democratische rechten zich alleen ontwikkelen in het proces van een gevecht tegen de liberale bourgeoisie. Daar moeten we ons duidelijk van bewust zijn. Niet de 'fictieve' eenheid van het land tegen haar vijanden (het tsarisme), maar een verregaande ontwikkeling van de klassenstrijd in het land: dat is onze weg ... Want alleen door de klassenstrijd kan dit worden bereikt. Tegelijkertijd betekent dit ook dat wanneer het proletariaat onder haar enorme druk de bourgeoisie uit haar passiviteit haalt, ze zeker met de bourgeoisie zelf in botsing zal komen als voornaamste hindernis, hoezeer dat proces ook regelmatig en logisch beredeneerd kan verlopen".

"De klasse die in staat is om dit gevecht te winnen, zal er voor moeten vechten en daarna de rol van de leidende klasse op zich nemen – als Rusland herboren

60. Voorwoord bij 'De toespraak voor de rechtbank van Lasalle'. Ten aanzien van internationale vraagstukken wordt een en ander wat omfloerst uitgedrukt vanwege de toenmalige censuur en het artikel voor openlijke publicatie werd geschreven, om precies te zijn in juli 1905.

wil worden als een echte democratische staat. Deze omstandigheden leiden tot de hegemonie van de "vierde stand". Uiteraard spreekt het vanzelf dat het proletariaat deze missie moet vervullen, net zoals de bourgeoisie dat in haar periode deed, met de hulp van de boerenbevolking en de kleinburgerij. Ze moet de leiding nemen over het platteland, haar bij de beweging betrekken en haar plannen van vitaal belang maken voor de boerenbevolking. Maar, onvermijdelijk, blijft het proletariaat de leider. Dat is natuurlijk geen "dictatuur van het proletariaat en de boeren", dat is een dictatuur van het proletariaat, gesteund door de boeren. En het werk van het proletariaat zal natuurlijk niet beperkt blijven tot de grenzen van één enkel land. Juist als gevolg van haar uitzonderingspositie staat zij dan onmiddellijk in het middelpunt van het wereldtoneel".

4

Ondanks hun verschillen, waren alle fracties het over één ding eens: eenieder rekende op een volledige overwinning, oftewel, op een geslaagde machtsovername dankzij de revolutie. Tsjerevanin heeft er nu zijn telraam bij gehaald om de verschillende krachten in de revolutie en de reactie na te rekenen en na de balans te hebben opgemaakt, komt hij tot deze conclusie: "alle successen van de revolutie droegen al het embryo van een onvermijdelijke nederlaag in zich". (p. 198) Waar baseert hij zijn berekeningen op? Op het aantal stakingen, de aard en vormen van de boerenprotesten, op de verkiezingscijfers voor de drie Doema's. Hij creëert dus, met andere woorden, de voortgang en uitkomst van de strijd niet rechtstreeks uit de economische verhoudingen, maar uit de vormen en episodes in de revolutionaire strijd. Zijn conclusie dat de Russische revolutie vanaf het begin gedoemd was te mislukken, is niet gebaseerd op de economische karakteristiek en statistiek tussen deze twee klassen, niet op een studie naar de actieve strijd tussen deze twee klassen, de openlijke test van hun respectievelijke kracht.

Uiteraard schiet de methode van Tsjerevanin zwaar tekort. Maar deze simplificatie is alleen mogelijk omdat de staking zich over het hele land verspreidde, de opstand aanwakkerde, de moezjieks plunderend en brandend door een aantal provincies trokken en uiteindelijk, er verkiezingen voor de Staatsdoema werden georganiseerd. En hoe had het ook anders kunnen zijn? Je kunt je geen Perzische Tsjerevanin voorstellen, die in het geval van een revolutie in Perzië aan zijn kompanen de fatale effecten uitlegt van een alliantie tussen de binnenlandse adel (versterkt door de binnenlandse gebeurtenissen) en de liberale regering van Engeland. Als zo'n profeet al gevonden kon worden, die op grond van zijn berekeningen de meerderheid van de bevolking zou proberen te weerhouden van een revolutionaire opstand die onvermijdelijk tot een nederlaag zou leiden, dan nog zouden alle Perzische revolutionairen volkomen in hun recht staan om deze wijsgeer te adviseren tijdelijk intrek te nemen in een geestelijk verzorgingstehuis.

De Russische revolutie voltrok zich voordat Tsjerevanin zijn plussen en minnen kon berekenen. De revolutie was het dagelijkse toneel waarop wij moesten improviseren. We schiepen de gebeurtenissen niet, maar pasten onze tactiek erop aan. Toen we eenmaal in de strijd werden betrokken, moesten we, juist vanwege dit feit, rekening houden met een overwinning. Maar een revolutie is een gevecht om de staatsmacht. Omdat we de partij van de revolutie zijn, hebben we de taak de massa bewust te maken van de noodzaak om de staatsmacht over te nemen.

5

De mensjewistische kijk op de Russische revolutie heeft zich nooit onderscheiden in grote duidelijkheid. Samen met de bolsjewieken hadden ze het over "de revolutie tot het einde doorvoeren", maar beide kanten interpreteerden dit alleen in formele zin, in de zin dat we ons moesten beperken tot ons *minimumprogramma*, waarna er een periode van 'normale' ontwikkeling van het kapitalisme zou volgen in een democratische vorm. Desalniettemin veronderstelt "de revolutie tot het einde doorvoeren" de omverwerping van het tsarisme en de overdracht van de staatsmacht aan een revolutionaire publieke kracht. Welke dan? De mensjewieken zeggen: burgerlijke democratie. De bolsjewieken: de arbeiders en de boeren.

Wat is die burgerlijke democratie van de mensjewieken? Het is geen bepaalde, tastbare sociale kracht in haar concrete bestaan, maar van een buitenhistorische categorie, gemaakt op basis van journalistieke analogieën en deductie. Omdat de revolutie "tot haar eind moet worden doorgevoerd" en het een burgerlijke revolutie is en omdat deze in Frankrijk werd doorgevoerd door de democratische revolutionairen – de jacobijnen – daarom kan de Russische revolutie alleen de macht in handen geven aan een revolutionaire burgerlijke democratie.

Op basis van deze 'onomstotelijke' algebraïsche formule voor de revolutie, proberen de mensjewieken hun berekeningen door te voeren op een formule die feitelijk niet klopt. Terwijl ze anderen tegemoet treden en de kracht van het proletariaat overdrijven en overschatten, hebben ze zelf onbeperkte verwachtingen en hoop in de Unie van Vakverenigingen en de Kadettenpartij. Met het grootste enthousiasme werd door Martov de oprichting van de groep "volkssocialisme" begroet, terwijl Martynov de "Folklore Leraren" uit Koersk in de schijnwerpers plaatste. Ook de mensjewieken realiseerden zich dat in een kapitalistisch land waar de rijkdom, de bevolking, de energie, kennis, het publieke leven en politieke ervaring zich meer en meer in de steden concentreert, de boerenbevolking geen leidende revolutionaire rol meer kan spelen. De geschiedenis kan niet op de moezjiek vertrouwen om een burgerlijk land van haar ketenen te bevrijden. Vanwege haar verspreiding, politieke onderontwikkeling en vooral, de enorme diepe onderliggende tegenstellingen, kunnen die niet binnen het raamwerk van het kapitalisme worden opgelost. De boerenbevolking is in staat de oude orde harde klappen uit te delen vanuit het achterveld, door enerzijds spontane opstanden op het platteland en, anderzijds, door tweespalt in het leger te zaaien.

Maar in die kapitalistische steden, de centra van de moderne geschiedenis, moet er een doortastende partij zijn, gebaseerd op de revolutionaire stedelijke bevolking en in staat om gebruik te maken van de boerenopstanden en de ontevredenheid in het leger om de uiteindelijke beslissende slag toe te brengen aan de vijand, die uit al zijn functies te zetten en de staatsmacht over te nemen. Daarom werd hun abstracte 'revolutie tot het eind doorvoeren' in de praktijk het "steunen van de Kadetten *quand même*"[61] en de wat meer consequent doorredenerenden onder hen kwamen tot de conclusie dat het klimaat voor revolutie in alle gevallen ongeschikt was voor de exotische tactiek van het mensjewisme.

De tegenstrijdigheden van het mensjewisme zijn een karikaturale weerspiegeling van de tegenstellingen die de geschiedenis zelf in zich draagt. De geschiedenis heeft ons land een enorm zware revolutionaire taak opgelegd. Hier werd de burgerlijke democratie als politieke of economische kracht voor

61. Het alsnog ondersteunen.

het eerst in de wereld met de staalborstel van de grootindustrie van de kaart geveegd.

In tegenstelling tot de populisten hebben onze 'marxisten' geweigerd om het "speciale karakter" van Rusland te erkennen voor zover zij ertoe gekomen zijn om, in principe, een vergelijking te maken tussen de economische en politieke ontwikkelingen in Rusland en West-Europa. Dus is het maar één stap naar de meest absurde gevolgtrekkingen.

Toen Dan, in navolging van Martynov, erover klaagde dat "onze grootste pech" de zwakte van de stedelijke kleinburgerij was, kunnen we weinig anders dan in medelijden onze schouders ophalen. Snappen ze zelf wel waar ze over klagen? Laten we het proberen uit te leggen. Ze voelen zich verontwaardigd omdat het grootkapitaal inmiddels internationaal de baas is en het niet heeft toegestaan dat er een sterke ambachtelijke en commerciële kleinburgerij is ontstaan in Rusland. Ze zijn verontwaardigd omdat de leidende rol van de stedelijke kleinburgerij in het politieke en economische leven is overgegaan op het moderne proletariaat. De mensjewieken slagen er niet in te begrijpen dat de sociale omstandigheden achter die zwakte van de burgerlijke democratie, tegelijkertijd de bron van kracht en invloed van de sociaaldemocratie zijn. En dat is dan volgens hen de voornaamste zwakte van de revolutie. We zullen niet ingaan hoe verwerpelijk dit standpunt eigenlijk is vanuit het oogpunt van de internationale sociaaldemocratie als partij van de wereldrevolutie. Voor ons is het voldoende als de omstandigheden van de revolutie zijn zoals ze zijn. De derde stand kan niet tot leven worden gebracht met janken en jammeren. De conclusie blijft dat alleen het proletariaat in haar klassenstrijd, met de boeren onder haar revolutionaire leiding gebracht, de "revolutie tot het einde toe kan doorvoeren".

6

Helemaal waar, zeggen de bolsjewieken. Als onze revolutie wil winnen moeten het proletariaat en de boeren schouder aan schouder strijden. Maar, zo schrijft Lenin in de tweede editie van *Przeglad*, "de coalitie van het proletariaat en de boeren die een overwinning behalen in een burgerlijke revolutie is niets anders dan de revolutionair-democratische dictatuur van het proletariaat en de boeren". Haar doel is om de economische en politieke verhoudingen te democratiseren binnen de grenzen van het privébezit van de productiemiddelen. Lenin maakt dus een onderscheid tussen het principe van een socialistische dictatuur van het proletariaat en de democratische (feitelijk, burgerlijk democratische) dictatuur van het proletariaat en de boeren. Hij gelooft dat deze, logische, puur formele redenering, bescherming kan bieden tegen de tegenstelling tussen het lage niveau van de productiekrachten en de hegemonie van de arbeidersklasse. Als we zouden denken dat we een socialistische revolutie kunnen doorvoeren, is dat een rechtstreekse uitnodiging tot onze complete politieke nederlaag, zo stelt hij. Maar alles valt nog te redden als het proletariaat, na de macht te hebben veroverd met de boeren, zich duidelijk bewust is van het feit dat de revolutie alleen "democratisch" is. Sinds 1904 heeft Lenin deze formule eindeloos herhaald, maar dat maakt nog steeds niet dat hij klopt.

Omdat de sociale omstandigheden in Rusland nog niet ver genoeg zijn gerijpt voor een socialistische revolutie, zou het verkrijgen van de politieke macht door het proletariaat rampzalig aflopen, zeggen de mensjewieken. Daar zouden ze gelijk in hebben, stelt Lenin, als het proletariaat er zich niet bewust van zou zijn dat het alleen om een *democratische* revolutie gaat. Met andere woorden, Lenin gelooft dat de tegenstellingen tussen de klassenbelangen van het proletariaat en de objectieve omstandigheden zullen worden opgelost door de politieke zelfbeperking van het proletariaat, uit haar theoretische inzicht dat de revolutie waarin zij een leidende rol speelt, slechts een burgerlijke revolutie is. Lenin verandert de objectieve tegenstelling in een gegeven voor het proletarisch bewustzijn en lost die op in de vorm van terughoudendheid van de klasse, die niet op religieuze overwegingen is gebaseerd, maar op een "wetenschappelijk" schema. De ideologische misvattingen achter deze hopeloos idealistische constructie zijn te overduidelijk.

Ik heb eerder al uitgebreid aangetoond[62] dat 24 uur na de vestiging van een "democratische dictatuur" deze idylle van quasimarxistische onthouding al gedoemd is in elkaar te storten. Wat ook de theoretische vooruitzichten mogen zijn waaronder het proletariaat de macht overneemt, ze wordt vanaf de eerste dag geconfronteerd met bijvoorbeeld het probleem van uitsluitingen en werkloosheid. Om dan uit te gaan leggen dat er een verschil is tussen een socialistische en een democratische dictatuur gaat dan niet veel helpen om daar wat aan te doen. Op de ene of andere manier (publieke werken, enz.) zal

62. Onze revolutie, pp. 249-259.

het proletariaat aan de macht direct iets moeten ondernemen om diegenen op staatskosten van levensonderhoud te voorzien. Op zijn beurt zal dat onmiddellijk tot een verscherping van de economische strijd en een stakingsgolf leiden.

Dit zagen we op kleine schaal al gebeuren aan het eind van 1905. De reactie van de kapitalisten zal hetzelfde zijn als die op de eis van de achturendag: verdere sluitingen van fabrieken en bedrijven. Ze zullen grote hangsloten om hun hekken leggen en tot zichzelf zeggen: "Ons eigendom loopt geen gevaar, want er is vastgesteld dat het om een democratische en geen socialistische dictatuur gaat". Wat moet een arbeidersregering doen als ze wordt geconfronteerd met gesloten fabrieken en bedrijven? Die moet ze dan heropenen en op kosten van de staat de productie hervatten. Maar is dat dan niet de weg naar het socialisme? Natuurlijk, welke andere weg staat er dan nog open?

Men kan de tegenwerping maken dat ik een situatie schets waarin de dictatuur van de arbeiders ongelimiteerd is, terwijl er feitelijk dus sprake is van een dictatuur van een coalitie van de arbeiders en de boeren. Prima, laten we daar eens verder op ingaan. We hebben net al kunnen zien, ondanks de beste bedoelingen van alle theoretici, hoe het proletariaat in de praktijk wordt gedwongen om alle zogenaamde logische grenzen van een burgerlijk democratisch regime te overschrijden. Lenin stelt voor dat de politieke zelfbeperking van het proletariaat moet worden aangevuld met de objectieve antisocialistische 'veiligheidsklep' van de moezjiek als bondgenoot of medeheerser. Maar als dat betekent dat de partij van de boeren, die de macht met de sociaaldemocraten deelt, niet toestaat dat stakers en werklozen door de staat worden gesteund en tegen de heropening van door kapitalisten gesloten fabrieken en bedrijven via de staat is, dan betekent dit dat het proletariaat vanaf de eerste dag van deze coalitie, oftewel lang voordat ze de benodigde maatregelen heeft kunnen doorvoeren, al in conflict komt met deze revolutionaire regering. Dat conflict eindigt ofwel in de onderdrukking van de arbeiders door de boerenpartij, of met het verwijderen van die partij uit de macht. Maar beide oplossingen hebben weinig te maken met een "democratische dictatuur" van een of andere coalitie.

Het punt is dat de bolsjewieken in de klassenstrijd van het proletariaat niet verder kijken dan het moment van de overwinning van de revolutie, waarna ze die als tijdelijk zien oplossen in een 'democratische' coalitie, die pas in haar echte vorm zal terugkomen – in een rechtstreeks gevecht voor het socialisme – na een definitieve vestiging van een republikeins systeem. Dus waar de mensjewieken, via de abstracte formule dat "onze revolutie een burgerlijke revolutie is", tot de conclusie komen dat het proletariaat zich in al haar tactiek moet aanpassen aan de liberale bourgeoisie opdat de staatsmacht in handen van die bourgeoisie komt, vertrekken de bolsjewieken vanuit een andere soortgelijke abstracte formule – "democratische dictatuur, geen socialistische" – en komen uit bij het idee van een proletariaat aan de macht dat zichzelf een burgerlijk democratische beperking oplegt. Uiteraard zit er een groot verschil tussen beide; terwijl het antirevolutionaire aspect van de mensjewieken al overduidelijk is geworden, is het zeer waarschijnlijk dat die van de bolsjewieken pas na de overwinning van de revolutie een serieuze bedreiging kan worden.[63] Hoewel de mensjewieken en bolsjewieken onophoudelijk de 'onafhankelijke' politiek van het proletariaat propageren (de eerste ten aanzien van de liberale bourgeoisie, de laatste in geval van de boerenbevolking) doet dat helemaal niets af aan het feit dat beiden, in verschillende fases van de gebeurtenissen, bang worden van de klassenstrijd en deze hopen af te remmen en te beperken met hun zelfontworpen constructies.

7

De overwinning van de revolutie kan de macht alleen overdragen aan de partij die de steun heeft van de gewapende stedelijke bevolking, oftewel de proletarische milities. Wanneer zij die macht heeft veroverd, zal de sociaaldemocratische partij zich onmiddellijk geconfronteerd zien met een enorme tegenstelling die niet kan worden opgelost door naïeve verwijzingen naar een "democratische dictatuur". "Zelfbeperking" van een arbeidersregering zou niets anders betekenen dan verraad aan de belangen van de uitgestotenen en werklozen, het hele proletariaat – in naam van het vestigen van een republiek. De revolutionaire

63. Toevoeging bij de huidige editie (1922); deze dreiging heeft zich, zoals we weten nooit gematerialiseerd, omdat onder de leiding van kameraad Lenin, de Bolsjewistische Partij haar beleid op dit zeer belangrijke punt veranderde (hoewel niet zonder interne strijd) in de lente van 1917, nog voor de machtsovername (Schrijver).

Noot van de vertaler: In de praktijk liep het anders; nog geen jaar later werd in het geheim het triumviraat (Kamenev, Zinovjev, Stalin) gevormd tijdens de ziekte van Lenin en werd de lastercampagne tegen Trotski gelanceerd over zijn "onderschatting van het boerenvraagstuk" en "permanente revolutie", die werden vervangen door de theorie van het "socialisme in één land" tijdens de stalinistische thermidor en contrarevolutie vanaf 1925. Op al die kritiek en laster antwoordde hij noodgedwongen in 'De permanente revolutie' in 1929.

autoriteiten zullen direct oog in oog komen te staan met de objectieve problemen van socialisme, maar het oplossen van die problemen zal, op een zeker moment, worden weerhouden door de economische onderontwikkeling van het land. Deze tegenstelling kan niet worden overwonnen binnen het raamwerk van een nationale revolutie.

Vanaf het begin zal de arbeidersregering de taak op zich moeten nemen om haar krachten te verenigen met die van het socialistische proletariaat in West-Europa. Alleen op die manier kan haar tijdelijke revolutionaire hegemonie de proloog tot een socialistische dictatuur worden. Dus is een permanente revolutie voor het Russische proletariaat een kwestie van zelfbehoud als klasse. Als de arbeiderspartij niet in staat is voldoende offensieve revolutionaire initiatieven te nemen, als ze zich beperkt tot het karige dieet van een dictatuur die slechts nationaal en burgerlijk democratisch is, dan zullen de verenigde reactionaire krachten van Europa geen moment verspillen om aan de werkende klasse duidelijk te maken dat ze maar beter, als ze aan de macht komt, al haar kracht in de strijd werpt voor een socialistische revolutie.

HOOFDSTUK 32

DE STRIJD OM DE MACHT [64]

Voor ons ligt een pamflet met een programma en een tactisch plan tot actie. Het heet: *De taken voor het Russische proletariaat. Een brief aan de kameraden in Rusland.* En het draagt de namen van P. Axelrod, Astror, A. Martynov, L. Martov en S. Semkovskv.

Dit schrijven stelt het probleem van de revolutie op een uiterst veralgemeniseerde wijze. Op het moment dat de schrijvers stoppen met de opsomming van de problemen van de oorlog en daaropvolgende nederlaag, en overgaan op politieke vooruitzichten en tactische conclusies, wordt hun analyse alsmaar vager en onduidelijker. En zelfs hun beschrijving van feitelijkheden en terminologie over maatschappelijke definities is tweeslachtig.

De toestand van Rusland vandaag de dag wordt voor de buitenstaander gedomineerd door twee prominente visies: aan de ene kant; de zorg om de nationale verdediging (die blijkbaar door eenieder wordt gedeeld, van Romanov tot Plechanov) en, aan de andere kant, een universele ontevredenheid, die bij bijna iedereen tot uiting komt; van de oppositie in bureaucratische kringen tot en met de deelnemers aan spontane straatprotesten. Deze overheersende stemmingen creëren de illusie dat de volksrevolutie direct uit het vraagstuk van nationale verdediging zal groeien. Maar deze twee stemmingen geven evenzogoed de vaagheid aan waarin de kwestie van de 'volksrevolutie' wordt gesteld, zelfs als ze, net als bij Martov en anderen, in formeel opzicht tegen het punt van "nationale verdediging" is.

De oorlog en haar nederlagen hebben net zomin het probleem van de revolutie geschapen als de revolutionaire krachten die dit probleem moeten oplossen. De geschiedenis begint voor ons niet bij de overgave in Warschau aan een prins uit Bavaria. Zowel de revolutionaire tegenstellingen als de sociale

64. Uit de krant Nasho Slovo, Parijs, 17 oktober 1915. Dit artikel wordt hier herdrukt, omdat het een goede beschrijving geeft van de omstandigheden zoals die zich voordeden in de revolutie in het begin van 1905 en de overgang naar die van eind 1905. (De auteur.)

krachten van vandaag zijn precies dezelfde als die we in 1905 tegenkwamen – met dien verstande dat er in de afgelopen 10 jaar ingrijpende veranderingen plaatsvonden. Het enige wat de oorlog overduidelijk heeft aangetoond is dat dit regime overduidelijk en met terugkerende regelmaat niet meer levensvatbaar is. Tegelijkertijd heeft dit zoveel verwarring gezaaid in de algemene opvattingen dat "iedereen" in even grote mate de wens heeft om Hindenburg te weerstaan, tegelijkertijd met een gedeelde afkeer tegen het regime van de derde juni. Maar net zoals het feit dat degenen die de eerste stappen naar een volksrevolutie willen zetten, gelijk met de tsaristische politie in aanraking komen, daarmee ook aantonend dat het Rusland van de derde juni een keihard feit is en een 'volksoorlog' fictie, is ook de benadering van een 'volksrevolutie' bij de toegangspoort al versperd door de houding van Plechanov. Net zoals die van zijn discipelen zijn de opvattingen van Plechanov fictie, maar ze krijgen wel de steun van Kerenski, Miljoekov, Goechkov en de niet-revolutionaire en antirevolutionaire chauvinisten en het nationale liberalisme in het algemeen.

De *Brief* kan natuurlijk het uiteenvallen van de klassen in ons land niet negeren. Het land moet zich op een of andere manier zien te redden uit de desastreuze gevolgen van de oorlog. In het huidige regime kan dit enkel door middel van een revolutie. "De nationalisten en oktobristen, de progressieven, de Kadetten, de industriëlen en zelfs een deel [!] van de radicale intelligentsia schreeuwen in koor dat de bureaucratie niet in staat is om het land te verdedigen en eisen de mobilisatie van de kracht van de hele bevolking voor de nationale verdediging". De Brief concludeert volkomen terecht dat deze houding, die "een bondgenootschap voor de nationale verdediging met de huidige heersers van Rusland, haar bureaucraten, edelen en generaals" veronderstelt, antirevolutionair is. Tegelijkertijd geven ze ook toe, en dat is ook juist, dat deze houding karakteristiek is voor 'burgerlijke patriotten in allerlei schakeringen' – inclusief dus de sociaalpatriotten, die men in de Brief verzwijgt.

Hieruit volgt dat de sociaaldemocratische partij niet alleen de meest consistente partij van de revolutie is, maar feitelijk de enige nog revolutionaire partij in het land; en dat alle andere partijen niet alleen minder geneigd zijn om revolutionaire methoden te gebruiken, maar feitelijk dus niet revolutionair zijn. Met andere woorden; de sociaaldemocratische partij die naar de ontwikkelingen kijkt vanuit het perspectief van revolutie, staat volkomen alleen in de politieke arena, ondanks de "algemene ontevredenheid". Dat is de eerste overduidelijke conclusie die we moeten trekken.

Maar uiteraard zijn partijen niet hetzelfde als de klasse. De houding van een politieke partij en de belangen van de sociale groeperingen die zij vertegenwoordigt, zullen niet altijd helemaal overeenkomen en kunnen daardoor zelfs tot een openlijke tegenstelling ontwikkelen. En wederom, de stemming onder de brede bevolking kan en zal het gedrag van partijen veranderen. Dat is zeker waar. Maar dat maakt het nog belangrijker voor ons. Als we een juiste inschatting willen maken van de mogelijke ontwikkelingen, dan houden we minder rekening met tijdelijke en onbetrouwbare factoren zoals partijleuzen en partijtactiek en concentreren we ons vooral op de meer permanente en zwaardere historische factoren, zoals de sociale structuur van een land, de krachtsverhoudingen tussen de verschillende klassen en de richtingen in de ontwikkeling.

Helaas gaan de schrijvers van de *Brief* volkomen voorbij aan deze vraagstukken. Het enige wat ze ons weten te vertellen over het karakter van de "volksrevolutie" in Rusland in 1915 is, dat hij "moet worden gemaakt door het proletariaat en de democratie". We weten wat het proletariaat is, maar wat is de "democratie"? Een politieke partij? Uit het voorgaande moet je concluderen dat dit niet zo is. De gewone bevolking dan? Welke delen? We kunnen niet anders concluderen dat hier de kleinburgerij in de industrie en handel, de intelligentsia en de boeren worden bedoeld.

In een reeks artikelen, gebundeld onder de titel *De Militaire Crisis en Politieke Perspectieven*, hebben we al een algemene schets gegeven van het potentiële revolutionaire belang van deze sociale krachten. Vertrekkend vanuit onze ervaringen van de revolutie van 1905, hebben we de afgelopen tien jaren de veranderingen in deze krachtsverhoudingen bestudeerd en ons de vraag gesteld of deze veranderingen voor of tegen een (burgerlijke) democratie zijn. Als we het over revolutionaire perspectieven en de tactiek van het proletariaat hebben is dat het centrale vraagstuk. Is de burgerlijke democratie sterker geworden in Rusland sinds 1905, of staat ze nog zwakker? Het vraagstuk van onze Russische burgerlijke democratie is al honderden keren besproken en wie het nu nog niet weet, is hopeloos aan het dwalen. We hebben het antwoord al gegeven. Een nationale burgerlijke revolutie in Rusland is onmogelijk vanwege de afwezigheid van een voldoende sterke revolutionaire en democratische burgerij. De tijd van nationale revoluties is voorbij, in Europa in ieder geval, en zo ook de tijd van nationale oorlogen. Er zit een diepe onderlinge verbondenheid tussen die twee. We leven in een periode van het tijdperk van het imperialisme, dat meer is dan alleen een systeem van koloniale uitbreiding, maar ook van een specifiek type van een nationale heerschappij. Het is geen kwestie meer van een burgerlijke natie die zich tegen feodale heersers verzet, maar het proletariaat dat in opstand komt tegen de burgerlijke natie.

In de revolutie van 1905 was de rol van de kleinburgerlijke ambachtslieden en middenstand al verwaarloosbaar. In de tien jaar die sindsdien voorbij zijn gegaan, is de maatschappelijke invloed van die sociale laag alleen nog maar verder gekrompen. Het kapitalisme in Rusland heeft op een veel brutere en wredere manier afgerekend met de middenklassen dan in de landen van de oude economische cultuur.

Uiteraard zijn de intelligentsia wel in aantal toegenomen en hebben ze meer economische invloed verworven. Maar de zogenaamde voormalige "onafhankelijkheid" is volledig verdwenen. De sociale invloed van de intelligentsia is volledig gekoppeld aan hun rol in het organiseren van de economie en het formuleren van de populair burgerlijke opvattingen. Hun materiële verbondenheid met het kapitalisme heeft ze tot in hun haarvaten doordrongen met imperialistische tendensen. We hebben al een deel van de Brief aangehaald waarin wordt gesteld: "... zelfs delen van de radicale intelligentsia ... eisen de mobilisatie van de kracht van de brede bevolking voor nationale verdediging". Dat klopt niet helemaal. Niet een deel van de radicale intelligentsia, maar *allen* vragen om zo'n mobilisatie; niet alleen de gehele radicale, maar ook een groot deel van de socialistische intelligentsia. Die laag bij de krachten van de "democratie" optellen, maakt haar rijen echter niet veel groter.

De kleinburgerlijke handel en middenstand staan dus zwakker dan ooit en de intelligentsia hebben afstand genomen van hun revolutionaire stellingname. Een stedelijke democratie als revolutionaire factor is de moeite van het bespreken amper meer waard. Dus blijven de boeren over. Maar zover wij weten hebben Axelrod en Martov nooit overdreven veel hoop gekoesterd in de onafhankelijke revolutionaire rol van de boerenbevolking. Zijn ze dan in de afgelopen tien jaar van voortdurende polarisatie binnen de boerenklasse, tot de conclusie gekomen dat die rol is toegenomen? Die aanname druist duidelijk in tegen alle historische ervaring en alles wat we hiervan hebben geleerd.

Maar welke 'democratie' heeft de Brief dan wel in gedachten? En wat bedoelen ze met een volksrevolutie?

De leuze van een Grondwettelijke Vergadering vooronderstelt een revolutionaire situatie. Bestaat die? Zeker wel. Maar de vraag of Rusland eindelijk in staat is een bourgeoisie voort te brengen die definitief met het tsarisme kan afrekenen, speelt daarin geen enkel belang. Integendeel zelfs, als de oorlog al iets heeft duidelijk gemaakt, dan is het de complete afwezigheid van een revolutionaire democratie in Rusland.

De poging van de Russen van de derde juni om het revolutionaire probleem thuis op te lossen door imperialistische acties in het buitenland te beginnen, heeft overduidelijk gefaald. Dat zal echter niet betekenen dat de partijen in het regime van de derde juni nu het revolutionaire pad in zullen slaan. Wat het wel betekent is dat het revolutionaire probleem dat door de militaire catastrofe duidelijk aan het licht kwam, terwijl het de imperialistische koers van de huidige heersers versterkte, het belang en de invloed van de enige revolutionaire klasse in het land nog groter werd.

De coalitie van de derde juni is uit elkaar gevallen. Er is onderlinge twist en strijd. Maar dat zal niet betekenen dat de reactionaire oktobristen en de liberale Kadetten opeens een revolutionaire kijk op de macht zullen innemen, of bereid zullen zijn om het fort van de verenigde bureaucratie en adel te bestormen. Maar het betekent wel dat de mogelijkheden voor het regime om een revolutionaire aanval te weerstaan voor een bepaalde periode zijn afgenomen.

De monarchie en de bureaucratie zijn gecompromitteerd. Natuurlijk betekent dat niet dat ze de macht zomaar zullen afgeven. Ze hebben zeer duidelijk gemaakt, ook door op het laatste moment de Doema te ontbinden en een aantal ministers te vervangen, hoever ze bereid zijn om toe te geven. Maar de instabiliteit binnen de bureaucratie, die alleen maar zal toenemen, zal een enorme steun zijn in het werk van de sociaaldemocraten voor een revolutionaire mobilisatie van het proletariaat.

De onderste lagen van de stedelijke en plattelandsbevolking zullen steeds verder in de armoede en ellende worden gedreven, ontevreden en verbitterd raken.

Maar dat betekent niet dat er een onafhankelijke revolutionaire democratie zal ontstaan die zij aan zij met proletariaat zal vechten. Die kracht ontbreekt het aan sociaal materiaal en ook aan georganiseerd leiderschap. Het betekent wel dat die stemming van hoge ontevredenheid een steun betekent voor de revolutionaire aanval van de werkende klasse. Hoe minder het proletariaat op de vorming van een burgerlijke democratie rekent, hoe minder ze zich aanpast aan de passiviteit en kortzichtigheid van de kleinburgerij en de boeren, des te vastberadener en daadkrachtiger ze wordt. Hoe duidelijker ze uitspreekt dat ze bereid is "tot het einde te gaan", hoe groter de kans is dat ze de niet-proletarische massa's met zich mee krijgt op het beslissende moment. Leuzen zoals "inbeslagname van het land, enz"., zijn op zichzelf nutteloos. Dat geldt vooral in het leger, waarop de staatsmacht staat of valt. De meerderheid van de troepen zal pas achter de revolutionaire klasse staan als ze ervan wordt overtuigd dat die klasse niet alleen maar demonstreert of protesteert, maar werkelijk het gevecht om de macht aangaat en ook kans van slagen heeft.

In Rusland hebben we een objectief revolutionair probleem – het probleem van de staatsmacht – die door de oorlog en haar nederlagen duidelijker is als ooit tevoren. De heersende kliek raakt meer en meer gedesorganiseerd. Er is groeiende ontevredenheid onder de gewone stedelijke en plattelandsbevolking. Nog meer dan in 1905 is het proletariaat de enige revolutionaire factor die hier gebruik van kan maken.

In de Brief staat een passage die wel lijkt in te gaan op dit centrale element in alle problemen. De sociaaldemocratische arbeiders van Rusland moeten zich "aan het hoofd plaatsen van deze nationale eenheidsstrijd voor de omverwerping van de derde juni monarchie". We hebben net al uitgelegd wat die 'nationale eenheid' in werkelijkheid betekent. Maar als de woorden 'aan het hoofd van' niet simpelweg betekenen dat politiek bewuste arbeiders in grotere mate dan anderen hun bloed moeten vergieten voor een onduidelijk resultaat in de toekomst; maar juist de *politieke leiding* nemen in een strijd die bovenal het gevecht van het proletariaat zelf is, dan volgt daar feitelijk ook uit *dat bij een overwinning de macht moet overgaan naar die klasse die er de leiding aan heeft gegeven, het sociaaldemocratische proletariaat*. En dus moeten we het dan niet hebben over een 'tijdelijke revolutionaire regering' (een nietszeggende formule die door de geschiedenis nog moet worden ingevuld), maar over een *revolutionaire regering van de werkende klasse*; de machtsovername door het Russische proletariaat.

De Grondwettelijke Vergadering, de republiek, de achturige werkdag, het in beslag nemen van de landerijen van grootgrondbezitters ... Al deze leuzen samen met de die van onmiddellijke stopzetting van de oorlog, het recht van naties op zelfbeschikking en een Verenigde Staten van Europa, zullen een enorme rol spelen in het scholende en vormende werk van de sociaaldemocratische partij. Maar de revolutie is in de eerste plaats een kwestie van macht – niet zozeer haar politieke vorm (een grondwettelijke vergadering, een Europese federatie), maar van de maatschappelijke krachten van die macht. Onder de bestaande omstandigheden zijn de slogans van een grondwettelijke vergadering en de inbeslagname van grootgrondbezit tamelijk krachteloos, tenzij ze worden gesteund door het proletariaat, dat bereid is een direct gevecht om de macht aan te gaan. Want alleen als het proletariaat de monarchie overwint, zullen deze eisen kunnen worden gerealiseerd. Niemand anders zal het doen.

Het tempo waarin het revolutionaire proces zich ontwikkelt is een andere kwestie. Dat hangt van heel veel factoren af, militair, politiek, nationaal en internationaal. Deze factoren zullen dat proces vertragen of versnellen, bijdragen aan haar overwinning of leiden tot weer een nederlaag. Maar wat de omstandigheden ook zijn, het proletariaat moet een duidelijke weg voor ogen hebben en die met volle overtuiging inslaan. Maar boven alles moet ze zich van alle illusies weten te bevrijden. Want in de hele geschiedenis van het proletariaat is de schadelijkste illusie altijd geweest om te vertrouwen op anderen.

HOOFDSTUK 33

OVER DE BIJZONDERHEDEN VAN DE HISTORISCHE ONTWIKKELING VAN RUSLAND

EEN ANTWOORD AAN M.N. POKROVSKI

1

In het derde nummer van 'Krasnaja Nov' van mei/juni 1922 heeft kameraad Pokrovski een artikel geschreven over mijn boek *1905*. Dit artikel bewijst – in negatieve zin helaas! – hoe ingewikkeld het is om de methode van het historisch materialisme toe te passen op de levende menselijke geschiedenis en tot welke clichés zelfs uitermate goed geïnformeerde kameraden, zoals kameraad Pokrovski, de geschiedenis kunnen simplificeren.

De twijfels die het artikel van kameraad Pokrovski opwerpen beginnen met de titel: *Is het waar dat het absolutisme in Rusland 'in tegenspraak was met de sociale ontwikkeling'?* En de woorden "in tegenspraak was met de sociale ontwikkeling" staan tussen aanhalingstekens, waardoor het lijkt alsof ik beweerd zou hebben dat het Russische absolutisme overal en altijd "in tegenspraak was met de sociale ontwikkeling", wat kameraad Pokrovski de buitengewoon aangename en gemakkelijke kans biedt te bewijzen dat zo'n bewering gespeend is van elke vorm van gezond verstand.

In werkelijkheid waren mijn gedachten dat het tsarisme in een situatie terechtgekomen was waarin het in complete tegenstelling kwam te staan met de behoeften van de sociale ontwikkelingen in Rusland, maar toch wist te overleven dankzij de kracht van haar organisatie, een nagenoeg afwezige en verwaarloosbare politieke invloed van de Russische bourgeoisie alsmede haar groeiende angst voor het proletariaat. In de geest en het gedachtegoed van dezelfde historische dialectiek kunnen we even zo goed stellen, zoals dat in het *Communistisch Manifest* ook al is uitgelegd, dat het kapitalisme vandaag de dag bestaat, niet alleen in tegenspraak met de behoeften van de historische ontwikkeling, maar ook in tegenspraak met de elementaire behoeften van ons bestaan.

Terwijl hij in het algemeen het nut van een herdruk wel erkent, betoogt kameraad Pokrovski energiek dat vooral het inleidende hoofdstuk *De sociale ontwikkeling van Rusland en tsarisme* dient te worden geschrapt in een heruitgave. Wat misschien nuttig en bruikbaar was in 1908-1909 voor een slecht geïnformeerd buitenlands publiek, tamelijk onwetend over de geschiedenis van Rusland, is van geen enkel nut voor onze jeugd van tegenwoordig, die inmiddels al het een en ander heeft bijgeleerd. Kameraad Pokrovski voegt daaraan toen dat ik in het inleidende hoofdstuk nogal liberale of "Miljoekov-achtige" (!) inzichten tentoonspreid over het tsarisme als een absoluut zichzelf in stand houdende organisatie zonder verbinding met de uitbuitende klasse. "Dit schema [van Trotski] past in de eerste plaats al niet in onze analyse en is, in de tweede plaats, ook objectief onjuist. Het is dan ook noodzakelijk tegen dit soort opvattingen in het geweer te komen, even energiek als we de religieuze vooroordelen [!!!] bestrijden". Niets meer en niets minder.

Als ik in mijn Duitse boek zulke monsterlijke antimarxistische inzichten verspreidde zonder dat die werden opgemerkt, overigens dus ook niet door alle toenmalige Duitssprekende marxisten, hoe konden die inzichten dan wel "nuttig en bruikbaar" en zelfs "onmisbaar" zijn geweest voor een buitenlands publiek in 1908/09, hoe onwetend ook? Tenzij we in het populaire spreekwoord "wat goed is voor de Rus, is de dood voor de Duitser" willen geloven, is het onmogelijk te begrijpen welke liberale uitglijders kameraad Pokrovski mij toe probeert te schrijven, die twaalf jaar geleden schade hadden kunnen toebrengen aan de Duitse arbeiders. Hoewel ik mij terdege bewust ben van de specifieke en bijzondere wijze van de sociale ontwikkeling van Rusland, ben ik niet genegen om mee te gaan in de opvattingen van dat spreekwoord. Dat geldt nog in sterkere mate voor kameraad Pokrovski, omdat uit zijn hele artikel blijkt dat hij het bestaan van zulke bijzonderheden probeert te ontkennen.

Kameraad Pokrovski weet de verwarring nog te versterken door te stellen dat mijn 'verkeerde theorie' ook "wordt geassocieerd met een andere prominente figuur uit het verleden, Plechanov, die dezelfde koers volgde (en er veel verder in ging)". (p. 146) Wat moeten we hier mee? Uiteraard wordt uit het artikel niet duidelijk waar mijn theorie dan precies mij heeft gebracht, al worden de lezers al voorbereid op de eindconclusie; omdat Plechanov die weg "veel verder bewandelde" wordt er gedoeld op het liberalisme; en daarom moeten mijn opvattingen over de Russische geschiedenis "net zo energiek worden bestreden als religieuze vooroordelen". Wat een angstaanjagende nachtmerrie! Maar let op, ook niet meer dan dat; een nare droom, want we zijn inmiddels wel aangekomen in het rijk van de filosofische en zelfs chronologische fantasie. Want dit wordt geïmpliceerd: in de eerste plaats dat Plechanov de liberale theorie van de speciale historische ontwikkeling van Rusland ontwikkelde (door een gezamenlijk blok met de Kadetten te propageren), dat ik daarna eenzelfde liberale theorie ontwikkelde in 1908 en 1909 (om de Duitsers te helpen); dat zoiets toen wel nuttig was (voor de Duitsers althans), maar omdat ik nu de inzichten van Plechanov onder onze jeugd probeer te verspreiden, een groep waar kameraad Pokrovski blijkbaar persoonlijk verantwoordelijk voor is; ik, door kameraad Pokrovski ongeveer wordt gelijkgesteld met de aartsbisschop Tichon, dus net zo energiek bestreden dien te worden, door kameraad Pokrovski voorop.

Het is een grote brei, het meest nog de chronologische volgorde. Het inleidende hoofdstuk over de speciale bijzonderheden in de economische ontwikkelingen van Rusland was helemaal niet voor een Duitse publiek geschreven, maar werd voor het eerst in het Russisch gepubliceerd in het boek *Onze Revolutie*, dat in 1907 in Petersburg werd uitgegeven. (p. 224) Het voorbereidende werk voor deze publicatie gebeurde in 1905, maar vooral tijdens het voorarrest en in de gevangenis in 1906. Mijn belangrijkste reden om dit te schrijven was om een gedegen geschiedkundige en theoretische onderbouwing te geven voor de leuze van machtsovername door het proletariaat in plaats van die van de burgerlijke democratische republiek of van een democratische regering van arbeiders en boeren. Van enige voorliefde voor Kadetten 'zoals bij Plechanov' is geen enkele sprake, zoals we zien. In mijn voorwoord bij een uitgave van *De Parijse Commune*, door Karl Marx (1906), stelde ik dat de ervaringen van de Parijse Commune van direct belang waren voor de Russische werkende klasse, omdat als gevolg van onze hele voorafgaande geschiedenis en ervaringen, ze direct het probleem van machtsovername onder ogen zou moeten zien.[65]

65. In het voorwoord staat: "De sociaaldemocratie moet en wil, de meest bewuste uitdrukking zijn van de objectieve ontwikkeling. Maar omdat op een gegeven moment in de ontwikkeling van de revolutie de objectieve ontwikkeling van de klassenstrijd het [Russische] proletariaat nu de keuze heeft voorgelegd om de rechten en de plichten van de staatsmacht op zich te nemen, of haar klassenpositie op te geven, beschouwt de sociaaldemocratische partij de overname van de staatsmacht als de meest urgente

Deze opvatting veroorzaakte buitengewoon grote theoretische verontwaardiging onder veel kameraden, onder de meerderheid ervan zelfs. De verontwaardiging kwam van vele kanten, niet alleen de mensjewieken, maar ook van kameraden zoals Kamenev en Rozjkov, toen nog bolsjewiek. Hun opvattingen kunnen als volgt worden samengevat: de politieke hegemonie van het proletariaat moet worden voorafgegaan door de politieke hegemonie van de bourgeoisie; een burgerlijke democratische republiek moet als een historische leerschool van het proletariaat zijn, elke poging om deze stap over te slaan is avonturisme; als de werkende klasse in het Westen er al niet in is geslaagd de macht over te nemen, hoe kan het Russische proletariaat het dan zelfs overwegen, enz., enz.

Vanuit het oogpunt van de vervalsers van het marxisme, die zich koesteren aan de clichés en formele schema's van geschiedkundige ontwikkelingen (feodalisme, kapitalisme, socialisme; autocratie, burgerlijke democratische republiek, dictatuur van het proletariaat) opdat hun brein niet te zwaar wordt belast, was de slogan van een machtsovername door het proletariaat als het ware een rechtstreekse ontkenning van het marxisme. Maar elke serieuze empirische evaluatie van de sociale krachten die zich in 1903 en 1905 manifesteerden, toonde aan dat een serieus gevecht om de macht door het Russische proletariaat wel degelijk aan de orde was.

Is dat nu een bijzondere omstandigheid van de Russische situatie, of juist niet? Veronderstelt dit aanzienlijke verschillen in de economische ontwikkelingen van

---

taak. Daarmee wil ze in geen enkel opzicht de diepere processen achter de objectieve ontwikkelingen verwaarlozen, het proces van groei en concentratie van de productiemiddelen, maar stelt, als de loop van de ontwikkelingen als gevolg van de logica van de klassenstrijd, die uiteindelijk voortkomen uit de groei in de economische ontwikkeling, nu een dictatuur van het proletariaat verlangen voordat de bourgeoisie haar economische missie heeft "voltooid" (ze was er amper mee begonnen), dan betekent dat vooral dat de geschiedenis een kolossale last op de schouders van het proletariaat legt. Het kan zelfs gebeuren dat het proletariaat uitgeput raakt in de strijd en bezwijkt onder de vele zware lasten. Dat kan. Maar ze kan die taak niet weigeren, want het alternatief is een uiteenvallen van de klasse en de mogelijke terugval tot barbarij van het hele land". (Marx: De Parijse Commune, 1906, Voorwoord, pp. X-XI.)

Zestien jaar terug trokken we deze conclusie, naar aanleiding van de bijzonderheden in de Russische historische ontwikkeling. En dan komt 15 jaar later kameraad Pokrovski zich beklagen over het feit dat onze visie ... een ontkennen van de klassenstrijd is. Niets meer en niets minder.

Rusland in zijn geheel, ten opzichte van andere Europese landen, of juist niet? En hoe kon het zijn dat juist het Russische proletariaat, oftewel het proletariaat van het meest achtergebleven land van Europa (met bij voorbaat excuses voor de uitdrukking) met die enorme taak werd geconfronteerd? Wat was die achtergeblevenheid van Rusland dan en hoe was die ontstaan? Alleen in het feit dat Rusland vertraagd achter de ontwikkelingen in Europa aanhobbelde? Maar als dat zo was, mogen we dan wel spreken over een Russisch proletariaat dat de staatsmacht wil grijpen?

Maar (en laten we onze criticasters er toch maar even aan herinneren), dat is wel precies wat het Russische proletariaat heeft gedaan. Dus waar zit dan het echte probleem? De ontegenzeggelijke en onoverwinbare achterstanden in economische ontwikkeling, vermeerderd met de invloed en een hogere stand van de cultuur in het Westen, maakten dat een simpelweg navolgen van de historische West-Europese culturele ontwikkeling was uitgesloten en er sprake zou zijn van een aantal fundamenteel nieuwe elementen, die nader onafhankelijk onderzoek behoefden. Dat was ook hoe ik dit vraagstuk aan de orde heb gesteld en, wat kameraad Pokrovski er ook over zegt, dat is volledig in overeenstemming met onze visie.

Het is juist dat Plechanov een paar jaar later (1914) een visie naar voren bracht over de specifieke ontwikkelingen van Rusland die nagenoeg overeen komt met degene die in het boek *Onze Revolutie* in dat specifieke hoofdstuk werden benoemd. Volkomen terecht wijst Plechanov de theoretische schema's van zowel de dogmatische "Westerlingen" als die van de slavofiele narodniki over dit onderwerp af en vermindert integendeel Ruslands "specifieke bijzonderheden" tot de concrete materialistisch bepaalde beperkingen in haar historische ontwikkeling. Het is dan ook volkomen onjuist om te stellen dat Plechanov hieruit compromitterende conclusies trok (bijvoorbeeld ten aanzien van blokvorming met de Kadetten, enz.), of dat hij dat, tegen alle logica in, uiteindelijk zou hebben gedaan.

De zwakte van de Russische bourgeoisie en het illusoire karakter van de Russische burgerlijke democratie zijn zeker belangrijke factoren in de historische ontwikkeling van Rusland. Want het is precies vanwege die redenen, naast alle andere concrete omstandigheden, dat de mogelijkheid van en de historische noodzakelijkheid van een machtsovername door het proletariaat op de voorgrond kwam. In alle eerlijkheid: Plechanov heeft uiteindelijk die conclusie niet kunnen trekken. Maar tegelijkertijd is hij ook nooit afgeweken van een andere conclusie, op basis van ontegenzeggelijk juiste gevolgtrekkingen, namelijk: "De Russische revolutionaire beweging zal overwinnen als een beweging van de werkende klasse of ze zal niet overwinnen". Als we alles wat Plechanov zei tegen de volksnationalisten en de vulgaire marxisten door elkaar mixen met zijn patriottisme en zijn Kadettenverering, dan blijft er weinig of niks over van Plechanov. In werkelijkheid is er nog heel wat nuttigs over van Plechanov en het kan absoluut geen kwaad om regelmatig van hem te blijven leren.

Dat de geschiedkundige ontwikkeling van elke samenleving gebaseerd is op productieve arbeid; dat productie leidt tot het ontstaan van standen en klassen; dat de staat is voortgekomen uit de klassenstrijd en dat de staat het orgaan van klassenonderdrukking is; al deze inzichten waren voor niemand een geheim. Niet voor mij en ook niet voor veel van mijn opponenten in 1905. Binnen die beperkingen volgde de Russische geschiedenis dezelfde wetten als de geschiedenis van Frankrijk, Engeland of ieder ander land. Maar dat raakt juist niet aan de bijzonderheden van de historische ontwikkelingen in Rusland. Het tsarisme was het wapen van de bezittende, uitbuitende klasse en in dat opzicht verschilde het in geen enkel opzicht van elke andere staatsorganisatie. Het betekent wel dat de krachtsverhoudingen tussen de autocratische macht (de monarchie, de bureaucratie, het leger, politie en alle andere onderdrukkingsorganen) aan de ene kant en de adel en de bourgeoisie aan de andere kant, in Rusland dus verschilden met die van Frankrijk, Duitsland en Engeland.

Dit unieke karakter van onze politieke situatie, die uiteindelijk tot de overwinning in de Oktoberrevolutie heeft geleid, voordat de proletarische revolutie in het Westen nog was begonnen, lag juist in die specifieke krachtsverhoudingen tussen de verschillende klassen en de staatsmacht. Waar de kameraden Pokrovski of Rozjkov tegenover de narodniki en de liberalen stelden dat de organisatie en het beleid van het tsarisme lagen gegrondvest in de economische ontwikkelingen en de belangen van de bezittende klasse, hebben ze in principe gelijk. Maar als kameraad Pokrovski probeert datzelfde argument tegen mij in te zetten, slaat hij hopeloos de plank mis.

De gedachtegang van kameraad Pokrovski is helaas nogal gevangen in een web van vaste sociale categorieën waarmee hij de werkelijke loop van de gebeurtenissen probeert te vervangen. Hij vervangt het relatieve, de historisch bepaalde en sociaal beperkte onafhankelijkheid van de autocratie ten opzichte van de heersende klasse, door een vorm van absolute onafhankelijkheid. Zo maakt hij van het tsarisme meer een vorm dan inhoud. En daarna, die opvatting aan mij toeschrijvend, stelt hij: "hoe valt dit te rijmen met onze oproep aan het proletariaat om in plaats van de bourgeoisie de macht over te nemen? Hoe kunnen we iets van de bourgeoisie afpakken dat ze nooit heeft gehad"?, enzovoort. Voor kameraad Pokrovski is de zaak eenvoudig: of de bourgeoisie had alle macht, of ze had geen enkele macht. Als ze geen enkele macht had, wat wordt er dan bedoeld als we zeggen dat we de "macht van de bourgeoisie moeten afpakken"? En als we de macht dan over hebben genomen van de bourgeoisie, hoe kunnen we dan stellen dat ze geen macht had? Op deze manier met zo'n vraagstuk omgaan, heeft niks met een geschiedkundige analyse te maken, noch materialistisch, noch dialectisch. Het voldoet zelfs niet vanuit het oogpunt van de formele logica. Want zelfs als de bourgeoisie geen enkele macht had in Rusland, dan nog had het proletariaat om de macht moeten vechten, om te voorkomen dat het in handen van de bourgeoisie zou vallen.

Natuurlijk lag de kwestie niet zo simpel. De bourgeoisie had niet de volledige macht in handen, maar was er wel langzaam mee aan het vergroeien. Dat proces was nog niet voltooid. De loop van de gebeurtenissen, met name de militaire nederlaag en toenemende druk van onderaf, maakten de kloof tussen de bourgeoisie en de autocratie groter. De monarchie viel van die kloof in het ravijn. In maart 1917 probeerde de bourgeoisie in haar eentje en onmiddellijk de macht over te nemen. Maar de werkende klasse, gesteund door het boerenleger, wist de bourgeoisie de macht te ontnemen in oktober 1917. Op die manier zorgde onze achterlopende historische ontwikkeling ervoor, tegen de achtergrond van een met bloed doordrenkt imperialistisch slagveld in Europa, dat op het moment dat onze bourgeoisie eindelijk sterk genoeg was geworden om het tsarisme van de troon te stoten, het proletariaat al een onafhankelijke revolutionaire kracht had gevormd.

Juist dat aspect, wat het centrale thema van ons onderzoek vormde, bestaat niet voor kameraad Pokrovski. In zijn recensie van een boek van Vipper in dezelfde editie van deze krant, schrijft hij: "Het is een zeer uitdagende opgave om het zestiende eeuwse Moskovitische Rusland te kunnen inschatten tegen de achtergrond van de toenmalige Europese verhoudingen. Maar er is geen betere gelegenheid om het vooroordeel te bestrijden dat zelfs nog in marxistische kringen heerst, ten aanzien van de zogeheten 'onderontwikkeling' van de economische grondslagen waar het Russische tsarisme op groeide". En verder: "Om de autocratie in haar ware historische context te laten zien als een aspect van het handelskapitalistische Europa ... die taak is niet alleen van het hoogste belang voor elke historicus, maar pedagogisch ook van groot belang voor de lezer; er bestaat geen betere manier om aan die legende over de 'uniciteit' van het Russische historische proces een einde te maken". Elk woord is als sneer aan ons bedoeld. We zien dat kameraad Pokrovski dapper elke onderontwikkeling en achterstand in onze economische ontwikkeling ontkent en de bijzonderheden van de Russische historische ontwikkelingen afdoet als 'legende'. Een van de problemen hier is dat kameraad Pokrovski volkomen wordt gehypnotiseerd door de relatief levendige ontwikkelingen van de handel in Rusland in de 16e eeuw, een feit dat zowel hem als Rozjkov is opgevallen.

Het is echter moeilijk te begrijpen hoe kameraad Pokrovski zo'n domme denkfout kan maken. Iedereen mag natuurlijk denken dat de handel de basis en het onfeilbare criterium van het economische leven is. Een goede twintig jaar terug probeerde de Duitse econoom Karl Bücher om de handel (het pad van producent naar consument) als doorslaggevend economisch criterium vast te leggen. Stroeve probeerde toen haastig om deze "ontdekking" op de Russische "wetenschap" toe te passen. De theorie van Bücher werd begrijpelijkerwijs, geheel afgekraakt door de toenmalige marxisten. Wij kijken naar de mate van economische ontwikkeling in de productie – zowel technisch als in de sociale organisatie van arbeid – en we beschouwen de weg die een product van producent naar consument aflegt als een secundair fenomeen, wiens wortels, nogmaals, juist in de productieketen zijn beklonken. Hoe paradoxaal dit ook mag schijnen in de ogen van mensen als de Büchers en Stroeves, was de grote groei van de Russische handel in de 16e eeuw (in ieder geval qua omvang) juist het gevolg van de enorme primitieve en onderontwikkelde aard van onze economie. De West-Europese steden werden gedomineerd door de ambachtelijke gilden, handelshuizen en corporaties. Onze steden waren daarentegen administratieve en militaire centra; oftewel centra van consumptie in plaats van productie. Het ambachtelijke gildeleven in het Westen ontstond op basis van een relatief hoog niveau van economische ontwikkeling, waar alle basisindustrie voor productverwerking zich al had afgescheiden van de landbouw en onafhankelijke handelshuizen had ontwikkeld, met hun eigen organisaties, gebouwen (in de steden) en hun eigen, in eerste instantie beperkte (lokaal, regionaal), maar stabiele afzetmarkten. Dus was de Europese middeleeuwse stad gebaseerd op een relatief ontwikkelde vorm van arbeidsverdeling in de economie, die ook een correcte verstandhouding met het omringende land onderhield, als centrum van die streek. Het economisch onderontwikkelde karakter van Rusland kwam in de eerste plaats tot uiting in het feit dat de ambachten zich nooit hebben weten af te scheiden van de landbouw en op het niveau van huisnijverheid waren gebleven. In dat opzicht staan we dichter bij India dan Europa, net zoals onze middeleeuwse steden meer weg hadden van de Aziatische dan de Europese en onze autocratie, halfweg tussen het Europese absolutisme en het Aziatische despotisme, behoorlijk wat trekken vertoont van juist het laatste. Vanwege de enorme omvang van de uitbreidingen van het Rijk en de vele welhaast onbewoonde gebieden daarvan (toch zeker een objectieve factor van onderontwikkeling?) vooronderstelde de ruilhandel een bemiddelende rol van handelskapitaal op een zeer hoog niveau. Die intensiteit kon worden opgebracht, juist omdat het Westen meer was ontwikkeld dan wijzelf, een veelvoud van grondstoffen behoefde en ons handelaars en goederen zond, waardoor op die manier de ruilhandel en circulatie van goederen een grote sprong voorwaarts maakte. Dat gebeurde op basis van de buitengewoon primitieve en soms barbaarse handelsrelaties in Rusland zelf. Wie dat niet begrijpt, deze grootste bijzonderheid van onze economische ontwikkeling, heeft niets van onze geschiedenis als zodanig begrepen.

Mijn werkgever in Siberië (op wiens kantoor ik twee maanden lang de voorraadlijsten met maten en gewichten moest invullen), Yakov Andrejevitsj Tsjernidz – en dit was in het begin van de 20e eeuw, niet van de 16e – had bijna de onbeperkte controle over het economische leven in het district Kirensk als gevolg van zijn handelsoperaties. Hij kocht bont van de Toengoers, kerklanderijen van priesters in afgelegen regio's en verkocht katoen en uiteraard aan iedereen vodka (het staatsmonopolie was toen nog niet ingevoerd in de provincie Irkoetsk). Hij was een analfabeet, maar zou naar de huidige geldstandaard miljonair zijn geweest. Zijn positie als vertegenwoordiger van het handelskapitaal werd regelmatig betwist; hij sprak dan ook over de lokale inheemse bevolking als 'mijn kleine Toengoeren'. De steden Kirensk, Vergholensk en Ninznje Ilimsk waren plekken waar officieren van diverse rangen van de politie en gendarmerie woonden, naast koelakken die allemaal hiërarchisch afhankelijk waren, een grote variëteit aan allerlei soorten ambtenaren en een handjevol ploeterende middenstanders. Ik heb er nooit een georganiseerde werkplaats of kleinhandel aangetroffen, de basis van stedelijk leven. Er waren geen bedrijven en geen gildes, hoewel Yakov Andrejevitsj officieel stond ingeschreven als “handelaar van de tweede gilde”.

Neem van mij aan, deze schets van het echte leven in Siberië geeft een veel beter begrip over de bijzonderheden van de ontwikkelingen in Rusland, dan alles wat kameraad Pokrovski erover te zeggen heeft. Geen woord van gelogen. De handelsoperaties en betrekkingen van Yakov Tsjernidz liepen van het middengebied van de Lena en haar oostelijke randgebieden, tot aan Niznji Novgorod en zelfs naar Moskou. Er zijn maar weinig West-Europese bedrijven die vergelijkbaar zijn. Maar juist deze alleenheerser in de handel is de perfecte en meest overtuigende uitdrukking van onze economische onderontwikkeling, ongeletterdheid, bevolkingsschaarste, het isolement van de vele nederzettinkjes en de onverharde wegen, die elk seizoen twee keer twee maanden lang in ondoordringbare modder veranderen in de afgelegen districten, enz., enz. Hoe kwam Tsjernidz aan zoveel economische macht op basis van deze Siberische, midden-Lena achterlijkheid? Omdat het Westen, Moedertje Rusland en Moskou Siberië in een vreemd huwelijk betrokken: dat tussen een primitieve economie van nomaden en een gloednieuwe wekker, gemaakt in Warschau.

2

De ambachtshuizen vormden de fundering van de middeleeuwse stadscultuur, die zich ook over het platteland verspreidde. Middeleeuwse wetenschap, regelgeving en de Reformatie waren allemaal uit de ambachtelijke periode voortgekomen. Zoiets bestond in Rusland echter niet. Natuurlijk kunnen er hier en daar wel wat embryonale sporen worden gevonden, maar die vallen in het niet vergeleken met de krachtige economische en culturele omwentelingen die in het westen plaatsvonden. Op deze basis ontstond de middeleeuwse stad, groeide en kwam in gevecht met de Kerk. Vanuit diezelfde steden viel de monarchie de feodale landadel aan. Het waren door de stad geproduceerde vuurwapens die de technische voorwaarde schiepen voor het bestaan van permanente legers. Kunnen we stellen – wellicht in tegenspraak met de klassentheorie van de staat? – dat de monarchie in West-Europa juist meer en meer onafhankelijk werd van de eerste stand, naarmate de steden groeiden en hun tegenstellingen met de feodale landadel toenamen?

Natuurlijk is de adellijke macht uiteindelijk een organisatie van onderdrukking van de massa's en met name de horige boerenbevolking. Maar er is wel degelijk een verschil tussen een staatsmacht die samensmelt met de grootgrondbezittende klasse en een staatsmacht die zich daar juist tegen keert, zijn eigen bureaucratische apparaat schept en zich enorme macht toe-eigent; oftewel een staatsmacht die terwijl ze de belangen van de uitbuiters ten opzichte van de uitgebuitenen bewaakt, toch een relatief onafhankelijke macht wordt – de voornaamste – tussen allerlei andere dominante krachten.

Waar zijn de ambachtelijke steden in Rusland die ook maar iets weg hebben van die in West-Europa? Waar was hun strijd tegen de feodale macht? En welke strijd tussen de steden en de feodale machthebbers leverde dan een basis voor de ontwikkeling van de Russische autocratie? Juist vanwege de aard van onze steden, vond die strijd nooit plaats, net zo min als een religieuze reformatie. Is dat een bijzonderheid in onze ontwikkeling of niet? Ons ambachtelijk niveau heeft nooit de huisnijverheid overstegen, wat juist betekent dat ze zich nooit heeft losgemaakt van het plattelandsleven. Onze reformatie, zonder enig leiderschap vanuit de steden, bleef beperkt tot boerensektes. Hier is gebrek aan ontwikkeling, hier is primitiviteit ten hemel schreiend, maar helaas, kameraad Pokrovski wil het niet horen of zien. Ook het tsarisme ontwikkelde zich tot een onafhankelijke staatsorganisatie (nogmaals, alleen in relatief opzicht, binnen de grenzen van een botsing van feitelijke historische economische krachten), niet als gevolg van een gevecht tussen sterke steden tegen sterke landheren, maar vanwege de volledige industriële bloedarmoede van onze steden en de algehele lamlendigheid van onze feodale grootgrondbezitters.

Vanuit de maatschappelijke structuur bekeken staat Polen tussen Rusland en het Westen, zoals Rusland tussen Europa en Azië staat. De Poolse steden waren op ambachtelijk gebied veel verder ontwikkeld dan de Russische. Maar die hebben zich nooit ver genoeg ontwikkeld om een koninklijke macht te helpen om de feodale macht te breken. De staatsmacht bleef volledig in handen van de adel. Het gevolg was totale impotentie en uiteindelijk ineenstorting van de staat. Als er geen "bijzonderheden" zijn, dan is er geen geschiedenis, maar alleen nog een soort pseudo-materialistische meetkunde. In plaats van de levende veranderingen in de economische ontwikkelingen te bestuderen, neem je gewoon wat leuke bijzonderheden en plakt die aan wat panklare clichés. Deze primitieve methode van historisch onderzoek voldoet nog wel om je te verweren tegen de vooroordelen van de liberalen of de narodniki, om over de sentimentele slavofielen nog maar te zwijgen, maar schiet tekort om te begrijpen hoe de historische ontwikkeling van Rusland werkelijk is verlopen.

Wat ik heb gesteld over het tsarisme is natuurlijk net zo goed van toepassing op het kapitalisme en het proletariaat, en ik vind het moeilijk te begrijpen waarom de woede van kameraad Pokrovski zich alleen richt op het eerste hoofdstuk, waar van tsarisme sprake is. Het Russische kapitalisme ontwikkelde zich niet vanuit de ambachten en de manufactuur naar de werkplaats en de fabriek, omdat het Europese kapitaal, eerst in de vorm van handelskapitaal, maar later ook in de vorm van financieel en industrieel kapitaal, het land instroomde in een tijd dat de Russische ambachten zich nog niet van de landbouw hadden gescheiden. Vandaar dat er midden in de volledig primitieve economische verhoudingen van Rusland opeens moderne kapitalistische industrie kwam te staan; bijvoorbeeld een grote Belgische of Amerikaanse fabriek, omgeven door stoffige onverharde wegen en dorpjes van plaggen en stro, die regelmatig, maar minstens een keer per jaar, afbranden, enzovoort. Het meest primitieve begin met de hoogste stand van moderne Europese ontwikkeling. Vandaar de enorme grote rol van het West-Europese kapitaal in de economie van Rusland. Vandaar de politieke zwakte van de Russische bourgeoisie. Vandaar het gemak waarmee we de Russische bourgeoisie hebben weten te verslaan. Maar vandaar ook de problemen die ontstonden toen de Europese bourgeoisie zich met de zaak ging bemoeien en via Lloyd George in Genua en Barthou in Den Haag, de voormalige eigenaren van de fabrieken en bedrijven het woord tot ons richten.

En ons proletariaat? Is het ooit door de middeleeuwse leerschool van gezellen en patroons gegaan? Kent ze de eeuwenoude gildentradities? Geen enkele. Ze werden van de ploeg weggerukt en voor de fabrieksovens geworpen. Ik herinner me een oude vriend, Korotkov, een meubelmaker uit Nikolajev, die in 1897 een liedje maakte. Het heette “De mars der proletaren” en begon met de woorden: “We zijn de alfa en de omega, we zijn het begin en het einde en dat is de zuivere waarheid”. De eerste en de laatste letter worden genoemd, maar daartussen ontbreken alle letters van het alfabet. Vandaar de afwezigheid van conservatieve tradities, kasten binnen het proletariaat en vandaar ook haar revolutionaire frisheid en daarom ook, samen met andere oorzaken, de Oktoberrevolutie en de eerste arbeidersregering ter wereld. Maar daarom ook, de ongeletterdheid, het gebrek aan organisatorische kennis en kunde, het gebrek aan systeem, aan technische en culturele scholing. Dat zijn allemaal tekortkomingen die we voelen op onze moeizame pogingen om stappen vooruit te zetten in de economische en culturele ontwikkeling.

Het Europese communisme zal een veel en veel conservatiever medium moeten overwinnen, zowel extern, in de vorm van de staat, als intern, binnen het proletariaat zelf. Maar als ze de overwinning weet te behalen heeft ze direct onnoemlijk krachtigere objectieve en subjectieve middelen ter beschikking om een nieuwe maatschappij op te bouwen. Is dat een bijzonderheid, of is het dat niet? Alleen al het feit dat anno 1922 deze kwestie weer aan de orde komt, lijkt me een 'bijzonderheid' op zich, maar is ongetwijfeld ook een gevolg van onze historische ontwikkeling: we zijn de eersten die de macht hebben overgenomen, onze taken zijn kolossaal, we hebben maar een handvol culturele opbouwwerkers, we moeten allemaal honderden dingen tegelijk doen, we hebben geen tijd om na te denken. Dat is de reden dat kameraad Pokrovski, als hij over nieuwe en buitengewoon in elkaar verweven problemen spreekt, oude argumenten oplepelt die in een andere context en op een ander niveau enige waarde hadden, maar wanneer hij die als universeel toepasbare clichés probeert neer te zetten, niets meer met het marxisme te maken hebben.

Ik heb uitgelegd hoezeer onze hele ontwikkeling is bepaald door het feit dat onze westelijke grenzen ons steeds in contact brachten met hoger ontwikkelde staten, beter georganiseerd en beter bewapend dan wij. Onder die druk herstructureerde de autocratie zichzelf, eerst door schuttersregimenten op te richten, daarna een cavalerie en infanterie. Ten aanzien hiervan merkt kameraad Pokrovski op: "Op dit moment zou iemand toch moeten zeggen dat het fundamentele belang hier economisch en niet politiek was; de Moskovitische autocratie was in overeenstemming met een bepaald klassenbelang". Het is moeilijk te vatten hoe je hier de politieke en militaire belangen tegenover de economische kan zetten. Als economische belangen door de staat worden verdedigd neemt dat altijd de vorm aan van politieke voornemens en taken. Als die verdedigd moeten worden, niet diplomatiek, maar met geweld, worden het militaire taken.

Kameraad Pokrovski probeert te bewijzen dat de belangen die het beleid van de autocratie in de 16e eeuw domineerden, die van het handelskapitalisme waren. Maar de manier waarop hij deze kwestie aan de orde stelt is nogal karikaturaal. Over dat specifieke punt kan ik later nog terugkomen. Hier is het voldoende om uit te leggen dat met het scheppen van een handelskapitalistisch Rusland in de 16e eeuw, kameraad Pokrovski in dezelfde valkuil trapt als de Duitse geleerde Eduard Meyer, die kapitalisme had ontdekt in het oude Griekenland en Rome. Meyer had ongetwijfeld gelijk met zijn kritiek dat eerdere schetsen van de economische structuur van Griekenland en Rome (door Rodbertus en anderen) als een serie van natuurlijk beperkte zelfvoorzienende cellen (*oikos*) te schematisch en overgesimplificeerd was. Hij toonde aan dat deze eenheden met elkaar en andere landen waren verbonden door een uitgebreid netwerk van ruilhandel. In bepaalde takken was er sprake van massaproductie. Uit moderne economische verhoudingen en inzichten reconstrueerde Meyer met terugwerkende kracht een Grieks-Romeins kapitalisme. Zijn fout bestond hierin dat hij het kwantitatieve verschil en daarom ook de kwalitatieve verschillen van de economieën; de *oikos* en de ruilwaar ten opzicht van het kapitalisme niet begreep.

De fout van kameraad Pokrovski komt op hetzelfde neer, maar daar is het punt nog niet mee afgesloten. Laten we er van uitgaan dat het handelskapitalisme inderdaad het overwegende belang vormde in het beleid van de autocratie in de 16e eeuw en dat de autocratie de "dictatuur van het handelskapitaal" was. De autocratie had echter ook commerciële interesses; in Perzië, in Turkije, de Baltische staten en Polen. Het nastreven van die doelen leidt tot militaire conflicten. Het is dan niet van belang wie de aanvaller is of moet verdedigen (een vraagstuk dat kameraad Pokrovski aansnijdt om mij er van te beschuldigen dat ik stelde dat de autocratie er vooral was om Rusland tegen buitenlandse aanvallen te "verdedigen"). Als gevolg van die militaire conflicten, die het volvoeren van politieke taken uit economische overwegingen uitdrukt, kwam de Russische staat in aanraking met de militaire organisaties van de Westelijke landen, die op een hogere economische, politieke en culturele basis stonden.

Bijgevolg kwam het Russische kapitaal direct na haar geboorte in contact met het meer ontwikkelde en sterkere kapitaal van het Westen en kwam het onder haar voogdij te staan. En zo werd het pas gevormde Russische proletariaat uitgerust met de kant-en-klare- wapens van het Westerse proletariaat: de marxistische theorie, vakbonden en politieke partijen. Wie de aard en ontwikkeling van onze autocratie alleen probeert te verklaren vanuit het oogpunt van de bezittende klasse, vergeet dat er naast de lager ontwikkelde, armere en kortzichtige Russische uitbuiters er ook een groep van rijkere en krachtigere Europese uitbuiters stond. De bezittende klasse van Rusland ontwikkelde zich tegen de vijandigheid of gedeeltelijke vijandigheid van de bezittende klasse van de Europese staten. Die contacten verliepen via het staatsapparaat. De autocratie vormde dat staatsapparaat. De hele structuur en de hele geschiedenis van de Russische autocratie had er anders uitgezien als er geen Europese steden, Europees buskruit (of wat anders dodelijks) en Europese beurzen waren geweest.

In de laatste periode van haar bestaan vormde de autocratie niet alleen het uitbuitingsorgaan van de Russische bezittende klasse, maar ook die van de Europese aandelenbeurzen in haar ontginning van Rusland. Deze dubbele rol gaf haar een zekere mate van onafhankelijkheid. Een duidelijk voorbeeld hiervan was de lening die Frankrijk ter ondersteuning aan het tsarisme verstrekte in 1905, tegen de zin van de Russische burgerlijke partijen.

Maar er is één geschiedkundig feit dat alle schema's van kameraad Pokrovski omverblaast. De imperialistische eerste wereldoorlog en de rol die het tsarisme daarin speelde. In de ogen van kameraad Pokrovski is het allemaal erg simpel: het tsarisme was de staatsvorm van de heersende bourgeoisie, die in het stadium van imperialisme was gekomen. In dat opzicht verschilt het tsarisme niet van het republikeins-parlementaire regime in Frankrijk, de imperialistische parlementaire monarchie in het VK, enz. En dat klopt. Maar alleen binnen de grenzen van een zeer algemene benadering van het vraagstuk, namelijk binnen de grenzen van een strijd tegen sociaalpatriottische of pacifistische vooroordelen, als het gaat over criteria van aanval of verdediging. Het schiet echter absoluut tekort (en is dus ook onjuist) als het een kwestie is van de inschatting van de respectievelijke rol die Rusland, het VK, Duitsland en alle andere landen hebben gespeeld in de oorlog, om de interne veranderingen te beoordelen die in al die landen als gevolg van de oorlog hebben plaatsgevonden; welke revolutionaire vooruitzichten dat voor elk land specifiek opleverde en welke tactieken we daarop kunnen richten en toepassen.

Hoewel het tsarisme niet meer zo levenskrachtig was als in 1904-1905 tijdens de Russisch-Japanse oorlog, wist ze tot een overeenstemming te komen met de bourgeoisie, die het proletariaat vreesde.

Zelfs het tsarisme in zijn meest afzichtelijke fase, zoals de periode met Raspoetin, is een uitvloeisel van de klassentheorie van de staat en er niet mee in tegenspraak. Die theorie moet niet mechanisch worden toegepast, maar dialectisch. En dan: het tsarisme werd verslagen tijdens de imperialistische oorlog. Waarom? Omdat haar productieve basis te zwak was (de Russische achtergeblevenheid). Ten aanzien van de militaire technologie probeerde het tsarisme het hoogste niveau te bereiken, daarin op allerlei manieren gesteund door rijkere en meer verlichte bondgenoten. Dankzij hen had het tsarisme de beschikking over de modernste vernietigingswapens voor de oorlog. Ze had niet de capaciteit deze zelf te produceren en had die ook niet kunnen hebben, net zo min als voldoende mogelijkheden deze te vervoeren (net als de troepen) via het water of het spoor. Met andere woorden; het tsarisme, dat de belangen van de Russische bezittende klassen vertegenwoordigde in het internationale strijdperk, moest dit doen op een veel primitievere basis dan haar vijanden en bondgenoten.

Dat fundament werd tijdens de oorlog door het tsarisme ten volle uitgebuit, in die zin dat ze een veel groter deel van het nationale product opslokte dan die van haar machtigere vrienden en vijanden. Dit feit wordt bevestigd, in de eerste plaats via het systeem van oorlogsschulden, in de tweede plaats door de volledige economische ineenstorting van Rusland. Of wil kameraad Pokrovski deze twee feiten ook in twijfel trekken? Al die omstandigheden, die vooraf bepalend zijn geweest voor de Oktoberrevolutie, de overwinning van het proletariaat en de daaropvolgende problemen, kunnen niet worden weggeredeneerd met de simpele formule van kameraad Pokrovski dat er geen klassenoverstijgende staat bestaat en dat de uitbuitende klasse via de staat haar belangen tot uitdrukking brengt en dat altijd zo hebben gedaan. Dat is geen marxisme, hoogstens de eerste letter van het marxisme. Daar zouden we volgens kameraad Pokrovski dan moeten stoppen? Niets daarvan!

Wat volgde uit de bijzonderheden van onze historische ontwikkeling – en wat kameraad Pokrovski weigert toe te geven – was niet de ontkenning (retrospectief?) van de klassenoorlog, maar het grijpen van de staatsmacht door het proletariaat en het gevecht om die in onze handen te houden. Diezelfde bijzonderheden hebben geleid tot enorme internationale en binnenlandse economische problemen na het verkrijgen van de staatsmacht. Een goed begrip van al die bijzonderheden is de beste garantie voor onze jongere generatie van werkenden tegen passiviteit als je met problemen wordt geconfronteerd, tegen pessimisme en tegen scepticisme. Van uitgekauwde clichés over historische ontwikkeling wordt niemand wijzer.

28 juni 1922

www.ingramcontent.com/pod-product-compliance
Lightning Source LLC
LaVergne TN
LVHW010554100826
845148LV00014B/2711
* 9 7 8 9 4 9 1 3 0 4 5 3 8 *